全国船舶工业职业教育教学指导委员会"十三五"重点规划教材

船舶柴油机装配与调试

主　编　黄　政

副主编　倪科鸿　谢桂芬

主　审　许　昌

哈尔滨工程大学出版社
Harbin Engineering University Press

内 容 简 介

本书联系国内船舶柴油机制造企业的生产实际,能够反映当前国内柴油机装配与调试的先进工艺。

本书共包括两个项目,阐述了船舶中、大型柴油机的装配与调试的基本理论和方法。项目1以6300C型柴油机为例,论述船舶中型柴油机的装配与调试工艺过程;项目2以MAN B&W 5S60MC – C型柴油机和WinGD 6RTA48T – B型柴油机为例,论述船舶大型低速柴油机的装配与调试工艺过程。

本书除作为船舶动力类专业的教材外,也可供机电专业的学生、教师及工程技术人员自学参考。

图书在版编目(CIP)数据

船舶柴油机装配与调试/黄政主编. —哈尔滨:
哈尔滨工程大学出版社,2020.11
ISBN 978 – 7 – 5661 – 2723 – 5

Ⅰ. ①船… Ⅱ. ①黄… Ⅲ. ①船用柴油机 – 装配(机械)②船用柴油机 – 调试方法 Ⅳ. ①U664.121

中国版本图书馆 CIP 数据核字(2020)第 223385 号

选题策划　史大伟　薛　力
责任编辑　张　彦　于晓菁
封面设计　李海波

出版发行　哈尔滨工程大学出版社
社　　址　哈尔滨市南岗区南通大街 145 号
邮政编码　150001
发行电话　0451 – 82519328
传　　真　0451 – 82519699
经　　销　新华书店
印　　刷　哈尔滨市石桥印务有限公司
开　　本　787 mm×1 092 mm　1/16
印　　张　17.5
字　　数　450 千字
版　　次　2020 年 11 月第 1 版
印　　次　2020 年 11 月第 1 次印刷
定　　价　46.00 元
http://www.hrbeupress.com
E-mail:heupress@ hrbeu.edu.cn

船舶行指委"十三五"规划教材编委会

前　言

本书是根据船舶柴油机制造企业的柴油机装配与调试岗位和船舶修理厂的船舶柴油机修理岗位的能力需求，由宜昌船舶柴油机有限公司、武汉船舶职业技术学院、浙江国际海运职业技术学院、威海职业学院等企业和职业院校合作编写的行业特色教材，旨在通过船舶柴油机装配与调试等实际工作任务的引领，培养学生从事船舶柴油机装配与调试工作及相关工艺设计的职业能力和职业素养。

本书按照现代高等职业教育突出能力培养的理念，打破原有的知识体系，以 6300C 型柴油机、MAN B&W 5S60MC - C 型柴油机和 WinGD 6RTA48T - B 型柴油机这三种典型船舶柴油机的实际装配与调试的工作任务生成工作项目，按完成工作项目的需要和岗位操作规程，结合职业技能证书考取要求组织内容，引入必需的理论知识，增加实操内容，强调理论在实践过程中的应用。

本书由武汉船舶职业技术学院黄政教授(项目 2：活动 2.1)担任主编，由浙江国际海运职业技术学院倪科鸿讲师(项目 2：活动 2.3)、威海职业学院谢桂芬副教授(项目 1：活动 1.2)担任副主编，此外，武汉船舶职业技术学院刘江波教授(项目 1：活动 1.1)和罗红英教授(项目 2：活动 2.2)参编。本书由宜昌船舶柴油机有限公司许昌(教授级高级工程师)主审。

由于编写时间仓促且编者水平有限，书中难免存在不当之处，恳请广大读者批评指正。

编　者
2020 年 1 月

目　　录

项目 1　中型柴油机装配与调试

【学习目标】

通过学习和训练,学生能够装配与调试中型中速船舶柴油机(简称中型柴油机)。

活动 1.1　中型柴油机装配

1.1.1　中型柴油机主要性能参数及装配技术要求

中型柴油机的品牌、型号很多,但装配与调试方法大体相同,本书以 6300C 型柴油机为例,介绍中型柴油机的装配与调试方法。

一、6300C 型柴油机简介

6300 型柴油机是我国自行设计、制造并批量投入生产的中型柴油机,遍及全国各地,远销世界多个国家,目前已有近 30 个派生品种,既有船用型,也有陆用型,是一种应用广泛又比较有代表性的中型柴油机。

6300C 型柴油机是 6300 型柴油机的船用基本型,其外观如图 1 - 1 - 1 所示,其主要技术参数及规格见表 1 - 1 - 1。

图 1 - 1 - 1　6300C 型柴油机外观(前端正面)

表 1-1-1　6300C 型柴油机的主要技术参数及规格

型号	6300C	6300C-1	6300ZC	6300ZC-1
形式	四冲程、直接喷射、开式燃烧室、可逆转船用主机		四冲程、直接喷射、开式燃烧室、可逆转增压船用主机	
气缸数	6			
气缸直径/mm	300			
活塞行程/mm	380			
压缩比	14∶1	14∶1	12∶1	12∶1
额定功率/kW	294	294	441	441
额定转速/(r·min⁻¹)	400			
最大功率/相应转速(1 h)	324 kW/412(r·min⁻¹)		485 kW/412(r·min⁻¹)	
倒车最大功率	不少于额定功率的 85%			
最低稳定转速/(r·min⁻¹)	160			
燃油消耗率/(g·(kW·h)⁻¹)	225		220	
滑油消耗率/(g·(kW·h)⁻¹)	1.8			
启动空气压力/MPa	1.2~2.9			
冷却方式	开式或闭式			
润滑方式	压力润滑和人工加油			
正转发火顺序(自由端起)	1—4—2—6—3—5	1—5—3—6—2—4	1—4—2—6—3—5	1—5—3—6—2—4
反转发火顺序(自由端起)	1—5—3—6—2—4	1—4—2—6—3—5	1—5—3—6—2—4	1—4—2—6—3—5
正转方向(面向飞轮端看)	逆时针	顺时针	逆时针	顺时针
调速器形式	液压全制式			
噪声(1 m 测距)/dB(A)	93		96	
外形尺寸(长/mm×宽/mm×高/mm)	3 490×1 050×2 283		3 725×1 050×2 446	
柴油机净重/kg	9 100		9 650	

$$ \text{式中：} $$

6300C 型柴油机结构比较有特点,其纵剖面如图 1-1-2 所示。整体式铸铁机体由 14 个拉杆螺栓与 U 形深腔的铸铁机座紧固在一起,大大地减小了机体和机座的拉应力;主轴承是钢背铝锡合金衬里的薄壁轴瓦,在飞轮端的主轴承两侧装有止推环以承受轴向力。

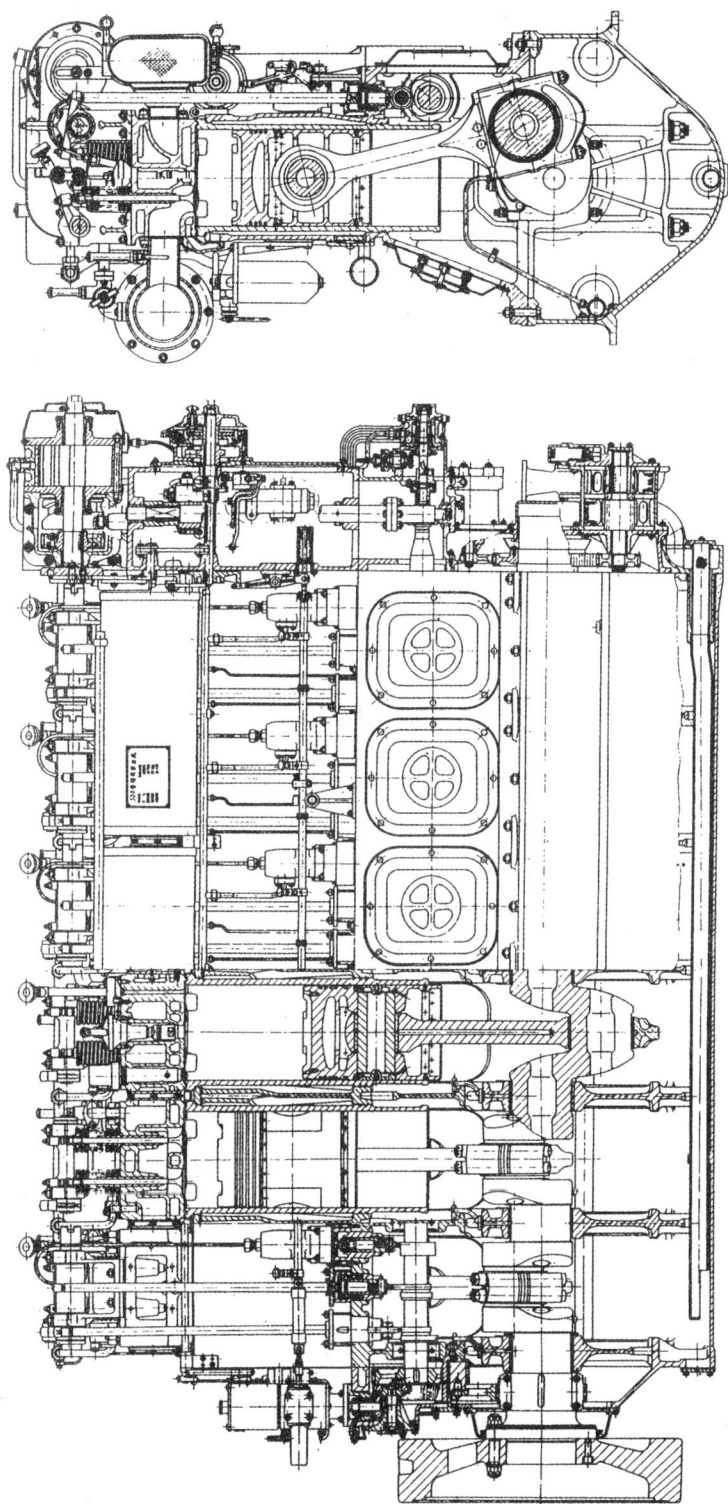

图1-1-2　6300C型柴油机纵剖面

曲轴材料是高强度稀土镁球墨铸铁。曲轴飞轮端的法兰用以连接飞轮;曲轴自由端的法兰用以连接传动轴以带动其他机械。

机体中装有湿式气缸套,材料为合金铸铁,缸套下部装有封水胶圈,上部有铜垫圈,借气缸盖螺栓压紧于机体上。

单体式气缸盖由4个螺栓紧固,具有两层冷却水腔以加强燃烧室壁冷却。开式燃烧室,活塞顶为浅盘形,柴油直接喷射到燃烧室中。每个气缸盖有两个进气阀、两个排气阀、一个启动阀、一个安全阀、一个试验阀和一个喷油器。进、排气管分别位于气缸盖的两侧。

连杆的杆部截面呈圆形,连杆与连杆盖由4个螺栓紧固,大头用薄壁轴瓦,小头为青铜衬套,杆身有中心油孔,滑油由大头通过中心油孔到小头衬套和活塞销。活塞连杆组能从气缸中吊出。

活塞是铝合金或铸铁的,不加冷却,有四道气环和两道油环,活塞销为浮式,销的两端用铝挡塞挡住。凸轮轴装在机体外侧的平台下,在飞轮端由曲轴通过两级齿轮传动。气阀由挺杆、摇臂机构驱动,每对同名气阀由一根挺杆驱动。

凸轮轴上装有正、反转两套凸轮,换向时借助于压缩空气通过液压伺服器的换向机构,抬起顶杆后移动凸轮轴。为了保证安全,柴油机上装有联锁机构,在凸轮轴移动尚未结束或所配置的凸轮与转向不符时,柴油机不能启动。

后端装有液压全制式调速器。前端盖板上装有双室双层机油泵、燃油输送泵和离心式冷却水泵。

柴油机的操纵、换向机构,以及空气分配器和仪表盘集中布置在前端。柴油机的启动、换向、调速和停车由一个操纵盘进行控制。

二、6300C 型柴油机装配技术要求

将加工好的各个零件(或部件)根据一定的技术条件连接成完整的机器(或部件)的过程,称为柴油机(或部件)的装配。船舶柴油机是由几千个零件组成的,其装配工作是一个相当复杂的过程。柴油机的装配过程包括零件的准备、部件装配、总装配、调整和试验等阶段的工作,它们是按照一定的次序进行的。

柴油机的装配是柴油机制造过程中最后一个阶段的工作。一台柴油机能否保证良好的工作性能和经济性以及可靠地运转,很大程度上取决于装配工作的好坏,即装配工艺、过程对产品质量起决定性作用。

柴油机装配的基本技术要求有:保持相对运动机件之间的正确配合和合适的间隙;保证固定机件连接的可靠性;保证定时、定量准确;保证运动机件的动力平衡;保证装配过程中充分清洁。

柴油机的具体装配技术要求根据柴油机设计性能要求及其技术规范提出,6300C 型柴油机主要有以下装配技术要求。

1. 主要螺栓的旋紧力矩

连杆螺栓——280～300 N·m;主轴承螺栓——180～200 N·m;拉杆螺栓——600～1 000 N·m;气缸盖螺栓——800～1 300 N·m。

2. 配气及启动定时

6300C 型柴油机配气及启动定时见表1－1－2。

表1－1－2　6300C型柴油机配气及启动定时

项目	开启始点	关闭终点	持续进气时间	气阀最大升程	气阀间隙
进气阀	上止点前 37 ℃A±5 ℃A	下止点后 47 ℃A±5 ℃A	264 ℃A	22 mm	0.9～1.0 mm
排气阀	下止点前 47 ℃A±5 ℃A	上止点后 37 ℃A±5 ℃A	264 ℃A	22 mm	0.9～1.0 mm
空气分配器	上止点后 5 ℃A±4 ℃A	—	134 ℃A	—	—

3.喷油提前角

标定工况时上止点前15 ℃A～18 ℃A；倒车允许上止点前10 ℃A～18 ℃A。

4.压缩室高度

上止点时活塞顶面与气缸盖底平面之距离为6.5～8.5 mm。

5.喷油器伸出气缸盖底平面高度

气缸盖底平面到喷油嘴底平面的高度为3～4 mm。

要达到装配技术要求,保证装配质量,装配人员必须严格遵守以下基本操作规则:

①掌握柴油机各机件的结构和部件之间的连接关系。装配人员在装配柴油机前,应全面了解装配部件的结构和装配技术要求,同时还要掌握各部件之间的连接关系,只有这样才能防止在装配过程中发生错装和漏装等。

②需要装配的间隙配合件和零件的工作表面上不允许有毛刺及伤痕等。把带有毛刺及伤痕的间隙配合件和零件装到柴油机上会影响装配质量,同时还会影响间隙配合件的正常配合间隙。若气缸套内壁上有伤痕,则会在柴油机工作时出现烧机油、冒蓝烟的故障现象,因此在装配前一定要清除零部件上的伤痕和毛刺。

③在需要装配零件的摩擦表面及螺纹上,应涂以清洁的润滑油。在零件的摩擦表面上涂一层清洁的润滑油是为了增强摩擦表面的润滑作用;在螺纹上涂一层清洁的润滑油是为了更好地装配和防止螺纹生锈等。例如,装配活塞连杆组件时,就应在气缸套内壁上先涂一层清洁的润滑油,这样可以防止活塞环在运动中拉伤气缸套内壁。

④装配活动部件时,应边装配边检查,装配完毕后应无卡滞现象。装配工作的正确做法是,装配完一缸检查一缸。例如,将活塞连杆组件装配到曲轴上后,应盘车转动几圈,若无卡滞现象,再装配其他缸的活塞连杆组件。

⑤对于有装配记号的螺栓、螺母或零件应按记号装配。对于有一定安装顺序和扭矩规定的螺栓或螺母,必须用扭力扳手按顺序和规定扭矩拧紧,如对于气缸盖固定螺母和连杆螺栓,通常要使用扭力扳手并按一定的顺序拧紧。

⑥对于必须安装锁紧装置的部件,应按技术要求装配。开口销在装配时,应把两开口沿螺栓的轴线左右分开。安装保险钢丝时,其方向要与螺母的旋紧方向一致,防止发生事故。

⑦在装配过程中,不允许用铁锤敲击零部件表面。对于个别零部件上需要进行敲打的部位,应用木槌或垫以软金属块进行敲击,绝不允许使用铁锤进行敲击。对于过盈量较大

的零部件,应尽量采用热过盈装配或冷过盈装配的方法进行装配,以保证零部件的连接强度。

1.1.2 6300C型柴油机装配过程及装配中应注意的问题

装配工艺顺序和装配技术要求正确合理,对于保证柴油机的可靠性、经济性和使用寿命是极其重要的。而柴油机的装配工艺顺序则应根据不同的机型来拟定。筒形活塞柴油机装配顺序如图1-1-3所示。

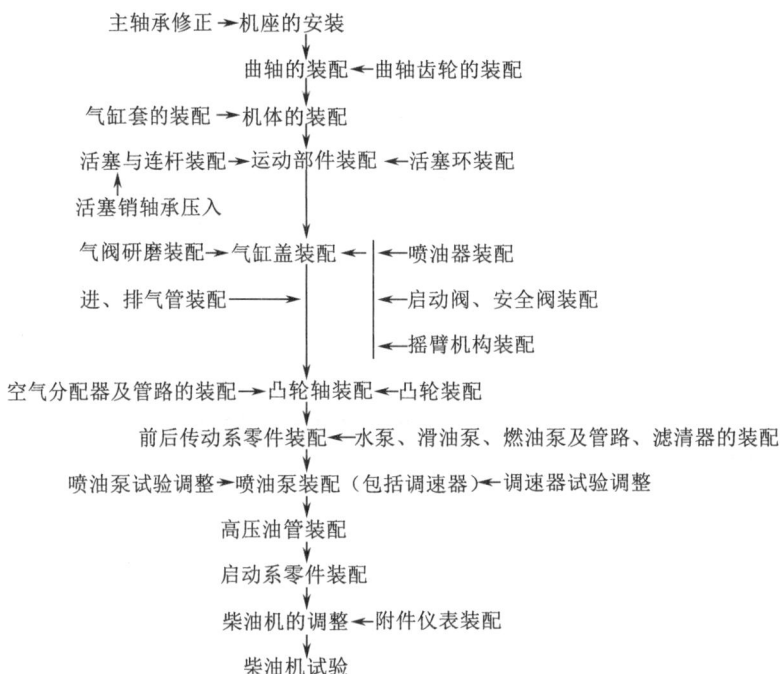

主轴承修正 → 机座的安装

曲轴的装配 ← 曲轴齿轮的装配

气缸套的装配 → 机体的装配

活塞与连杆装配 → 运动部件装配 ← 活塞环装配

活塞销轴承压入

气阀研磨装配 → 气缸盖装配 ← ← 喷油器装配

进、排气管装配 → ← 启动阀、安全阀装配

← 摇臂机构装配

空气分配器及管路的装配 → 凸轮轴装配 ← 凸轮装配

前后传动系零件装配 ← 水泵、滑油泵、燃油泵及管路、滤清器的装配

喷油泵试验调整 → 喷油泵装配(包括调速器) ← 调速器试验调整

高压油管装配

启动系零件装配

柴油机的调整 ← 附件仪表装配

柴油机试验

图1-1-3 筒形活塞柴油机装配顺序

上述装配工作是在车间装配台上进行的,装配工作分为部装和总装两个阶段。机器装配好后进行调整和试验,然后再吊运到船上安装。

目前,有的修船厂对于较大的柴油机,先在车间总装试车,再拆成零部件送到船上进行装配和安装,这是在缺乏起运设备的情况下所采取的措施。

柴油机装配中应密切注意以下几个问题:

①柴油机装配前,其全部零件必须经过仔细的检查。检查的主要内容包括零件的尺寸精度、形状及位置精度、表面粗糙度等,它们必须符合有关技术要求,防止有差错。对于一些重要零件(如曲轴、活塞和连杆)更应仔细检查。

②柴油机所有零件尤其是精密件应经过清洗,使工作表面清洁。在清洁中若发现零件有局部缺陷,应进行必要的修整,如用研刮、锉修方法加以消除后,再送去装配。

③某些密闭受压的零件(如气缸盖、气缸套、活塞等)的受压空间或工作表面应经过液压试验,其试验部位和试验要求应参见有关规范。

④装配过程中应严格按装配技术要求进行,并在每一道工序完工后进行检查验收。例如,装配间隙必须符合"标准"要求,有时应采取各种措施反复调整或修正,直到达到"标准"要求为止,绝不能马虎,以免影响机器运行质量。

⑤在装配过程中,对金属碎屑或其他杂物应清除干净,严防杂物遗留在机器部件中。同时,所有螺栓、螺母应按规定要求拧紧,以免造成不必要的事故。

1.1.3 6300C 型柴油机机座安装

6300C 型柴油机机座由 HT200 铸铁整体铸造而成,如图 1 - 1 - 4 所示。

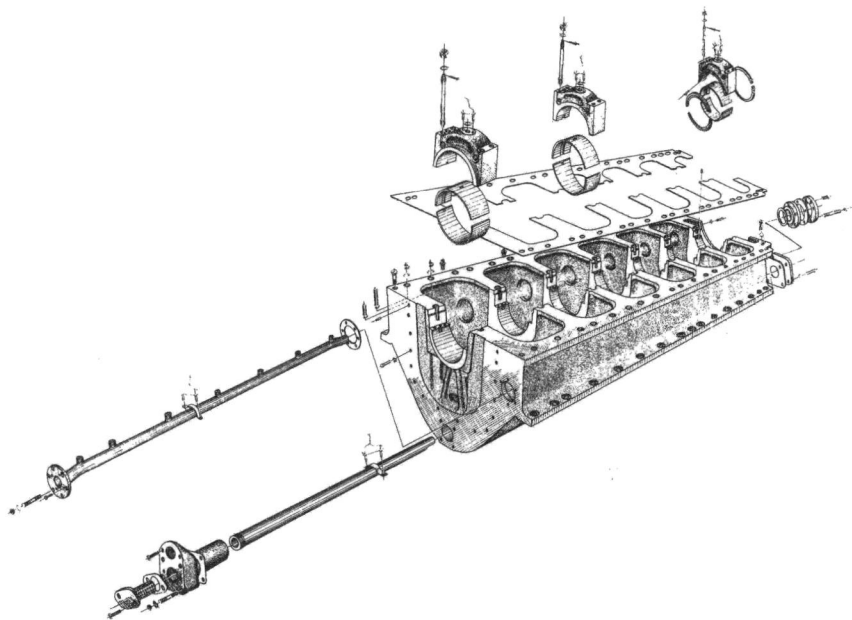

图 1 - 1 - 4 6300C 型柴油机机座

机座横壁上的轴承座内装主轴承,主轴承盖用 4 个螺栓紧固在机座上,并用定位销定位。

机座的 U 形深腔形成油池,以汇集从柴油机中流下来的机油。机油经吸油管及滤网进入机油抽出泵。机座内的侧面装有机油总管。

机座利用它两侧的支撑,由 26 个螺栓紧固在车间装配台或试验台基座上。支撑上的螺栓孔中应有 25% 与基座一起铰孔,配铰制孔用螺栓。支撑上还有 6 个 M27 ×2 螺孔,用以进行柴油机与轴系中心线校中,将调整螺栓拧入螺孔中,使它顶在基座面上,以调整柴油机。调整妥后,在尚未拧紧固定螺栓之前,必须拧出调整螺栓。

机座安装前,其不加工的内表面必须清理干净,最好用喷砂方法清理,使铸造残砂能全部清除。机座经液压试验合格后,其内部表面必须涂上防锈漆。

机座在车间装配或试验台上安装,应通过调整机座下平面的金属垫片使其处于水平状态。机座螺栓均匀拧紧后,机座上平面的平面度误差在每米长度内应不大于 0.05 mm,但在全平面内其平面度误差应不大于 0.20 mm。

1.1.4 6300C 型柴油机主轴承和曲轴装配

在机座上装配主轴承和曲轴,是柴油机装配过程中极其重要的一道工序。因为曲轴是装配其他运动部件的基础,曲轴装配得正确与否,对活塞连杆运动部件的位置有直接的影响;同时曲轴又是一个非常重要的零件,受力情况复杂,如果达不到装配技术要求,就会影响其使用寿命。例如,曲轴轴线在装配后若挠曲过大,则运转时将产生很大的附加弯曲应力,导致出现裂纹,甚至有折断的危险。

曲轴轴线位置准确是依靠各主轴承的正确装配来实现的,所以曲轴装配工艺实际上包括主轴承在机座上的装配和曲轴在主轴承上的装配等工作。

一、主轴承装配

1. 主轴承装配的技术要求

①主轴承座孔轴线和机座上平面的平行度误差应≤0.03 mm/m。

②机座主轴承座孔轴线的同轴度误差应≤ϕ0.08 mm。

③主轴承外圆与轴承座孔的配合为 H7/k6;翻边轴瓦的翻边内侧面与轴承座孔两端面的配合为 H8/h7。

④主轴承下轴瓦背与轴承座孔表面的接触面积应大于75%。

2. 主轴承装配

(1)主轴承座孔轴线的同轴度检查

在机座上装配主轴承时,应检查轴承座孔轴线和机座上平面的平行度及机座主轴承座孔轴线的同轴度。机座主轴承座孔轴线的同轴度检查如图1－1－5所示。在轴承的一端用望远镜内孔支架安装准直望远镜,在另一端安装基准目标,调整准直望远镜使其光学视线通过主轴承座孔轴线,并使其通过基准目标中心,这样望远镜光学视线就是测量的基准视线。检查时在各轴承座孔分别安装具有内孔的中间目标,并使目标板中心处于轴承座孔轴线上,如此准直望远镜测微器便可测量主轴承座孔轴线的同轴度。

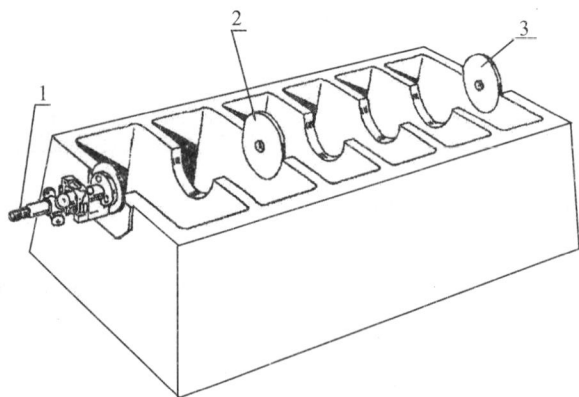

1—望远镜;2—中间目标;3—基准目标。

图 1－1－5 机座主轴承座孔轴线的同轴度检查

(2)主轴承装配

每个主轴承由两个轴瓦(上轴瓦、下轴瓦)和带有紧固件的轴承盖组成,如图1－1－6所示。主轴承是钢背高锡铝合金衬里的薄壁轴瓦。如图1－1－6所示,轴瓦分开面上压出了凸舌 B,它与机座及轴承盖相应凹槽相嵌合,以防止轴瓦转动和轴向移动;为了不断向连杆轴承送油,上轴瓦切有环形槽 D;轴承盖用 4 个贯穿机座的主轴承螺栓 7 紧压在机座上,压紧后轴承外圆与机座孔紧密贴合,从而保证整个轴承可靠地工作;轴承盖用定位销 8 定位;孔 A 是安装和拆卸轴承盖的工艺用孔;靠飞轮的主轴承是推力轴承,两个端面上下挂有材料为 QSnZnPb6 – 6 – 3 的推力环,用以承受柴油机本身的轴向推力,但此轴承不能承受螺旋桨的推力,所以船舶轴系必须配置推力轴承,推力轴承的一面支承在曲柄端面,而另一面支承在曲轴齿轮轮毂上。

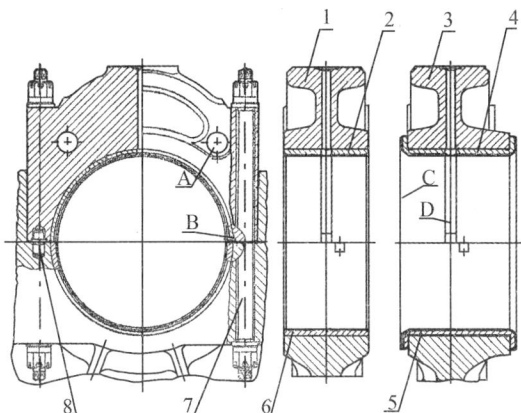

1—中主轴承盖;2—中主轴承上瓦;3—推力轴承盖;4—推力轴承上瓦;
5—推力轴承下瓦;6—中主轴承下瓦;7—主轴承螺栓;8—定位销;
A—拆装工艺孔;B—凸舌;C—推力环;D—环形槽。
图 1 – 1 – 6　主轴承

主轴承外圆与轴承座孔的配合为 H7/k6;翻边轴瓦的翻边内侧面与轴承座孔两端面的配合为 H8/h7。

下轴瓦应与轴承座孔内表面紧密接触且均匀贴合,使轴瓦在工作时不至于变形和发热。同时,这两者贴合不良也将引起耐磨合金因受震动而裂开或剥落。下轴瓦背与轴承座孔表面的接触面积应大于 75%。在成批生产条件下,主轴瓦(尤其是薄壁轴瓦)装入主轴承座孔时,可进行选配,标准轴瓦的厚度是 $6.41^{+0.01}_{-0.01}$ mm。有的情况下也可以用修锉轴瓦背面的方法使它们均匀接触、紧密贴合,但是不允许研刮主轴承座孔,以免破坏各主轴承座孔轴线的同轴度。必须指出,即使在修理时,也应避免在轴瓦背面与轴承座孔之间加放垫片来弥补其接触不良的缺陷或达到其他目的。

用 0.03 ~ 0.05 mm 厚的塞尺检查轴瓦与轴承座孔的贴合情况,应无法插入 20 mm 左右。

上、下轴瓦之间无垫片者,尤其是薄壁轴瓦应具有一定的弹性,轴瓦的接合平面(分开面)应比轴承座孔接合面(分开面)高出 0.06 mm(最小值)。但是,此值不宜过大,否则轴瓦将变形,致使运转时烧瓦。

二、曲轴装配

曲轴由高强度稀土镁球墨铸铁铸成,有 6 个曲柄销和 7 个主轴颈,基本直径均为 195 mm,曲柄布置互成 120°夹角,为提高曲轴的疲劳极限及减轻曲轴的质量,全部轴颈均为空心的,如图 1 – 1 – 7 所示。两个油孔交叉地避过主轴颈和曲柄销的通心孔而贯通。曲轴传动端的法兰与飞轮连接,用飞轮螺栓和开槽螺母固紧,用开口销防松。

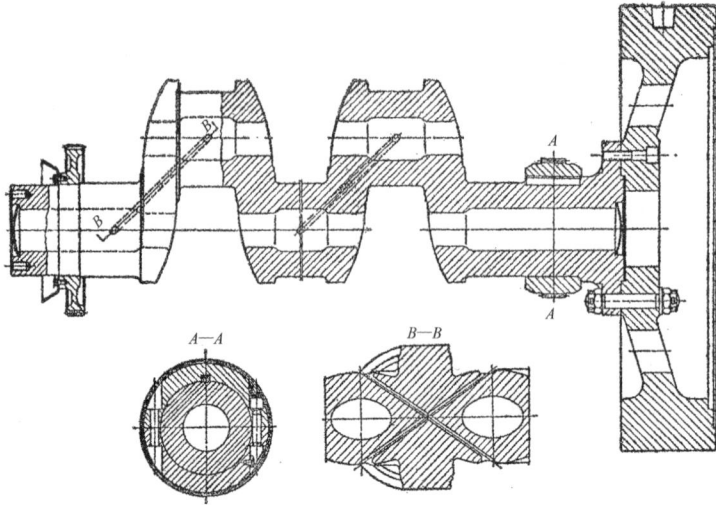

图 1 - 1 - 7　6300C 型柴油机曲轴

飞轮外圆上铸有盘车用的牙齿,在外圆上还刻有各缸的上死点位置和上死点前后的角度。

飞轮端装有传动凸轮轴的曲轴齿轮,前端装有传动机油泵、水泵等的传动齿轮;曲轴自由端的法兰可连接传动轴,带动其他机械;为使机油不致沿轴流出前端盖板外面而装有挡油盘。

1. 曲轴装配的技术要求

(1)曲轴主轴颈与主轴承下瓦应均匀接触、紧密贴合。涂色油进行检查,在气缸轴线的左右两侧的接触角为 $40° \sim 60°$。为了使润滑油能保存在轴承内,轴承边缘在 $180°$ 范围内均应与轴颈紧密贴合,如图 1 - 1 - 8 所示,用 0.04 mm 厚塞尺检查应无法从轴瓦边缘插入。

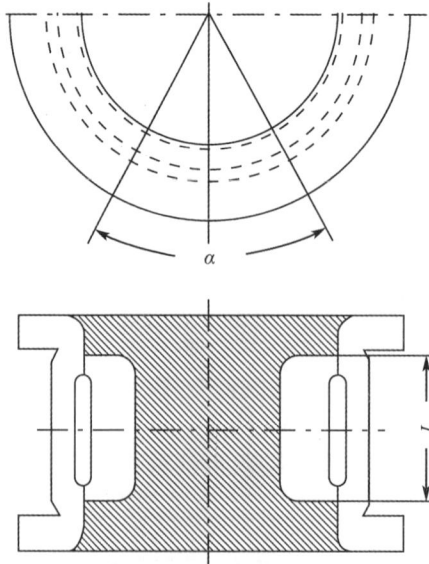

虚线部分—轴颈与轴瓦接触面积;α—接触角;L—轴承宽的 $70\% \sim 80\%$。

图 1 - 1 - 8　主轴颈与主轴承相接触的要求

（2）曲轴装妥后，各主轴颈的径向圆跳动量不得超过表 1-1-3 中的规定。在修理时，主轴颈的径向圆跳动量不得超过表 1-1-4 中数值的 1.5 倍。检查主轴颈径向圆跳动量时，应在每个主轴颈的 2~3 个截面内进行。

表 1-1-3　主轴颈的径向圆跳动公差值　　　　　　　　　　　单位：mm

曲柄数目	轴颈支承数目	主轴颈直径						
		>75	>75~100	>100~150	>150~250	>250~350	>350~500	>500~600
3	1	0.015	0.020	0.025	0.030	0.040		
4	2~3	0.020	0.025	0.030	0.040	0.050		
5~8	3~4	0.025	0.030	0.035	0.050	0.060	0.070	0.080
9~12	5~6			0.040	0.055	0.065	0.075	0.085

表 1-1-4　主轴颈与轴承径向装配间隙　　　　　　　　　　　单位：mm

主轴颈直径	轴承径向装配间隙		
	转速<500 r/min	转速>500 r/min	
		白合金	铜铅合金
≥75~100	—	0.06~0.08	0.08~0.10
>100~125	—	0.08~0.11	0.10~0.12
>125~150	—	0.11~0.15	0.12~0.16
>150~200	0.14~0.18	0.15~0.20	0.16~0.23
>200~250	0.18~0.22	0.20~0.24	0.23~0.28
>250~300	0.22~0.26	0.24~0.28	—
>300~350	0.26~0.30	—	—
>350~400	0.30~0.34	—	—
>400~450	0.34~0.38	—	—

（3）曲轴装妥后，在 0°、90°、180°、270° 四个位置上测量每个曲柄臂距差，一般来说其值应符合图 1-1-9 的要求。

对于活塞行程小于 400 mm 者，可适当放宽为每米活塞行程不大于 0.125 mm。

对于具有大质量飞轮且为挠性连接的曲轴，飞轮装妥后，接近飞轮端的第一曲柄的臂距差，可考虑放宽为每米活塞行程不大于 0.175 mm。

如图 1-1-9 所示，线 Ⅰ、Ⅱ 为曲轴臂距差在装配时的标准，在线 Ⅰ 左方表示曲轴装配情况良好；在线 Ⅰ、Ⅱ 之间表示装配合格。图中线 Ⅲ 为船舶营运中曲轴臂距差的最大允许极限值。

6300C 型柴油机说明书对曲轴臂距差有明确规定，新装配时靠飞轮一挡为不大于 0.08 mm，使用过程中超过 0.14 mm 应修理；其他挡为新装配时不大于 0.03 mm，使用过程中超过 0.12 mm 应修理；曲轴的臂距差在任何情况下均不得超过 0.14 mm，不然会使曲轴产生裂纹和折断。装配时应严格遵守该规定。

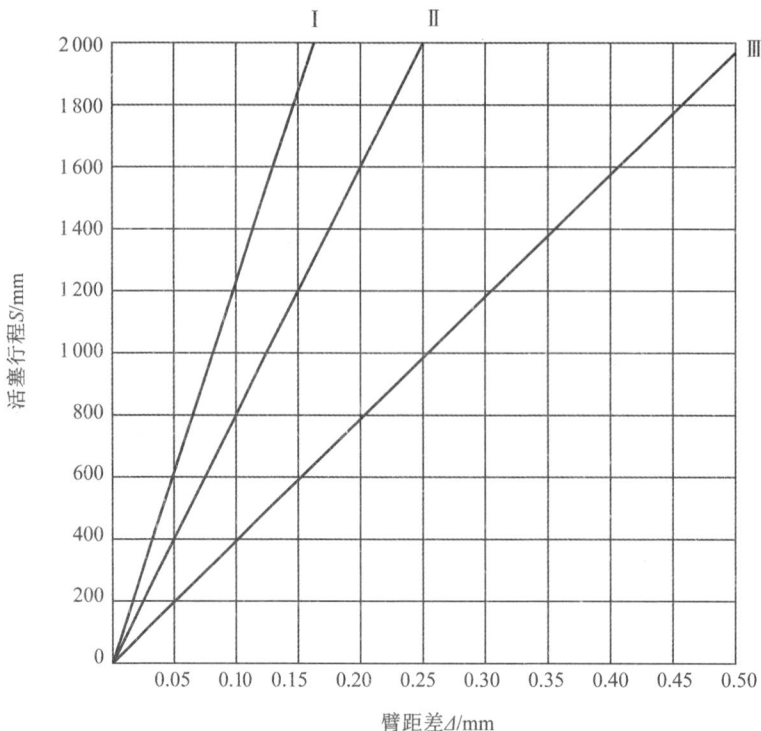

图 1 – 1 – 9　曲轴臂距差允许范围

由于曲轴的刚性较差,装配后其轴线总是呈一定弹性弯曲状态,因此控制臂距差值在规定范围内,是为了使曲轴轴线尽可能接近于直线。

(4)曲轴装妥后,应做好桥规测量记录。桥规测量是为了检查曲轴轴线与机座上平面的平行度,保证气缸轴线与曲轴轴线垂直度的精度,同时还可以看出曲轴轴线的挠曲状况。

图 1 – 1 – 10 呈现出用桥规测量时的情况。将桥规贴紧在机座上平面上,用塞尺测量桥规和曲轴主轴颈之间的距离(间隙)a,比较各主轴颈处测得的间隙值,即可判断曲轴轴线的状态及其与机座上平面的平行度。测量应在主轴颈首、尾两端,并当曲柄在上、下止点及左、右舷四个位置时进行。每个主轴颈共测 8 次,求得平均值。曲轴轴线与机座上平面的平行度误差每米不大于 0.05 mm。

(5)主轴颈与轴承之间应有一定的径向间隙,每种柴油机的说明书上均有规定数值。6300C 型柴油机主轴颈与轴承径向间隙在新装配时为 0.18 ~ 0.25 mm,使用过程中的极限间隙为 0.40 mm。径向间隙是由机型、转速、轴颈直径大小、轴瓦材料、润滑条件等因素决定的。径向间隙过小,会引起润滑不良、磨损加剧和发热严重,致使主轴颈和轴瓦损坏;径向间隙过大,也会引起润滑情况恶化,同时易造成冲击负荷,将加速轴瓦的疲劳损坏。

没有说明书时,主轴颈与轴瓦的径向装配间隙可按表 1 – 1 – 4 的规定选取。当主轴颈有圆度和圆柱度误差时,其装配间隙应按最大直径计算,并选取表中的下限值;若轴承座孔轴线失中或曲轴变形,则其径向装配间隙应选取表中的上限值。

必须注意,轴瓦内壁两侧的对口部位,即从接合平面(分开面)向下 1/8 弧长内,其径向间隙应增加 0.05 ~ 0.08 mm。

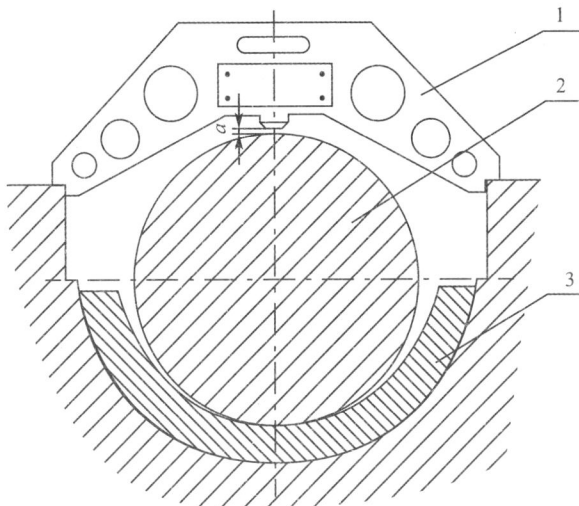

1—桥规;2—主轴颈;3—轴承。
图1-1-10 桥规测量

主轴承上、下轴瓦之间用垫片调整其径向间隙时,垫片的增减必须使其两侧的厚度相等。主轴承的径向间隙绝不允许用松紧螺母的方法来调整。

(6)主轴颈与轴承装配时,除有径向间隙要求外,还应有轴向间隙要求。因为柴油机工作时温度升高,曲轴会伸长,这时应使曲轴有自由伸长的余地,所以在生产中做如下规定:

①柴油机与轴系或发电机弹性连接,其主轴承上有止推轴承和曲轴上有止推环时,在曲轴后移的情况下,间隙分配如图1-1-11(a)所示。S_1为止推轴承轴向最大间隙,则轴承端面与曲柄臂平面之间的间隙为

$$S_2 = 0.000\ 6L + S_1 + (0.2 \sim 0.5)\ \text{mm}$$
$$S_3 = 0.2 \sim 0.5\ \text{mm}$$

式中 L——主轴承中心至止推轴承中心的距离,mm。

在曲轴前移的情况下,有

$$S_2 = S_1 + (0.2 \sim 0.5)\ \text{mm}$$
$$S_3 = 0.000\ 6L + (0.2 \sim 0.5)\ \text{mm}$$

6300C型柴油机S_1为0.80 ~ 1.14 mm。

②柴油机本身没有止推轴承,而它的尾部又与轴系的推力轴连接。柴油机安装以后,应先检查S_1、S_2、S_3,如图1-1-11(b)所示。在船前进的情况下,S_1为推力轴承最大轴向间隙,则

$$S_2 = 0.000\ 6L + (0.2 \sim 0.5)\ \text{mm}$$
$$S_3 = S_1 + (0.2 \sim 0.5)\ \text{mm}$$

式中 L——止推轴承中心至轴系推力轴承中心的距离,mm。

在船舶后退的情况下,有

$$S_2 = 0.000\ 6L + (0.2 \sim 0.5)\ \text{mm}$$
$$S_3 = 0.2 \sim 0.5\ \text{mm}$$

其他主轴承轴向间隙的调整方法同第一种情况。

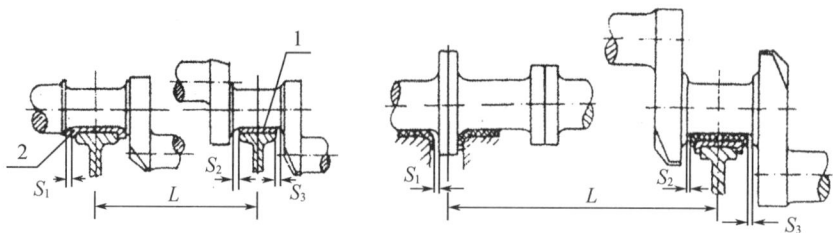

(a)带止推轴承的柴油机尾端与轴系弹性连接　(b)不带止推轴承的柴油机尾端与轴系的推力轴刚性连接

1—止推轴承轴瓦;2—主轴承轴瓦。

图 1-1-11　曲轴与主轴的轴向间隙

③柴油机本身带推力轴承,各主轴承都不带止推轴承,主轴承轴向间隙调整方法同第一种情况。

以上各项是一般曲轴装配的技术要求。对于小型柴油机(活塞行程小于 200 mm 者),通常不做臂距差和桥规值的测量。

2. 曲轴臂距差及其测量

曲轴弯曲指曲轴轴线离开平直状态,即各主轴颈中心连线不是一条直线。曲轴的弯曲有弹性弯曲和塑性弯曲两种。两者最大的区别在于,在曲轴旋转一周中,弹性弯曲的方向不变,而塑性弯曲的方向是旋转的。

大、中型柴油机的曲轴较细长,刚性较低,安装后,自重使主轴颈座贴于主轴承下瓦表面,因此各主轴承孔的中心连线就是各主轴颈中心的连线——实际轴线。当各主轴承中心高低不一时,安装后的曲轴中心线就不是一条平直线,而是弯曲弧线,如图 1-1-12 所示。若某曲柄的两主轴承低于相邻主轴承,则曲轴轴线在此处呈下塌挠曲状态;相反,若某曲柄的两主轴承较相邻的主轴承高,则此处曲轴轴线呈上拱弯曲状态。若存在这两种挠曲,则曲轴在回转一周中,两个曲柄臂之间的距离(简称臂距)就会发生变化。当轴线呈下塌挠曲时,曲柄销在上止点时的臂距就会比曲柄销在下止点时的臂距大;当曲轴轴线呈上拱挠曲时,则情况相反。

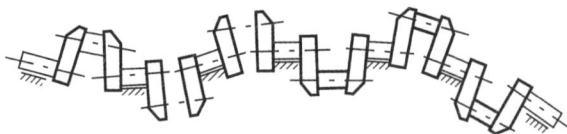

图 1-1-12　曲轴轴线挠曲

在曲轴不断回转中,臂距会因挠曲而反复变化,两个曲柄臂就会不断地扩张、缩拢。由于主轴颈与曲柄臂的连接刚性较好,故曲柄臂扩张、缩拢变形主要发生在曲柄臂与曲柄销连接处,使得两者之间的夹角 α 与 β 不断变化,造成曲柄臂与曲柄销连接过渡圆角处产生交变的弯曲应力。由于这种弯曲应力与气缸内气体压力无直接关系,故称其为附加弯曲应力,其数值大小难以得到精确计算与控制。但是,其反复作用是引起曲轴产生弯曲疲劳断裂的主要起因,所以在安装、管理中应该严加监视和限制。

我们通过测量曲柄销在不同位置时的曲柄臂距并进行比较,即可判断该曲柄的轴线挠曲情况,如图 1-1-13 所示。当某曲柄处曲轴轴线呈下塌挠曲(图 1-1-13(a))时,曲柄销在上止点时的曲柄臂距 L_1 将大于曲柄销在下止点时的曲柄臂距 L_2。当曲柄销在上、下止点(或左、右水平)时,两曲柄臂之间距离的差值称为"臂距差"。一般规定垂直方向的臂距差为曲柄销在上止点时的臂距 L_1 减去曲柄销在下止点时的臂距 L_2,并用符号 Δ 表示,即 $\Delta = L_1 - L_2$。若垂直方向臂距差为正值,则说明该曲柄轴线呈下塌挠曲,此曲柄状态称为下叉口,用符号"$\wedge$"标记,表示该曲柄的两主轴承比相邻两侧的主轴承位置低;相反,若垂直方向臂距差为负值,则说明该曲柄轴线呈上拱挠曲(图 1-1-13(b)),此曲柄状态称为上叉口,用符号"$\vee$"标记,表示该曲柄的两主轴承位置较高。水平方向臂距差也用同类方法计算、标记。

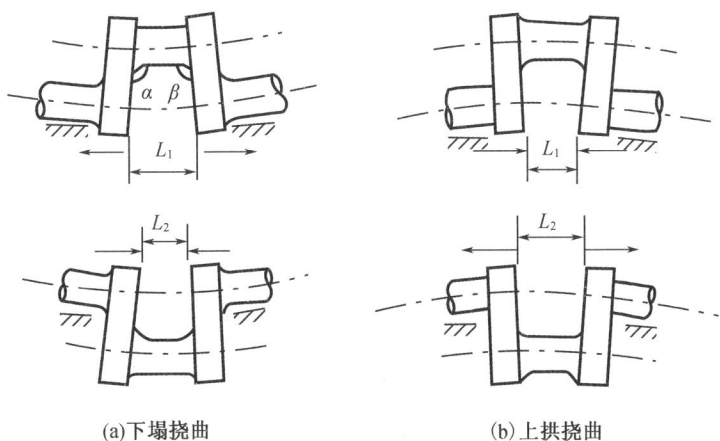

(a)下塌挠曲 (b)上拱挠曲

图 1-1-13 挠曲与臂距差

曲轴臂距差检查测量用专门的曲轴量表进行,它是一种专用百分表,又称臂挡表或甩挡表。其外貌及使用安装如图 1-1-14 所示。臂挡表有 1 个长短可装成不同长度的固定触脚,另一个为直接驱动百分表的活动触脚。两触脚均用锥形顶尖装在两曲柄臂内侧的冲眼圆坑中。一般,圆坑离曲柄销中心的距离为 $\frac{1}{2}(D+S)$,其中 D 为主轴颈直径,S 为活塞行程。臂挡表的活动触角外伸时,表盘读数值增大。为使臂挡表随曲柄旋转时表面能始终朝上,便于读数,臂挡表背面都有固定重锤。

在拆除活塞连杆后,可以直接测量曲柄销在 0°、90°、180°、270° 四个位置的臂距。在活塞连杆未拆除时,曲柄销在下止点时的臂距 L_2 就无法直接测得,因为此时连杆会打落臂挡表,所以只能测取曲柄销在下止点前 15° 和下止点后 15° 两个位置的臂距,再用这两臂距的平均值来代表曲柄销在下止点时的臂距 L_2,即在不拆除活塞连杆时,应连续测量曲柄销在正转方向195°、270°、360°、90° 和165°五个位置的臂距,分别对应图 1-1-15 中的 1~5。一般,按图示的臂挡表所在位置记录的,称为表位法;按曲柄销位置记录的,称为销位法。

下面以表位法做测量记录,并加以分析。此时,臂挡表所在的位置就是两曲柄臂间开挡所在的方向。图中记录值 0、0.03、0.05、0.02 及 0.02 分别表示曲柄销在195°、270°、360°、90°和165°位置的臂距,则 $L_1 = 0.05$ mm,$L_2 = \frac{1}{2}(0 + 0.02) = 0.01$ mm。该曲柄在垂直

方向的臂距差为 $\Delta = L_1 - L_2 = 0.05 - 0.01 = 0.04$ mm，呈下叉口。由记录数据 $0.05 > \frac{1}{2}$ $(0 + 0.02)$ 可以直接看出，该曲柄呈下叉口。

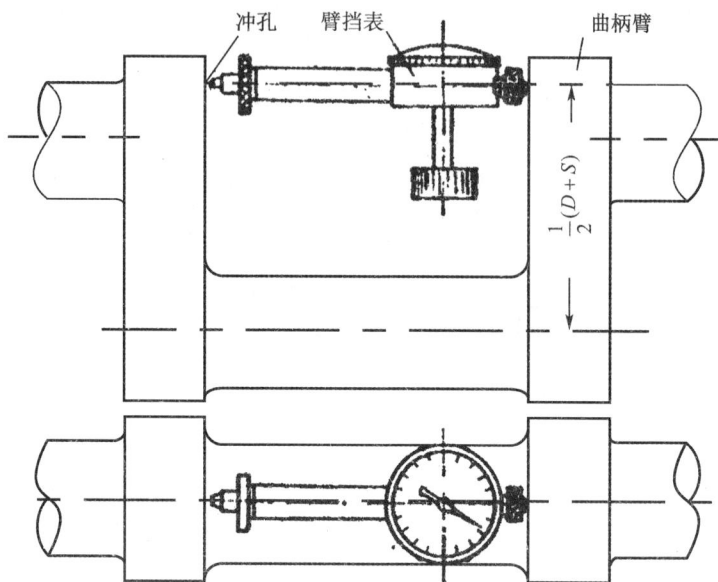

图 1 - 1 - 14　臂挡表及其安装

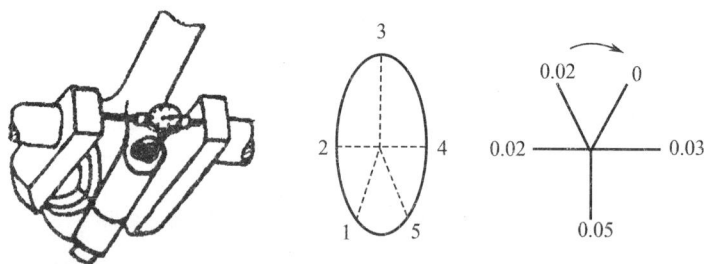

图 1 - 1 - 15　臂距测量及记录

3. 研刮主轴承

目前，成批生产的中型柴油机由于制造质量的提高，在曲轴装配时（对薄壁轴瓦）已基本免除研刮轴瓦工艺。当贴合情况不良时，采用选配轴瓦或进行少量的研刮，可以大大简化装配工作。

但是对于某些柴油机，尤其是修理时，为使曲轴轴线呈一直线并与主轴承保持一定的装配间隙，仍常常在装配过程中采用研刮主轴承的方法，以达到装配技术要求。这时，主轴承合金层上应留一定的研刮余量，一般在 0.10 mm 以内。

研刮主轴承有两种方法：一种是"假轴"法；另一种是直接用曲轴主轴颈研刮法。

采用"假轴"进行研刮时，"假轴"是由铸铁或钢板焊接制成的圆柱形空心管，其长度等于机座的长度，与轴承配合的轴颈部分应精磨，其直径应等于曲轴主轴颈直径加上间隙值。

在研刮主轴承的同时,应检验其与机座上平面的平行度误差。

用"假轴"的优点是,它的刚性比曲轴好,容易使各轴承获得要求的同轴度,起吊方便。此外,用"假轴"刮出的轴瓦内孔是一个满足要求的圆形,容易形成对液体摩擦有利的楔形油膜。直接用曲轴主轴颈刮出的轴瓦内孔,在加上油隙垫片后并不是一个满足要求的圆形。但是,在单件生产和修理中采用"假轴"法极不经济,故较少应用。

直接用曲轴主轴颈研刮主轴承的大致过程如下。

(1)将下轴瓦装入主轴承座孔内

下轴瓦背面与轴承座孔贴合情况达到技术要求后,将下轴瓦固定在轴承座孔内。

(2)研刮轴瓦的圆角处

使曲轴主轴颈能落座到轴瓦上。研刮时必须注意其轴向间隙,必要时研刮到规定值。

(3)研刮轴承合金,使曲轴保持水平

曲轴落座后,在垂直方向用桥规测量、在水平方向用内径千分尺测量主轴颈表面与机座轴承座侧面间的距离。根据测量结果和色油分布情况研刮各轴瓦,使曲轴轴线与机座上平面平行,并与轴承座两侧面对称。

研刮时,若多数轴瓦贴合良好,个别贴合不良甚至没有接触,则应检查该轴瓦的厚度及其接合平面相对座孔平面的高度,或在该轴瓦背面垫以薄纸后再将曲轴吊入,并检查其贴合情况。若贴合情况有改善,则应换去此轴瓦;若需抬高的数值小,则不一定要更换轴瓦,将其余轴瓦相应刮低即可。

(4)精刮轴瓦

主轴颈与轴瓦贴合良好尚不能确定曲轴轴线已呈一直线,还需根据臂距差值来确定。因此,精刮轴瓦应根据臂距变化情况,研刮到臂距差值在允许范围内为止。进行以上操作时,主轴颈与下轴瓦贴合情况应达到技术要求,轴向间隙应达到规定数值。常要重复多次操作,才能达到这些要求。

(5)研刮上轴瓦

拆去固定下瓦的压板等零件,装上上瓦(这时曲轴仍置于下轴瓦上),测量上、下瓦接合平面间的间隙,按测量结果制作一组轴承垫片。为了便于调整间隙,垫片应制成组合式(通常由0.05 mm、0.10 mm、0.20 mm、0.25 mm等规格组成,应按具体情况而定)。在主轴颈上涂色油,装上调整垫片、上轴瓦及轴承盖,拧紧螺母,转动曲轴1~2转,然后取出上瓦,按色油分布情况研刮上轴瓦。重复上述操作,直到使上轴瓦2/3以上的弧长面上均匀沾有色油为止。

(6)调整径向间隙

上轴瓦刮好后,在每组调整垫片内增加一片垫片,其厚度等于轴承径向间隙;然后用压铅丝方法测量径向间隙是否符合技术要求。如图1-1-16所示,在主轴颈长度方向安放三根直径为0.5~1.5 mm的软铅丝,装好上轴瓦,压紧轴承盖(注意记下螺母拧紧位置);然后松开,取出被压扁的铅丝,测量其厚度,若厚度不等于规定的间隙值,则应调整垫片,重复上述操作,直到符合要求为止。

4.轴瓦研刮量的确定方法

如前所述,曲轴装配后的主要技术要求是臂距差应

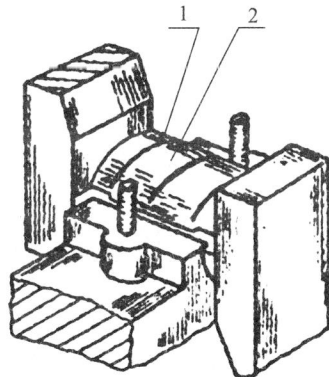

1—软铅丝;2—主轴颈。

图1-1-16 压铅丝测量径向间隙

达到规定的良好或合格的数值,即要求曲轴轴线处于直线状态,以免曲轴在工作中产生过大的附加应力,出现裂纹甚至断裂。但由于机座、轴承或曲轴本身存在加工误差,装配时又会出现变形及其他误差,曲轴轴线很难在一次安装后达到装配技术要求,因此在装配过程中应适当研刮各挡轴瓦以调整其高低位置,从而使曲轴臂距差符合规定要求数值。

当曲轴安放在高低不同的主轴承上时,其轴线处于挠曲的曲线状态,必然引起臂距差值在上、下止点时有变化。曲轴轴线挠曲越大,臂距差值就越大。主轴承在水平方向的同轴度误差也同样产生该方向的臂距差。

根据上述原理,可以利用曲轴臂距差判断主轴承的高低位置,以便通过研刮来调整曲轴轴线位置。然而仅凭臂距差还不能确定具体修刮量,往往要多次起吊曲轴重复研刮,这样可能引起曲轴变形或碰伤,且费工费时。若判断错误,则会造成返工。为加快曲轴装配工作,就需要厘清臂距差与轴瓦研刮量之间的关系。

5. 主轴承研刮量的确定

曲轴轴线挠曲和曲柄臂距差出现的原因是主轴承加工误差、船体变形而引起的机座变形、曲轴安装时的轴线误差等,亦即主轴承的轴线偏离了理论位置。可以认为轴承位移是由作用于主轴承上的外力矩产生的,而曲柄的臂距差可以看作引起多个主轴承位移的力矩作用的结果。曲柄几何尺寸如图 1-1-17 所示,曲柄主轴承的力矩作用如图1-1-18,l 为主颈轴中点之间的距离。

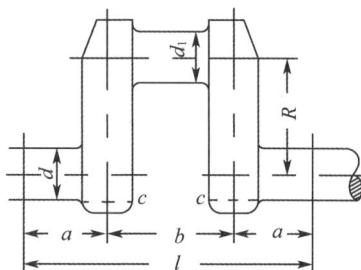

图 1-1-17 曲柄几何尺寸

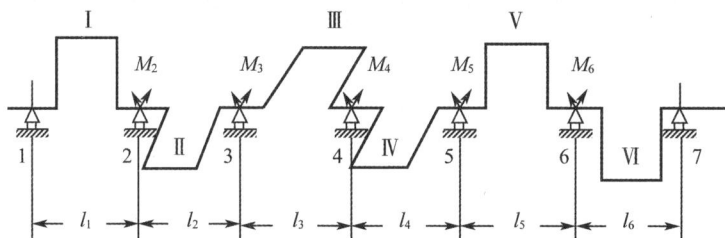

图 1-1-18 曲轴主轴承的力矩作用示意图

$$\Delta = (M_n + M_{n+1})\frac{R}{E}\left(\frac{b}{I_X} + \frac{R}{I_B}\right)$$

式中 Δ——臂距差,m;

M_n、M_{n+1}——在第 n 和 $n+1$ 个主轴承上的弯曲力矩,N·m;

E——曲轴材料弹性模数,2×10^5 MPa;

I_x——曲柄销截面惯性矩,m^4;

I_B——曲柄臂截面惯性矩,m^4;

R——曲柄半径,m;

b——至曲柄臂中线的曲柄销长度,m。

如果臂距差在距曲轴轴线 $d/2$ 的点 $c-c$ 处测量,那么换算成主轴轴线处测量的臂距差为

$$\Delta = \frac{\Delta' R}{R + d/2}$$

式中 Δ'——在点 $c-c$ 处测量的臂距差；

Δ——在曲轴轴线处测量的臂距差。

所以，臂距差、曲柄尺寸和力矩的关系式可写成

$$M_n + M_{n+1} = \Delta \frac{E}{R(b/I_X + R/I_B)}$$

$\dfrac{E}{R(b/I_X + R/I_B)}$ 对每根曲轴来说是常数，并且仅仅取决于材料和曲柄尺寸，用 C 来表示，则有

$$M_n + M_{n+1} = C\Delta$$

由上式可见，曲轴臂距差与作用在曲柄相邻主轴承上的弯曲力矩成正比。

作用于曲轴两端主轴承上的力矩等于零。因而，图 1-1-18 中第一个曲柄上只受到力矩 M_2 的作用。已知第一个曲柄的臂距差为 Δ_1，根据上式，通过计算可确定第二个主轴承上的力矩 M_2 为

$$M_2 = C\Delta_1$$

第三个主轴承上的力矩 M_3 为

$$M_3 = C\Delta_2 - M_2$$

同理可以确定其他主轴承的力矩。

更简单的求力矩的方法是图解法。首先，画一条水平线表示曲轴轴线，如图 1-1-19 所示，并按比例以各主轴承中点间的距离尺寸截取水平线，1、2、3、4、5、6、7 各分点即为各主轴承位置，再在各主轴承和曲柄的对称中线分别作水平线的垂直线。

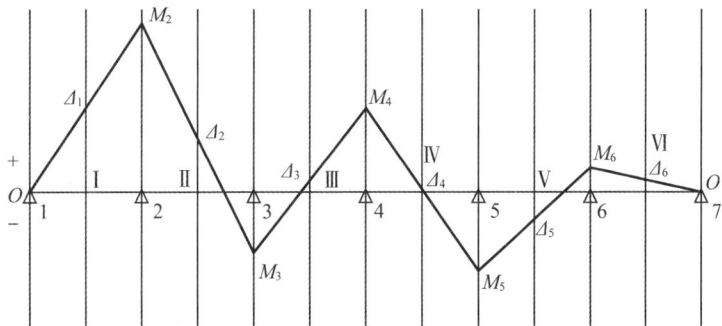

图 1-1-19 支承力矩图解法

其次，以适当的比例在曲柄对称中线的垂直线上截取臂距差值 $aa_1 = \Delta_1$，向上截取的臂距差值为"正"，向下截取的为"负"。如前所述，作用在曲轴端部的第一个主轴承上的力矩为零。因而，在第一个曲柄上的臂距差仅仅是由作用于第二个主轴承上的力矩引起的（参阅图 1-1-18），并与它成比例。

再次，连接第一个主轴承中点 1 和第一个曲柄臂距差 Δ_1 的坐标画一直线，其延长线与轴承中点 2 的垂线相交，所截取的线段等于同一比例下作用在第二个主轴承中点的力矩。设该点纵坐标为 M_2，连接点 M_2 和相应于第二个曲柄臂距差 Δ_2 的坐标画一直线，其延长线与轴承中点 3 的垂线相交，所截取的线段等于第三个主轴承上的力矩。同理可以求得所有主轴承上的力矩。力矩的作图比例可由下式求出：1 mm 线段的力矩为

$$\frac{E}{R(b/I_X + R/I_B) \cdot 2i}$$

式中 i——臂距差的比例值。

由于所截取臂距差线段比力矩小一半，所以式中根据臂距差所表示的力矩的系数应除以 2。

作用在主轴承上（曲轴两端主轴承除外）的力矩，不仅有在该轴承上的力矩，而且有邻近主轴承上的力矩。例如，作用在第三个主轴承上的有位于其右边和左边主轴承的力矩，即在此轴承上将作用有力矩 M_2、M_3、M_4。

如前所述，由于轴承的位移，在主轴承上产生的力矩可以用材料力学的知识求出，中间主轴承上的曲轴相对于邻近轴承的挠度可以由下式确定，即

$$f_n = \varphi_n l = l(M_{n-1}\alpha_{n-1} + M_n\alpha + M_n\beta_n + M_{n+1}\beta_{n+1})$$

式中 f_n——相对于第 $n-1$ 和 $n+1$ 个主轴承，在 n 主轴承上的曲轴挠度；

φ_n——在该轴承上的曲轴截面转角；

l——两轴承中点之间的距离。

为了方便起见，上式可写成

$$f_n = l(M_{n-1}\alpha' + M_n\alpha + M_n\beta + M_{n+1}\beta')$$

式中 α、β、α'、β'——轴承位移时对力矩的影响程度的系数，且

$$\alpha = \frac{l}{3EI_X} + \frac{(a+b)^2 + a^2}{EI_B l^2}R$$

$$\beta = \frac{l}{6EI_X} + \frac{2Ra(b+a)}{EI_B l^2}$$

$$\alpha' = \frac{l}{3EI_X} + \frac{(a+b)^2 + a^2}{EI_{BN} l^2}R$$

$$\beta' = \frac{l}{6EI_X} + \frac{2Ra(b+a)}{EI_{BN} l^2}$$

式中 l、a、b、R——曲柄几何尺寸（图 1-1-17）；

EI_X——曲柄销刚度；

EI_B——曲柄臂刚度；

EI_{BN}——曲柄臂抗扭刚度。

系数 α 和 β 适用于曲柄臂承受弯曲作用的情况，而 α' 和 β' 适用于曲柄臂承受扭转或弯曲与扭转共同作用的情况。

大量的曲轴计算分析说明，这些系数有如下比例关系：

$$\alpha : \beta : \alpha' : \beta' \approx 1 : 1/2 : 1/2 : 1/4$$

用这些数值计算系数，对于实际计算来说具有足够的精度。因此，对于两个中间主轴承能够写出相对于相邻轴承的位移方程，即

$$f_2 = \alpha l(M_2 + 0.5M_2 + 0.25M_3)$$

$$f_3 = \alpha l(0.5M_2 + M_3 + 0.5M_3 + 0.25M_4)$$

$$f_4 = \alpha l(0.5M_3 + M_4 + 0.5M_4 + 0.25M_5)$$

$$\vdots$$

这样，方程的数目应该对应于轴承的个数。

为了作出对应于曲轴轴线的挠曲图解曲线，可先画一条水平线，并在线上按比例在主

轴承中点之间进行截取,得到各分点,再从这些分点作垂直线,如图1-1-20所示。

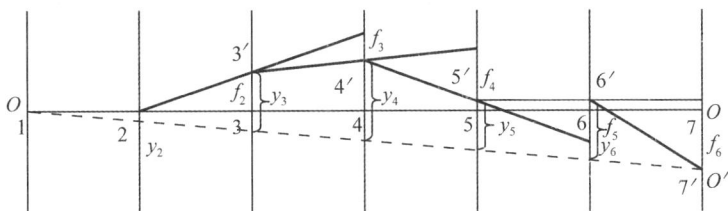

图1-1-20 曲轴挠曲轴线的作图

曲轴挠曲轴线的作图步骤如下:设位移计算数值为f_2、f_3、f_4、f_5、f_6。如果f为正值,那么按选定的位移比例截取的线段向下,如为负值则向上。以选定的位移比例在垂直线上由点3截取线段f_2,得到点3′。连接2、3′两点并延长使其与点4的垂直线相交,在该点垂直线上再由交点开始截取线段f_3,得到点4′。连接3′、4′两点并延长至与点5的垂直线相交,从交点截取线段f_4,得到点5′。以此类推,就画出了曲轴轴线的挠曲曲线。在确定该轴线相对于曲轴几何轴线位置时,要考虑下列因素:曲轴与轴系的相互位置,有些轴承没有位移。

在确定轴承研刮量时,必须得到轴承位移的确定位置。如需要研刮时,最好使曲轴的几何轴线通过最低的轴承。

当测量曲轴几何轴线至相应的轴承位移点的距离时,所得到的是按照一定比例得到的轴承位移值,即实际位移等于截距值与常数φl的乘积,即

$$y_n = \varphi l y'$$

将通过点1~7′即通过最低主轴承的直线O_1O'当作曲轴的几何轴线。显然,按照相应比例得到的纵坐标y_2、y_3、y_4、y_5、y_6就是中间轴承相对于轴线O_1O'的位移。因而,为了校直曲轴的挠曲曲线,必须研刮主轴承,从每一主轴承上所刮去的金属层相应为y_2、y_3、y_4、y_5和y_6。

为了刮去一定金属层,可在研刮下轴瓦之前先刮出所需深度的基准点,其深度等于应刮去的金属层厚度,并按照此基准点研刮各轴承。用以上论证的方法安装曲轴时,要对轴线进行正确计算,并在轴承下瓦精确地刮出基准点,再研刮各轴承。这样安装曲轴只需要将曲轴吊升1~2次即可,这对重型曲轴是很重要的。

例1-1-1 试作某船舶柴油机曲轴挠曲轴线图,确定主轴承位移值并求出各主轴承研刮量(单位为mm)。

已知:曲轴材料为钢;主轴颈$d=0.22$ m;曲柄半径$R=0.285$ m;轴承间距$l=0.71$ m;曲柄臂厚度$h=0.122$ m;曲柄臂宽度$b'=0.345$ m;主轴颈至曲柄臂中线的距离$a=0.196$ m;曲柄销长$b=0.318$ m;由点$c-c$处测得的臂距差$\Delta_1'=0.21$ mm,$\Delta_2'=0.14$ mm,$\Delta_3'=0.03$ mm,$\Delta_4'=0$ mm,$\Delta_5'=-0.07$ mm,$\Delta_6'=0.03$ mm。

解 曲柄销截面惯性矩:$I_X = 0.049d^4 = 0.05 \times 0.22^4 = 1.15 \times 10^{-4}$ m^4

曲柄臂截面惯性矩:$I_B = b'h^3/12 = 0.345 \times 0.122^3/12 = 5.22 \times 10^{-5}$ m^4

曲柄臂截面扭转惯性矩:$I_{BN} = 0.263 \times b'h^3 = 0.263 \times 0.345 \times 0.122^3 = 1.65 \times 10^{-4}$ m^4

曲柄臂截面积:$S = b'h = 0.345 \times 0.122 = 4.2 \times 10^{-2}$ m^2

轴承位移对力矩影响程度的系数:

$$\alpha = \frac{1}{E}\left[\frac{l}{3I_X} + \frac{(a+b)^2 + a^2}{I_B l^2}R\right]$$

$$= \frac{1}{E}\left[\frac{0.71}{3 \times 1.15 \times 10^{-4}} + \frac{(0.196 + 0.318)^2 + 0.196^2}{5.22 \times 10^{-5} \times 0.71^2} \times 0.285\right] = \frac{5\ 340}{E}\ \text{N}^{-1} \cdot \text{m}^{-1}$$

$$\alpha' = \frac{1}{E}\left[\frac{l}{3I_X} + \frac{(a+b)^2 + a^2}{I_{BN} l^2}R\right]$$

$$= \frac{1}{E}\left[\frac{0.71}{3 \times 1.15 \times 10^{-4}} + \frac{(0.196 + 0.318)^2 + 0.196^2}{1.65 \times 10^{-4} \times 0.71^2} \times 0.285\right] = \frac{3\ 090}{E}\ \text{N}^{-1} \cdot \text{m}^{-1}$$

$$\beta = \frac{1}{E}\left[\frac{l}{6I_X} + \frac{2Ra(b+a)}{I_B l^2}\right]$$

$$= \frac{1}{E}\left[\frac{0.71}{6 \times 1.15 \times 10^{-4}} + \frac{2 \times 0.285 \times 0.196(0.196 + 0.318)}{5.22 \times 10^{-5} \times 0.71^2}\right] = \frac{3\ 210}{E}\ \text{N}^{-1} \cdot \text{m}^{-1}$$

$$\beta' = \frac{1}{E}\left[\frac{l}{6I_X} + \frac{2Ra(b+a)}{I_{BN} l^2}\right]$$

$$= \frac{1}{E}\left[\frac{0.71}{6 \times 1.15 \times 10^{-4}} + \frac{2 \times 0.285 \times 0.196(0.196 + 0.318)}{1.65 \times 10^{-4} \times 0.71^2}\right] = \frac{1\ 720}{E}\ \text{N}^{-1} \cdot \text{m}^{-1}$$

将点 $c-c$(参阅图 $1-1-17$)处测量的臂距差换算为曲轴轴线处的臂距差,有

$$\Delta = \frac{\Delta' R}{R + d/2} = \Delta' \frac{0.285}{0.285 + 0.22/2} = 0.722\Delta'$$

曲柄特性由下式确定:

$$C = \frac{E}{R\left(\dfrac{b}{I_X} + \dfrac{R}{I_B}\right)} = \frac{E}{0.285\left(\dfrac{0.318}{1.15 \times 10^{-4}} + \dfrac{0.285}{5.22 \times 10^{-5}}\right)} = \frac{E}{2\ 340}\ \text{N}$$

臂距差比例:0.01 mm 臂距差 Δ 相当于图上 2 mm,即放大系数 $i = 200$。

力矩比例:图上 1 mm 的线段相当于

$$\frac{E}{2\ 340 \times 2 \times 200} \times 0.001 = \frac{E}{9.36 \times 10^8}\ \text{N} \cdot \text{m}$$

位移比例:1 mm 的线段相当于

$$\alpha l M \times 4 \times 1\ 000 = \frac{5\ 340}{E} \times 0.71 \times \frac{E}{9.36 \times 10^8} \times 4 \times 1\ 000 = 0.016\ 2\ \text{mm}$$

式中,分子乘以 4 是因为位移图作图比例是力矩图作图比例的 1/4。

点 $c-c$ 处测得的曲柄臂距差经过换算(利用换算系数)求得在曲轴轴线处的臂距差为

$$\Delta_1 = \Delta'_1 \times 0.722 = 0.21 \times 0.722 = 0.15\ \text{mm}, \Delta_2 = 0.10\ \text{mm}, \Delta_3 = 0.02\ \text{mm}$$

$$\Delta_4 = 0\ \text{mm}, \Delta_5 = -0.05\ \text{mm}, \Delta_6 = 0.02\ \text{mm}$$

作力矩图,如图 $1-1-21$ 所示,在水平线 OO 上,通过主轴承上的 1、2、3 等点,以及两主轴承间距的中点,分别作垂直线。

在曲柄中线 Ⅰ 上按所取比例截取等于臂距差的线段 $a-a_1$,则

$$\Delta_1 \times i = 0.15 \times 200 = 30\ \text{mm}$$

连接点 1 及 a_1 并延长至与第二主轴承的垂线相交,线段 $2M_2$ 按比例为第二主轴承上的支承力矩。

在曲柄中线 Ⅱ 上截取 $b-b_1$ 等于

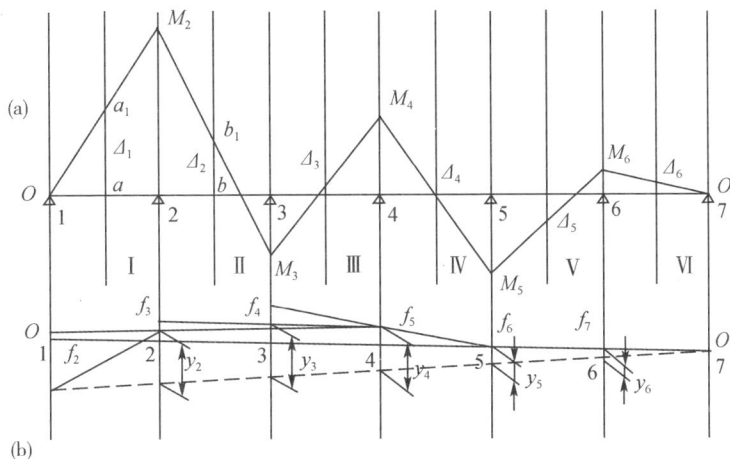

图 1 - 1 - 21　曲轴挠曲轴线和力矩图解

$$\Delta_2 \times i = 0.10 \times 200 = 20 \text{ mm}$$

连接 $M_2 b_1$ 并延长至与点 3 相交的垂直线,在曲柄中线Ⅲ上截取第三曲柄臂距差 Δ_3,并连接点 M_3 与在第三曲柄中线上所得的点,再延长,与点 4 的垂直线相交,在第四主轴承垂直线上按比例截取 M_4 等。

由支承力矩曲线图得出力矩线段

$$M_2 = 60 \text{ mm}, M_3 = -20 \text{ mm}, M_4 = 28 \text{ mm}, M_5 = -28 \text{ mm}, M_6 = 8 \text{ mm}$$

因为力矩比例为 1 mm 的线段相当于 $\dfrac{E}{9.36 \times 10^8}$,显然力矩等于

$$M_2 = 60 \times \frac{E}{9.36 \times 10^8} = 60 \times \frac{2 \times 10^{11}}{9.36 \times 10^8} = 1.28 \times 10^4 \text{ N} \cdot \text{m}$$

$$M_3 = -20 \times \frac{2 \times 10^{11}}{9.36 \times 10^8} = -0.43 \times 10^4 \text{ N} \cdot \text{m}$$

$$M_4 = 28 \times \frac{2 \times 10^{11}}{9.36 \times 10^8} = 0.6 \times 10^4 \text{ N} \cdot \text{m}$$

$$\vdots$$

利用位移方程式可以求得在取定比例下,主轴承相对于相邻轴承的位移方向。因为根据图 1 - 1 - 21(a)可知,$M_2 = 60$ mm,$M_3 = -20$ mm,$M_4 = 28$ mm,$M_5 = -28$ mm,$M_6 = 8$ mm,所以

$$f_2 = 60 + 0.5 \times 60 - 0.25 \times 20 = 85 \text{ mm}$$
$$f_3 = 60 \times 0.5 - 20 - 0.5 \times 20 + 0.25 \times 28 = 7 \text{ mm}$$
$$f_4 = -0.5 \times 20 + 28 + 0.5 \times 28 - 0.25 \times 28 = 25 \text{ mm}$$
$$f_5 = 0.5 \times 28 - 2 - 0.5 \times 28 + 0.25 \times 8 = -26 \text{ mm}$$
$$f_6 = -0.5 \times 28 + 8 + 0.5 \times 8 = -2 \text{ mm}$$

在作曲轴挠曲轴线图(图 1 - 1 - 21(b))时,应当使 1 mm 偏移等于 4 mm 力矩(参阅位移比例)。

为了方便,在图上绘出曲轴挠曲轴线,应从轴端开始作图,曲轴轴线位置不变。

在图 1 - 1 - 21(b)中截取线段

$$f_2 = 85 : 4 = 21.25 \text{ mm}, f_3 = 7 : 4 = 1.75 \text{ mm}$$

$$f_4 = 6.25 \text{ mm}, f_5 = -6.5 \text{ mm}, f_6 = -0.5 \text{ mm}$$

式中，f_5、f_6 为负号，向上量取；而其余的是正号，向下量取。

通过第一和第七主轴承作曲轴的理论轴线，求出在图形比例下主轴承的位移值。

$$y_2 = 20 \text{ mm}, y_3 = 18 \text{ mm}, y_4 = 15 \text{ mm}, y_5 = 6 \text{ mm}, y_6 = 3 \text{ mm}$$

主轴的真实位置为图形上线段乘以绘图比例。

$$y_2 = 20 \times 0.016\ 2 = 0.32 \text{ mm}$$
$$y_3 = 18 \times 0.016\ 2 = 0.29 \text{ mm}$$
$$y_4 = 15 \times 0.016\ 2 = 0.24 \text{ mm}$$
$$y_5 = 6 \times 0.016\ 2 = 0.10 \text{ mm}$$
$$y_6 = 3 \times 0.016\ 2 = 0.05 \text{ mm}$$

中间主轴承应刮去相当于所求得的各支座的位移值。

应指出的是，装配曲轴时，如果只考虑臂距差符合规范要求，而不考虑其正负值，则不能认定其已达到最好的装配质量。因为这样将使柴油机在船上运转时或运转不长时间后，某些曲柄的臂距差就会超出允许值范围，需要重新进行装配调整。因此，必须使曲轴各曲柄的臂距差合乎一定规律，既符合装配技术要求，也符合机器装船营运的使用要求，这样可以大大提高轴承和曲轴的使用寿命。

由此可知，不仅在曲轴装配时需要测量臂距差，而且在活塞连杆机构和飞轮装上曲轴后以及机器装船后与轴系（推力轴或中间轴）凸缘连接时，均要进行测量，其测量结果都必须与规范要求相符合。

1.1.5　6300C 型柴油机机体、气缸套安装

一、6300C 型柴油机机体结构

曲轴在机座主轴承上装配好后，即可进行机体的装配。与机座相同，6300C 型柴油机机体也是用 HT200 铸铁整体铸造的，它们的结构如图 1 - 1 - 22 所示。

在主轴承的两侧有贯穿机座和机体的 14 个拉杆螺栓以减小机座与机体的拉应力。

机体中装有湿式气缸套。机体下部的两侧面有宽阔的检查窗口，用以检查及装拆主轴承、连杆轴承和凸轮轴。检查窗口用盖板 5 盖住，盖板与机体之间用软木垫片密封，每一块盖板盖住两个窗口。排气侧面的盖板上装有四个防爆门 4，当曲轴箱内气压超过允许值，即发生爆炸时，防爆门会自动打开，使柴油机免于损坏。

机体的排气侧面有与气缸套成切向的进水孔 O，使冷却水沿气缸套回旋流动，以减少气缸套的气蚀。冷却水进入机体后，经机体上部的出口，由弯管引至气缸盖。

机体进水孔侧面的盖板 12 上装有防蚀锌块 11。

在机体上顶面有固定气缸盖用的气缸盖螺柱 8。

在机体进气侧的水平台架上，每缸有三个孔，其中两个装放进、排气推杆导筒，一个装喷油泵推杆导筒。台架边缘有回油槽，用以汇集渗出的柴油和机油。台架下面的孔用以装置凸轮轴承。

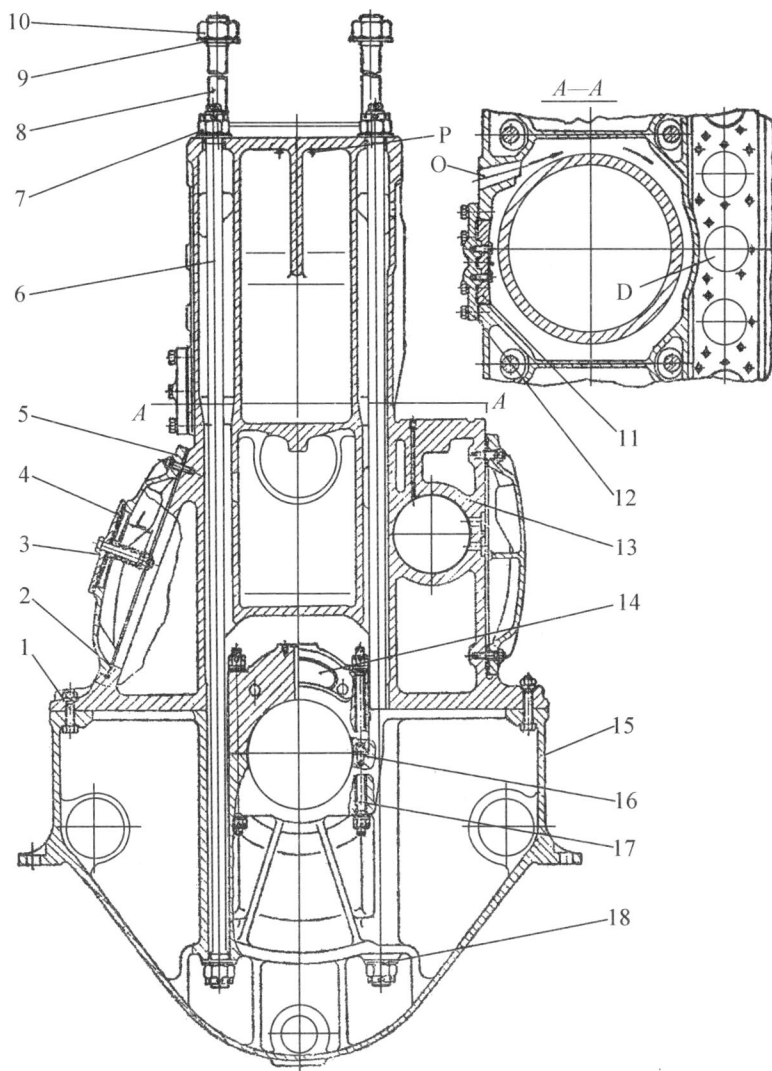

1—连接螺栓;2—薄钢片;3—弹簧;4—防爆门;5—盖板;6—拉杆螺栓;
7—螺母;8—气缸盖螺柱;9—垫圈;10—螺母;11—锌块;12—盖板;
13—凸轮轴箱;14—主轴承盖;15—机座;16—定位销;17—主轴承螺栓,
18—贯穿螺栓垫床;D—挺杆孔;O—进水孔;P—气缸体。
图1-1-22 6300C型柴油机机座、机体

二、机体装配

1. 机体装配的技术要求

6300C型柴油机机体装配的技术要求如下：

①机体气缸轴线与曲轴轴线应垂直,其垂直度误差每米应不大于0.15 mm。

②各气缸轴线应与曲轴轴线相交,其对称度误差应不大于2 mm。

③各气缸轴线与对应的两曲轴臂对称。

④机体下平面与机座上平面的结合面应紧密接触,用0.10 mm厚的塞尺检查时应不能

插入 30 mm,安装时结合面间要垫入 0.2~0.3 mm 厚的纸垫,以防漏油。

上述技术要求的提出主要是为了保证活塞连杆机构、曲轴等运动部件与气缸的相对位置正确,以达到机器正常运转的要求。例如,如果无法达到技术要求中的第①项,则活塞在气缸中必然倾斜,影响活塞环与气缸套的使用寿命,甚至影响机器正常工作。技术要求中的第④项是为了使机体在螺栓拧紧后不至于产生过大的变形,同时使结合面之间不至于漏出润滑油。

上述技术要求主要是靠机体本身的制造精度来保证。例如,机座主轴承座孔镗孔加工时是以主轴承开挡平面为定位基准的,而镗机体气缸孔时是以机体的两端主轴承孔开挡平面为定位基准的。在装配机体时,只要用上述两个开挡平面的中心平面为基准来校准机体与机座的横向相对位置,就能保证达到装配技术要求。其纵向位置可以以机体与机座的中线(画线)为基准来校准,并且在二者合体后铣削正时齿轮端平面。

2. 气缸孔轴线对主轴承孔轴线的垂直度测量

(1)用专用检验工具进行测量

测量时,检验工具安装如图 1-1-23 所示。首先,校正下滑架 5 及上滑架 8,其位置与被测的缸孔配合部分相对应,用滚花螺钉 9 紧固在直尺 4 上,并记录上、下定位螺钉的距离 L(mm)(上定位螺钉 6 与百分表 7 测头等高)。芯轴 1 装在主轴承座孔内,工具从气缸孔上部插入,V 形铁座 2 贴合在芯轴 1 上,使百分表 7 的表头和定位螺钉 6 分别接触气缸孔内上下配合内圆并记录百分表读数 a,然后取出工具并把它旋转 180°后,再将 V 形铁座装到芯轴 1 上。按上述方法再次记录百分表读数 b,则气缸孔轴线对主轴承孔轴线的垂直度 Δ 为

$$\Delta = \frac{1\,000\,|a-b|}{2L} \text{ mm/m}$$

(2)用光学仪器进行测量

用光学仪器进行测量的步骤如下:

①仪器安装如图 1-1-24 所示,在机座首、尾端主轴承孔中装基准目标(同图 1-1-5),使其十字线中心通过主轴承孔轴线。然后在端轴承之外利用支架装好望远镜 1,并调整使其光学视线通过两基准目标十字线中心,即望远镜与主轴承孔轴线 4 同轴。

②在气缸孔内装测量支架,该支架下端装有双面反射镜(中心有十字线图案),通过调整与气缸孔轴线 2 同轴。下端反射镜 3 十字线中心处在主轴承孔轴线附近。

③将望远镜调焦至无穷远处,此时通过目镜可看到两个十字分画线的像:一个是角度分画板十字线,另一个是反射镜反射回来的十字线。当反射镜与望远镜光学视线垂直时,两像重合;当反射镜倾斜,即气缸孔轴线相对于主轴承孔轴线不垂直时,两像偏离,如图 1-1-24 所示。气缸孔轴线的垂直度 α 为

$$\alpha = \frac{b}{2L} \times 1\,000 \text{ mm/m}$$

式中 b——两十字线像的偏离量,mm;

L——望远镜至反射镜的距离,mm。

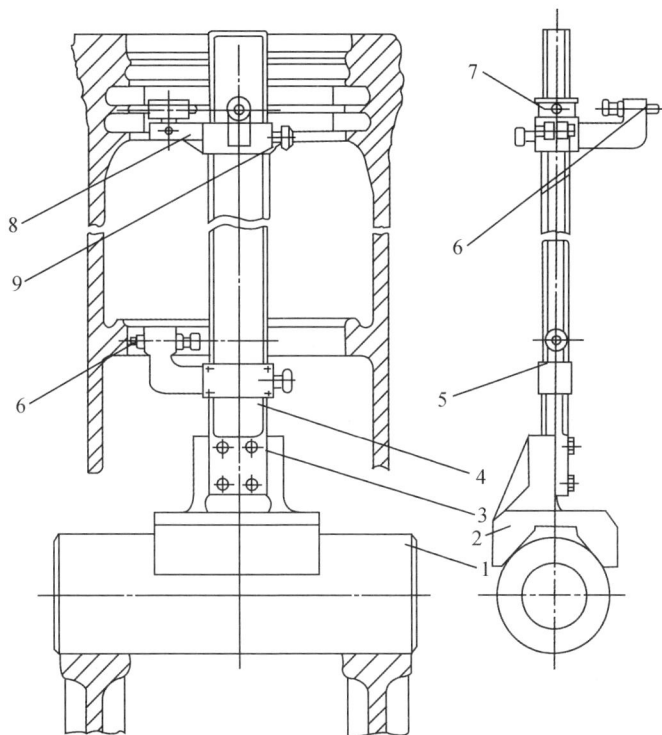

1—芯轴;2—V形铁座;3—直尺紧固螺钉;4—直尺;5—下滑架;
6—定位螺钉;7—百分表;8—上滑架;9—滚花螺钉。

图1－1－23　气缸孔轴线对主轴承孔轴线垂直度测量

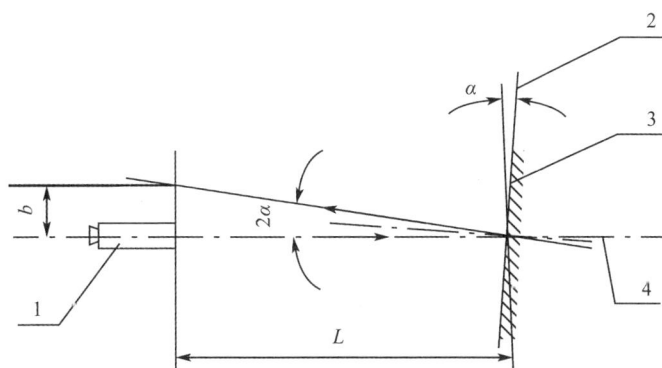

1—望远镜;2—气缸孔轴线;3—反射镜;4—主轴承孔轴线。

图1－1－24　光学仪器检验气缸孔轴线对主轴承孔轴线垂直度

3. 机体与机座安装

机体与机座的相互位置校准后,应在其对角线位置上同铰出两个以上定位销孔。然后用拉杆螺栓将机体与机座紧固。拉杆螺栓用合金钢35CrMoA制成,它从机体顶面贯穿机体与机座,将其紧固在一起,以减小机体与机座的拉应力。螺栓两端拧有开槽螺母,并用开口销防松;螺栓上端制成方头,在扳螺母时卡住方头,以防止螺栓旋转。

拧紧拉杆螺栓时,必须注意正确而均匀地拧紧螺母,按图1-1-25所示次序进行。

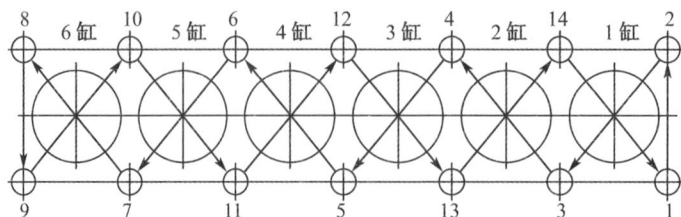

图1-1-25 拉杆螺栓拧紧次序

①全部螺栓以一个人的力量用柄长1 m的扳手分数次预先拧紧。

②将全部螺母完全放松,再用柄长350 mm的扳手将螺母拧到底,并拧紧。

③如图1-1-26所示,用千分表测量螺栓的伸长值,用长柄扳手分两次将螺母拧紧,使螺栓伸长(1.32±0.02) mm。没有千分表的可按下述方法拧紧:用笔在螺母和螺栓上标出重合记号,作为起点,并用长柄扳手分两次将螺母拧紧(4±0.25)棱面(自起点算起),每次拧紧2棱面,按螺母与螺栓上的重合记号来检查预紧程度。

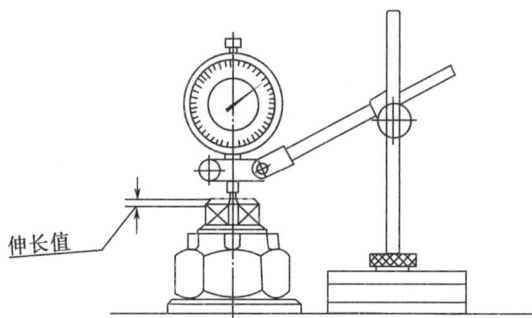

图1-1-26 拉杆螺栓伸长值测量

④当开口销孔不重合时,允许将螺母再拧不大于0.5棱面;若开口销孔还不重合,则需拧松螺母,然后重新拧紧,至少拧至规定的下限,直至开口销孔相重合为止。

不得用猛拉和敲打扳手的方法来拧紧螺母。使用过的开口销不宜再用。

4.气缸套装配

气缸套装配不良易引起柴油机的咬缸故障,所以应引起重视。

6300C型柴油机气缸套结构如图1-1-27所示。气缸套3由合金铸铁制成,具有很好的耐磨性,其上部凸肩坐落在机体的上顶面,垫有紫铜垫圈5,下部用两个封水胶圈2进行密封。在气缸套上部有4个半圆凹槽,用以避开气阀。凸肩的外圆上有4个等分分布的半圆定位孔,定位钉一个固定在机体上,气缸套可以转移4个位置使用。缸套的上端面有环形凹槽,以嵌入气缸盖的凸肩进行缸盖定位,凹槽装有气缸盖密封垫圈4,用于气缸盖密封和调整压缩比。

在气缸套的外圆装配表面与机体气缸孔的配合(干式气缸套除外)方面,其上部按H9/f9 ,下部按H9/h8,且按0.05~0.15 mm间隙选配。

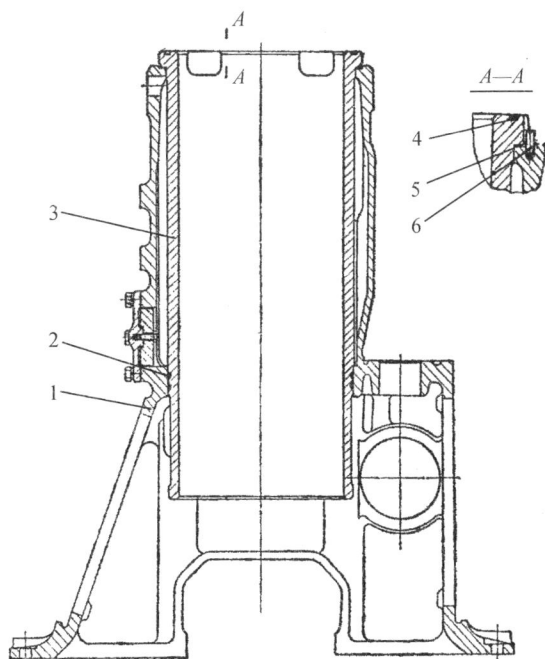

1—机体；2—封水胶圈；3—气缸套；
4—气缸盖密封垫圈；5—紫铜垫圈；6—螺钉。

图 1-1-27　6300C 型柴油机气缸套结构

在装入气缸套时，为使气缸中心线与曲轴中心线保持垂直，支承凸肩与机体接触面应进行涂色检查，整个圆周均应接触，并用塞尺检查缸套与机体下配合带的相对位置，必要时修刮凸肩，此时不装封水胶圈。

在通常情况下，气缸套装入机体后不必再检查气缸轴线与机体下平面的垂直度。在成批生产中，必要时可进行抽样检验。若发现个别气缸套装入机体后气缸轴线与机体下平面的垂直度超过技术要求，则可将气缸套的支承凸台平面稍锉去一些以校正偏斜。

气缸套上的橡皮圈应是整根的，且具有较好的弹性。橡皮圈在松弛状态时的断面积应为槽部断面积的 90%，有变形的余地，不至于受气缸套挤压而变形。同时，橡皮圈在松弛状态时的内径应比槽底直径小 1%～3%。橡皮圈入槽后，其断面直径应为松弛状态时断面直径的 80%～85%。此外，当橡皮圈装入槽中后，其外圆要比气缸套下部外凸肩面凸出 0.4～0.6 mm，可通过修锉胶圈实现。这样装入气缸套时，就足以使橡皮圈变形产生弹力而阻漏。

当橡皮圈装好后，在橡皮圈周围和机体气缸孔密封部分涂上少量润滑脂，即可将气缸平稳地装入机体中。紫铜密封圈装入前应经退火处理。

气缸套装入后，要做液压试验，以检查橡皮圈密封情况。同时，测量气缸套内径尺寸，其尺寸应与原始制造尺寸基本相符。在橡皮圈部位的内径尺寸变化值应不大于 0.03 mm。

1.1.6 6300C 型柴油机活塞连杆组件安装

当机体部件在机座上总装好后,即可将活塞连杆部件装入气缸套孔中,对运动部件进行校中后,再将其与曲轴曲柄销装妥。

一、6300C 型柴油机活塞连杆组件的结构

6300C 型柴油机活塞连杆组件如图 1 - 1 - 28 所示。活塞 8 由 HT300 铸铁制成,其顶部为浅盘形,它与气缸盖组成燃烧室,为了避免活塞在上死点附近时与气阀相碰,在活塞顶部切有 4 个凹槽。活塞顶面两个 M12 螺孔供吊装活塞用。活塞头部有 5 道气环 15、1 道油环 13,裙部也有 1 道油环。活塞头部内腔装有隔板 14 和石棉板,用以隔开机油,以免飞溅至活塞顶壁面而烧焦,从而污染机油,同时可降低辐射于连杆小头衬套上的活塞顶热量。

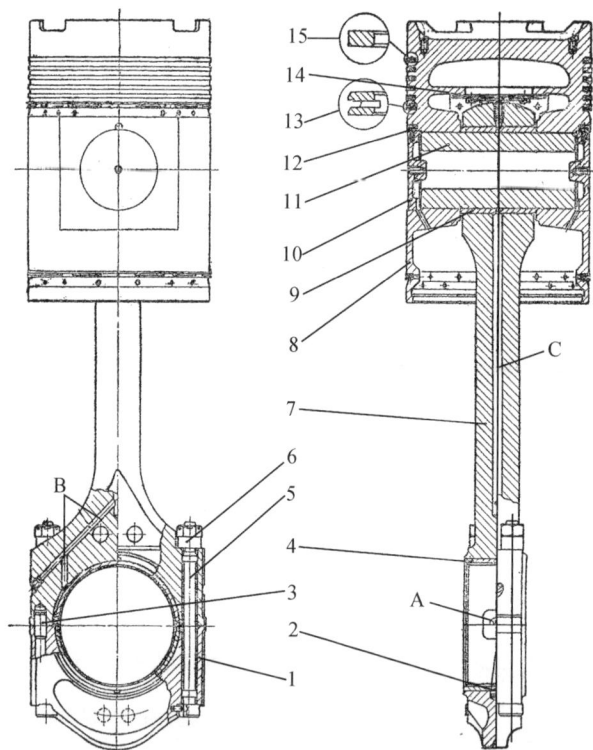

1—连杆盖;2—连杆轴承(下瓦);3—定位销;4—连杆轴承(上瓦);

5—连杆螺栓;6—连杆螺母;7—连杆体;8—活塞;9—连杆套筒;

10—挡盖;11—活塞销;12—定位钉;13—油环;14—隔板;15—气环;

A—轴承上瓦油孔;B—连杆大端油孔;C—中心油孔。

图 1 - 1 - 28 6300C 型柴油机活塞连杆组件

活塞顶温度最高,向下逐渐降低,所以活塞头部环带的外圆形成锥体,直径由顶向下逐渐增大。

活塞销座一带金属的分布是极不均匀的,受热后会变为椭圆形,椭圆长轴沿活塞销中心线方向,因此为了变形后不致与缸套间隙消失而产生强烈的摩擦,应在正对销座的表面车出凹陷。

活塞环材料为高强度合金铸铁,表面镀锡。气环 15 为矩形截面及斜搭口,它的作用是保证活塞上部空间的密封性,避免气体泄漏入曲轴箱,并且将活塞顶上的热量通过气缸壁传到冷却水中。两道油环 13 是双刀式刮油环,中间开有通油孔,它的作用是阻止机油进入燃烧室,保证机油在气缸壁上均匀分布。从气缸壁刮下的多余机油经活塞上的孔流回曲轴箱。

活塞销 11 由 20 碳素钢制成,表面经渗氮淬硬,其配合为全浮式,与连杆小头衬套呈间隙配合,与活塞销孔呈过渡配合,在正常的工作温度下,它既可相对于连杆而活动,也可相对于活塞而活动。为防止活塞销轴向移动刮伤气缸壁,在销的两端装有铝挡盖 10,挡盖以定位钉 12 来防止转动。

连杆体 7 由优质中碳钢锻制而成,杆身呈圆形截面,杆身打有中心油孔 C,机油由大头通过中心油孔流到小头衬套和活塞销。小头衬套 9 由 ZQSn10 – 1 磷青铜制成,压入连杆小头的安装过盈量为 0.04 ~ 0.06 mm。

连杆大头分成两半,连杆盖 1 与连杆体 7 成 90°接口,接合面上由两个圆柱销 3 定位,并用 4 个由优质 35 铬钼钢制成的连杆螺栓 5 将连杆盖与连杆体紧固,连杆螺栓与装螺栓的孔是松动配合的。

连杆大头孔的加工是同连杆盖与连杆体紧固一起进行的,在连杆盖与连杆体同一侧面上均打有配对记号,装配时必须对准,不得调错。

连杆大头孔内装有由上下两半组成的高锡铝合金薄壁连杆轴承(上瓦)4,轴瓦分开面上有压出的凸舌,以便与连杆的相应凹槽相嵌合。为了使轴承不转动,在连杆盖上装有定位销 3。

二、活塞连杆在平台上的装配

活塞连杆部件的装配是柴油机装配中比较关键的一道工序,其质量好坏直接影响柴油机的正常运转。

活塞连杆的装配包括在平台上装配活塞连杆和活塞连杆装入气缸后的校中两部分工作。

在平台上装配活塞连杆部件包括连杆杆身与小端衬套和大端轴承的装配、活塞销轴承与活塞销座孔的装配、活塞销与活塞连杆连成一个整体部件等工作。

1. 活塞连杆部件装配的技术要求

活塞连杆部件装配的主要技术要求是保证活塞轴线和连杆大端轴承轴线垂直,其垂直度误差在每米长度上应不大于 0.15 mm。其满足技术要求是靠各个零件的加工精度和配合精度来实现的。

2. 活塞连杆部件装配

(1)连杆小端衬套装配

连杆小端衬套外径与小端孔按 H7/r6 加工,活塞销孔轴承与座孔亦按 H7/r6 加工,粗糙度都应不高于 Ra0.8 μm。装配时可采用选择装配法,过盈量为 0.04 ~ 0.06 mm。

选择装配法就是将尺寸链中组成环(零件)的公差放大到经济可行的程度,然后从中选择合适的零件进行装配,以达到规定的装配技术要求。用此法装配时,可在不增加零件机械加工困难程度和费用的情况下,使装配精度提高。

连杆小端衬套压入装配后,衬套孔轴线与连杆大端轴承孔轴线的平行度误差在垂直面内每米应不大于 0.10 mm;在水平面内每米应不大于 0.15 mm。

图 1 - 1 - 29 所示为检查垂直面内平行度误差的方法。将连杆销插入连杆小端轴承孔中,将芯轴装入连杆大端瓦孔中,用力矩扳手将连杆盖锁紧。将连杆组件放在 V 形铁两端的 V 形槽中,使连杆轴线垂直于检验平板。将百分表装在表架上,使表头垂直于平板,保证表头通过小端轴销两端的最高点,预压约 0.50 mm。移动百分表架,测量连杆轴销两端的高度差,计算两点高度差的百分比,该比值就是连杆两孔轴线在垂直平面内的平行度。

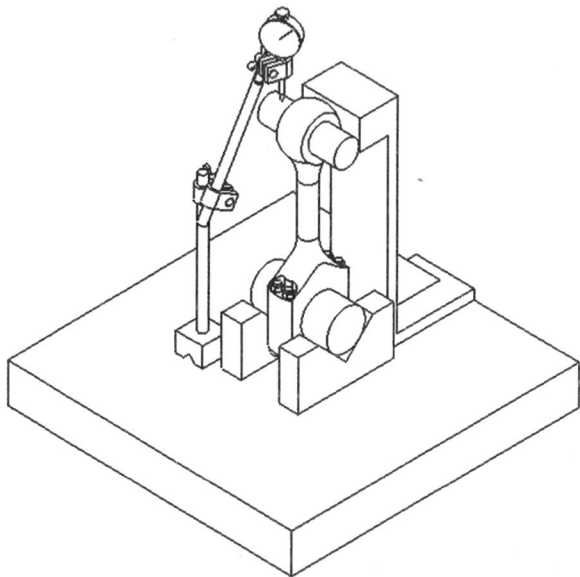

图 1 - 1 - 29   连杆大、小端孔轴线在垂直平面内的平行度检查

设垂直平面内的平行度为 δ_1,高度差为 Δh_1,测点距离为 L,则有
$$\delta_1 = (\Delta h_1/L) \times 1\,000 \text{ mm/m}$$

图 1 - 1 - 30 所示为检查水平平面内平行度误差的方法。将带芯轴的连杆组件放入 V 形铁两端 V 形槽中,用垫块调整,使两孔轴线与平板大致平行,按前述方法,测量计算销轴两端的高度差 Δh_2,计算两点高度差的百分比,该比值就是连杆两孔轴线在水平平面内的平行度。

设水平平面内的平行度为 δ_2,高度差为 Δh_2,测点距离为 L,则有
$$\delta_2 = (\Delta h_2/L) \times 1\,000 \text{ mm/m}$$

（2）连杆大端压瓦测量

连杆大端轴承与曲柄销的径向装配间隙刚装配时为 0.18 ~ 0.24 mm,使用过程中的极限间隙为 0.40 mm。

（3）活塞连杆组件装配

当连杆小端衬套和活塞销轴承均压入并符合上述要求后,即可将连杆活塞装成一个整体部件。

活塞销与连杆小端衬套按 F8/h6 加工,粗糙度分别为 $Ra0.4$ μm 和 $Ra0.8$ μm。活塞销与销孔轴承、活塞销与销孔按 F8/h6 或 F8/h5 加工,其粗糙度分别为 $Ra0.4$ μm 和 $Ra0.8$ μm。6300C 型柴油机活塞销直径为 120 mm,其与连杆小端衬套的装配间隙为 0.16 ~ 0.20 mm,与销孔轴承的装配间隙为 - 0.01 ~ 0.04 mm(过渡配合)。

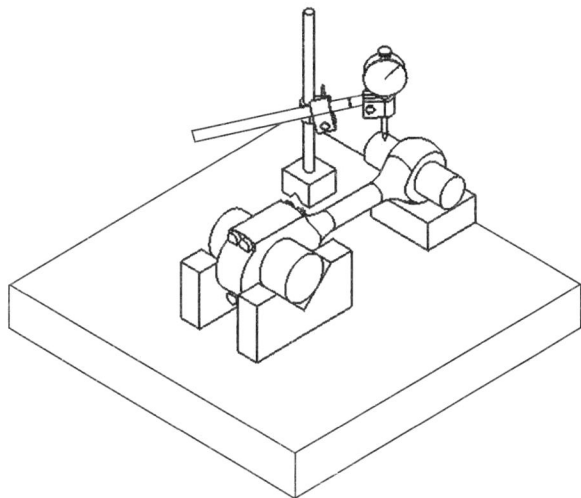

图1-1-30　连杆大、小端孔轴线在水平平面内的平行度检查

活塞销与连杆小端衬套和销孔轴承的孔内表面应均匀接触,两者的接触角分别为60°~90°。

活塞连杆组件装配前,检查连杆在活塞销上的轴向间隙,规定间隙为0.53~1.33 mm,如果轴向间隙小于规定值,则应用平扳修锉端面。

由于活塞销与活塞销座孔是过渡配合,因此装配活塞连杆组件时需将活塞加热到约140 ℃,才能用活塞销将活塞与连杆装配在一起,然后装入两端的定位钉和挡盖。

一般不再检查其相互位置精度。如有怀疑,可按图1-1-31所示方法检查连杆大端轴承孔的轴线与活塞轴线的垂直度。这时,将活塞倒置在检验平台2上,在连杆大端轴承孔中装一短圆柱形检验芯轴,用百分表1测量芯轴上一定距离两点处的相对值 H_2 和 H_1,然后用计算法求得连杆大端轴承孔轴线与活塞轴线的垂直度误差,其关系式为

$$\Delta = \frac{H_2 - H_1}{200} \times 1\ 000 \text{ mm/m}$$

此外,也可采用测量连杆杆身与活塞外圆表面平行度的方法进行检查。因为在加工时,连杆大端孔的轴线应与杆身轴线垂直,而活塞外圆柱面的母线与其轴线平行,并与顶面垂直,所以检查两者的平行度就可以间接检查出连杆大端轴承孔轴线与活塞轴线的垂直度。

三、活塞校中

活塞连杆部件装配合格后即可将其装入气缸。这时,先将连杆大端轴承下半块拆下,并将待校中的相应的曲柄销转至上止点位置,然后将未装活塞环的活塞连杆部件从气缸上部吊入气缸中,并使连杆大端上轴瓦与曲柄销贴合,装上连杆大端轴承下半块,并调好径向间隙。用上述方法,将所有活塞连杆部件都装上,并和曲轴连接起来。

然后,进行活塞连杆运动部件在气缸内的校中工作。其校中工艺如下:

①将活塞转至上止点位置,用塞尺插入活塞与气缸之间,检查两者之间的装配间隙,应在柴油机纵向和横向相互垂直的四个部位上测量,并在活塞顶部和裙部两处进行,如图1-1-32所示。根据测量结果,便能确定活塞在上止点位置时活塞连杆运动部件在气缸内

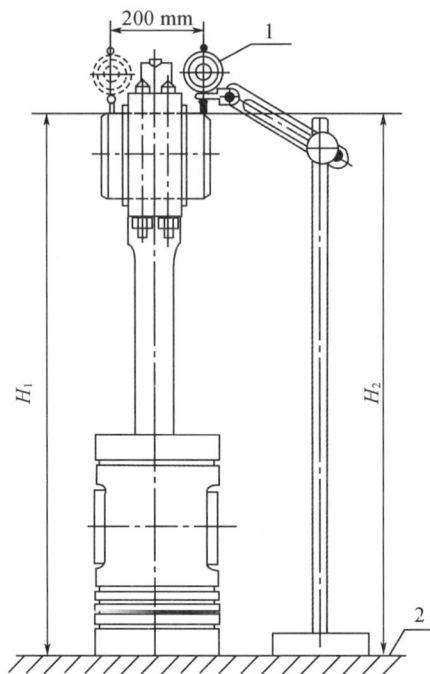

1—百分表;2—平台。

图 1 - 1 - 31　活塞连杆部件垂直度误差检查

是否对中。

②将活塞转至下止点位置,重复上述检查内容。根据测量结果,便能确定活塞在下止点位置时活塞连杆运动部件在气缸内是否对中。

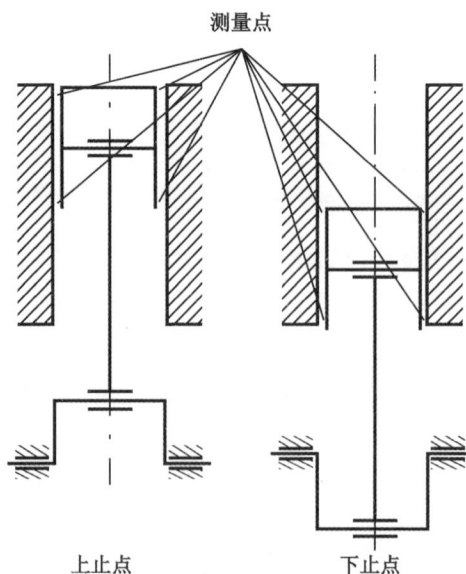

图 1 - 1 - 32　活塞与气缸的间隙检查

对活塞连杆运动部件在气缸内进行校中检查的同时,应注意活塞与气缸的间隙值。活塞与气缸的装配间隙一般应符合表1-1-5的规定。表中所列为活塞与气缸的总间隙值。

表1-1-5　活塞与气缸的装配间隙

单位:mm

气缸直径	铸铁及铝合金活塞顶部间隙		四冲程活塞裙部间隙		二冲程活塞裙部间隙
	顶部有冷却	顶部无冷却	铸铁活塞	铝合金活塞	
>150~175	1.00~1.16	1.20~1.40	0.18~0.21	0.32~0.38	0.24~0.28
>175~200	1.16~1.32	1.40~1.60	0.21~0.24	0.38~0.44	0.28~0.32
>200~225	1.32~1.48	1.60~1.80	0.24~0.27	0.44~0.50	0.32~0.36
>225~250	1.48~1.64	1.80~2.00	0.27~0.30	0.50~0.56	0.36~0.40
>250~275	1.64~1.80	2.00~2.20	0.30~0.33	0.56~0.62	0.40~0.44
>275~300	1.80~1.96	2.20~2.40	0.33~0.36	0.62~0.68	0.44~0.48
>300~325	1.96~2.12	2.40~2.60	0.36~0.39	0.68~0.76	0.48~0.52
>325~350	2.12~2.28	2.60~2.80	0.39~0.42	0.76~0.82	0.52~0.56
>350~375	2.28~2.44	2.80~3.00	0.42~0.45	—	0.56~0.62
>375~400	2.44~2.60	3.00~3.20	0.45~0.48	—	0.62~0.66

当活塞裙部外圆或气缸内孔有圆度和圆柱度误差时,活塞与气缸的装配间隙应按活塞裙下部外圆最大直径或气缸孔最小直径计算,且这时应选取表中的下限值。否则机器在运转中间隙值增大过快,影响其使用寿命。6300C型柴油机活塞裙部与气缸套的装配间隙应为0.30~0.35 mm,使用过程中的极限间隙为1.2 mm。

活塞连杆运动部件在气缸内装配校中时,必须符合下述要求:

(1)在未装活塞环的情况下,活塞在近上、下止点位置时,活塞裙部与气缸内孔的最小间隙应不小于总间隙的25%。

(2)活塞在气缸内沿柴油机纵向方向可以平行偏向一边,当向另一边撬动活塞时,偏移量应能立即转移到对边。若撬动活塞时偏移量不能立即转移过去或迅速弹回,则要检查其原因,并予以消除。

此外,活塞在气缸内沿柴油机纵向的任何位置倾斜度不宜过大。对于气缸直径小于350 mm者,活塞的倾斜度不应超过0.2 mm/m活塞行程;对于气缸直径大于350 mm者,活塞的倾斜度不应超过0.1 mm/m活塞行程。

当活塞的倾斜度超过上述允许值时,应设法予以修正。通常可采用修锉连杆大端与曲柄销轴承结构面(连杆大端分开式结构)或研刮曲柄销轴承的耐磨合金表面的方法进行修正。如图1-1-33所示,因为活塞长度l与连杆大端结合平面宽度B或轴承宽度的比值较大,所以对这些表面进行微量研刮(如研刮0.03 mm),就可以修正活塞在气缸内较大的倾斜。

若倾斜很大(如超过0.2 mm/m活塞行程以上),或用上述方法不能修正时,则必须吊出活塞连杆运动部件,重新校正及消除连杆大、小端轴线的平行度误差和活塞销孔轴线与活塞轴线的垂直度误差。必要时还应检查气缸轴线与曲轴轴线的垂直度,检查曲柄销轴线

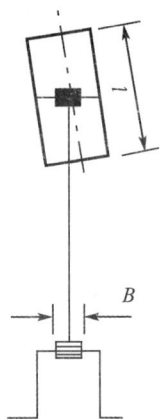

图 1 - 1 - 33　活塞倾斜的修正

与曲轴轴线的平行度,等等。

(3)检查曲柄销轴承两端面与曲柄臂之间的轴向间隙,其两端应保持有相等的间隙值。

在柴油机制造时,在活塞连杆运动部件装配校中过程中,活塞在气缸中的倾斜情况如图 1 - 1 - 34 所示。

图 1 - 1 - 34(a)为正常情况。活塞在上、下止点位置时,间隙值均相同,说明活塞与气缸轴线对中良好。

图 1 - 1 - 34(b)的情况是活塞在上止点位置时有倾斜,而活塞在下止点位置时是正常的,说明曲柄销在止点位置时其上半圆周面有单面锥形。

图 1 - 1 - 34(c)的情况可能是活塞和连杆在气缸中偏向一边,轴线产生平移,造成运动部件在气缸内不对中。此时,应修整连杆大端轴承的端面。

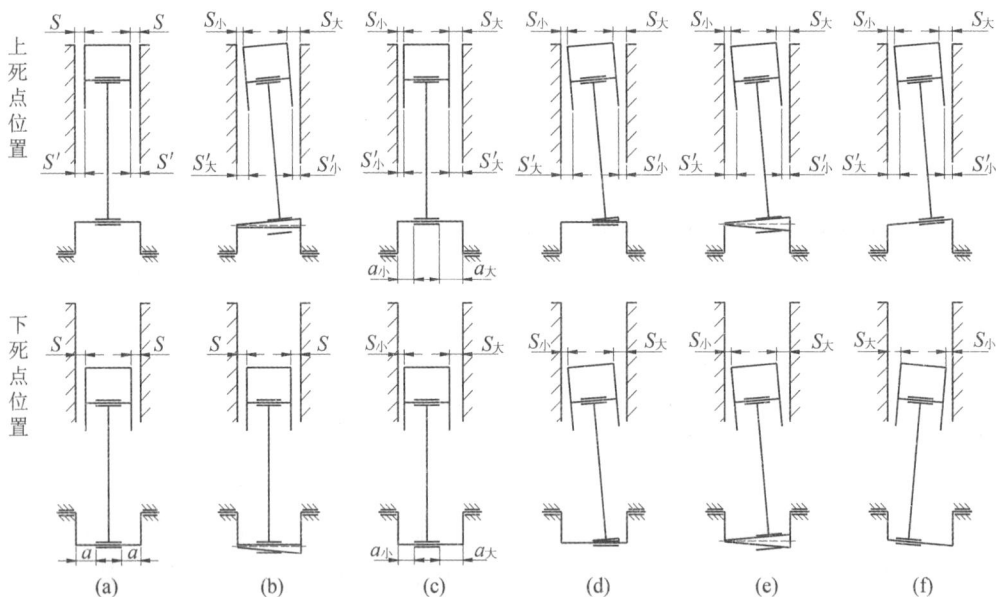

图 1 - 1 - 34　活塞在气缸中的倾斜情况

图 1 - 1 - 34(d)和图 1 - 1 - 34(e)的情况是活塞在上、下止点位置时活塞均向一个方向倾斜,这可能是由于连杆轴线与活塞销(或小端孔)轴线不垂直,或连杆轴线与连杆大端轴承孔轴线不垂直(图 1 - 1 - 34(d)的情况);或者由于曲柄销有圆柱度误差(图 1 - 1 - 34(e)的情况)。此时,应分别修整连杆大端轴承合金和大端结合面或修整曲柄销。

图 1 - 1 - 34(f)的情况是活塞在上止点位置时向一边倾斜,在下止点位置时向另一边倾斜。造成这种情况的主要原因是曲柄销轴线与曲轴轴线不平行。此时,应修整曲柄销使之与主轴颈轴线的平行度达到规定要求。

四、活塞连杆部件的安装

当活塞连杆部件在气缸内校中全部合格以后，还必须做好以下几项工作。

1. 初步检查调整压缩室高度

通常压缩室高度是指活塞在上止点位置时其顶部和气缸盖底面之间的距离，6300C 型柴油机压缩室高度为 6.5～8.5 mm，而 300 型柴油机压缩室高度为 8.5～10.5 mm。检查时，可将活塞转至上止点位置，直接测量气缸套上平面和活塞顶上边缘之间的距离，再利用气缸盖止口高度，通过计算求得。对于其实际尺寸与图纸规定尺寸之间的误差，一般可通过增减连杆大端结构面之间的垫片来调整，或者用气缸盖垫圈来调整。300 型柴油机不允许在连杆大端结构面之间垫垫片，因此只能通过调整气缸盖垫圈厚度来调整压缩室高度。

2. 装入活塞环

先将活塞连杆部件从气缸中吊起，然后用三根楔铁或钳子等工具将活塞环依次引入活塞环槽中，同时用塞尺检查活塞环端面与环槽之间的端间隙。6300C 型柴油机第一、二道气环与环槽的天地间隙为 0.15～0.18 mm，第三、四、五道气环与环槽的天地间隙为 0.10～0.13 mm，第六、七道油环与环槽的天地间隙为 0.06～0.09 mm；第一、二道气环的开口间隙为 1.50～1.70 mm，第三、四、五道气环的开口间隙为 1.20～1.40 mm，第六、七道油环的开口间隙为 0.85～1.15 mm。

装入活塞环时必须注意将活塞环开口位置错开，以免漏气太严重。对于二冲程柴油机，还必须注意活塞环的开口不要与气口相合，以免导致活塞环折断，造成机器发生故障。安装油环时，必须注意使其刮油锐角边向上，否则将产生泵油作用，润滑油消耗增大，并失去油环作用。

3. 活塞连杆部件安装

装好活塞环后，用内孔制成锥形的短套筒将带活塞环的活塞导入气缸内，然后装上轴承下盖后与曲柄销连接起来。

4. 测量连杆螺栓的装配原始长度

应按规定的扭紧力矩用扭力扳手将连杆螺栓拧紧。6300C 型柴油机的扭紧力矩为 280～300 N·m，分三次交错拧紧螺母，在最后拧紧前，检查螺栓头和螺母的端面与连杆的贴合情况，0.03 mm 的塞尺应无法插入；在连杆盖和连杆体分开面处的间隙，0.03 mm 塞尺不应通过。拧紧后应测量其装配原始长度，并做好记录，以便在柴油机运转一定时间后，在测定螺栓的塑性变形的大小时可以参考。通常，连杆螺栓塑性变形达到一定数值后（如达到原长度的 0.03%），即认为该螺栓必须换新。

5. 检查曲轴的臂距差

将检查结果与未装活塞连杆运动部件前臂距差值进行比较，看其有无变化。一般情况下，曲轴臂距差值受到运动部件质量的影响后是稍有变化的，通常变化范围为 0.01～0.02 mm，不致使臂距差严重变化。但若其变化值过大，则应仔细检查并设法予以纠正。

6. 最后检查

为了保证运动部件装配可靠和牢固，应做最后检查，并将连杆螺栓的制动垫圈、开口销或止动螺钉等防松零件装妥，以免机器运转时发生意外事故。

1.1.7　6300C 型柴油机气缸盖安装

一、6300C 型柴油机气缸盖的结构

6300C 型柴油机的气缸盖由 HT250 铸铁制成，如图 1－1－35 所示，它以凸缘压紧在气缸套上,由 4 个螺栓紧固。

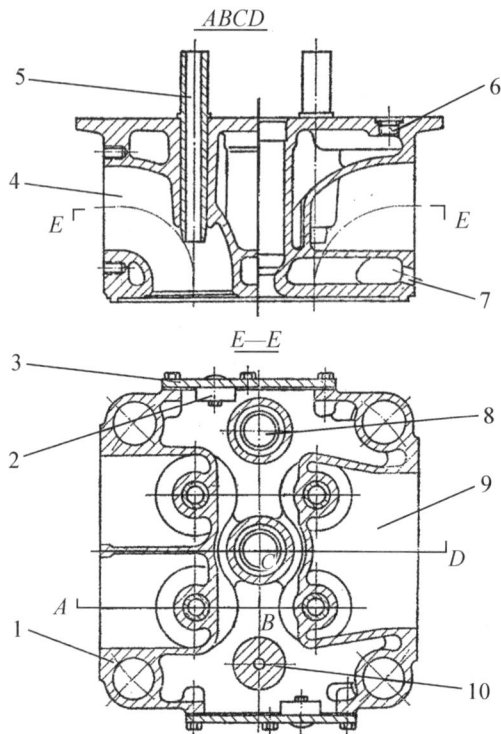

1—气缸盖;2—防蚀锌块;3—盖板;4—进气道;5—气阀导管;6—螺塞;
7—进水孔;8—启动阀孔;9—排气道;10—气缸安全阀孔。

图 1-1-35 气缸盖

气缸盖的两侧通冷却水腔的大方孔,用盖板 3 盖住,盖板内均装防蚀锌块 2。

进气道 4 和排气道 9 分别接进、排气管,气缸盖压入 4 个气阀导管 5,用以装两个进气阀和两个排气阀,中间的孔装喷油器,其余两孔装启动阀和安全阀。

气缸盖的冷却水腔用水平隔板分为上下两层,冷却水从机体沿弯管经排气道下面的进水孔 7 先进入下层,以加强缸盖燃烧室壁的冷却,水再通过隔板上的孔进入上层,然后经排气管水腔排出。顶面两侧突出的平台用以安装进、排气摇臂支架。

气缸盖上还安装有进、排气阀,气缸安全阀,试验阀,启动阀等附件。

图 1-1-36 为 6300C 型柴油机进、排气阀结构图,进、排气阀的材料均由 4Cr10Si2Mo 耐热合金钢制造。每个气缸有两个进气阀和两个排气阀,每一对同名气阀各由一传动机构推动。进、排气阀的构造是相同的,但进气阀盘直径比排气阀大。

气阀 2 是直接装在气缸盖上的,没有单独的气阀箱。拆卸气阀时必须拆下气缸盖,气阀杆在压入气缸盖上的气阀导管 1 中运动,由两个弹簧压贴在气缸盖的阀口上。气阀弹簧材料是 50CrVA 弹簧钢丝,外弹簧 6 为右旋,内弹簧 7 为左旋。上弹簧盘 5 是由两个半块的气阀锁夹 3 紧固的,弹簧盘的锥孔在气阀弹簧的作用下使锁夹一直紧压在气阀杆细颈上。为了防止气阀杆端受摇臂的敲击而磨损,在气阀杆端装有淬硬的气阀顶帽 4。

为了避免气缸内压力过高,在气缸盖上装有气缸安全阀。阀座内有锥形阀口,如图 1-1-37 所示,安全阀 2 及弹簧 3 压贴在安全阀阀座 1 上。调压螺母 5 用以调整安全阀的开启压力,当气缸内压力超过 6.8 MPa 时,阀被抬起,弹簧被压缩,气体即通过阀座上的孔逸出。

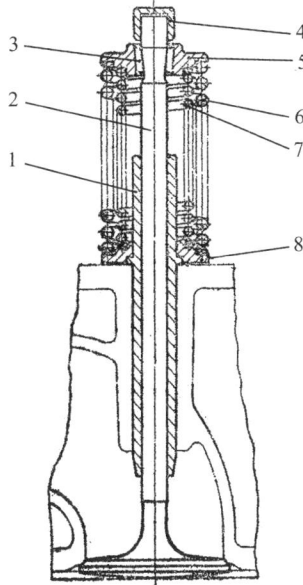

1—气阀导管;2—气阀;3—气阀锁夹;4—气阀顶帽;5—上弹簧盘;

6—外弹簧;7—内弹簧;8—下弹簧盘。

图 1 − 1 − 36　6300C 型柴油机进、排气阀结构图

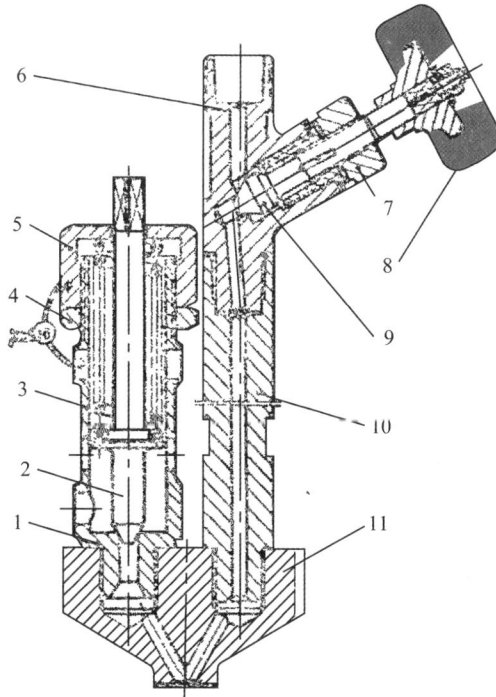

1—安全阀阀座;2—安全阀;3—弹簧;4—锁紧螺母;5—调压螺母;6—示功阀阀体;

7—示功阀阀盖;8—手轮;9—示功阀;10—接头;11—公共接头。

图 1 − 1 − 37　气缸安全阀和示功阀

气缸安全阀实际上只是一个信号阀,因为阀从气缸内放出气体用的通道面积不够充分,安全阀不能保证气缸里的最大压力经常保持在规定的限度内,所以安全阀"放炮"时应立即减少柴油机的负荷;若"放炮"还不停止,则应中断相应的喷油泵的供油,然后进行检查。

若发现安全阀有微小的漏气现象,可卡住阀杆上的方头转动一下;若还不能消除,则应拆下检查,进行研磨或更换弹簧。

气缸安全阀和示功阀通过一个公共接头11装在气缸盖上,公共接头由两个螺栓紧固于气缸盖上,以紫铜垫圈密封。

每一气缸盖上装有一个示功阀。试验阀有前后两个阀面,当阀杆完全旋出时,前阀面开启,后阀面关闭,以使气缸内的气体只从前阀面排出,而不会经阀杆处泄漏(图1-1-37),柴油机启动前,用以放出气缸内的积水和存油;接上仪器,用以测量气缸的压缩压力和最大燃烧压力,以及测绘示功图;运转时,用以观察气缸内的工作情况;在撬动飞轮时,用以放出气缸内的空气,便于转动。在柴油机每次停车后,应将试验阀打开。

示功阀主要由示功阀阀体6、阀9和阀盖7组成,在手轮8下面有六角头,可以用扳手旋动。

示功阀应经常保持气密,否则从气缸内逸出的气体会将阀面与阀座烧坏。发现漏气现象应拆下检查,进行研磨。

气缸盖装配包括部件装配(即在气缸盖上装配气阀机构、喷油器及摇臂机构等)和将气缸盖装到机体上两部分工作。

在气缸盖部件装配时,必须经液压试验合格后,再在其上装配气阀及其他部件。

二、气缸盖部件装配

气阀机构装配时,气阀导管与导管孔的配合应按H7/js6;气阀阀壳外圆与座孔的配合应按H9/f9;气阀杆与导管内孔的配合应按F8/h6。

6300C型柴油机气阀杆与导管内孔的装配间隙为0.12~0.169 mm,极限间隙为0.40 mm。间隙过大将导致气阀及气阀座面磨损加剧;间隙过小将影响气阀的正常工作,严重时甚至出现气阀杆咬死现象。因此,在装配气阀时必须进行选配。

为了使排气阀关闭时能保持气密,气阀盘锥形工作面与气阀座面应有良好的贴合环带,两者的锥形工作面接触宽度通常在1.5~3.0 mm。它是由加工精度来保证的,装配时一般不需研磨。但是,如果接触宽度不符合要求,或局部接触(贴合)不良,则在装配气阀时应稍加研磨。这是采用气阀锥形面与气阀座面进行对研的方法来达到的。研磨时应在其间加入少量细研磨膏和机油。

在气缸盖上装附件时,应特别注意喷油器的装配高低位置,即应注意喷油器座孔内的紫铜垫圈厚度。如前所述,300型柴油机喷油器伸出气缸盖底平面的高度均为3~4 mm。垫圈的厚度过大,喷油器位置升高,将使喷射油束远离活塞中心而落到活塞的边缘甚至喷射到气缸壁上;垫圈厚度过小,喷油器位置降低,喷射油束集中在活塞的中心。这两种情况都是不正常的,将使燃烧恶化,使机器动力不足,严重时甚至引起咬缸故障。

三、气缸盖装到机体上

1.气缸盖安装的技术要求

气缸盖部件装配好后,即可将其装配到机体上。气缸盖的装配比较简单,装配的主要技术要求如下:

①气缸盖装到机体上后应保证压缩室高度符合设计要求,否则将直接影响柴油机的压缩比。

②气缸盖与机体(气缸)上面的结合面应保持良好的气密性。

2. 气缸盖安装

安装气缸盖时必须先检查气缸压缩室高度。检查时通常采用压铅块方法:在活塞顶上放置2~3块厚度比压缩室高度值稍大的铅块,装上紫铜垫圈或石棉紫铜垫圈,将气缸盖装到机体上,拧紧若干螺母,然后转动曲轴使活塞经过上止点位置;拆下气缸盖,取出被压扁的铅块,用游标卡尺测量铅块的厚度,取其平均值即为压缩室高度。此数值不应超过规定值的5%。

必须指出,在选取气缸盖与机体之间的垫片时,应严格按图纸规定的尺寸要求进行,并考虑垫圈的压缩变形量。垫圈的厚度过大会使压缩室高度增大,使压缩比减小;反之,则会使压缩比增大。6300C型柴油机压缩室高度为6.5~8.5 mm,300型柴油机压缩室高度为8.5~10.5 mm。

气缸装配时,应注意气缸盖固定螺母的拧紧次序,使其受力均匀。如图1-1-38(a)所示,对于多缸式气缸盖,应自其中部开始,按对称方向逐个向两端分三次轮流拧紧;如图1-1-38(b)所示,对于单体式气缸盖,应先拧4个角,然后逐次对称地分2~3次轮流拧紧。拧紧次序不正确必然会造成气缸盖与机体的连接平面受力不均匀,甚至扭曲变形,导致气缸由此向外漏气。

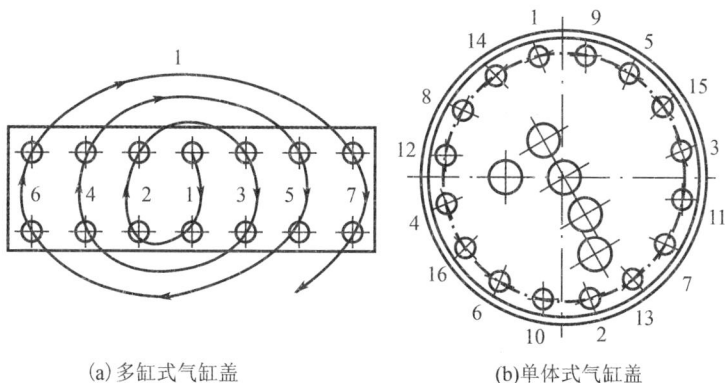

(a)多缸式气缸盖   (b)单体式气缸盖

图1-1-38 气缸盖螺母的拧紧次序

必须注意的是,拧紧气缸盖螺母时,螺母所需的拧紧程度应该符合柴油机技术文件中规定的扭矩要求。

6300C型柴油机气缸盖为单体式气缸盖,每一气缸盖只有4个螺栓,拧紧力矩为800~1 300 N·m,可以按下述方法拧紧气缸盖螺母:

(1)以一个人的力量,用长0.5 m的扳手拧紧螺母,交错均匀地进行几次,直到拧紧为止。

(2)用笔在螺母和螺栓上标出重合记号,作为起点,并用长柄扳手交错分两次将螺母拧紧,自起点算起,每次拧紧1棱面,按螺母和螺栓上的重合记号来检查预紧程度。

(3)拧紧后,测量气缸盖与机体平面间的距离,在气缸盖4个角上偏差不得大于0.08 mm,否则会使气缸盖螺栓受力不均匀。

柴油机工作走热时,不宜再拧紧螺母,如果不注意,则会使螺栓受到很大的额外应力。

必须注意,在装气缸盖之前,应仔细检查活塞顶是否遗留有杂物,以免开动时损坏机器。

1.1.8　6300C型柴油机其他附件安装

一、凸轮轴及其传动装置安装

1.6300C型柴油机凸轮轴的结构

6300C型柴油机凸轮轴为液压套合式结构,如图1-1-39所示,凸轮与凸轮轴采用无键圆柱面过盈配合连接。可用温差法将凸轮安装在凸轮轴预定的轴向位置,再用液压法精确地调整其同向位置。

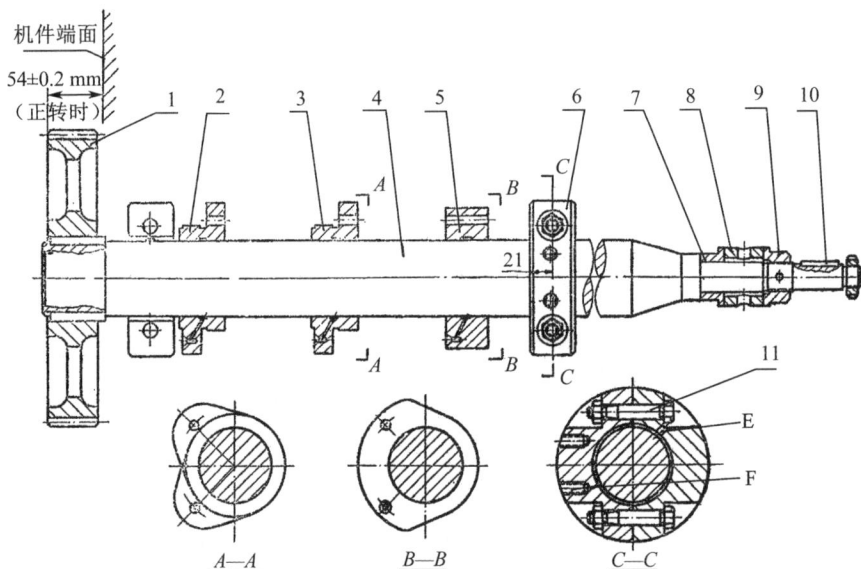

1—凸轮轴齿轮;2—排气凸轮;3—进气凸轮;4—凸轮轴;5—喷油凸轮;
6—轴承壳;7—止推环;8—推力环;9—止推螺母;
10—平键;11—螺栓;E—油孔;F—固定螺孔。

图1-1-39　6300C型柴油机凸轮轴

进气凸轮3、排气凸轮2及喷油凸轮5均采用合金钢15Cr,经渗碳淬硬。进气凸轮及排气凸轮配置顺车和倒车两组凸轮,喷油凸轮做成对称的形式,在两个旋转方向上能正确供油。

当柴油机换向时,首先通过进气摇臂偏心轴的旋转使顶杆抬起;然后通过换向机构将整根凸轮轴沿其轴向移动一定的距离,使配合于新的旋转方向的进、排气凸轮移到顶杆的滚轮下面;再将顶杆放下即可完成换向操作。

推力环与换向机构的拨叉连接,以在换向时拖动凸轮轴,以及作为工作时凸轮轴的轴向定位。整根凸轮轴可从机体的任一端安装或取出。

2.6300C 型柴油机凸轮轴的安装

凸轮轴安装的主要技术要求如下：

①凸轮轴的轴线应与曲轴轴线平行,以保证传动齿轮的正确啮合和凸轮工作面的正常工作。其平行度误差通常≤0.10~0.20 mm/m。

②凸轮轴轴颈与轴承内孔的配合可按 H7/f7。

凸轮轴轴线与曲轴轴线的平行度可通过测量和调整传动齿轮(中间齿轮与曲轴齿轮及凸轮轴齿轮)间的啮合间隙来保证。这时,先检查各齿轮装在有关轴上的位置是否正确;然后由曲轴齿轮开始到凸轮轴齿轮,用百分表或压铅丝的方法,顺次地检查传动齿轮啮合时全齿宽上的齿侧间隙,测量间隙时,应盘车将曲轴转到几个位置上分别进行测量;最后按齿轮的啮合间隙,采用研刮凸轮轴轴瓦(合金)的方法,调整凸轮轴轴线位置。通常,传动齿轮的啮合间隙为 0.10~0.20 mm。例如,200 系列柴油机的传动齿轮的啮合间隙为 0.10~0.20 mm;300 系列柴油机为 0.08~0.20 mm;350 系列柴油机为 0.15~0.20 mm。它与齿轮模数和齿数有关。

组合式凸轮轴分为有键连接和无键连接两种,目前主要用液压套合无键连接的结构。装配的主要要求是保证凸轮的轴向位置和凸轮之间的相位关系;每个凸轮相对于键槽的安装角度误差一般应小于±5°;具有正、倒车凸轮的凸轮轴装配时还应使同一凸轮的正、倒车轮廓误差均分,若误差较大,则应保证正车有较小的误差。

(1)凸轮红套

凸轮与凸轮轴采用过盈配合,6300C 型柴油机过盈量为 0.05~0.07 mm。红套前清洗凸轮轴及凸轮并用压缩空气吹过,以达到清洁的目的,然后把凸轮轴放置在装配支架上;将凸轮放在箱式电炉内,并把温度升至 280 ℃,再降到 250 ℃,反复三次以求加热均匀,再取出依次套到凸轮轴上。凸轮的轴向尺寸由定位环控制。

(2)凸轮相位的调整

要按照凸轮轴部件图编制凸轮装配卡片,以凸轮轴键槽为基准确定各凸轮的安装角度,以及根据气阀开闭时间、喷油开始与终了时间确定各凸轮上、下止点相位角度,以备检验之用。例如,300Zcd-1 型柴油机第一缸进气凸轮安装角为 303.5°,上止点相位角为 180°,固定支架在左侧,等等。

校正时所用的工具如图 1-1-40 所示。凸轮轴前端通过定位套 7 顶在尾座 8 顶尖上,后端则利用正时齿轮键槽与刻度盘装置 2 连接。要校正的凸轮通过定位销用固定支架得到圆周方向的定位。凸轮通过油管接头 6 在液压工具作用下使内孔胀大后,旋转刻度盘装置 2 即可使凸轮与轴产生相对转动,从而得到规定的相位角。

凸轮内孔的胀大是由图 1-1-41 所示的液压工具实现的。液压工具通过夹头和油管接头 3 使凸轮油孔与油泵 4 连接。揿动油泵手柄即可给凸轮油孔加压,压力达到 160~180 MPa时,凸轮即与刻度盘轴(由凸轮轴刚性连接)相对转动。在校验凸轮相位时,同时用定位环复校凸轮轴向位置,校正好以后则除去液压工具,移开固定支架;然后依次检验其他凸轮;最后用百分表检验各凸轮的上、下止点相位角及正、倒车凸轮相位误差,并测量第六缸喷油凸轮升程 1 mm 时(开始喷油点)的安装角度,算出喷油提前角并记录在卡片上,供凸轮轴总装时参考。

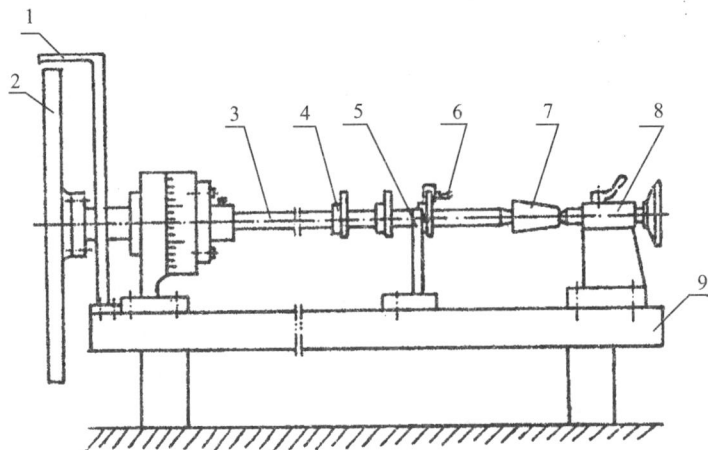

1—固定指针;2—刻度盘装置;3—凸轮轴;4—凸轮;5—固定支架;
6—油管接头;7—定位套;8—尾座;9—检验台。

图1-1-40 校正时所用的工具

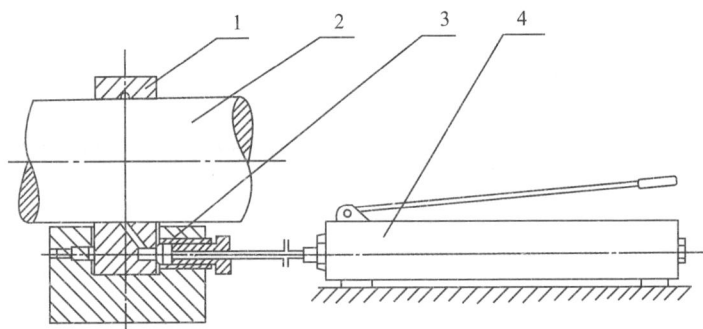

1—凸轮;2—凸轮轴;3—油管接头;4—油泵。

图1-1-41 凸轮相位调整液压工具

凸轮轴承采用大于凸轮高度的大尺寸轴承,以便于凸轮轴的安装。轴承由左右两半浇有白合金的轴承组成,如图1-1-39所示,紧密配合于机体横隔壁的孔中,用两个穿过机体侧面的螺栓紧固。两半轴承以铰制孔用螺栓11相互紧固,轴承上有工艺孔,用以安装时转动凸轮轴承对准机体的螺栓孔。

机油沿机体内的孔流入轴承,然后沿油孔 E 流入轴承上部的油槽内。在安装轴承时,轴承上的油孔与机体上相应的孔须对准。

3.6300C 型柴油机凸轮轴传动装置的安装

凸轮轴的传动装置位于飞轮端,如图1-1-42所示,由曲轴齿轮通过两个中间齿轮传动凸轮轴齿轮。凸轮轴转速为曲轴转速的一半,转向与曲轴相同。

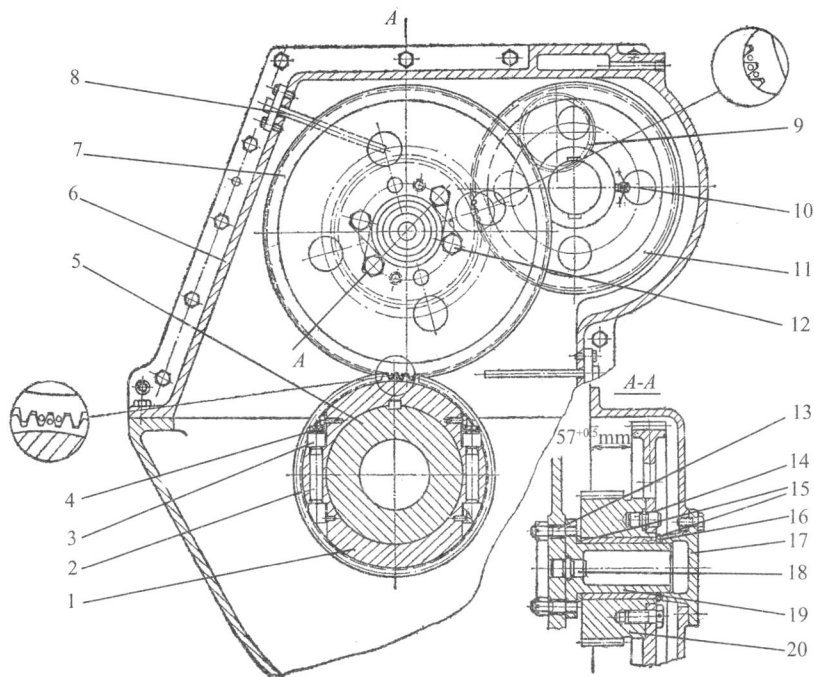

1—曲轴齿轮;2—螺栓;3—盖螺母;4—保险铁丝;5—曲轴;6—后端盖板;
7—大中间齿轮;8—机油喷管;9—孔;10—紧定螺钉;11—凸轮轴齿轮;
12—螺栓;13—双头螺栓;14—定位销;15—止推垫圈;16—轴套;
17—轴承座;18—定位销;19—轴枢;20—小中间齿轮。

图 1 - 1 - 42 凸轮轴传动装置

曲轴齿轮由两半组成,用 4 个螺栓 2 及键固定在曲轴上。曲轴齿轮带动大中间齿轮 7,齿轮上用螺栓 12 及两个定位销 14 固定小中间齿轮 20,小中间齿轮 20 与凸轮轴齿轮 11 啮合,同时带动调速器传动齿轮。齿轮模数为 4,压力角为 20°,除曲轴齿轮的材料为 45 号优质碳素钢外,其余均为 QT600 - 3 球墨铸铁。

两个中间齿轮支承在轴枢 19 上,轴枢用螺栓固定在机体上,当齿隙调整后,以定位销 18 定位。轴枢的另一端由后端盖板 6 上的轴承座 17 支承。止推垫圈 15 用以调节中间齿轮的轴向间隙。

后端盖板侧有机油喷管 8,喷射于齿轮相啮合处,以润滑并冷却齿轮的轮齿。中间齿轮轴承的润滑由轴枢盖上的油管供给。铝罩壳上装有毛毡封油环,防止机油泄出。

齿轮安装时,应使刻有标记的两齿互相啮合在一起,否则配气、喷油和启动定时会产生错误。

二、气阀驱动机构安装

凸轮轴装好后,便可装配配气机构的其他零件(如气阀摇臂、顶头或滚轮装置、推杆等)。配气机构装好后,应检查和调整配气机构的正时时刻。

6300C 型柴油机每两个同名气阀由一个凸轮通过挺杆摇臂机构驱动,如图 1 - 1 - 43 所示,顶杆座 2 由压板 3 紧固在机体的水平台架上,以定位钉 1 定位,顶杆 23 的下部为叉形,装上滚轮 25 及滚轮轴 24,顶杆的上部是淬硬的球状顶杆头 21,凸轮推动滚轮,使顶杆在其座内上下运动,为使滚轮在凸轮的旋转平面内滚动,滚轮由顶杆座下部的开槽导向。弹簧22 使顶杆抬起,换向时,由于进气阀摇臂轴的中心移高,顶杆就可以抬起到使凸轮轴轴向移动而滚轮与凸轮不致相碰的位置。

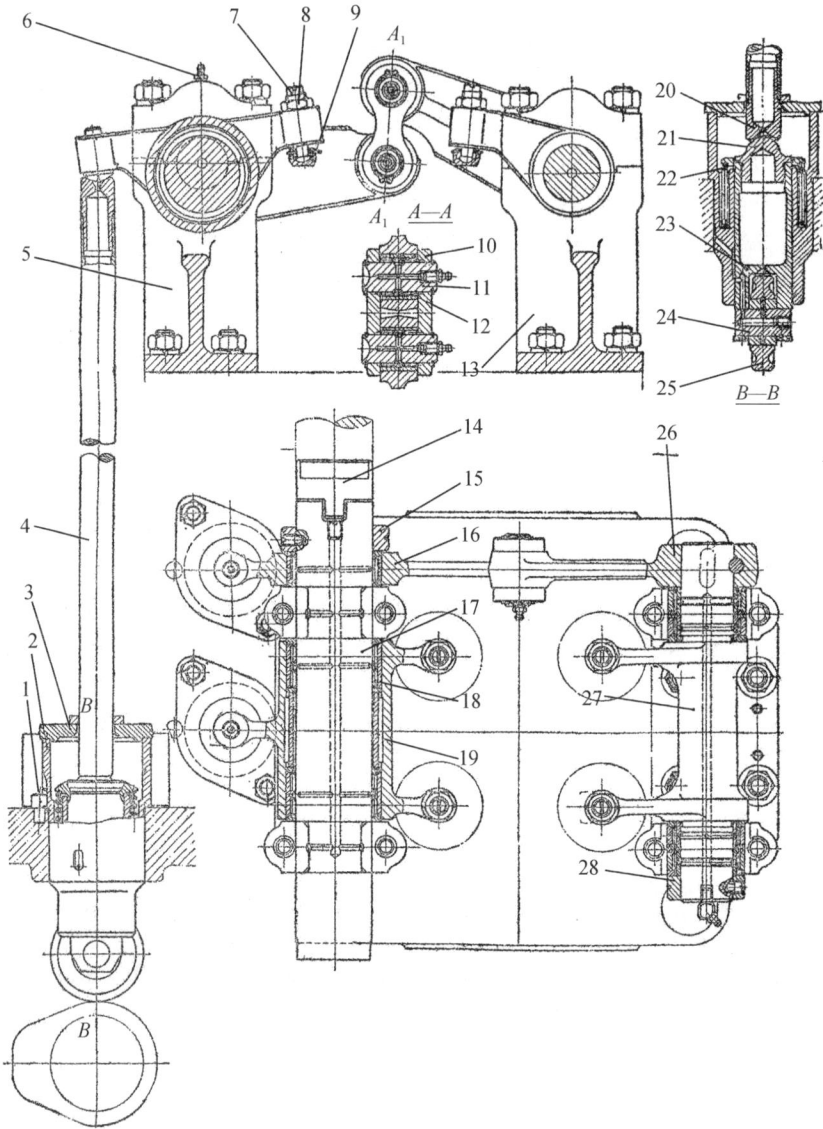

1—定位钉;2—顶杆座;3—压板;4—挺杆;5—支架;6—黄油嘴;
7—调节螺钉;8—锁紧螺母;9—气阀顶杯;10—连接环;11—销子;
12—滚针轴承;13—支架;14—浮动联轴器;15—挡圈;16—中间摇臂;
17—摇臂轴;18—滚针轴承;19—进气阀摇臂;20—挺杆头;21—顶杆头;
22—弹簧;23—顶杆;24—滚轮轴;25—滚轮;26—中间摇臂;
27—排气阀摇臂;28—挡圈。

图 1－1－43　气阀驱动机构

挺杆 4 为管状,两端焊有淬硬的凹球状挺杆头。

进气阀摇臂 19 是一个三臂的摇臂,以滚针轴承 18 支承在进气阀摇臂轴 17 上,一臂由凸轮驱动,同一方向的两臂作用在两个进气阀上。进气阀摇臂轴是一根偏心轴,用以在换向时移高进气阀摇臂及中间摇臂 16 的中心。各缸的进气阀摇臂轴由浮动联轴器 14 连接起来。

排气阀通过两个中间摇臂和排气阀摇臂驱动,两个中间摇臂用铰键连接。

中间摇臂 16 支承在进气阀摇臂轴上,用挡圈 15 挡住,中间摇臂 26 紧固在排气阀摇臂 27 上,排气阀摇臂是一个双臂的摇臂,双臂同时作用在两个排气阀上。两个中间摇臂之间的铰键由连接环 10 和销子 11 组成,销子上装滚针轴承,润滑脂从黄油嘴注入滚针轴承,所有滚针轴承均无保持架,装拆时要注意,以免散失。

支架 5 和 13 装于气缸盖顶面两侧的平台上,用定位销定位,使气阀摇臂与气阀对中。

气阀摇臂上有气阀间隙调节螺钉 7 和锁紧螺母 8,螺钉的球状头部装有气阀顶杯。气阀驱动机构装配完毕后,可对气阀间隙进行初步调整。

活 动 1.2　中型柴油机调试

1.2.1　6300C 型柴油机气阀间隙和配气启动定时的检查与调整

柴油机装配完毕,试车前应进行相关项目的检查与调整。调整的目的是使柴油机零部件安装位置正确,即在这种位置时柴油机的工作过程进行得最完善,并且保证柴油机有最高的技术经济指标。调整不好会导致柴油机功率和经济性的下降,某些零件的过热,以及积炭增加和柴油机过早损坏等。

一、气阀间隙的检查与调整

在机械式气阀传动机构中,冷车时要在摇臂端和气阀阀杆之间留下一定的间隙以便柴油机运转时气阀机构受热后有膨胀的余地。若气阀间隙过小,则气阀受热后会关闭不严;若间隙过大,则除影响气阀正时外,还会使撞击严重,造成大的噪声和磨损。气阀间隙的具体数值一般在柴油机说明书中均有规定,其检查与调整有以下方法。

1. 单缸调整法

对于单缸柴油机,盘车至做功上止点时,可同时检查,调整好进、排气阀的间隙。多缸柴油机也可采用上述方法按发火顺序逐缸检查,调整好进、排气阀的间隙,此方法需多次盘车,费时费力。

2. 两次调整法(快速调整)

以发火顺序为 1—5—3—6—2—4 的六缸四冲程柴油机为例,顺曲轴工作转向转动飞轮,使第一缸活塞处于压缩冲程的上止点附近。其判断方法是:稍微转动飞轮时,观察第一缸的进、排气阀顶杆是否都处于上下移动状态,若第一缸的进、排气阀推杆不会上下移动,则第一缸活塞处于压缩冲程的上止点附近;若第一缸的进、排气阀推杆上下移动,则第一缸活塞处于气阀重叠的上止点附近。

当第一缸活塞处于压缩冲程的上止点时,可同时检查及调整的各缸进、排气阀,见表1-2-1。

表1-2-1　第一缸活塞处于压缩冲程的上止点时各缸状态及可调整气阀

缸号	气缸工作状态	可检查调整气阀	缸号	气缸工作状态	可检查调整气阀
1	做功冲程上止点	进、排	4	做功冲程末期(活塞下行)	进(排)
2	排气冲程(活塞上行)	进	5	压缩冲程初期(活塞上行)	(进)排
3	进气冲程(活塞下行)	排	6	进气冲程上止点	—

　　然后,盘车一周,使第一缸活塞处于气阀重叠上止点,此时各缸的工作状态及可调整气阀见表1-2-2。

表1-2-2　第一缸活塞处于气阀重叠上止点时各缸状态及可调整气阀

缸号	气缸工作状态	可检查调整气阀	缸号	气缸工作状态	可检查调整气阀
1	进气冲程上止点	—	4	进气冲程(活塞下行)	排
2	压缩冲程初期(活塞上行)	排	5	排气冲程(活塞上行)	进
3	做功冲程末期(活塞下行)	进	6	做功冲程上止点	进、排

　　两次盘车可完成全部气缸进、排气阀的检查及调整。对于多缸柴油机的气阀间隙,可通过"先进后排"来完成检查和调整,即除了活塞在做功上止点的气缸进、排气阀间隙均可检查、调整外,按照发火顺序,发火先于该缸的气缸的进气阀间隙可以调整,发火后于该缸的气缸的排气阀间隙可以调整。所以,调整一般的多缸(偶数缸)四冲程柴油机气阀间隙时,只要知道柴油机的发火顺序和"先进后排"四个字,就可以迅速而准确地完成调整操作。

　　6300C型柴油机气阀间隙调整的操作程序如下:

　　①撬动飞轮,使顶杆滚轮置于凸轮的圆柱部分,如图1-1-43所示。

　　②用塞尺测量顶杆滚轮与凸轮的圆柱部分的间隙,其间隙应为0.9~1.0 mm。测量时应使调节螺钉上的顶杯与气阀顶帽接触,顶杯没有摇摆现象即可确信已接触,两同名气阀上的顶杯与顶帽应同时接触,其不同时接触允差为0.1 mm。

　　③用气阀间隙调节螺钉进行调整,调整后应可靠地用螺母锁紧。

　　④在滚针轴承上注入黄油,并在顶杯上加注机油。

二、配气定时的检查与调整

1.配气定时的检查

配气定时的检查必须在气阀间隙检查与调整合格后才能进行,其有以下方法。

(1)手摸推杆法

　　①转动飞轮,使第一缸进、排气阀处于关闭状态(使气阀与摇臂间保持间隙),用手摸着推杆上部,轻轻捻动旋转。按曲轴工作转向缓慢地转动飞轮,在觉得推杆旋转产生阻力的瞬间立即停止盘车,此时该气阀开始开启,指针所指飞轮上的刻度即为该气阀的开启角。

　　②继续转动曲轴,在推杆从不能捻动变为刚刚能转动的瞬间立即停止盘车,此时该气阀刚好关闭,指针所指飞轮上的刻度即为该气阀的关闭角。

　　③如此逐缸逐气阀地检验,记下各缸各气阀的启闭角,并与规定值进行比较,对不符合的要进行调整。配气定时见表1-1-2。

（2）百分表测定法

此法可较精确地检查配气定时。

①把磁性表架稳妥地放置在气缸盖上,盘车使气阀处于关闭状态,使百分表的触针与所测气阀的弹簧上座面相接触,并使表针具有一定的初始读数。

②正向盘车,当百分表指针开始摆动时,立即停止盘车,此时飞轮上所指角度即为实际的气阀开启角(注意飞轮上刻度所对应各缸的相对角度)。

③继续盘车,使气阀升程逐渐增大至最大又逐渐减小。当百分表读数回到初始读数时,立即停止盘车,此时飞轮上所指角度即为实际的气阀关闭角(其百分表读数最高值与初始值之差为气阀升程)。

④如此逐缸逐气阀地检验,记下各缸各气阀的启闭角,并与规定值进行比较,对不符合的要进行调整。

2. 配气定时的调整

（1）微量调整

当气阀启、闭角度与说明书规定的范围值相差不大时,可采用调整气阀间隙的办法进行微量调整。减小气阀间隙可以使气阀提前开启和迟后关闭;增大气阀间隙则相反。经过微量调整,气阀间隙仍应在规定的范围内。

（2）大角度调整

当气阀启、闭角度与规定的范围相差较大时,则应改变凸轮或凸轮轴与曲轴的相位。若气阀要提前开启,则凸轮轴应顺工作转向转动;反之则相反。

6300C 型柴油机飞轮的圆周上刻有各缸上死点的记号和每 5° 一格的刻线,每转 1 ℃A,圆周上相对弧长约为 8.03 mm。

三、启动定时的调整

拆开空气分配器上通往启动阀的 6 条分风管,转动曲轴使第一缸活塞处于压缩冲程接近终点,当其为上死点前 2 ℃A ~ 5 ℃A 时,向分配器送入压缩空气,用手指按住分配器上第一缸的气孔。然后慢慢地继续正向转动曲轴,当手指感觉有压缩空气通出时,即表示分配器孔开启,飞轮上所指示的度数即为启动阀开启时间。继续转动曲轴,当气孔通出的压缩空气停止时,即表示分配器孔关闭,飞轮上所指示的度数即为启动阀关闭时间。换向后倒向转动曲轴检查倒车定时。再依各缸发火顺序检查其他各缸的启动定时。

启动定时需符合表 1 - 1 - 2 所规定的范围,可以松开分配器座的螺栓,使分配器座转动一定的角度做微量的补偿。必要时可锉大分配器座的螺栓孔。

1.2.2　6300C 型柴油机喷油提前角检查与调整

柴油机喷油提前角是从喷油泵柱塞开始供油的瞬间至活塞到达上死点为止的曲柄转角。喷油提前角是由喷油泵的凸轮轴相对于曲轴位置确定的。喷油提前角过大、过小均会导致柴油机功率下降,工作性能不良。当喷油提前角过大时,由于燃油喷入气缸内压力和温度不够高的气体中,不能迅速吸热蒸发和形成可燃混合气,因而燃油不能迅速燃烧而积聚在气缸内。直到曲轴转过一定角度,缸内压力和温度升高后,燃油才开始燃烧,因此从喷油到燃烧开始,气缸内积聚的燃油增多,一旦燃烧,会造成气缸内压力急剧上升,柴油机工作粗暴,发生敲击现象。由于最高燃烧压力太高,且冲击太大,因此柴油机效率下降,零件可靠性、寿命下降。当喷油提前角过小时,燃油喷入气缸中经历的滞燃期短,因此最高燃烧压力降低,最大燃烧压力不足,使功率下降,同时整个燃烧过程后移,使大部分燃烧在气缸容积增大时进行,以致燃烧热量的利用率下降,排气温度升高,表现为柴油机容易过热,功率降低,油耗量增加,热效率显著下降。所以,在柴油机的使用和检修中,必须按规定检查和调整喷油提前角大小。

一、喷油泵齿杆位置的调整

如图 1-2-1 所示,喷油泵停止供油时的齿杆位置称为喷油泵的零位,即操纵盘位于刻度"1"的位置时,柴油机能可靠地停车,且在此处能用空气吹动柴油机。

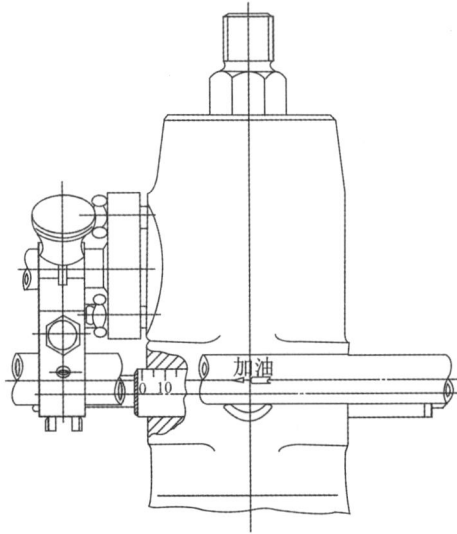

图 1-2-1 喷油泵的零位

检查零位时,将操纵盘放置在刻度"1"上,并使停车摇臂靠紧在停车凸轮上,这时与拉杆连接的各泵齿杆从泵体内拉出应不超过 2 个刻度,如个别泵超过,应用调节螺栓调整一致。

当柴油机启动时,操纵盘越过"1"刻度时就能供油;当操纵盘位于刻度"3"时,所有喷油泵的齿杆应移出 5 个刻度以上。操纵盘刻度转到"0"时就能关断喷油泵,使柴油机停车。

二、喷油提前角的检查

喷油泵柱塞的螺旋形上斜槽的岸部盖住套筒的上孔(进油孔)的瞬间即为喷油泵的供油始点。这时上死点前的曲轴转角就叫喷油提前角。6300C 型柴油机采用冒油法检查喷油提前角,具体检查方法如下:

①如图 1-2-2 所示,把测量喷油提前角的玻璃管与出油阀上的螺纹接头保持密封装好,玻璃管内孔约为 $\phi 3$ mm,长 80～100 mm。

②将操纵盘置于"工作"位置上,此时喷油泵齿杆应固定在 14～15 的刻度上。

③用手泵油,直至柴油在玻璃管内出现为止,柴油大约充满管长的一半。

④慢慢地撬动飞轮,注意管内的柴油液面,发现柴油液面稍有升高时即停止转动,此时记录飞轮上的度数,按上述方法重复进行两次,测量误差不应超过1 ℃A。玻璃管中柴油液

面升高的始点(这一瞬时)相当于往气缸喷油的始点。

在没有上述检查工具时,可直接查看接头处液面的升高情况。

倒、顺车都要检查,标定工况时喷油提前角为上止点前15 ℃A～18 ℃A;倒车时喷油提前角为上止点前10 ℃A～18 ℃A。

三、喷油提前角的调整

调整喷油提前角的方法有两种:转动凸轮法和升降柱塞法。

转动凸轮法即通过转动凸轮轴上的喷油凸轮来调整喷油正时。采用这种方法时,改变顺车工作时的喷油提前角同时会引起倒车工作时的喷油提前角的改变,顺车的提前角增大了,相应地倒车的提前角也就减小了。

升降柱塞法即通过改变喷油泵顶杆的高度来改变柱塞相对于回油孔的原始位置,从而改变喷油定时,提高顶杆的高度可同时增大顺车和倒车的提前角,但进油孔的开启量也随之减小了。

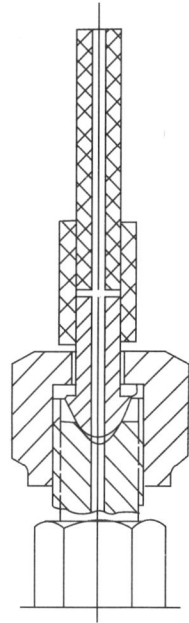

图1-2-2　喷油提前角检查管

1.转动凸轮法

拆下曲轴箱盖板,在喷油凸轮端面的油孔接上高压油泵的管子,如图1-2-3所示,高压油泵可采用约6 mm柱塞的柱塞泵,高压机油经手摇泵压入凸轮的环形沟A后胀开凸轮内孔,从凸轮的两侧边缘渗出,压力为160～180 MPa时便能胀开凸轮内孔,在配合表面形成油膜,凸轮便在轴上浮动。

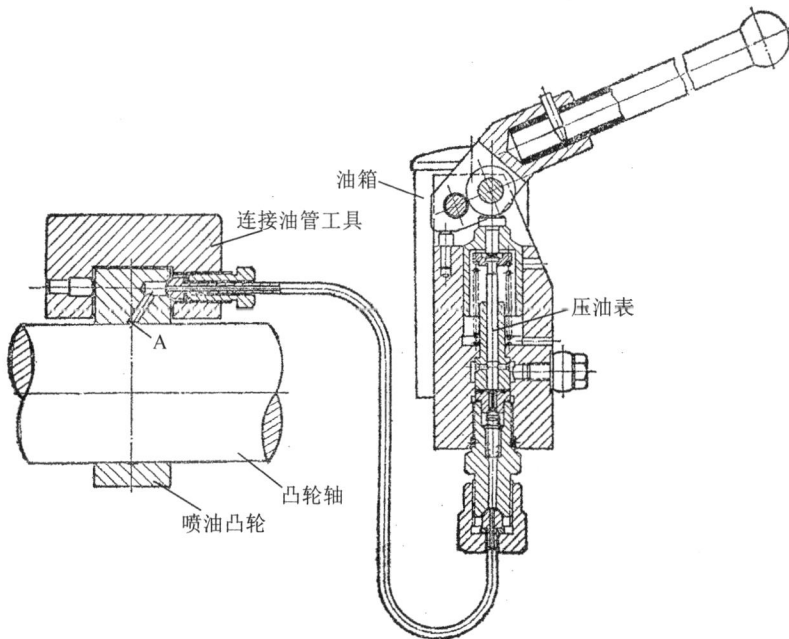

图1-2-3　凸轮液压调整

在喷油凸轮接上油管之前,先撬动飞轮使其停留在所需调整的度数上,并在喷油泵上装喷油提前角的检查管。待压入凸轮的机油在凸轮内孔两侧渗出时,凸轮已在轴上浮动,此时继续压油,同时用手将凸轮向后(使喷油泵柱塞下降的方向)转动5°~10°,然后将凸轮向前慢慢转动,并密切注视玻璃管的柴油液面,发现柴油液面稍有升高时即停止转动和停止泵油,凸轮即固紧在新的位置上,然后拆去接凸轮的油管,检查喷油提前角。调整时可不装压力表,使用的机油系黏度较高的齿轮油或气缸油。

2. 升降柱塞法

如图1-2-4所示,拆下顶杆座上的盖板,用随机配备的钩形扳手旋松锁紧螺母3,调整顶杆上的调整螺栓2,根据增大或减小喷油提前角的需要,拧入或拧出调整螺栓。当螺栓转过一个棱面,即1/6转时,提前角相应地改变2 °CA ~3 °CA,油泵进油孔的开启量改变0. 34 mm。

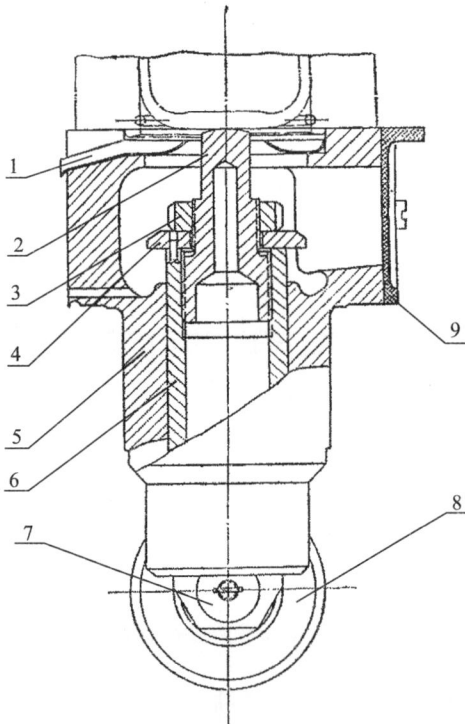

1—挡油盘;2—调整螺栓;3—锁紧螺母;4—垫片;5—顶杆座;
6—顶杆;7—滚轮轴;8—滚轮;9—盖板。

图1-2-4 喷油泵顶杆

调整后,用螺母3锁紧,并检查喷油泵进油孔的开启量。

最后,还要在柴油机全负荷时,根据测得的最大燃烧压力及排气温度修正提前角。

1.2.3 6300C型柴油机磨合试验

一、柴油机磨合试验的目的和要求

柴油机磨合是延长柴油机使用寿命的必要措施,柴油机装配和主要摩擦副零件(气缸与活塞、活塞环,以及曲轴轴颈与轴承等)都不可避免地存在几何形状误差(位置精度误差)和表面微观不平(加工痕迹形成的凸峰和凹痕)。因此,相配合的两个零件实际接触面积较小,而单位面积上的负荷较大,摩擦磨损严重。此外,零件表面存在微观不平不易形成油膜(被凸峰破坏),使磨损加剧。如果在这种状况下柴油机高速、高负荷工作,则摩擦副零件表面的凸峰会严重擦伤或撕裂,金属屑成为磨料,使磨损加剧,严重时造成局部高温熔化,变为熔着磨损,形成拉缸烧瓦。另外,零件表面粗糙,消耗于摩擦的功率较大,此时柴油机高负荷工作相当于超负荷,因而也会加剧零件磨损。

由此可见,柴油机装配或大修后必须在低速、低负荷下运转一段时间,并逐渐增加转速和负荷,以使零件表面的粗糙度逐渐减小,形成有利的表面粗糙度和形状,保持摩擦功基本不变,这段时间称作磨合期。

由于磨合期较长,而初期磨合阶段磨损量较大,因此此阶段一般在工厂内进行,遵循合理的磨合规范进行磨合,以减少磨损量,延长使用寿命。同时,在磨合期可以检查和调整柴油机的装配质量和性能参数,以及运行中出现的问题,以便及时排除,使柴油机质量和性能达到相关规范的要求。

磨合试验的原则是由低速到高速、由无负荷到有负荷、由小负荷到大负荷逐渐增加,以使零件表面接触面积逐渐增加,配合面逐渐能够承受载荷。

小型柴油机磨合一般分为冷磨合和热磨合两个阶段进行。冷磨合是由外力拖动;热磨合是将柴油机发动运转进行磨合。中、大型柴油机只做热磨合。

所谓磨合质量好是指磨合阶段所需时间短,磨合期零件表面磨损量小,磨合后在正常负荷下使用寿命长。影响磨合质量的因素:①磨合规范的制定及选择是否恰当,即磨合时各速度所加的负荷和磨合时间是否恰当;②磨合时润滑油的选择;③零件表面的质量;等等。加工工艺的不断发展和表面处理技术的不断应用,可以大大缩短磨合时间,提高磨合质量。

二、6300C 型柴油机的磨合试验

总装配后或经过大修的 6300C 型柴油机,必须经过热磨合才能正常使用,其过程可分为无负载热磨合阶段和有负载热磨合阶段。无负载热磨合就是柴油机启动后以不同的转速进行空载磨合;有负载热磨合就是柴油机在一定转速下,加上不同的负载进行磨合。

磨合一般在试验台架上进行,首先按柴油机的操作技术要求启动柴油机,然后按表1-2-3的要求进行磨合试验。运转中出水温度及机油出机温度应达到 35~40 ℃才可以开始磨合试验。

表 1-2-3　6300C 型柴油机磨合程序

序号	磨合时间/min	总运行时间/h	磨合程序
1	30	0.5	转速:240~300 r/min　　　　　负荷:空载 启动并预热使出水温度及机油出机温度达到 35~40 ℃,然后开始试验
2	30	1.0	转速:350 r/min　　　　　　　负荷:空载 转速升至 350 r/min 并运行 29 min
3	60	2.0	转速:400 r/min　　　　　　　负荷:空载 转速升至 400 r/min 并运行 59 min

表 1 - 2 - 3(续)

序号	磨合时间 /min	总运行时间/h	磨合程序
4	—	—	**停车** 检查/触检,打开曲轴箱盖板,检查各运动部件的质量
5	30	2.5	**负荷:25%(73.5 kW)** 启动并加负荷25%运行26 min
6	—	—	**停车** 检查/触检,打开曲轴箱盖板,检查各运动部件的质量
7	30	3.0	**负荷:50%(147 kW)** 启动并在25%负荷下运行3 min,加负荷50%运行25 min; 检查/调整性能,爆压
8	—	—	**停车** 检查/触检,打开曲轴箱盖板,检查各运动部件的质量,定时调整
9	60	4.0	**负荷:75%(220.5 kW)** 启动并在25%、50%负荷下各运行3 min,然后在75%负荷下运行40 min(升负荷6 min); 停车前在25%负荷下运行4 min(降负荷4 min)
10	—	—	**停车** 检查/触检,打开曲轴箱盖板,检查各运动部件的质量
11	90	5.5	**负荷:100%(294 kW)** 启动并在50%负荷下运行3 min,然后在100%负荷下运行65 min,在110%(324 kW)负荷下运行5 min(升负荷3 min); 检查/调整性能,爆压; 停车前在25%负荷下运行4 min(降负荷4 min)
12	—	—	**停车** 检查/触检,打开曲轴箱盖板,检查各运动部件的质量

大修后的柴油机如果没有测功器,一般可采用供电的方法进行试验。供电试验时的负载一般有下列3种:

(1)用特定负载进行供电试验。试验时,将柴油机的电压、转速调到额定值,待柴油机的水温和油温达到要求后,对负载进行供电试验。

(2)用电阻丝作负载,试验时通过调节电阻丝的长度和采用串、并联的方法改变负载的大小,以达到不同的试验要求。

(3)用盐水作负载进行试验。准备一个陶瓷缸,按每注入35 kg清水加入0.5 kg食盐的比例配制食盐溶液,用木棒搅拌使食盐全部溶化,然后取3块铜板或3根铜棒进行三相电的试验。把它们等距离固定在绝缘板上,并与交流发电机的3根相线连接。试验时,将柴油机的电压、转速调到额定值,待柴油机的水温和油温达到要求后,慢慢地将铜棒或铜棒放入盐水中,通过改变铜板或铜棒之间的距离或改变它们浸入盐水的深度达到不同阶段热磨合对负载的要求。

1.2.4　6300C 型柴油机出厂试验

一、柴油机出厂试验的目的和要求

柴油机提交使用的性能要求必须通过出厂试验进行验证和调整,可以说出厂试验是保证质量、提供合格产品的最后的重要的装配阶段或制造阶段。

柴油机的性能系指柴油机的动力性和经济性。它是通过柴油机各项运行指标和参数来表达的,而这些是要通过试验来获得的。在柴油机制造和装配中,这些影响也需要通过试验来验证和调整;同时,在使用管理上,必须掌握柴油机的参数和特性,以利于运行监控和调整,所以柴油机(或船舶)接收和验收时,也必须通过试验提供这些性能指标。

柴油机出厂试验的目的就是检验和提交产品性能指标。应根据国家及行业有关标准规定的项目和内容进行试验,试验结果应符合国家及行业有关标准的要求。

对成批大量生产的柴油机应做定期抽查试验以考核其制造工艺稳定性,每季度或每半年应对未出厂的产品任意抽取,进行性能试验,每年抽取进行耐久性试验;船用柴油机产品出厂前,必须逐台进行出厂试验(或称台架试验);在修理厂大修过的内燃机也要经过出厂试验,达到指标方可出厂,一般情况下应进行常温启动、怠速试验和外特性试验。

出厂试验一般应根据国家及行业有关标准或规范,由工厂编制出厂试验大纲,按大纲要求进行试验,并出具出厂试验报告。船用柴油机出厂试验大纲还必须经国家船检部门审查通过,其他有特殊用途的柴油机的出厂试验大纲经与使用方相关部门协商还可以增减一些项目。

根据中华人民共和国船舶检验局《钢质海船入级规范2018》有关柴油机的要求(也可采用国外船级社规范的要求),出厂试验一般含有以下试验项目和要求。

1. 启动换向试验

供主机启动用的空气瓶至少有两个。其总容量应在不额外充气的情况下,对每台可换向的主机能从冷机连续启动不少于12次,试验时应正、倒车交替进行;对每台不能换向的主机能从冷机连续启动不少于6次。如主机多于两台,空气瓶容量可适当减少。

主机换向时间应不大于15 s(主机换向时间是指主机在最低稳定转速下,从操纵开始到主机在相反方向开始工作所需的时间)。

2. 负荷试验

(1)基准环境条件

《钢质海船入级规范2018》规定:确定无限航区船舶主、辅柴油机的功率,应采用下列基准环境条件。

①绝对大气压:0.1 MPa。

②环境温度:45 ℃。

③相对湿度:60%。

④海水温度(中冷器进口处):32 ℃。

(2)额定功率

额定功率是指在规定的环境条件下,柴油机所能发出的最大持续功率(即入级的最大轴功率)。其相应的转速为额定转速。

柴油机制造厂在试验台上不必按本条规定提供模拟的基准环境条件,但应提供基准环境条件下柴油机功率的修正值。

（3）负荷试验程序要求

仅驱动螺旋桨或叶轮（喷水推进用）的推进柴油机的负荷试验程序有以下要求。

①额定转速 n_0，100%功率（额定功率）：达到稳态运转后至少持续 60 min。

②转速 $1.032n_0$，110%功率：15 min 或达到稳态运转后（取时间短者）开始记录。

注意：仅要求对每个不同柴油机/增压器配置进行一次该试验。

③批准的间歇超负荷（如适用）：双方协商确定试验持续时间。

④按螺旋桨名义特性曲线，记录 90%（或正常持续巡航功率）、75%、50% 和 25% 功率工况，试验负荷顺序可由制造厂安排。

驱动电力推进用发电机的柴油机的负荷试验程序有以下要求。

①额定转速 n_0，100%功率（额定功率）：达到稳定运转状态后至少持续 60 min。

②额定转速 n_0，110%功率：达到稳定状态后持续 15 min。

③调速器试验。

④75%、50%、25% 功率及空载工况试验，试验负荷顺序可由制造厂安排。

注意：试验台上运转后，驱动发电机的柴油机燃油供给系统应进行调整，保证柴油机装船后能够在瞬态发出 110% 额定功率，瞬态超负荷能力是为了保证 100% 功率运行的柴油机能够实现瞬态调速性能，还能保证电力分配系统的保护系统能够在柴油机停车前运行。

（4）负荷试验时柴油机各缸平衡性能要求

柴油机的热力状态稳定后，即柴油机已在标定工况或接近标定工况下运转了半个小时后对柴油机各缸的压缩压力、最大燃烧压力、排气温度、平均指示压力等进行测试和比较。在进行测试时必须注意保持测试条件稳定不变。

排气温度用柴油机本身带的排温计测量。压缩压力和最大燃烧压力用最大燃烧压力计（爆压表）测量。因仪器关系不能测量平均指示压力时，可轮流停止各缸喷油测量其降低的转速来调整各缸负荷的分配。

上述测得的压力及温度应在说明书规定的范围之内。各缸测得的读数之间的最大差异对平均值而言不应超过：

压缩压力：±2.5%；

最大燃烧压力：±4%；

排气温度：±5%；

平均指示压力：±2.5%。

如不符合要求，应做相应调整。

①压缩压力测量与调整

柴油机在标定转速下空车运转时，在被检查的气缸停止喷油的 2～3 min 后测量压缩压力。

必要时，可以通过改变气缸盖垫圈的厚度进行调整。为了提高压缩压力，应减小垫圈厚度；为了降低压缩压力，应增加垫圈厚度。

压缩压力一般不需调整，只有在更换了连杆、活塞或气缸盖时才调整。

②最大燃烧压力的测量与调整

最大燃烧压力的测量应在标定功率及标定转速时进行。

最大燃烧压力的调整通过改变喷油提前角来实现。当喷油提前角改变 1 °CA 时，最大燃烧压力改变0.15~0.2 MPa,为了提高最大燃烧压力,应当提早喷油;为了降低最大燃烧压力,应当延迟喷油。

③排气温度调整

排气温度可通过调整供油量进行调整。

④用停缸的方法调整各缸负荷的分配

在轮流停止一缸喷油测量降低的转速时,事前应将油量限制器调至标定工况喷油量的位置上。在试验中不变动加油手柄的位置,当柴油机达到稳定工况后,停止一个气缸工作,待柴油机达到重新稳定运行时,把柴油机降低了的转速记录下来,随后接通该气缸并停止另一个气缸,上一个气缸的接通和下一个气缸的停止最好同时进行,这样可缩短达到稳定工况所需的时间。

如果某一气缸停止时转速下降得最小,那么该气缸承受的负荷也最小,因此要增大供油量;如果某一气缸停止时转速下降得最大,那么该气缸承受的负荷也最大,因此要减小供油量。

3. 调速器试验

(1)主机调速器要求

主机应装有可靠的调速器,使主机的转速不超过额定转速的115%。

若主机的电子调速器是遥控系统的一部分,则应符合下列条件:

①若调速器停电后可能使其原有转速和推力方向突然发生重大的变化,则应提供后备电源。

②对主机应能进行就地操纵,即使在自动或遥控系统的任何部分失效时也能就地控制。因此,应能在就地控制处脱开遥控信号。

(2)主发电柴油机调速器要求

带动发电机的柴油机需装有调速器,其调速特性应符合下列规定:

①当加上或卸去最大梯级负荷时,电网的瞬时频率变化应不大于额定频率的10%,恢复到稳态的时间应不超过5 s。突然卸去额定负荷时,如不影响超速装置的要求,瞬时调速率可大于额定转速的10%;稳定调速率不大于额定转速的5%。

②在空负荷状态下突然加上50%额定负荷,稳定后再加上余下的50%负荷时,其瞬时调速率不大于额定转速的10%;稳定调速率不大于额定转速的5%;稳定时间(即转速恢复到波动率为±1%范围的时间)不超过5 s。采用高增压四冲程柴油机作为驱动发电机的原动机时,其调速特性试验可按图1-2-5所示的多于两次的加载方式进行加载。为此,船舶电站负荷设计时,对断电后自动接通的电气设备所需的功率和各电气设备的接通次序,应进行充分考虑。这同样适用于并联运行的发电机组,以及一台发电机发生跳闸后负荷需从一台发电机转移至另一台发电机的发电机组。

当发电机组并联运行时,调速器的稳定调速率应尽量相同。

(3)应急发电机调速器要求

当总应急负荷突然全部加载或分步加载时,应急发电机组应满足主发电机组规定的调速特性;采用分步加载时,还应符合以下要求:

①主配电板失电后,总应急负荷应能在45 s内完成加载。

②最大梯级负荷是已声明并经过验证的。

③设计电力分配系统时,最大梯级负荷不应超出其允许工作范围。

④以上规定的时间延迟及加载次序的符合性应在船上试验时验证。

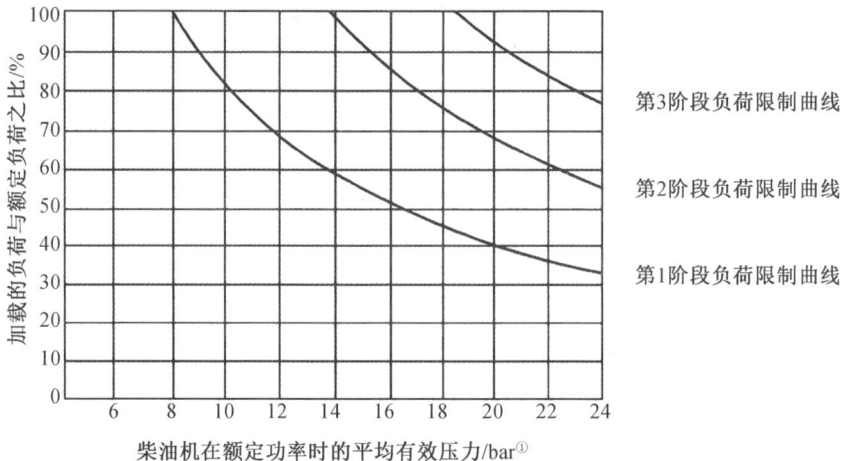

图 1 − 2 − 5 高增压四冲程柴油发电机组多于两次的加载方式图①

4. 最低稳定转速试验

主机应具有良好的低转速工作性能。最低稳定工作转速一般应满足以下规定。

（1）低速柴油机：不高于额定转速的 30%。

（2）中速柴油机：不高于额定转速的 40%。

（3）高速柴油机：不高于额定转速的 45%。

5. 倒车试验

主机必须能直接倒转，但带可调螺距螺旋桨、电力推进及有倒顺设备的动力系统除外。主机应有足够的倒车功率，以确保在一切正常的情况下能适当控制船舶。对于可直接倒转的主机，其倒车功率样机认可时（在台架上测得）一般不小于正车额定功率的 70%。

6. 柴油机应急运转试验

（1）停缸试验

通过停止供油停止一个或几个缸工作，柴油机应能继续运转。6 缸以下的柴油机应能在停止一个缸工作的情况下保持继续运转；6 缸以上的柴油机应能在停止两个缸工作的情况下保持继续运转。为了避免停缸后柴油机超负荷，试验可在 75% 负荷的转速下运转（停缸运行若引起喘振，则应降低转速直至喘振消除为止）。

（2）停增压器试验

停增压器试验可用专用工具将停增压器转子轴锁住，或者不让废气进入废气涡轮。对于四冲程增压柴油机或具有应急鼓风机的二冲程增压柴油机，应能停止全部增压器工作；对于其他类型的柴油机，有两个以上增压器的，可使任意一个停止运转，要求柴油机仍能继续工作。

7. 安全保护装置试验

安全保护装置试验包括超速保护装置（超速停车）试验，应急停车、滑油低压及高温停车、推力块高温停车等试验。

额定功率大于或等于 220 kW 船用柴油机应装有超速保护装置，对于能脱离传动轴系

---

① 注：1 bar = 10^5 Pa。

或驱动调距桨的主机,可防止主机的转速超过额定转速的120%;对于带动发电机的柴油机,可防止柴油机转速超过额定转速的115%。

该试验是在柴油机运行的情况下进行的,假设一模拟值,观察其是否能停车,或仅做模拟试验;其他项目只做模拟试验。

8. 柴油机拆检

柴油机台架试验后应对柴油机拆检,拆检项目根据不同类型的机器有所不同,常拆检一个缸观察缸盖、气缸套、活塞及活塞杆、十字头轴承、十字头销及导板、曲柄销及曲柄销轴承、主轴承及推力轴承、推力块、凸轮轴驱动、链条及链轮等的工作情况和磨损情况,此外,还有曲轴甩挡检查、喷油器喷射试验等项目。

试验和拆检结果都必须记录在试验报告和检查报告中,并提交验收。

二、6300C 型柴油机出厂试验

根据以上要求,6300C 型柴油机有以下出厂试验项目。

1. 启动换向试验

启动空气瓶中的空气压力为技术说明书要求的最大压力(3.0 MPa),柴油机在冷态空负荷情况下做启动换向试验,直至不能启动为止。柴油机的启动换向次数和换向时间应符合规范要求。

2. 负荷试验

按螺旋桨推进特性试验做负荷试验(作辅机的要做负荷特性试验)。该试验必须连续进行,试验程序见表1-2-4。

表1-2-4　6300C 型柴油机负荷试验程序

序号	负荷/%	转速/(r·min⁻¹)	功率/kW	运行时间/h
1	50	317	147	0.5
2	75	363	221	0.5
3	90	386	265	1.0
4	100	400	294	2.0
5	110	412	324	0.5

3. 调速器试验

在100%工况下,操纵手柄保持不变,突卸水力测功器负荷。调速器的瞬时调速率应小于15%,带动发电机的柴油机瞬时调速率应小于10%。

4. 最低、最高稳定转速试验

柴油机启动后,将操纵盘转至刻度约为3时,检查其最低转速是否为160～180 r/min。必要时可拆开调速器盖,利用调节螺钉来进行重调,调节螺钉顺时针(从顶面看)旋转时相应地使调速弹簧的压紧力增加,并引起最低转速的增大。当调节螺钉逆时针旋转时,最低转速相应地减小。

在最低转速时,应根据排气温度计读数确知所有气缸都在工作,必要时可不停止柴油机,旋转喷油泵的调节螺栓来改变任一气缸的供油量,当顺时针(从操纵端对柴油机看)旋转螺栓时,供油量增加;当逆时针旋转螺栓时,供油量减少。

将操纵盘转至刻度 12~13 时，柴油机转速应为 412 r/min。可改变调速器操纵拉杆的位置进行调整，如图 1-2-6 所示。若减小最高转速，应使拉杆的中心同调速器摇臂轴中心移远，即增大 L；若增大最高转速，应使拉杆的中心同调速器摇臂轴中心移近，即减小 L。该调整通过修锉摇臂上 A 孔实现。

5. 倒车试验

在空负荷的情况下，倒车运转 5 min。

6. 拆检

拆检项目及要求按表 1-2-5 执行。

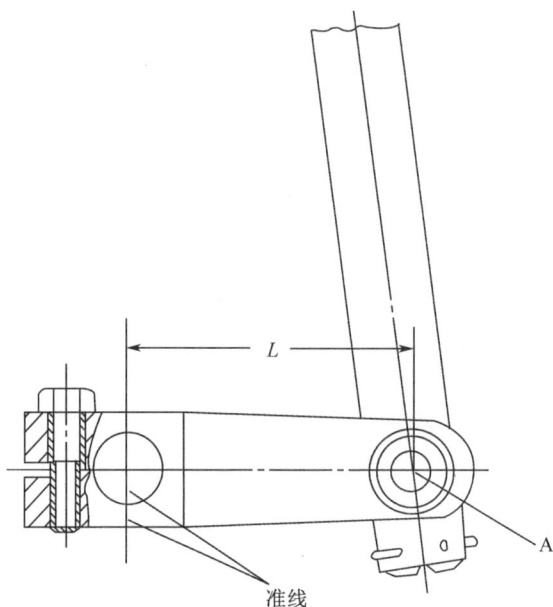

图 1-2-6　调速器拉杆位置

表 1-2-5　6300C 型柴油机拆检项目及要求

序号	项目	数量/缸	试验类型
1	活塞和连杆	1	拆下做外观检查
2	曲柄销轴承	1	轴承工作面外观检查
3	曲柄销	1	轴承工作面外观检查
4	气缸盖	1	燃烧表面做外观检查
6	气缸套	1	工作表面做外观检查
7	主轴承和推力轴承	1	轴承工作面外观检查
8	喷油器	1	喷射试验
9	曲轴	1	测臂距差（热状态）

注：1. 上述序号 1~6 均为任意一缸组。

　　2. 上述试验及拆检项目结束则柴油机台架出厂试验结束，并提交验收。

项目 2   大型低速柴油机装配与调试

【学习目标】

通过学习和训练,学生能够装配和调试 MAN、WinGD 等大型低速柴油机。

活动 2.1   大型低速柴油机主要部件预装

目前,大型低速船用柴油机(简称大型低速柴油机)主要有 MAN 和 WinGD 两大品牌。本书以这两家公司的柴油机为例,介绍大型低速柴油机装配与调试工艺。

大型低速柴油机批量较小,大多采用按分散原则进行的固定式装配,即把装配过程分为部件装配和总装配。各个部件分别由几组工人同时进行装配,这一过程称为预装;而总装配则由另一组工人完成。这种组织形式的特点是工作分散,允许有较多的工人同时进行装配工作,使用的专用工具较多,装配工人能得到合理分工,实现专业化,技术水平和熟练程度容易提高,所以装配周期可缩短,并能提高车间的生产效率。

图 2-1-1 为 MAN B&W 5S60MC-C 型柴油机横剖面图,图 2-1-2 为 WinGD 6RTA48T-B 型柴油机横剖面图,图 2-1-3 为 WinGD 6RTA48T-B 型柴油机纵剖面图,如这三个图所示的大型低速柴油机的预装工作主要有机架预装、启动阀预装、安全阀预装、排气阀预装、缸盖预装、曲轴预装、活塞预装、连杆预装、凸轮轴预装、燃排机构预装、缸体及相关件预装、贯穿螺栓预装、链传动预装、调速器传动预装、标准仪表预装、调节轴预装、操纵机构预装、排气管预装、空冷器预装、注油器预装、缸体部分管路相关件预装、启动空气管相关件预装、启动空气分配器预装、测速传感器布置、示功器传动及走台支架布置等。

2.1.1   掌握大型低速柴油机技术条件

一、MAN B&W 5S60MC-C 型柴油机技术条件

1. 柴油机基本数据

型号:5S60MC-C。

缸径:600 mm。

冲程:2 400 mm。

冲程:缸径:4:1。

缸数:5。

发火顺序:1—4—3—2—5。

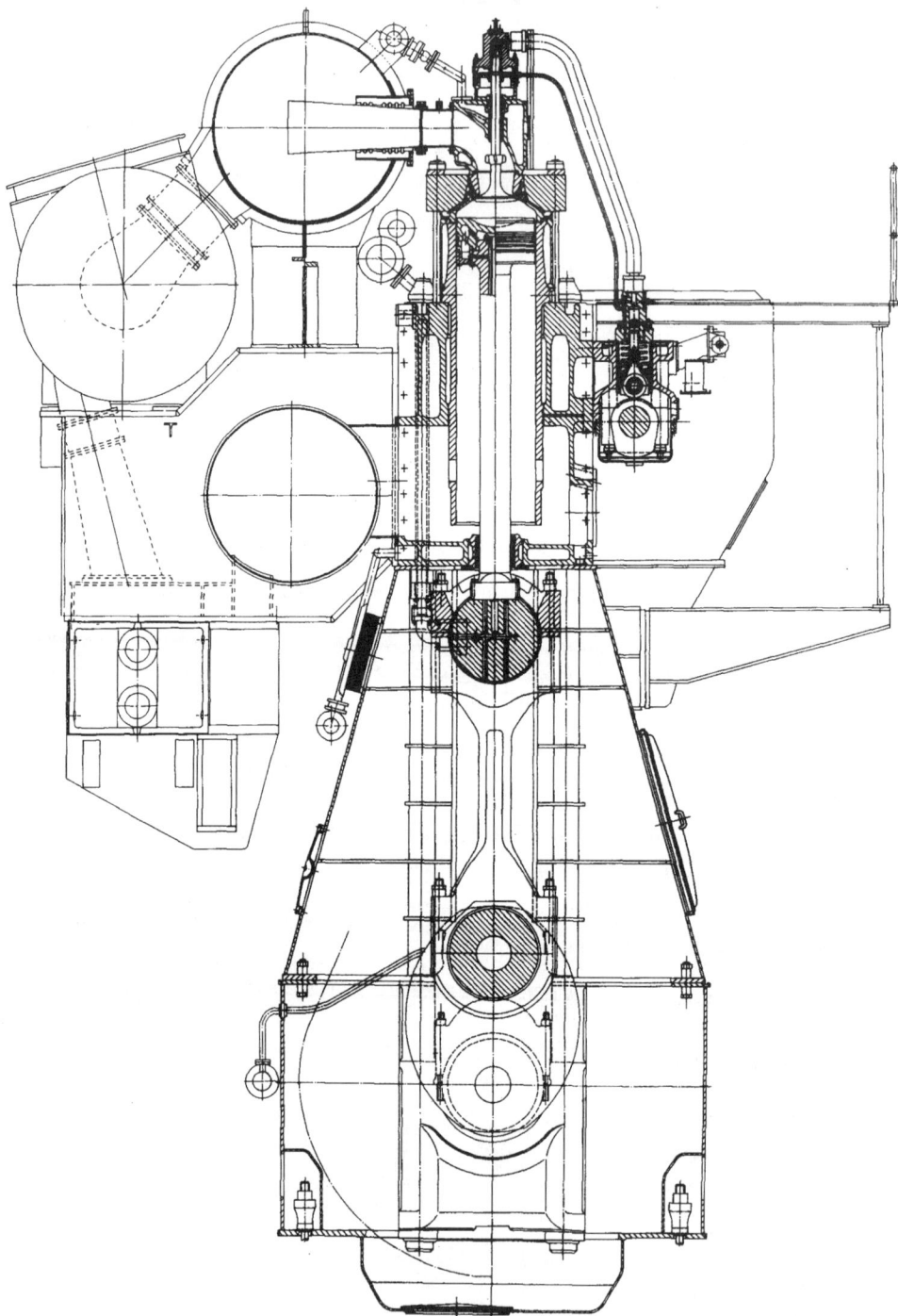

图 2 - 1 - 1　MAN B&W 5S60MC - C 型柴油机横剖面图

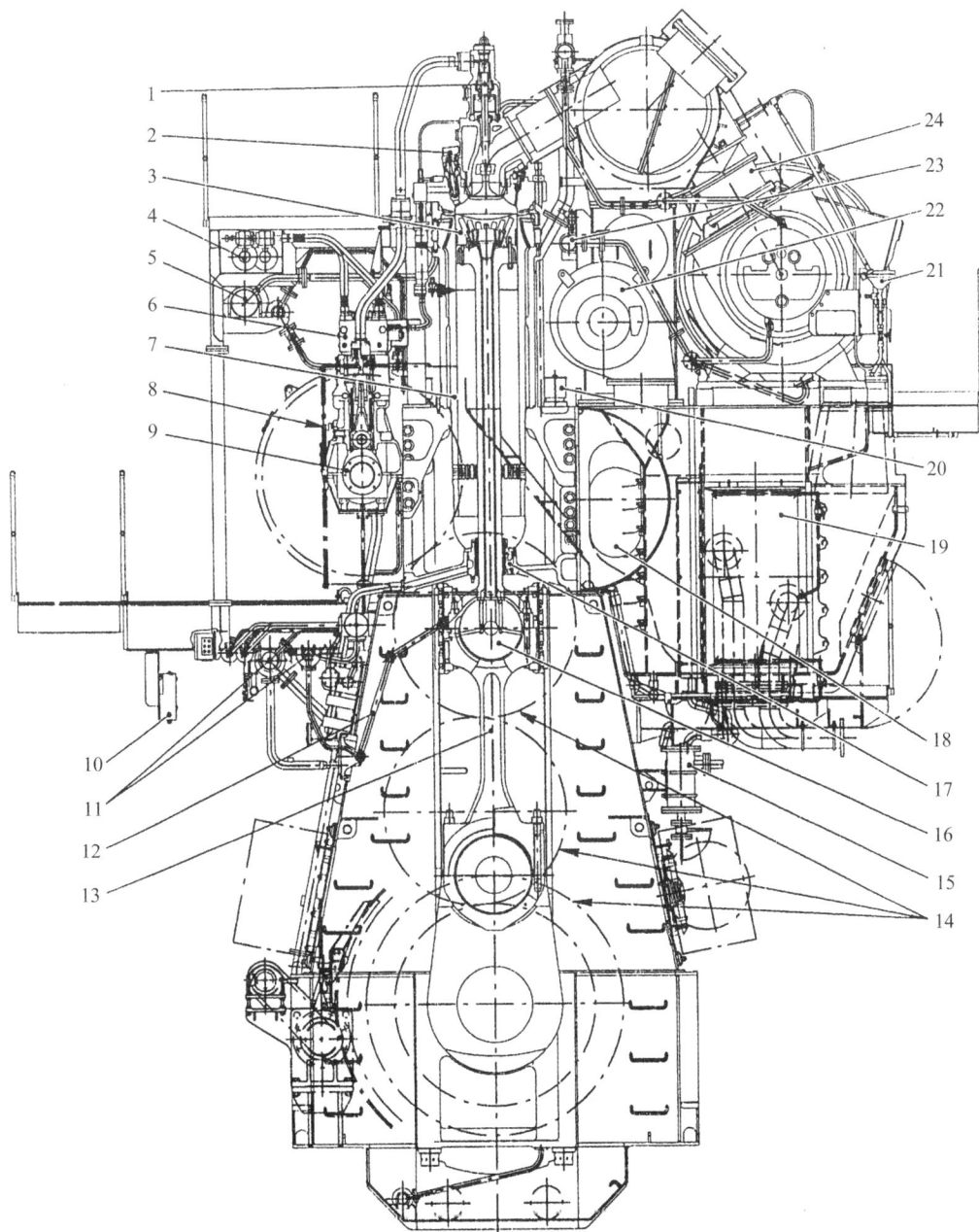

1—排气阀;2—启动阀;3—活塞组件;4—燃油管路;5—启动空气管路;

6—燃油泵和排气阀驱动泵;7—气缸套;8—燃油泵和驱动泵切断装置;

9—换向伺服器;10—压力开关和压力传感器;11—润滑油管路;

12—滑油铰链;13—连杆;14—凸轮轴传动;15—排污及水清洗管路;

16—十字头滑块组件;17—活塞杆填料函;18—扫气箱;19—中冷器;

20—贯穿螺栓;21—增压器清洗装置;22—辅助鼓风机;

23—冷却水管路;24—增压器。

图 2 – 1 – 2　WinGD 6RTA48T – B 型柴油机横剖面图

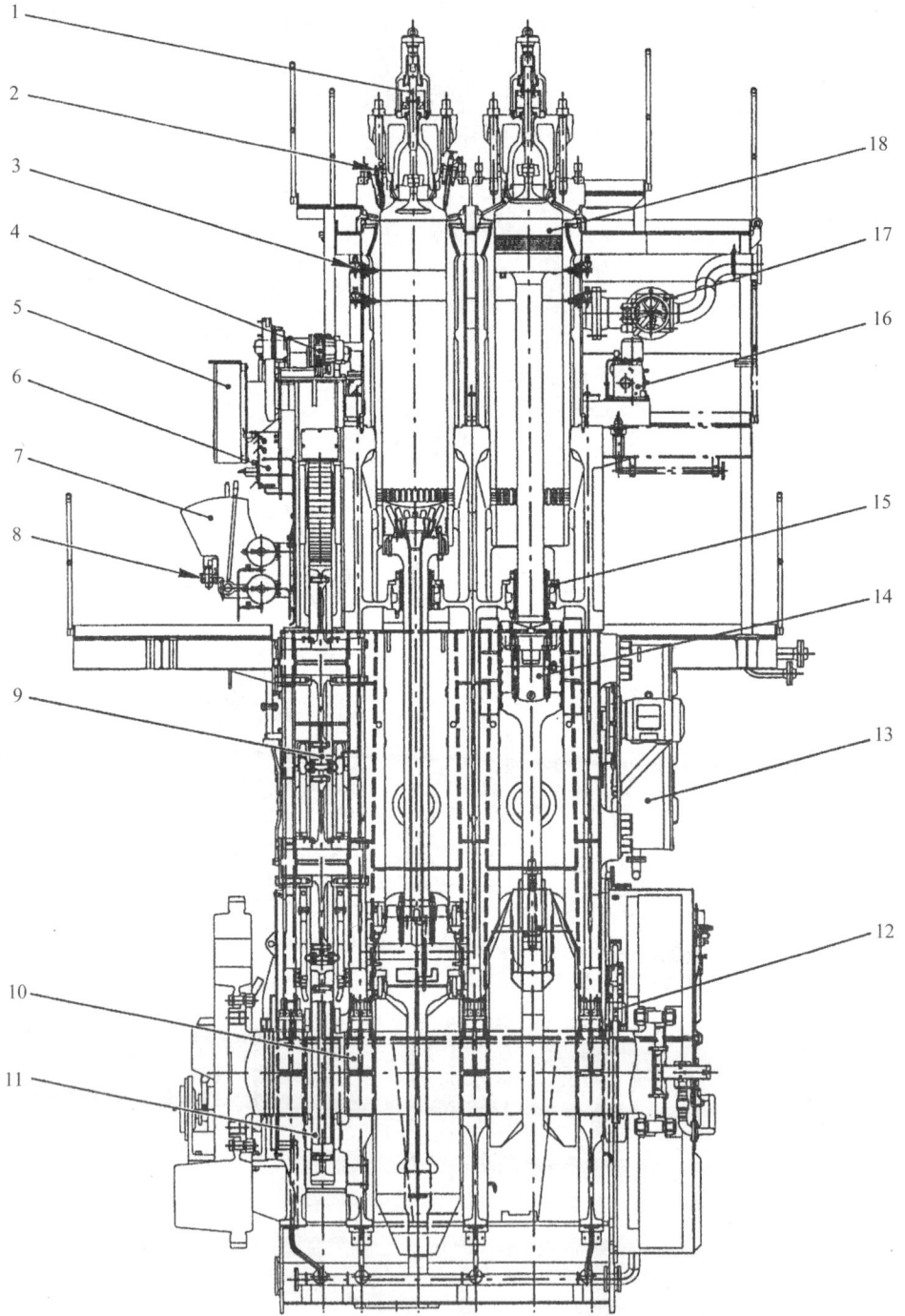

1—排气阀;2—喷油器;3—缸套注油嘴;4—电子调速器;5—机旁操纵台上的控制箱;
6—控制气源装置;7—机旁操纵台;8—气动逻辑单元;9—凸轮轴传动;10—主轴承;11—推力轴承;
12—轴向减振器;13—二次力矩平衡装置;14—十字头滑块组件;15—活塞杆填料函;
16—气缸注油器;17—启动空气截止阀;18—活塞组件。

图 2 – 1 – 3   WinGD 6RTA48T – B 型柴油机纵剖面图

2. 柴油机基本指标

(1)平均有效压力:1.9 MPa。

(2)柴油机功率。

最大持续功率(MCR):11 300 kW × 105 r/min。

合同最大持续功率(CMCR):11 300 kW × 105 r/min。

超负荷能力:每运行 12 h,可承受 1 h 的 110% CMCR,即 12 430 kW × 108.4 r/min。

(3)ISO 条件下燃油消耗率(SFOC):170 g/(kW·h)。

(4)润滑油消耗。

系统油消耗率:5 g/(kW·h)。

气缸油消耗率:0.8~1.6 g/(kW·h)。

3. 气缸压力参数

气缸压缩垫片:$\delta = 11$ mm(理论值)。

最高爆发压力:15 MPa。

压缩压力:13.2 MPa。

扫气压力:0.365 MPa。

扫气空气通过空冷器的压降:2.4 kPa(最大)。

排气压力:0.338 MPa。

排气背压:1~3 kPa。

压缩压力/扫气压力(绝对):约 36 MPa。

爆发压力 - 压缩压力:≤3.5 MPa。

4. 排气温度

ISO 环境状况及 3 kPa 排气压力时的排气温度如下:

阀后排气温度:320~390 ℃。

透平前排气温度:380~430 ℃。

透平后排气温度:220~300 ℃。

透平前后排气温度差:约 160 ℃。

5. 辅助风机开关压力设定

(1)风机运行控制压力开关

升负荷时开关切断,辅助风机关闭:0.07 MPa。

降负荷时开关闭合,辅助风机运行:0.045 MPa。

(2)报警压力开关

降负荷时开关切断:0.039 MPa。

6. 燃油和排气系统

(1)燃油定时

燃油凸轮样板:1170670 - 8.1。

燃油凸轮导程角:18.1 ℃A。

燃油凸轮导程:12.3 mm。

(2)排气定时

燃油凸轮样板:1170649 - 5。

排气滚轮升程为 12 mm 时,对应的曲柄转角如下:

$A = 112.7\ \text{℃A}$；

$B = 257.3\ \text{℃A}$。

排气凸轮导程角 $EA = 180 - (A + B)/2 = -5.0\ \text{℃A}$。

（3）喷油器

喷油器制品号：1171737 - 5。

喷油器开启压力为 35_0^{+3} MPa，该值可通过垫片调节，每增加一张垫片（0.75 mm），喷油器开启压力增加 1.5 MPa。

喷嘴制品号：1171905。

喷嘴钻孔：$6 \times \phi 0.95$ mm。

7. 增压器设计参数

增压器型号：NA57/T09。

优化点平均有效压力：1.9 MPa。

扫气压力（绝对）：0.365 MPa。

扫气空气量：24.4 kg/s。

扫气空气温度：37 ℃。

排气压力（绝对）：0.338 MPa。

扫透平进口温度：393 ℃。

透平背压：3 kPa。

空冷器最大压力：2.4 kPa。

增压器效率：68%（在 50%～100% 负荷）。

8. 调速器型号

EGS2000。

9. 空气冷却器效率的评估

空气出口温度 - 海水进口温度 ≈ 10 ℃。

10. 柴油机尺寸和质量

长×宽×高：7 251 mm×3 770 mm（机座宽）×8 772 mm（曲轴中心线以上）。

净重：314 t。

机装淡水：550 kg。

机装海水：33 kg。

系统油：315 kg + 635 kg（油盘内）= 950 kg。

11. 电制

AC 三相：440 V，60 Hz。

DC：24 V +15%（操纵系统）。

12. 柴油机安全停车保护功能

柴油机安全停车保护设置见表 2 - 1 - 1。

表2-1-1　柴油机安全停车保护设置

序号	测取位置	功能	正常运行值	停车设定值
1	主滑油及推力轴承油进口	PS SHD 335	0.22 MPa	0.08 MPa
2	推力块	TS SHD 352	60~70 ℃	90 ℃
3	促动泵滑油进口	PS SHD 359	0.25 MPa~0.3 MPa	0.15 MPa
4	增压器滑油进口	PS SHD 374	0.15 MPa~0.22 MPa	0.08 MPa
5	柴油机转速	SE SHD 438	<105 r/min	115 r/min
6	手动应急停车	—	—	—
7*	曲柄箱油雾浓度	DS SHD 436	—	高浓度

注:第7项仅用于试车台。

13.安全报警传感器

柴油机安全报警传感器设置见表2-1-2。

表2-1-2　柴油机安全报警传感器设置

序号	测取位置	功能	传感器	正常运行值	报警(下限)	报警(上限)
燃油系统						
1	高压油管泄漏	LSA301	—	—	—	高液位
2	柴油机燃油进口	PEA306	PE305	0.7 MPa~0.8 MPa	0.65 MPa	—
滑油系统						
3	主滑油及推力轴承油进口	TEA312	TE311	40~45 ℃	—	55 ℃
4	活塞冷却油出口	TEA318	TE317	50~65 ℃	—	70 ℃
5	活塞冷却油出口	FSA320	—	—	断流	—
6	活塞冷却油及凸轮轴油进口	PEA327	PE326	0.22 MPa	0.14 MPa	—
7	主滑油及推力轴承油进口	PEA331	PE330	0.22 MPa	0.12 MPa	—
8	推力块	TEA350	TE349	60~70 ℃	—	75 ℃
9	促动泵滑油进口	PEA358	PE357	0.25 MPa~0.3 MPa	0.2 MPa	—
10	气缸注油器液位	LSA365	—	—	低液位	—
11	气缸注油器流量	FSA366	—	—	断流	—
12	增压器滑油出口	TSA370	—	70~90 ℃	—	95 ℃
13	增压器滑油进口	PEA372	PE371	0.15 MPa~0.22 MPa	0.12 MPa	—
14	曲柄箱油雾探测器	DSA436	—	—	—	高浓度
15	轴向振动监测器	WEA472	WE471	0~1.87	—	2.5
冷却水系统						
16	空冷器冷却水进口	PEA378	PE382	—	0.1 MPa	—

表2-1-2(续)

序号	测取位置	功能	传感器	正常运行值	报警(下限)	报警(上限)
17	淡水进口	PEA383	PE386	0.2 MPa～0.25 MPa	0.2 MPa	—
18	淡水进口	TEA385A	TE385	65～70 ℃	57 ℃	—
19	淡水出口/缸	TEA388	TE387	80～85 ℃	—	90 ℃
20	气缸冷却水压差	PDSA391	—	0.08 MPa～0.14 MPa	0.02 MPa	—
空气系统						
21	启动空气进口	PEA402	PE401	3.0 MPa	1.5 MPa	—
22	控制空气进口	PEA404	PE403	0.7 MPa	0.55 MPa	—
23	安全空气进口	PEA406	—	0.7 MPa	0.55 MPa	—
24	排气阀空气弹簧	PEA408	—	0.7 MPa	0.55 MPa	—
25	控制空气进口(完车)	PEA409	PE403	—	—	0.05 MPa
26	安全空气进口(完车)	PEA410	—	—	—	0.05 MPa
扫气空气系统						
27	扫气箱着火/缸	TSA415	—	—	—	80 ℃
28	扫气箱(辅助风机故障)	PEA419	—	—	0.039 MPa	—
29	扫气箱(冷凝水液位)	LSA434	—	—	—	高液位

二、WinGD 6RTA48T-B型柴油机技术条件

WinGD 6RTA48T-B型柴油机是在过去制造传统的新式横流二冲程柴油机的基础上,为了适应新的需要推出的二冲程、单作用、经济型柴油机,采用废气涡轮增压,可反转,能燃用重油,液压驱动气阀式排气阀,直流扫气,供船舶主机使用。6RTA48T-B型柴油机技术参数如下。

1. 柴油机基本数据

型号:6RTA48T-B。

缸径:480 mm。

冲程:2 000 mm。

冲程:缸径:4.17:1。

缸数:6。

发火顺序:正车1—5—3—4—2—6(缸号从输出端开始)。

柴油机转向:顺时针(从飞轮端看)。

2. 柴油机基本指标

(1)柴油机功率、转速。

最大持续功率(MCR):8 730 kW×127 r/min。

合同最大持续功率(CMCR):8 730 kW×127 r/min。

超负荷能力:每运行12 h,可承受1 h的110% CMCR,即9 603 kW×131.1 r/min。

柴油机最低稳定转速:n_{min}≤12 7 r/min×30%≈38 r/min。

（2）活塞平均速度：8.5 m/s。

（3）平均有效压力（CMCR 工况）：1.9 MPa。

（4）气缸压缩空间。

气缸工作容积：$V_h = 0.361\ 9\ m^3$。

活塞凸出高度：$X = -8\ mm$。

压缩垫片厚度（理论值）：3 mm。

几何压缩比：$\varepsilon = 16.4$。

（5）气缸最高爆发压力：$P_{max} = 15^{+0.1}_{-0.2}\ MPa$。

（6）扫气压力：0.375 MPa。

（7）ISO 条件下燃油消耗率（SFOC）：171 g/(kW·h)＋8.5 g/(kW·h)（CMCR 工况）。

（8）排气量：8.10 kg/(kW·h)±5%（CMCR 工况）。

（9）排气温度。

100% CMCR 工况：(257±15%) ℃。

50% CMCR 工况：(305±15%) ℃。

（10）排气阀定时。

排气阀开启角：下止点前（BBDC）61 ℃A。

排气阀关闭角：下止点后（ABDC）71 ℃A。

排气持续角：132 ℃A。

排气凸轮与燃油凸轮夹角：152 ℃A。

（11）启动空气分配器启动定时。

启动阀开启：上止点前（BTDC）10 ℃A。

启动阀关阀：上止点后（ATDC）110 ℃A。

启动阀持续角：120 ℃A。

（12）电子调速器型号：DGS－8800e。

（13）喷油泵供油定时。

供油提前角：上止点前（BTDC）5 ℃A。

供油结束角：上止点后（ATDC）11.55 ℃A。

供油持续角：16.55 ℃A。

柱塞有效供油行程：25.81 mm。

柱塞直径：φ46 mm。

（14）喷油器。

针阀升程：1.2 mm。

启喷压力：37.5 MPa。

（15）电制。

辅助风机和盘车机：AC,440 V/60 Hz。

控制电气元件：DC,24 V。

3. 柴油机主要系统运行压力、温度

柴油机主要系统运行压力、温度范围见表2－1－3。

表 2－1－3　柴油机主要系统运行压力、温度范围

介质	系统	测点位置	表压/MPa		温度/℃		
			最小	最大	最小	最大	偏差
淡水	气缸冷却	进口	0.3	0.5	65	—	最大 15
		各缸出口	—	—	80	90	
	增压器冷却	进口	0.1	0.45	65	—	最大 10
		出口	—	—	—	90	
	空冷器、低温水	进口	0.2	0.4	25	36	③
		出口	—	—	—	—	
高压滑油	十字头轴承	进口	1	1.2	40	50	—
低压滑油	主轴承	进口	0.36	0.44	40	50	最大 30
	活塞冷却	进口	0.36	0.44	40	50	
		出口	—	—	—	80	
	推力轴承	出口	—	—	—	60	
	扭振减振器	供油	0.36	0.44	—	—	
	轴向减振器	供油	0.36	0.44	—	—	
	增压器轴承	壳体	—	—	—	120	
燃油	燃油泵	进口	0.7①	②	—	150	
	稳压阀后	回油	0.3	0.5	—	—	
扫气空气	空冷器压降	新机	最大 300 mmWG		—	—	
空气	启动空气	进口	1.2	2.5/3.0	—	—	
	控制空气	进口	0.65	0.9	—	—	
	排气阀空气弹簧	分配器	0.65	0.8	—	—	
排气	排气管	缸后	—	—	—	515	±515
		增压器进口	—	—	—	515	
	增压器后	新机	最大 300 mmWG		—	—	

说明：①100% 负荷时。

　　　②备机状态，燃油泵进油管压力调至 1 MPa。

　　　③水流量按规定值调整。

2.1.2　大型低速柴油机机架预装

一、机架预装的主要工作内容

1. 机架的结构

大型低速柴油机的固定部件中，机座、机架和气缸体构成了柴油机的骨架与箱体。

MAN B&W 5S60MC－C 型柴油机采用箱形机架，其结构如图 2－1－4 所示。它由上面板 8、底板 3、横向隔板 5 及左右侧板 2 焊接而成，在隔板上设有导板 7，在侧板上设有检修道

门1。由于箱形机架是刚性整体,故安装方便,找正定位容易,结合面少,曲轴箱密封较好。但是,其结构复杂,制造加工困难。

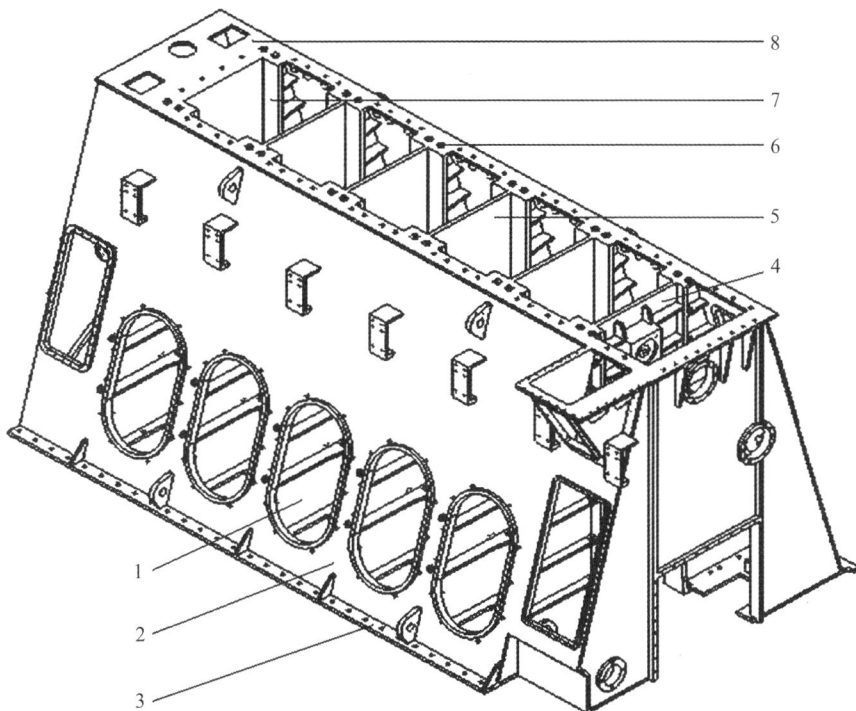

1—检修道门;2—侧板;3—底板;4—链条箱(输出端);5—横向隔板;
6—贯穿螺栓孔;7—导板;8—上面板。

图 2 - 1 - 4　箱形机架

WinGD 6RTA48T - B 型柴油机采用 A 字形机架。图 2 - 1 - 5 为双导板焊接结构 A 字形机架,每片机架均由钢板焊接而成,横跨于主轴承之上,每两片 A 字形机架之间用横挡板及两侧纵向加强板 5 连接紧固成有足够刚性的 A 字形机架。机架左右两侧设有大尺寸道门,供轮机人员进入曲轴箱检修。打开检查孔盖,可以观察柴油机内部情况。排气侧道门上设有防爆门 8 和保护罩 9。当曲柄箱内油气压力达表压 0.005 MPa 时,防爆门自动打开,释放高压油气,防止曲轴箱爆炸。空心的铸铁导板固定在机架内侧,垫片 11、12 用以调整十字头滑块与导板的正面和侧面间隙。

2. 机架预装的主要工作内容

两种柴油机结构有不同之处,因此机架预装工艺内容也不一样。以 MAN B&W 5S60MC - C 型柴油机为例,机架预装的主要工作内容有:

①机架托架格栅安装。

②各种门盖安装。

③铭牌和警告牌安装。

④各种管路安装。

⑤凸轮轴传动及平衡装置安装等。

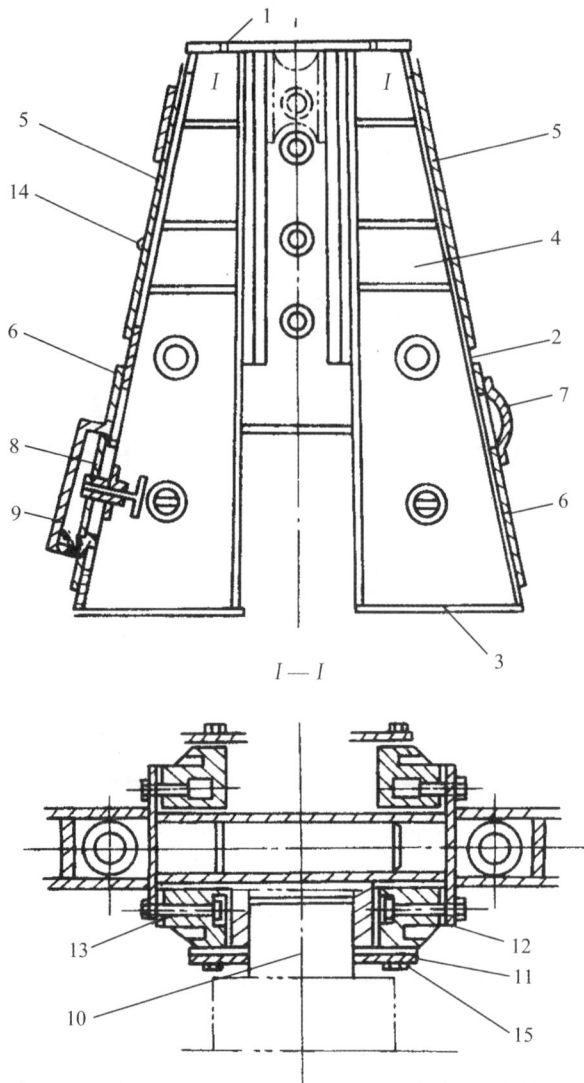

1—上横梁;2—倾斜支板;3—下横梁;4—面板;5—加强板;6—道门;
7—检查孔盖;8—防爆门;9—防护罩;10—十字头;11、12—垫片;
13—导板;14—二氧化碳接头;15—侧面导板。

图 2 - 1 - 5 双导板焊接结构 A 字形机架

二、MAN B&W 5S60MC – C 型柴油机机架预装工艺

1.机架托架格栅安装

(1)机架的清洁和精整。

①如图 2 - 1 - 6 所示,用专用的机架起吊工具,将机架座放在木质垫板上,确保机架中心线距安装平台的距离为 2 960 mm。

②安装前应对机架所有的待装零、组件做好清洁和精整工作,将机架的光胚面精整,尤其是机架的导板面应光滑、平整,不应有毛刺和凸起。

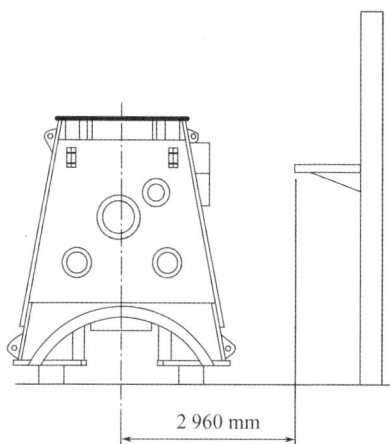

图 2 - 1 - 6 机架在预装平台上定位

③在机架导板面上涂防锈油。

（2）机架托架安装。

①在机架上装妥凸轮侧托架,通过托架的连接螺栓、定距管校调托架,使托架端部到托架安装面之间的不平度允差为 ±1.5 mm。

②上紧托架的连接螺栓,其中,M16 螺栓的拧紧力矩为 160 N·m;M20 螺栓的拧紧力矩为 300 N·m;M24 螺栓的拧紧力矩为 530 N·m。

③装妥托架及销,上紧螺钉。

（3）机架格栅安装。

①将花铁板在托架上放妥并校正,花铁板在托架上应平整。

②穿妥螺栓,装好花铁板。

③如图 2 - 1 - 7 所示,用螺栓、螺母将立柱安装在托架上并拧紧。

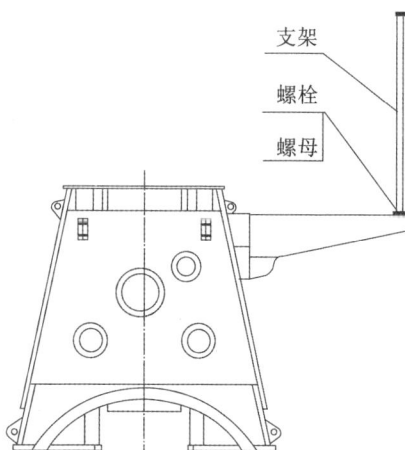

图 2 - 1 - 7 机架托架立柱安装

④装妥所有的围栏。

⑤对花铁板的托架钻螺钉孔,并装妥沉头螺钉。

(4)凸轮侧装妥气缸体托架与机架托架之间的支架,拧紧支架托架螺栓、螺母。

2. 各种门盖安装

机架装有各种门盖,包括机架排气侧和燃油侧门盖、防爆门、自由端和输出端门盖等。

(1)机架道门制作及安装

机架道门制作是指在已经制作好的道门上安装 O 形密封环。安装工艺是:将黏结剂均匀地涂在机架道门的环形槽子内,形成连续的黏结薄膜,涂胶后立即将 O 形密封环压入槽内,最好采用滚轮连续滚压,黏结从机架道门顶部开始,端部重合后,截去多余部分,然后将两端黏结起来。

如图 2-1-8 所示,机架道门制作好后,将道门用门夹 2、压簧 1 和手柄螺母 3 固定在机架上,使黏结剂完全凝固。

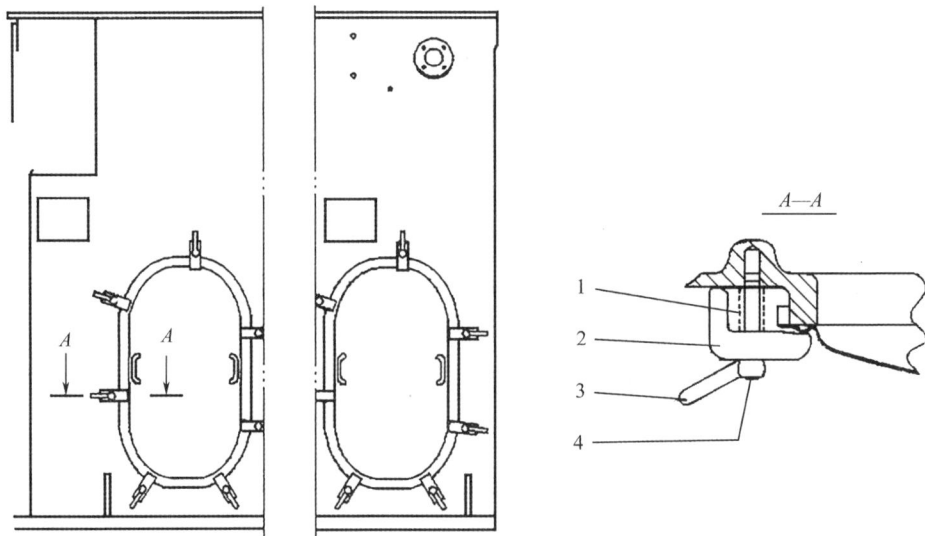

1—压簧;2—门夹;3—手柄螺母;4—双头螺栓。

图 2-1-8 机架道门安装

(2)防爆门的压力试验及安装

防爆门应做开启试验后再安装,开启试验前应将防爆门去油封,清洗干净,并用压缩空气吹干净,然后利用工装采用称重法做开启试验,试验压力为 5 kPa。试验合格后应将预紧螺栓 1 的止动垫片 2 翻边止动,如图 2-1-9 所示。

安装防爆门之前,应先将防爆门与机架之间的盖装好。

盖的安装过程是:将盖装上吊环螺钉、排放管,利用吊环螺钉将盖装到机架上,在盖与机架之间的接触面上涂密封剂,如果在盖与机架之间有密封垫片,则应在机架平面和盖平面上分别涂密封剂,拧紧螺栓。

防爆门的安装过程是:将防爆门、圆垫片用螺栓装到盖上,安装时,防爆门泄放口位置向下,拧紧螺栓。

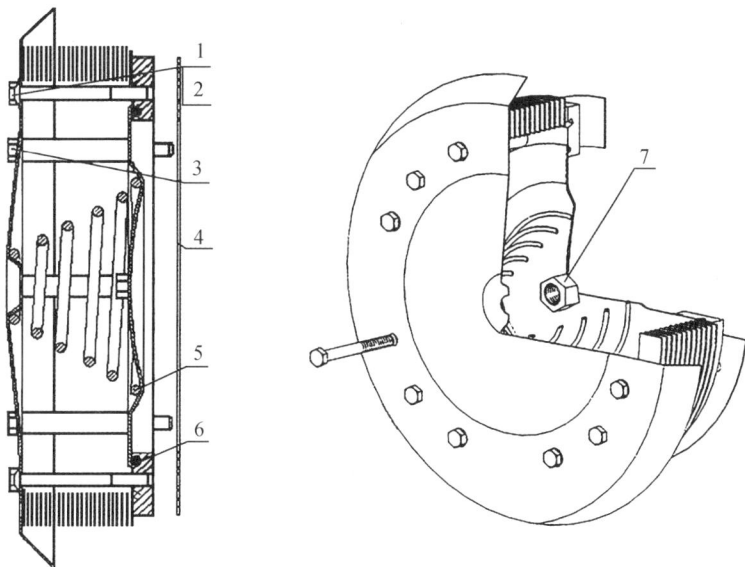

1—预紧螺栓;2—止动垫片;3—紧固螺栓;4—圆垫片;
5—弹簧;6—O 形密封圈;7—排放管安装螺母。

图 2-1-9　防爆门

（3）其他门盖安装

机架上除了上述道门、防爆门之外，还有排气侧门盖、燃油侧门盖、自由端门盖及输出端门盖等。这些门盖的安装方法基本相同，安装时要在门盖平面上涂密封剂再装到机架上，拧紧螺栓。

3. 铭牌和警告牌安装

（1）燃油侧铭牌和警告牌安装

在机架燃油侧按图纸尺寸要求的位置，按铭牌、警告牌上 $\phi4.5$ mm 的孔钻、攻 M5 螺纹，钻孔深度为 11 mm，攻丝深度为 7.8 mm，并用沉头螺钉紧固。

（2）排气侧警告牌安装

在机架排气侧按图纸尺寸要求的位置，按警告牌上 $\phi4.5$ mm 的孔钻、攻 M5 螺纹，钻孔深度为 11 mm，攻丝深度为 7.8 mm，并用沉头螺钉紧固。

4. 各种管路安装

机架内的管路主要有活塞冷却排放管、主轴承油管等，这些管路可在预装时进行安装。

（1）活塞冷却排放管安装

MAN B&W 的 MC 型柴油机的活塞采用套管式活塞冷却机构，其排放管布置如图 2-1-10所示，安装过程如下。

①活塞冷却油排放管 3 装入机架中，带上螺栓、垫圈，自锁螺母稍微拧紧，然后按图纸尺寸要求，调整活塞冷却油排放管外壁至机大导板面距离，并保持上、下一致，拧紧自锁螺母。

②排放箱 7 装入机架中，使排放箱上的圆孔与机架上螺孔对正，现场钻、攻螺纹孔，螺孔中心与大导板面距离以及螺孔中心与机架筋板中心的距离均应符合图纸要求，拧入螺栓，暂不安装保险锁紧丝。

③活塞冷却油排放管和排放箱安装结束后,由管工配制排放管5,然后将活塞冷却排放管组件拆下来进行焊接,活塞冷却排放管焊接结束后,重新装入机架中,将管夹支架、自锁螺母装到排放管上,拧紧螺栓,现场钻、攻螺纹孔,拧紧六角头螺栓,上保险丝并锁紧。

④将观察窗6旋入机架的螺纹孔内,注意观察窗表面不得损坏。

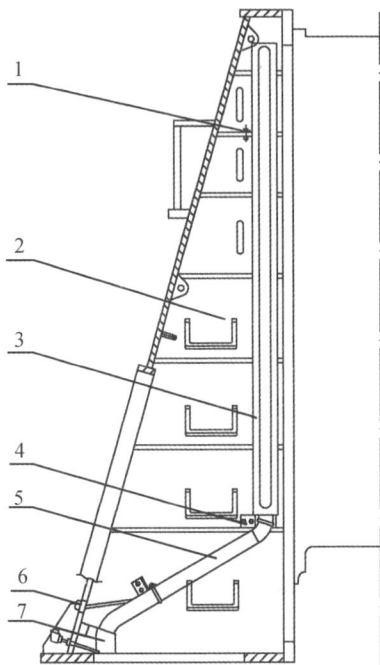

1—螺钉;2—机架;3—活塞冷却油排放管;4—锁紧板;5—排放管;
6—观察窗;7—排放箱。

图 2 - 1 - 10　MAN B&W 的 MC 型柴油机活塞冷却排放管布置

（2）主轴承油管安装

①三大件定位后,管工配制主轴承油管,管工画线定位,由钳工钻、攻螺纹孔。

②串油结束后,由钳工安装油管,拧紧螺栓,自锁螺母。

5. 凸轮轴传动及平衡装置安装

不同的柴油机采用的凸轮轴传动装置也有所不同,MAN B&W 的 MC 型柴油机采用链传动方式,如图 2 - 1 - 11 所示。对于气缸数较少的柴油机,如5、6缸的柴油机,大多还有平衡装置。

链传动装置及平衡装置在机架内安装的主要工作内容有链轮箱导轨安装、自由端和推力端链条张紧装置安装、自由端和推力端平衡轮安装、自由端链条吊装等。

链传动装置及平衡装置在机架内安装的工艺过程如下。

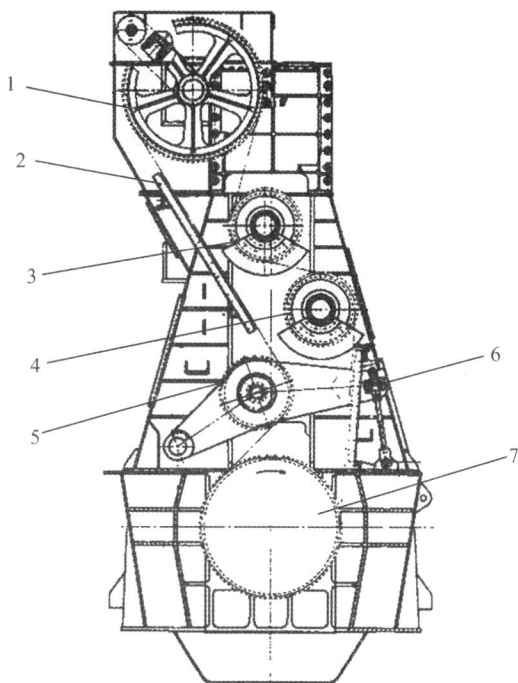

1—凸轮轴链轮;2—橡胶导轨;3—上平衡链轮;4—下平衡链轮;

5—张紧轮;6—张紧机构;7—曲轴链轮。

图 2 - 1 - 11 MAN B&W 的 MC 型柴油机凸轮轴的链条传动机构

(1)链轮箱导轨安装

如图 2 - 1 - 12 所示,将导轨在导轨梁上装妥,拧紧导轨与导轨梁的连接螺栓,并锁紧钢丝;将导轨梁组件吊入机架,拧紧导轨梁与机架的连接螺栓,并锁紧钢丝。

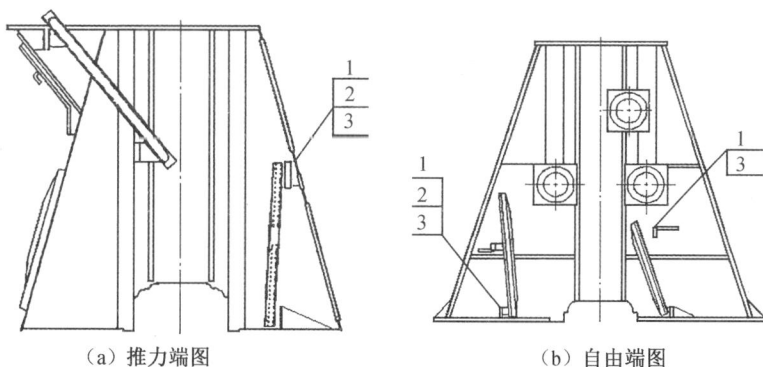

（a）推力端图   （b）自由端图

1—螺栓;2—垫圈;3—锁紧钢丝。

图 2 - 1 - 12 导轨安装

（2）推力端链条张紧装置安装

推力端链条张紧装置的安装步骤如下：

①如图 2 - 1 - 13 所示，先将张紧链轮 1 及衬套 2 用链轮轴 3 和端盖 4 安装在张紧臂 5 上。

②检查张紧臂 5 与链轮轴 3 的配合尺寸，其配合间隙应为 0.05 ~ 0.142 mm；在张紧臂 5 及机架的内孔涂满润滑油脂，将张紧臂 5 吊入机架，用葫芦吊起张紧臂 5 的摇臂端，使其摇臂孔对准机架孔，装妥轴小端的螺塞后将轴吊入机架内，将法兰轴座落在轴垫座上，调整垫座的高度后套入机架和张紧臂 5，对准螺栓孔。

③如图 2 - 1 - 14 所示，在机架推力端装妥轴的法兰轴承，拧紧法兰轴承与机架及轴的连接螺栓，并用钢丝锁紧。

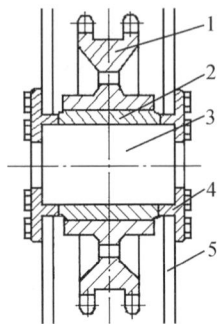

1—张紧链轮；2—衬套；
3—链轮轴；4—端盖；5—张紧臂。

图 2 - 1 - 13　张紧链轮安装图

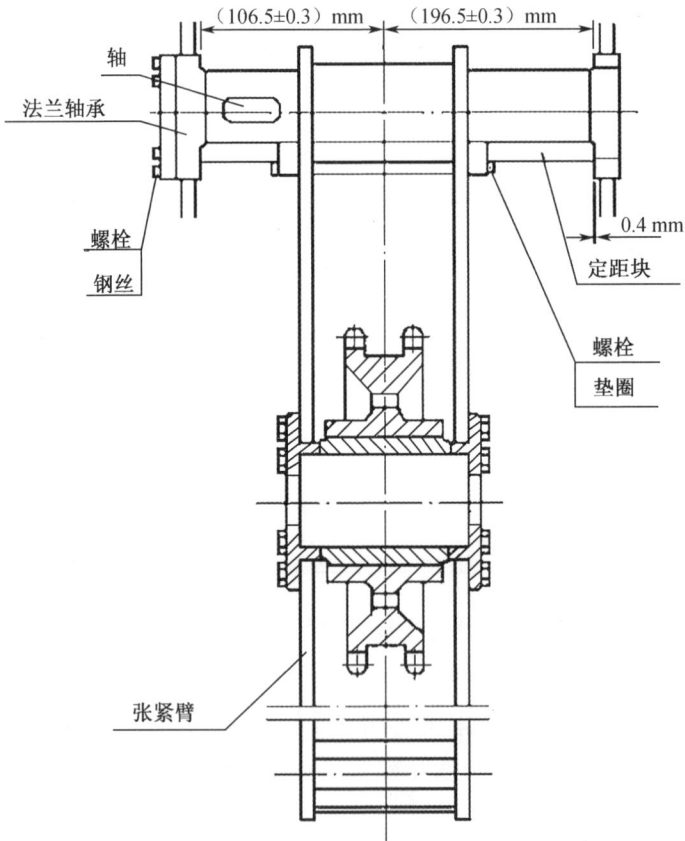

图 2 - 1 - 14　张紧旋转轴安装

注意：a. 轴有油孔的一侧朝上；

b. 吊装轴时注意轴的方向，其大端朝向自由端，小端朝向推力端；

c. 借用起吊工具将轴推入机架及张紧臂孔。

④调整张紧臂的位置,使张紧臂的两端面距离机架法兰内端面的距离分别为:

自由端(196.5 ±0.3) mm;

推力端(106.5 ±0.3) mm。

配妥张紧臂的定距块,检查定距块与机架法兰的间隙应为0.4 mm。

⑤在机架内孔中装妥张紧装置张紧端连接轴的轴套,用轴将张紧端的丝杆连接在机架上,并用挡圈将轴固定,轴上需涂二硫化钼。

⑥将张紧端的螺母及张紧臂连接在张紧端的丝杆上,螺母暂不拧紧;丝杆螺纹上需涂二硫化钼。

(3)推力端平衡轮安装

①清洁所有的待装零件,尤其是法兰轴的油孔。

②检查链轮孔和法兰轴的配合间隙,应为0.130~0.212 mm。

③清理机架上的轴支架的滑动表面及其螺孔,并涂二硫化钼。

④将葫芦挂在吊架上,然后通过链轮减轻孔将平衡链轮挂在葫芦上,将吊架及其附带的平衡链轮一起吊上机架,通过葫芦使平衡轮到位;在链轮的轴孔上涂润滑油脂。

⑤在法兰轴上装妥密封圈并涂密封胶后,装妥起吊工具并使其保持水平位置(注意:法兰轴上有油孔的一侧垂直向上),如图2-1-15所示。

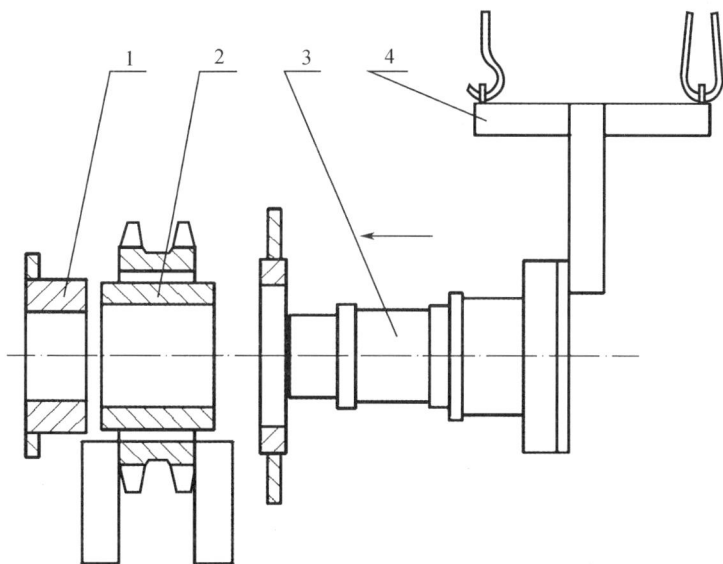

1—机架;2—平衡链轮;3—法兰轴;4—起吊工具。

图2-1-15 推力端平衡链轮法兰轴起吊

⑥将法兰轴吊入机架和平衡轮,并拆下起吊工具。

⑦在螺柱上装妥密封圈并涂滑油脂,在螺纹上涂二硫化钼后装入机架。

⑧如图2-1-16所示,装妥液压螺母后泵紧,使法兰轴到位,泵压为150 MPa。

⑨测量链轮衬套前端面与机架链轮箱前法兰端面的间隙,应为(75.5 ±0.5) mm;配制链轮的衬套,衬套与链轮的轴向间隙为0.2~0.5 mm;在衬套螺栓的螺纹上涂密封胶,然后拧紧。

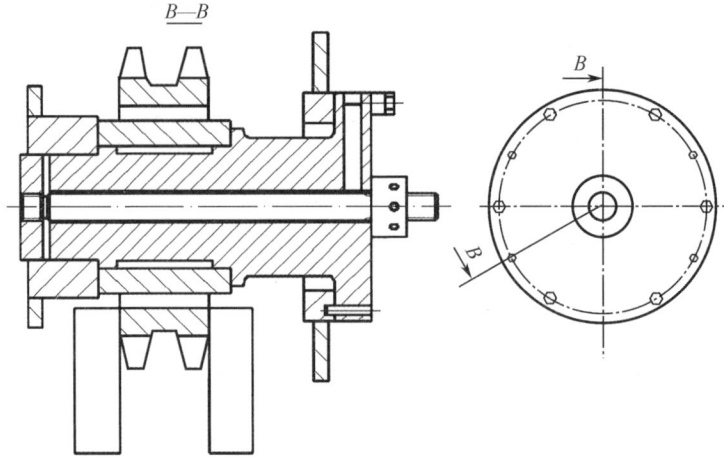

图 2 − 1 − 16　推力端平衡链轮安装

在大型低速柴油机的配合中,很多零件的尺寸和质量都很大,紧固件的拧紧力矩也非常大,人力无法达到要求,因此通常采用液压拉伸的方法来紧固,液压拉伸器如图2 − 1 − 17所示。液压拉伸器就是一个液压油缸,当液压拉伸器内充入高压油时(液压压力可达150 MPa),油缸内的液压将双头螺柱拉长,此时,只需用图 2 − 1 − 18 所示的圆棒将圆螺母用手拧紧,即可达到所需的拧紧力矩。

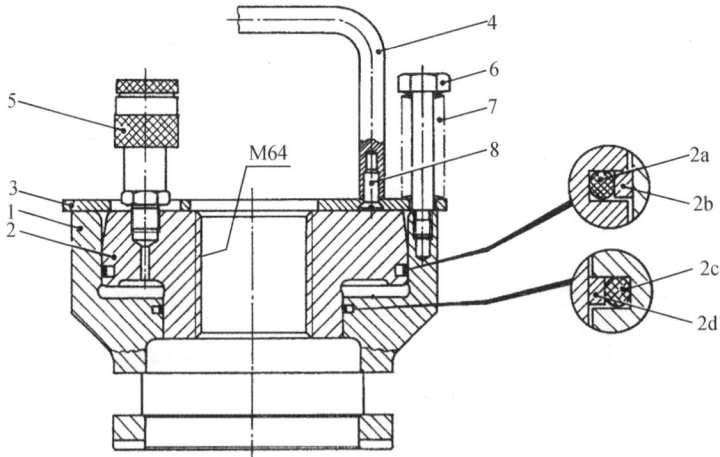

1—液压缸;2—活塞;2a、2c—O 形密封环;2b、2d—滑环;
3—盖;4—把手;5—液压油接头;6—螺钉;
7—弹簧;8—沉头螺钉。
图 2 − 1 − 17　液压拉伸器

在柴油机的零部件安装时,液压拉伸器一般不单独使用,而是成组使用,即几个液压拉伸器同时使用,将所需拧紧的螺柱同时泵压拉伸,然后拧紧圆螺母,这样可使各个螺柱受力均匀。根据不同的要求,每组的数量不一样。如图 2 − 1 − 19 所示,某气缸盖安装时,是 6 个液压拉伸器一起使用,将 6 个气缸盖螺栓同时泵紧。

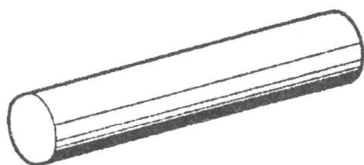

图 2-1-18　圆棒

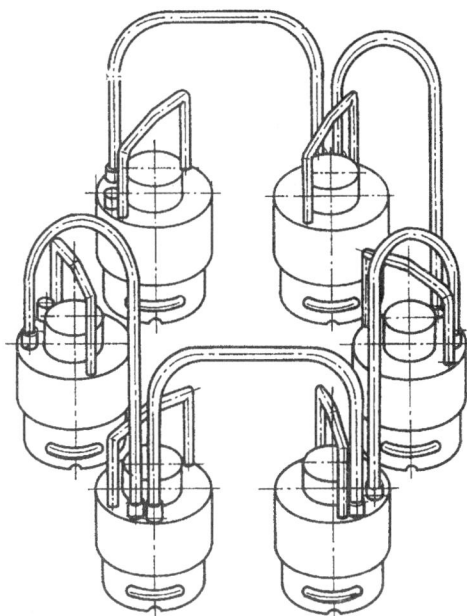

图 2-1-19　气缸盖安装

（4）自由端链条张紧装置安装

①清洁所有待装件，并在机架上轴支架的滑动面上涂二硫化钼。

②把张紧装置链轮通过机架链条箱排气侧的孔吊入机架内，并将偏心链轮装置对准轴支架。

③在轴与偏心轮配合的一段上涂润滑油脂，将轴穿进偏心轮，拧紧拉杆螺栓并用液压工具泵紧，泵压为 150 MPa。

④在机架顶部组装张紧机构，张紧螺母和锁紧垫片暂不上紧，等总装调整后进行。

⑤连接张紧丝杆和偏心轮。

（5）自由端平衡轮安装

①清洁所有待装件，在机架上轴支架滑动表面上涂二硫化钼。

②在支架的垂直面上安装间隙法兰，将螺栓随手拧上，暂不拧紧。

③将力矩补偿器通过机架上相应的孔吊入机架，通过机架上表面的孔吊住力矩补偿器，并使链轮轴承孔与机架上的轴支架对准（注意：凸轮轴的力矩补偿重装置从机架凸轮侧孔吊入；排气侧的力矩补偿重装置从机架排气侧孔吊入）。

④清洗法兰轴，将 O 形圈安装在法兰上并涂润滑油脂。

⑤在轴与平衡轮配合的一段上涂润滑油脂，将平衡轮总成安装到位。

⑥清洗法兰轴的拉紧螺柱，将 O 形圈安装在螺柱的槽中，螺纹上涂二硫化钼，拧紧螺柱直至与机架齐平并泵紧，泵压为 150 MPa。

⑦测量力矩补偿器的链轮与衬套之间的间隙应符合要求，上紧衬套与机架的连接螺栓，螺纹上涂密封胶。

（6）自由端链条吊装

①经链条箱端部的孔，将一根止动销插入每个配重，使平衡重处于垂直向下的位置。

②清洁链条并涂上滑脂，清点链条应有 56 节，在第 25 节处用红漆做上标记，从第 25 节

处吊起,长边从凸轮侧吊入。

③将长边的链条从凸轮侧的大道门处拉出,并用钢丝挂在凸轮侧的托架上,短边则在排气侧自由下垂。

④装妥机架前端链轮箱天顶盖的盖板,盖板上涂密封胶并拧紧螺栓。

三、WinGD 6RTA48T – B 型柴油机机架预装工艺

1. 机架清洁

机架预装时,首先应将机架用工装吊起,全面清洁,特别是盲孔、螺纹孔内的清洁,孔口修毛刺,并用压缩空气吹干净,精加工的平面、内孔涂防锈油防锈,然后将机架吊到预装平台上。

2. 各种门盖安装

机架装有各种门盖,包括机架排气侧和燃油侧门盖、防爆门、自由端和输出端门盖等,图 2 – 1 – 20 为机架燃油侧道门排列情况,其中有普通道门 1、带防爆门的组合道门 2 和组合盖等门盖 3、4。图 2 – 1 – 21 为带防爆门的组合道门,主要由道门闩 1、转销 2、转盘 3、组合道门 4、防爆门 5 和门夹 6 构成。

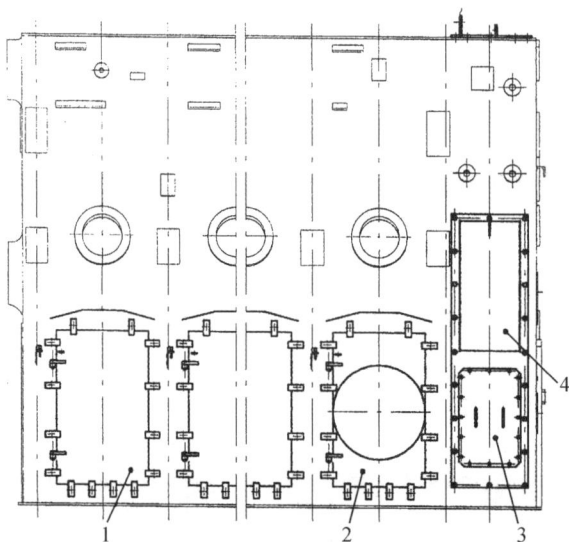

1—普通道门;2—带防爆门的组合道门;3、4—组合盖。

图 2 – 1 – 20 机架燃油侧道门排列情况

下面以燃油侧带防爆门的组合道门为例介绍道门的安装过程。

(1)机架道门安装

①将自制的 5 mm 厚的软木橡胶垫粘贴在道门内侧,要求边缘平齐。

②将道门用门夹压在机架上,道门在机架道门孔四周均等。

③在机架上按图示位置将转盘在机架上定位,并焊接妥,装上转销。

④将道门打开后,根据道门上的门闩孔的位置,将机架上的道门闩孔板定位,并焊接妥。

(2)防爆门安装

①防爆门试验:用称重法试验防爆门的开启压力并校验,质量为 63 kg,即压力为 5 kPa。

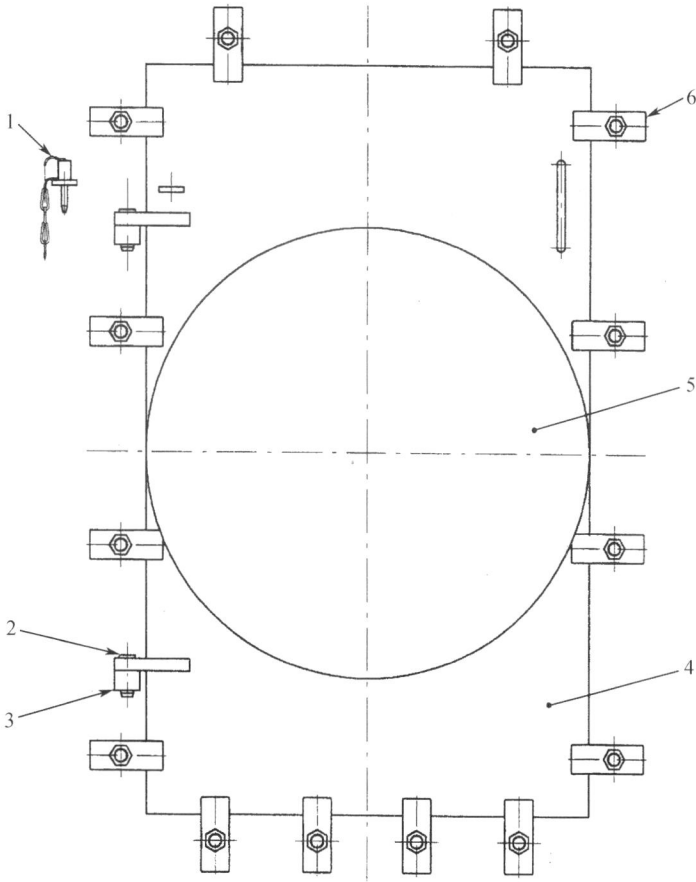

1—道门闩;2—转销;3—转盘;4—组合道门;5—防爆门;6—门夹。

图 2 – 1 – 21　带防爆门的组合道门

②将自制的 3 mm 厚的软木橡胶垫粘贴在防爆门的阀体上,注意将虹吸管的孔留出。

③将防爆门安装到道门上,安装时注意对准虹吸管,并用螺栓将防爆门紧固。

3. 各种管路安装

WinGD 的 RTA 型柴油机机架内有一些管路和滑油铰链等。这些管路可在预装时进行安装。

(1)主轴承油管安装

①三大件定位后,管工配主轴承油管,画线定位,由钳工钻、攻螺纹孔。

②串油结束后,钳工安装油管,拧紧螺栓,自锁螺母。

(2)滑油铰链安装

WinGD 的 RTA 型柴油机的十字头润滑及活塞冷却采用滑油铰链机构,其结构如图 2 - 1 - 22所示。其安装过程如下:

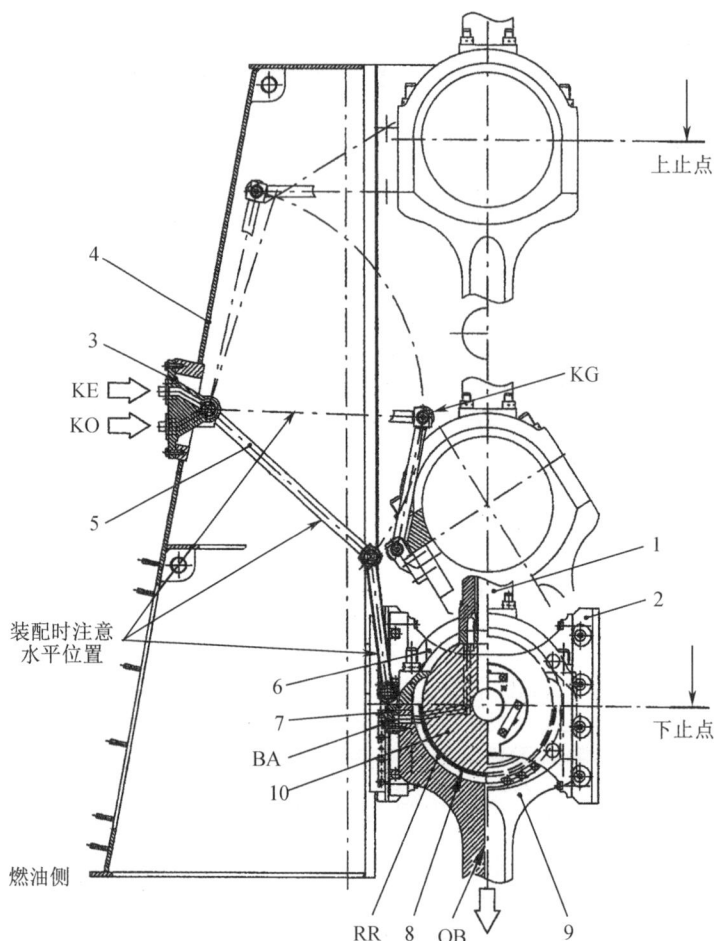

1—活塞杆;2—导滑块;3—支座;4—加固板;5—下臂杆;6—十字头轴承盖;7—连接板;
8—十字头轴瓦;9—连杆体;10—十字头销轴;BA—十字头滑油孔;KE—十字头轴承油进口;
KO—活塞冷却油进口;KG—肘杆;OB—到曲柄销轴承的十字头滑油孔;RR—十字头滑油环空间。

图 2 - 1 - 22 WinGD 的 RTA 型柴油机的滑油铰链机构

①将滑油铰链从机架燃油侧放入机架内,用螺栓固定,安装时注意铰链方向,敲入锥销定位。

②在机架内用铁丝将铰链固定在内部的吊耳上。

4. 凸轮轴传动及平衡装置的安装

WinGD 6RTA48T - B 型柴油机的凸轮轴传动装置采用齿轮传动机构,如图 2 - 1 - 23 所示。对于气缸数较少的柴油机,如 5、6 缸的柴油机,大多还有平衡装置。

6RTA48T - B 型柴油机齿轮传动装置及平衡装置在机架内安装的主要工作有上、下中间齿轮安装和上、下平衡补偿齿轮安装。这些齿轮安装的过程大体相同,下面以图 2 - 1 - 24 所示的下中间齿轮为例,介绍齿轮安装的过程。

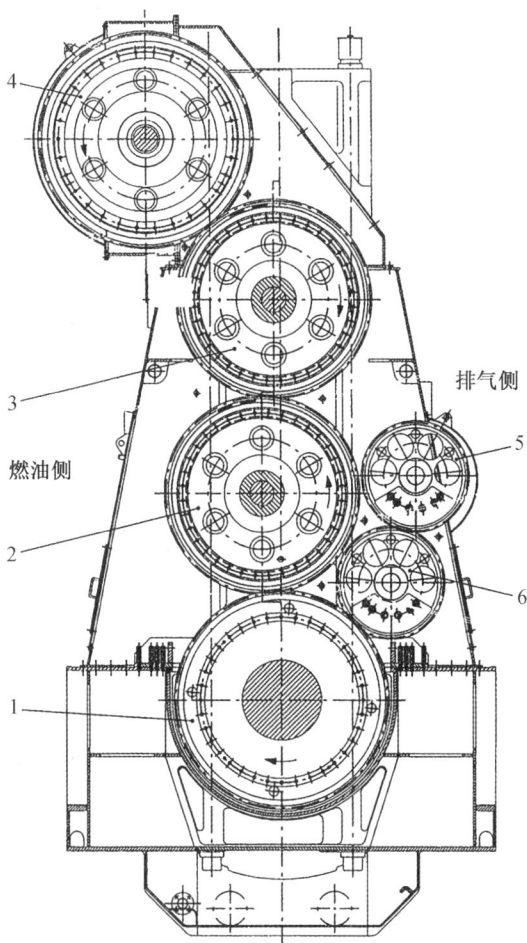

1—凸轮轴齿轮;2—下中间齿轮;3—上中间齿轮;4—凸轮轴驱动齿轮;
5—上平衡补偿齿轮;6—下平衡补偿齿轮。

图 2 – 1 – 23　WinGD 6RTA48T – B 型柴油机凸轮轴的齿轮传动机构

①清洗中间齿轮轴,去掉毛刺。

②测量轴颈及轴承的孔径、两端轴头的长度和轴承的宽度符合要求,并做记录。

③在轴上涂油,将轴装入轮毂孔中,再将轴承装到轴上。

④将锁紧板用螺栓固定在轴承上,这样,中间齿轮组件就组装完毕。

⑤在端盖上涂密封胶后,用两个腰形螺栓固定在双架上的大约端部位置。

⑥将中间齿轮从机架顶部吊入机架,注意齿轮的方向,齿轮轴上有两个 M16 的螺纹孔的一端朝自由端。

⑦安装腰形螺栓,将中间齿轮固定。

⑧装入锥销,并检查和调整中间齿轮与机架的轴向间隙应为 0.6 ~ 1.1 mm。

在上、下中间齿轮安装时,还要注意对准齿轮标记,检查齿轮的啮合情况符合要求。

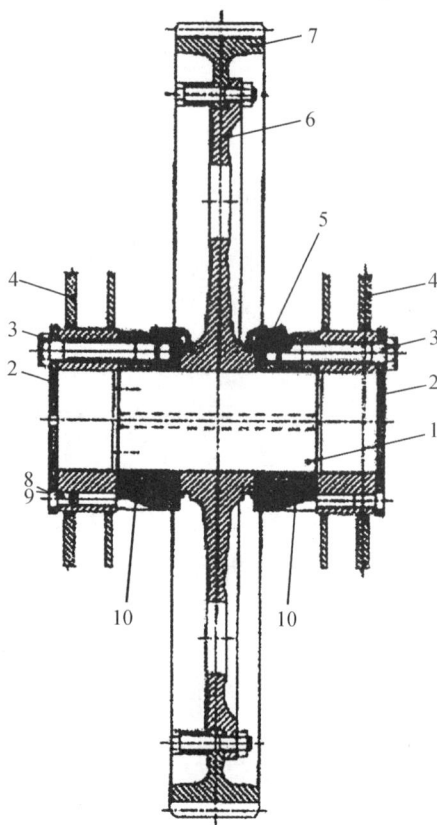

1—轴颈；2—盖；3—腰形螺栓；4—双架；5—锁紧板；6—轮毂；

7—齿圈；8—锥销；9—轴塞；10—轴承。

图 2-1-24 下中间齿轮安装

5. 路台支架安装

路台支架是操作人员日常检查和修理的通道，也是各种管路安装的基础。WinGD 6RTA48T-B 型柴油机机架上有下层路台支架和空冷器路台支架等。路台支架安装的主要内容有支架安装、路台安装和拦杆安装等。

（1）支架安装

将各支架、定距管按图纸要求的位置装在机架上，并用螺栓、螺母上紧。

（2）路台安装

根据实际情况，现场配制花铁板，将花铁板铺在机架走台支架上，花铁板与花铁板之间接缝尽量整齐，无明显间隙和错位现象，钻、攻螺纹孔，用沉头螺钉将花铁板上紧。

（3）拦杆安装

将耳板按图纸的距离尺寸要求焊接在花铁板上，然后将立柱插入耳板中，装上螺母，暂不拧紧。待管工将拦杆配制完后，拧紧螺母，配钻拦杆接头处的销孔，敲入锥销。

2.1.3　5S60MC－C型柴油机气缸体总成预装

一、气缸体总成预装的主要工作内容

1. 气缸体及气缸套的结构

图2－1－25为MAN B&W S60MC－C型柴油机的气缸体及气缸套组件结构。气缸套3装在气缸体4上。在气缸套3上部装有冷却水套2,冷却水从冷却水套2下部进入气缸套3与冷却水套2之间的腔室冷却气缸套3的上部,然后通过冷却水套接管1进入气缸盖的冷却水套以冷却气缸盖。

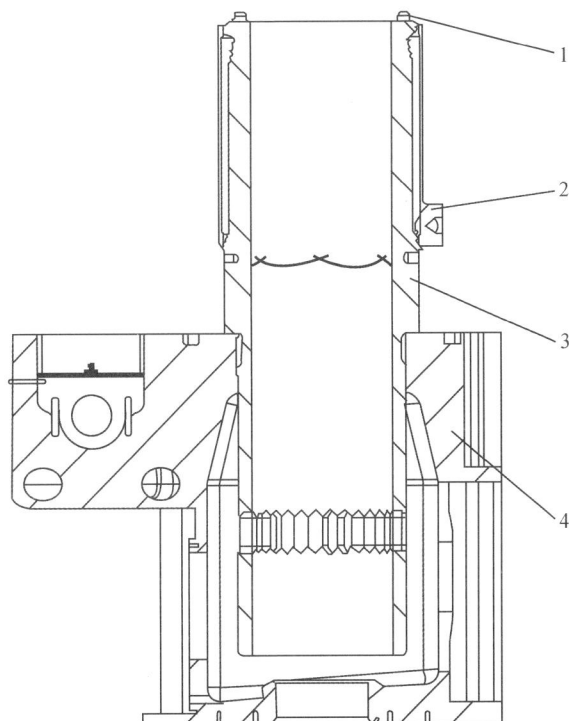

1—冷却水套接管;2—冷却水套;3—气缸套;4—气缸体。

图2－1－25　MAN B&W S60MC－C型柴油机的气缸体及气缸套组件结构

图2－1－26为WinGD 6RTA48T－B型柴油机的气缸总成结构。气缸套1同支撑环2一起装在气缸体4上。气缸盖螺栓的螺帽将气缸盖6、气缸套和支撑环紧固在气缸体上。支撑环另外用3个圆柱形的螺钉8固定,确保在缸套拉出来时,支撑环始终固定在缸体上。

冷却水从冷却水进口KE进入水环空间WR,在气缸套和支撑环之间向上流动,在气缸套支撑面流向冷却孔KB,最后通过水平孔进入导水圈3。冷却水通过导水圈垂直连接孔流到上环形空间RR,并冷却气缸盖6和排气阀。

为了使气缸套达到最佳的缸壁温度,绝缘卡箍11必须装在缸套上。

冷却水空间WR在气缸套和支撑环间的环形空间RR_1用O形环9来密封。O形环10阻止水因O形环9处可能发生的泄漏而进入扫气空间SR。如果从检查孔KC处发现漏水或扫气空间SR里有聚集的冷却水,那就说明O形环损坏,必须更换。支撑环的两个密封表面 MD 用不硬的密封金属材料密封。

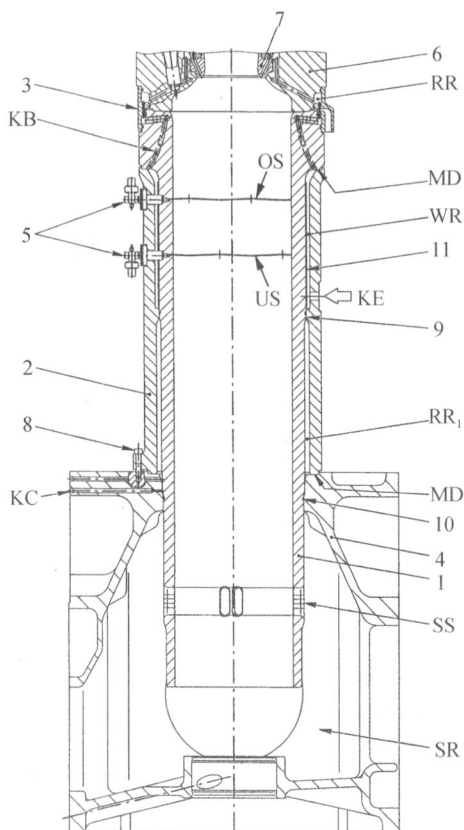

1—气缸套;2—支撑环;3—导水圈;4—气缸体;5—注油嘴;6—气缸盖;7—排气阀阀座;8—螺钉;
9、10—O 形环;11—绝缘卡箍;KE—冷却水进口;KB—缸套冷却孔;KC—检查孔;MD—密封表面;
OS—上排润滑槽;US—下排润滑槽;SS—扫气口;SR—扫气空间;RR—环形空间;WR—水环空间;
RR₁—水环空间。

图 2 - 1 - 26   WinGD 6RTA48T - B 型柴油机的气缸总成结构

气缸滑油通过 12 个注油嘴 5 注入气缸套的运动表面。气缸套工作表面上有上、下两道
沿圆周方向的滑油槽 OS 和 US,用以将注入的气缸滑油在两道润滑油槽内均匀分布。气缸
润滑泵的模数是按一定方法设定的,使分别注入上、下润滑槽的滑油量适当。

如图 2 - 1 - 27 所示,一些带有蓄压器的注油嘴沿气缸套四周分布,靠螺纹旋入缸套。
为了通过支撑环 4 向润滑点 SA 供油,注油嘴 15 通过注油嘴通道 8,沿长度方向延伸。水环
空间 WR 用衬套 9 和法兰 13 密封。

2.气缸体总成预装的主要工作内容

两种柴油机的气缸体总成结构大同小异,气缸体总成装配的主要内容包括:

(1)气缸体拼接。

(2)气缸体螺栓种紧。

(3)活塞杆填料函法兰定位。

(4)气缸套组装及缸体总成泵水试验。

（5）各盖板及走台支架及地板安装等。

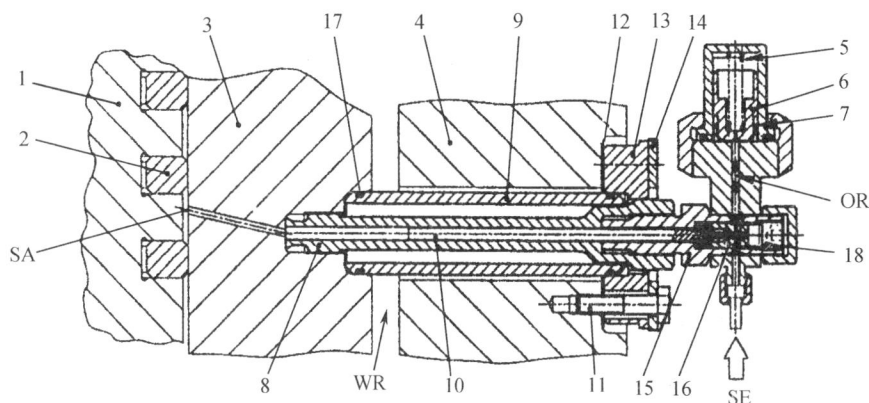

1—活塞;2—活塞环;3—缸套;4—支撑环;5—弹簧;6—蓄压器活塞;7—隔膜;
8—注油嘴通道;9—衬套;10—注入销;11—螺钉;12—密封垫;13、14—法兰;
15—注油嘴;16—止回阀;17—O形环;18—调节螺钉;SE—滑油进口;
SA—气缸套润滑点;OR—滑油空间;WR—水环空间。

图 2 - 1 - 27 WinGD 6RTA48T - B 型柴油机气缸套注油嘴

二、MAN B&W 5S60MC - C 型柴油机气缸体总成预装工艺

1. 气缸体拼接

大型低速柴油机的气缸体多为铸件,因铸造条件限制,大多分段铸造,即2~3个气缸为一组铸造后,再将其拼接起来,形成一个整体。MAN B&W 5S60MC - C 型柴油机的气缸体通常分为 2 段,1~3 缸 1 段,4~5 缸 1 断。

图 2 - 1 - 28 为 MAN B&W 5S60MC - C 型柴油机的气缸体拼接平面示意图,气缸体的拼接采用螺栓连接,其中有若干个紧配螺栓,其余为普通螺栓(C2 - C2（普通螺栓）1 850 N·m;D2 - D2（紧配螺栓）1 400 N·m;E2 - E2（普通螺栓）1 750 N·m）。其装配过程如下:

（1）将气缸体放置在气缸体预装平台上,对气缸体组件进行清砂、精整、去毛刺,用丙酮清洗螺纹,复查各气缸体、链轮箱连接处无错偏现象。

（2）去除气缸体安装面上的油脂并涂密封胶,连接各气缸体。拧紧连接螺栓及其定距管。

（3）去除链轮箱安装面及缸体推力端的油脂,并涂密封胶,连接气缸体和链轮箱上部,调整链轮箱凸轮侧端面至凸轮中心的距离为(224 ± 0.05) mm,按规定力矩拧紧连接螺栓,拧紧力矩为 1 400 N·m,M10 的连接螺栓拧紧力矩为 200 N·m,注意连接时需交替拧紧。

（4）清洁链轮箱盖与链轮箱连接面的油脂,并涂密封胶,用定位销进行定位,连接好链轮箱盖与链轮箱的连接螺栓并上紧。

（5）装妥气缸体与气缸体之间、链轮箱与气缸体之间的密封圈、压板及其连接螺栓。

（6）托架螺柱的旋紧

M16 螺柱旋紧力矩为 160 N·m;M20 螺柱旋紧力矩为 300 N·m;M24 螺柱旋紧力矩为 530 N·m。

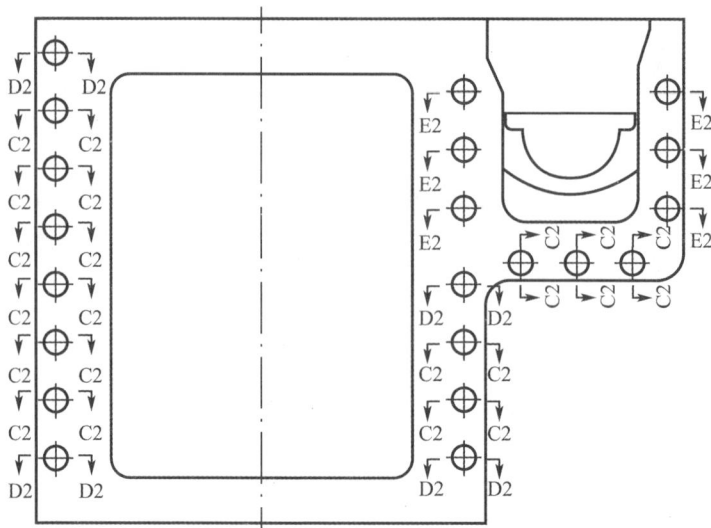

图 2 - 1 - 28　MAN B&W 5S60MC - C 型柴油机的气缸体拼接平面示意图

(7)装妥链轮箱推力端的门盖,门盖涂密封胶并上紧螺栓。

(8)装妥链轮箱的天顶盖,并配妥定位销,拆掉链轮箱的天顶盖。

2.气缸体螺柱种紧

气缸体上的螺柱主要有气缸盖螺柱和扫气箱集气管螺柱。气缸盖螺柱用于将气缸套和气缸盖紧固在气缸体上,扫气箱集气管螺柱用于安装扫气箱集气管,其种紧过程如下。

(1)气缸盖螺柱种紧

图 2 - 1 - 29 为 MAN B&W 5S60MC - C 型柴油机气缸盖螺柱安装示意图,气缸盖螺柱安装的过程如下:在气缸盖连接螺柱的螺纹处涂二硫化钼,用专用工具旋紧螺柱,注意旋紧时避免螺柱受到弯曲应力,旋入力矩应符合规定要求,检查螺柱是否歪斜。

(2)扫气箱集气管螺柱种紧

在扫气箱集气管螺柱的螺纹处涂二硫化钼,用专用工具旋紧螺柱,螺柱 M36 × 160 的旋入力矩为 165 N·m,检查螺柱是否歪斜。

在种紧双头螺柱时,为紧固方便,一般采用双头螺柱紧固器来拧紧,其结构如图 2 - 1 - 30 所示。双头螺柱紧固器由紧固螺母 2 和自锁螺钉 1 两个零件组成,两零件用左牙螺纹(反螺纹)连接,紧固螺母 2 下部的螺纹与所需种紧的双头螺柱相配,紧固螺母 2 和自锁螺钉 1 的上方都铣有六方,以便使用梅花扳手或套筒来拧紧或松开。

种紧双头螺柱时,先将自锁螺钉 1 拧到适当位置,然后将紧固螺母 2 拧入双头螺柱,当自锁螺钉 1 的圆头顶住双头螺柱的端面时,由于自锁螺钉 1 与紧固螺母 2 是反螺纹,所以紧固螺母 2 会使自锁螺钉 1 与双头螺柱顶紧,从而带动双头螺柱转动,将其种紧。要拆除双头螺柱种紧器时,只需将自锁螺钉 1 顺着双头螺柱拧紧的方向转动,自锁螺钉 1 就会与双头螺柱的端面脱离,再用手反向转动紧固螺母 2,即可将双头螺柱种紧器拆下。

气缸盖螺柱
旋入力矩（1 100±110）N·m

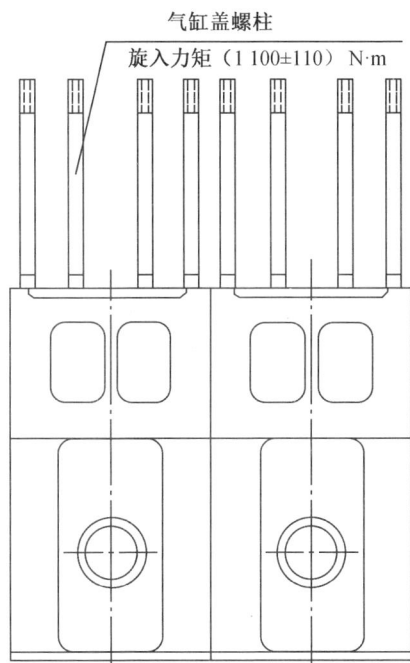

图 2-1-29　MAN B&W 5S60MC-C 型
柴油机气缸盖螺柱安装示意图

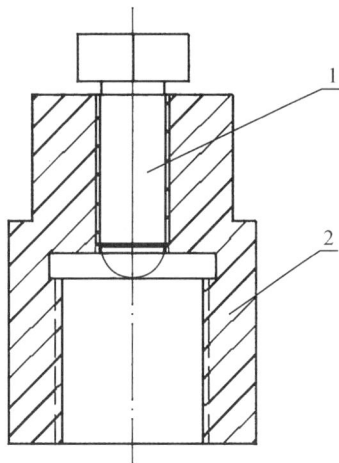

1—自锁螺钉；2—紧固螺母。

图 2-1-30　双头螺柱紧固器

3. 活塞杆填料函法兰定位

活塞杆填料函法兰定位是将活塞杆填料函法兰在气缸体上预先定位，配钻、铰定位销孔，并配制定位销，以便于以后的安装工作。其定位过程如下：

（1）将缸体吊起，置于高处。

（2）将活塞杆填料函法兰与工装用螺栓连接，装上 O 形密封圈。

（3）将填料函壳体装到缸体上的填料函孔内，调整法兰的方向，使法兰上的定位销孔方向和排污孔的位置符合图纸要求，拧紧法兰与缸体的连接螺栓。

（4）根据法兰上的销孔位置，在缸体上配钻铰圆柱定位销孔。

（5）配铰之后，在填料函壳体和法兰上打对应的缸号。

（6）根据销孔尺寸配制定位销，并打上对应的缸号。

4. 气缸套组装及气缸体总成泵水试验

MAN B&W 5S60MC-C 型柴油机气缸套组件的结构如图
2-1-31 所示，其注油嘴安装在冷却水套以下，不需穿过冷却水腔。

MAN B&W 5S60MC-C 型柴油机气缸套组件的装配及气缸套在气缸体上的安装过程如下。

（1）气缸套组件的装配及气缸套在气缸体上的安装

①清洗气缸套

清洗气缸套，所有油道、孔口、环槽都应认真吹干净。

②冷却水套安装

a. 在缸套上部与冷却水套配合的两道环槽中装入 O 形密封环，并涂上润滑油脂。

b. 将冷却水套去毛刺，清理干净后装到气缸套外圆上，安装时注意对准冷却水套和气缸套上的标记线,用管夹和螺栓将冷却水套与气缸套固定在一起。

c. 在冷却水套上装各冷却水接头和垫片,并用螺栓紧固。

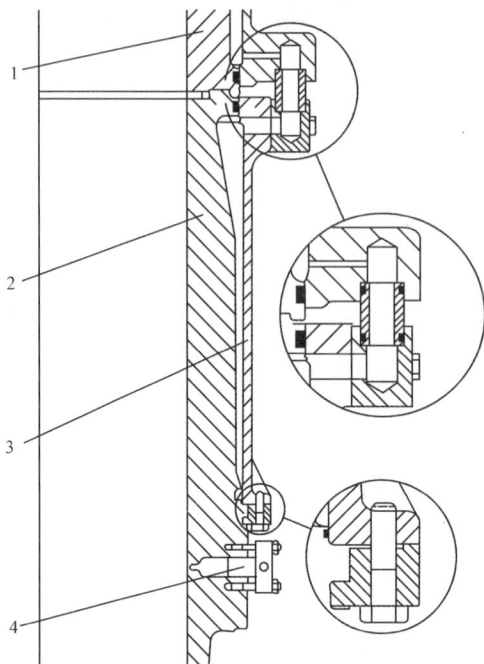

1—气缸盖;2—气缸套;3—冷却水套;4—注油嘴。

图 2 - 1 - 31　MAN B&W 5S60MC—C 型柴油机气缸套组件的结构

③注油嘴安装

将组装并调试好的注油嘴总成插入气缸内,用螺栓紧固。

④气缸套组件在气缸体上的安装

a. 在气缸套下部环槽内装入 O 形密封环。

b. 将组装好的气缸套组件吊装到气缸体上,安装时注意将冷却水套和气缸套上的标记线朝燃油泵侧。

c. 测量气缸套内径尺寸,应符合图纸要求。

(2)气缸体总成泵水试验

为检查冷却水道的密封是否良好,在气缸体总成装配完工后,需进行缸体总成泵水试验,其试验过程如下:

①将组装好的气缸盖总成扣在气缸套上,旋上气缸盖螺母,用专用的液压拉伸器泵紧,泵压为 150 MPa。

②在气缸冷却水进口装泵水工装,并与试压用水泵相连,在排水口注入加有百克灵防腐剂的水后,用工装盲板封堵。

③缸体总成泵水试验,试验压力为 0.7 MPa,并保持 15 min 不漏。

5. 各盖板和托架及地板安装

(1)各盖板安装

在气缸体的燃油泵侧有各种盖板,安装时需将盖板清洗干净,去毛刺。装上密封环或密封垫片后,用螺栓紧固在气缸体上。

（2）上层走台支架及地板安装

①托架安装

按照图纸要求,将各托架用螺栓和定距管固定在气缸体上,拧紧力矩达到规定要求。

②地板和栏杆安装

a. 将走台地板按图纸要求的位置和尺寸布置在走台支架上,现场配钻、攻螺纹孔,地板上刮窝,安装沉头螺钉,将地板固定在走台支架上。地板之间用连接板和对接搭扣连接,现场钻孔,安装螺栓和螺母。

b. 立柱安装在走台支架上,拧紧螺母,在立柱之间穿入栏杆。在立柱和栏杆交叉处钻锥销孔,敲入锥销。栏杆的接口处安装栏杆插座,钻锥销孔,敲入锥销。

三、WinGD 6RTA48T－B 型柴油机气缸体总成预装工艺

1. 两段式气缸体拼接

WinGD 6RTA48T－B 型柴油机的气缸体多为两段式,因铸造条件限制,大多分段铸造,即 3 个气缸为一组铸造后,再将其拼接起来,形成一个整体。

（1）气缸体放置在气缸体预装平台上,对气缸体组件进行清砂、精整、去毛刺,用丙酮清洗螺纹,复查两段式气缸体连接处无错偏现象。

（2）如图 2－1－32 所示,在缸体接合部环槽上装 O 形密封圈,将两段式缸体合拢,确定紧配螺栓的安装部位,拧紧紧配螺栓,测量伸长量 $\delta = (0.26 \pm 0.04)$ mm。

（3）装上普通螺栓,前 3 个螺栓上紧时测量螺栓伸长量 $\delta = (0.45 \pm 0.04)$ mm,并测量旋紧角,其余螺栓按前 3 个螺栓旋紧角的平均值旋紧。

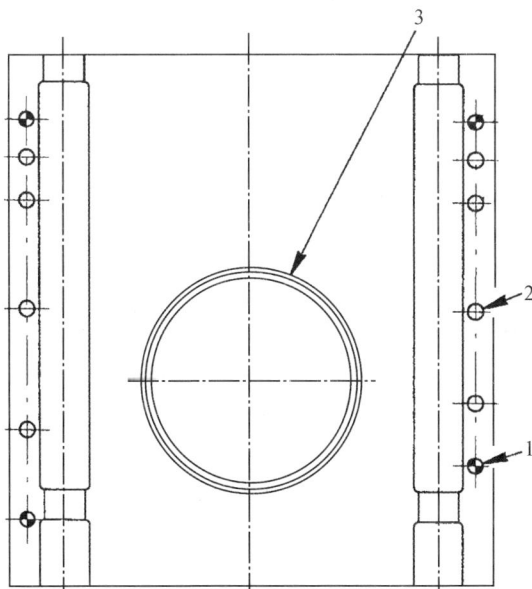

1—紧配螺栓;2—普通螺栓;3—O 形密封圈。

图 2－1－32　WinGD 6RTA48T－B 型柴油机气缸体拼接

2. 气缸体螺柱种紧

气缸体上的螺柱主要有气缸盖螺柱和扫气箱集气管螺柱。气缸盖螺柱用于将气缸套

和气缸盖紧固在气缸体上,扫气箱集气管螺柱用于扫气箱集气管的安装,其种紧过程如下。

（1）气缸盖螺柱种紧

在气缸盖连接螺柱的螺纹处涂二硫化钼,用专用工具旋紧螺柱,注意旋紧时避免螺柱受到弯曲应力,旋入力矩为 310 N·m,检查螺柱是否歪斜。

（2）扫气箱集气管螺柱种紧

在扫气箱集气管螺柱的螺纹处涂二硫化钼,用专用工具旋紧螺柱,旋入力矩应符合规定要求,检查螺柱是否歪斜。

3. 活塞杆填料函壳体试配

将填料函两半壳体、两半环组件一并装入气缸体下部填料函孔中进行试配。

4. 气缸套组装及气缸体总成泵水试验

（1）气缸套组件安装

① 清洗气缸套,所有油道、孔口、环槽都应认真吹干净。

② 气缸套绝缘带安装

a. 将气缸套上的聚四氟乙烯绝缘带分别装于气缸套中部冷却段上,调整气缸套绝缘带的 $\phi30$ mm 孔和气缸套上的注油嘴孔对齐,将搭口置于排气侧,并且搭口重叠为 40 mm。

b. 将两块连接板分别围在气缸套绝缘带上,调整并对齐注油嘴孔,将搭口置于输出端,用安装工具使拉簧将两块连接板和气缸套绝缘带固紧在气缸套上。

c. 将弹簧、平垫装于两块连接板和气缸套绝缘带的腰圆孔上,将螺钉涂液态密封剂后固紧在气缸套上。

③ 气缸套定位销及有关部件的安装

将气缸套各夹紧块及定位销按图纸要求的位置和力矩安装。用安装工具将轻型弹性销和绝缘轻型弹性销等敲入气缸套导水孔中。

④ 支撑环安装

清洗支撑环,将底部对准气缸体上定位销后装于气缸体上,并用内六角螺栓上紧。

⑤ 气缸套组件在气缸体上的安装

a. 将两根 O 形密封圈装于气缸套中部的环槽上,并在密封圈上涂上润滑油脂。

b. 在支撑环与气缸套的接触平面上放入软金属垫片,将气缸套组件吊入支撑环内,注意将气缸套上的定位销对准支撑环上的销孔。

c. 如图 2-1-33 所示,将两个螺栓由气缸套上的夹紧块的孔中拧入支撑环,拧紧力矩应符合规定要求。

d. 测量气缸套内径尺寸,应符合图纸要求。

（2）上、下注油嘴安装

上、下注油嘴的结构如图 2-1-27 所示,其安装过程如下:

① 在密封衬套 9 上安装两只 O 形密封圈

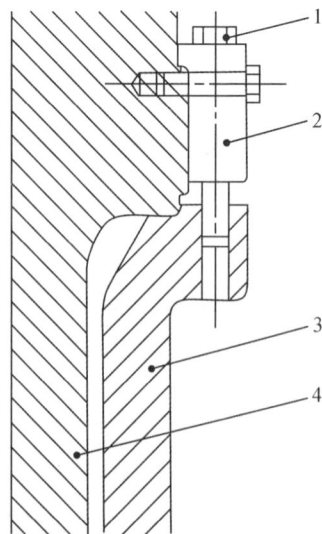

1—螺栓;2—夹紧块;3—支撑环;4—气缸套。

图 2-1-33　气缸套与支撑环

17,并涂上润滑油脂。

②将衬套装入法兰 13,在法兰 13 端面套入密封垫 12 后,将衬套由支撑环上的注油嘴孔装到气缸套的注油嘴孔中,装上法兰 14 和螺钉 11,螺钉暂不拧紧。

③将注油嘴组件由衬套内孔插入,并拧紧在气缸套上。

④拧紧螺钉 11。

(3)气缸体总成泵水试验

为检查冷却水道的密封是否良好,在气缸体总成装配完工后,需进行气缸体总成泵水试验,其试验过程如下:

①将组装好的气缸盖总成扣在气缸套上,旋上气缸盖螺母,用专用的液压拉伸器泵紧,泵压为 100 MPa。

②在气缸冷却水进口装泵水工装,并与试压用水泵相连,在排水口注入加有百克灵防腐剂的水后,用工装盲板封堵。

③缸体总成泵水试验,试验压力为 0.7 MPa,并保持 2 h 不漏。

5.各盖板和走台支架及地板安装

(1)各盖板安装

在气缸体的燃油泵侧有各种盖板,安装时需将盖板清洗干净,去毛刺。装上密封环或密封垫片后,用螺栓紧固在气缸体上。

(2)上层走台支架及地板安装

①走台支架安装

按照图纸要求,将各支架用螺栓和定距管固定在气缸体上,拧紧力矩达到规定要求。

②地板和栏杆安装

a.将走台地板按图纸要求的位置和尺寸布置在走台支架上,现场配钻、攻螺纹孔,地板上刮窝,安装沉头螺钉,将地板固定在走台支架上。地板之间用连接板和对接搭扣连接,现场钻孔,安装螺栓和螺母。

b.立柱安装在走台支架上,拧紧螺母,在立柱之间穿入栏杆。在立柱和栏杆交叉处打锥销孔,敲入锥销。栏杆的接口处安装栏杆插座,钻锥销孔,敲入锥销。

2.1.4　排气阀总成及气缸盖组件预装

一、排气阀总成预装的主要工作内容

1.排气阀总成的结构

大型低速柴油机均采用阀壳式液压驱动排气阀,MAN B&W 5S60MC – C 型柴油机排气阀的结构如图 2 – 1 – 34 所示。

排气阀主要包括阀壳 1、排气阀杆 6、阀座 2 和空气弹簧(空气弹簧缸 8 和空气活塞 22)、阀驱动装置(液压油缸 30 和液压活塞 31)。

排气阀的开启由驱动凸轮控制,驱动泵将油从液压油接头压入阀的阀驱动装置的液压油缸 30 中。液压油缸 30 中的液压活塞 31 向下移动。排气阀杆 6 以及固定在它上面的空气弹簧活塞 22 也同时克服空气弹簧缸 8 中的空气压力向下移动。排气阀打开,从气缸冲出的燃气冲击装在排气阀杆 6 上的转动叶轮,使排气阀杆 6 转动。

当驱动泵的油压消失(即驱动泵的轮子回到凸轮基圆上)时,排气阀杆 6 被空气弹簧中作用于空气活塞上的压力顶起，于是排气阀关闭。阀驱动装置中的液压油被压回到驱动泵内。

WinGD 6RTA48T－B 型柴油机排气阀结构如图 2－1－35 所示。

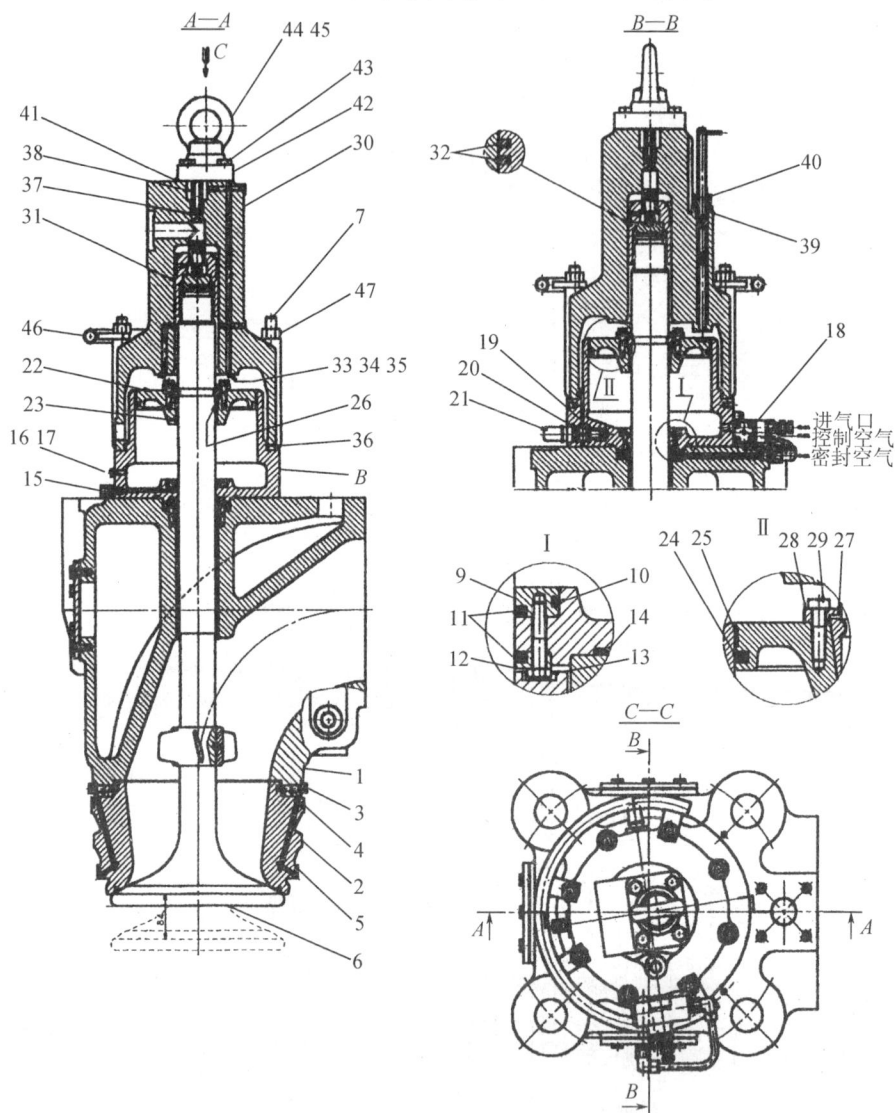

1—阀壳;2—阀座;3—螺钉;4、5、10、11、14、19、20、23、24、36—O 形密封卷;

6—排气阀杆;7—螺栓;8—空气弹簧缸;9—空气缸密封盖 1;12—空气缸密封盖 2;

13—排气阀导套;15—球阀;16—旋塞;17—垫圈;18—密封空气控制装置;21—安全阀;

22—空气活塞;25—承磨环;26—锥形块(两半);27—压盖;28—垫圈;29—螺栓;

30—液压油缸;31—液压活塞;32—活塞环;33—挡圈;34—锁紧垫片;35—螺栓;

37—垫圈;38—节流旋塞;39—导管;40—检查标杆;41—垫圈;42—起吊板;

43—螺栓;44—垫圈;45—吊耳;46—安全环。

图 2－1－34　MAN B&W 5S60MC－C 型柴油机排气阀结构

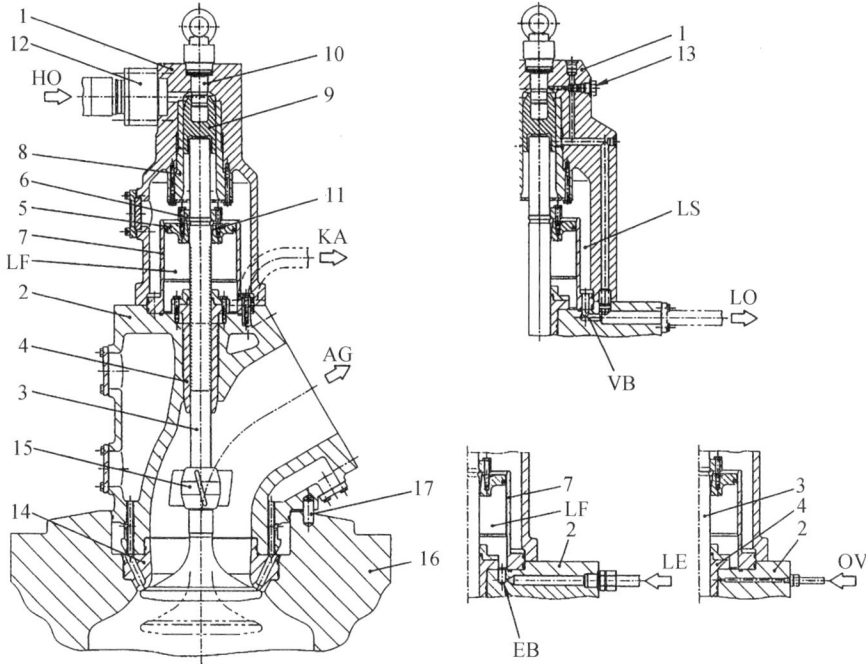

1—阀驱动装置;2—阀壳;3—排气阀杆;4—阀导套;5—空气弹簧活塞;
6—压力法兰;7—空气缸;8—液压缸;9—液压活塞;10—缓冲器;
11—阀锥块(两半);12—液压油接头;13—带有粗过滤器的排放螺钉;
14—阀座;15—转翼;16—气缸盖;17—定位销;HO—液压油;LO—漏油排放孔;
LE—空气弹簧空气进口;OV—阀导套的供油;LF—空气弹簧;
EB—空气弹簧进口孔;AG—气缸废气;KA—冷却水进口;
LS—漏油收集空间;VB—连通孔。

图2-1-35　WinGD 6RTA48T-B型柴油机排气阀结构

排气阀壳用螺栓固紧在气缸盖16的中央。它主要包括阀驱动装置1、阀壳2、排气阀杆3、阀座14和空气弹簧LF。

排气阀的开启由驱动凸轮控制,驱动泵将油从液压油接头12压入阀的推动装置壳体1中。液压缸8中液压活塞9向下移动。排气阀杆3以及固定在它上面的空气弹簧活塞5也同时克服空气弹簧LF的压力向下移动。排气阀打开,从气缸冲出的燃气冲击转动叶片(转翼)15,使排气阀杆转动。

当驱动泵的轮子回到凸轮基圆上,动泵的油压下降时,排气阀杆3被空气弹簧LF中作用于空气弹簧活塞上的压力顶起,于是排气阀关闭。阀驱动装置1中的液压油被压回到驱动泵内。

通过排放螺钉13,液压油与存在的空气可以连续地从漏油排放孔LO中排出。通过对液压系统充满油来补偿漏油的损失,此油被引入驱动泵。

压缩空气通过接口LE及进入孔EB进入空气弹簧LF中。当排气阀打开时,空气弹簧活塞5被向下推,并压缩空气缸内的空气。一部分空气进入孔EB压回到接口LE处。当排气阀关闭时,空气弹簧LF空间再次充满空气。

液压活塞9处的漏油滴到空气弹簧活塞5上,然后对空气缸7进行润滑。剩余的油集中在空间 LS 并通过接口 VB 排到漏油排放孔 LO。当排气阀关闭时,漏油进入空气弹簧 LF,积存在空气弹簧底部(进入孔 EB)的漏油被进入的空气吹成雾状。雾状的油粒对排气阀杆上部分进行润滑。多余的漏油在排气阀打开时从空气弹簧 LF 中排出,并且被引到一个储存器内。储存器自动将积油定时地排到活塞杆填料函的脏油收集管。此外,排气阀杆 3 在排气阀阀导套 4 处,由气缸滑油泵通过缸套上的分离器分离的油来润滑。

2. 排气阀总成预装的主要工作内容

①排气阀阀壳的组装。

②排气阀组件的组装。

③阀壳、阀座及排气阀的组装。

④空气弹簧缸的组装。

⑤阀驱动装置的组装和安装。

⑥排气阀总成完整性安装。

二、MAN B&W 5S60MC‑C 型柴油机排气阀总成预装的工艺过程

1. 排气阀壳的组装

排气阀壳的组装工作主要是将排气阀导套、螺柱、定位销以及各种盖板和接头等安装在排气阀壳上。

(1)排气阀导套安装

如图 2‑1‑36 所示,排气阀导套与阀壳是间隙配合,其安装过程如下:

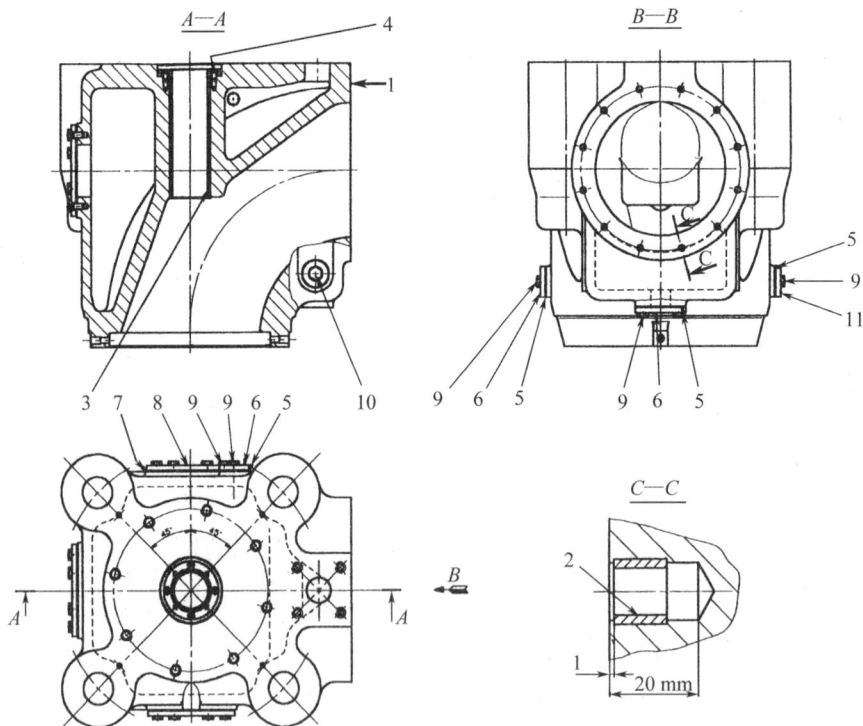

1—排气阀壳;2—钢丝螺套;3—排气阀导套;4、9—螺栓;5、7—垫片;6、8、11—盖板;10—旋塞。

图 2‑1‑36 排气阀壳组装

①精整并清洁所有待装的零件,并回攻所有螺纹,对暂不安装的孔道清洁后应封口,保

证装配过程中内部零件清洁、无毛刺。

②排气阀壳与排气阀导套的配合间隙应为 0.12～0.177 mm。

③将排气阀导套装入排气阀壳,并用螺栓紧固。

(2)螺柱、定位销以及各种盖板和接头的安装

①装妥阀壳上排气出口的钢丝螺套。

②在排气阀壳体顶部螺纹孔处种入双头螺柱。

③装妥排气阀壳上的各种定位销、内六角螺塞及垫片,螺纹上应涂密封胶。

④装妥排气阀壳上的盖板、垫片、螺栓以及各种接头。

2. 排气阀组件的组装

如图 2-1-37 所示,排气阀组件的组装是将叶轮安装在排气阀上,叶轮和排气阀是过盈配合,一般采用红套的方法进行装配。其装配过程如下:

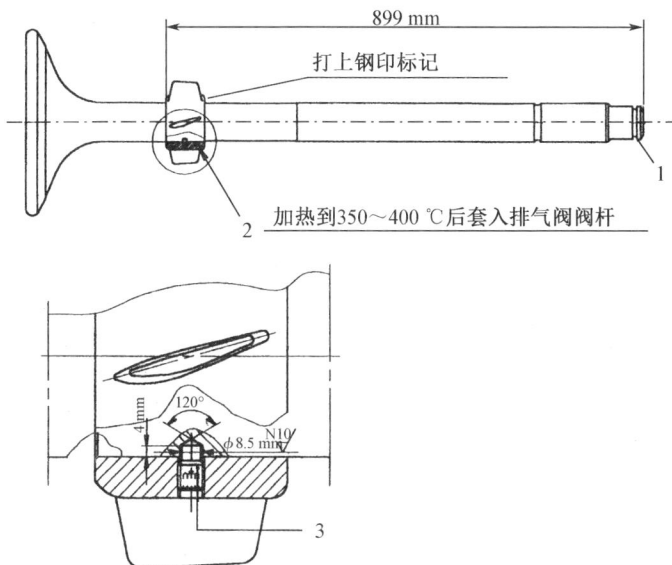

1—排气阀杆;2—叶轮;3—螺钉。

图 2-1-37　排气阀装配

①精整并清洁所有待装的零件,回攻所有的螺纹孔,去毛刺。

②测量排气阀阀杆和叶轮的配合尺寸,其配合过盈量为 0.12～0.20 mm。

③如图 2-1-37 所示,在叶轮上打上厂家的钢印标记。

④在排气阀阀杆上安装红套定位夹箍,控制叶轮下端面到排气阀阀杆顶部尺寸为 899 mm。用气割龙头将叶轮加热到 350～400 ℃后套入排气阀阀杆中,安装时应注意叶轮上具有 45°倒角的一端朝下。

⑤在叶轮的螺纹孔上装上螺套,先按螺套内孔尺寸用 $\phi7$ mm 的钻花钻出一个凹坑,然后拆除螺套,再用 $\phi8.5$ mm 的钻花在阀杆上钻出定位孔,孔的深度为 4 mm。

⑥装妥叶轮与排气阀阀杆的止动螺钉,拧紧螺钉后沿螺纹一圈用中心冲铆牢。

3. 阀壳、阀座及排气阀的组装

阀壳、阀座及排气阀的组装过程如下:

①精整并清洁所有待装的零件,回攻所有的螺纹孔,去毛刺。

②将排气阀座安放在平板上,在阀壳和阀座的安装面上涂润滑油脂后将阀壳吊装在阀座上,并用螺钉将阀壳固定在阀座上。

③在排气阀导套和导套压盖之间装入 O 形密封圈。

④将排气阀立放在平板上,在阀杆上涂润滑油后将阀壳和阀座组件吊装在阀杆上。

⑤涂色油检查阀座与排气阀的接触凡尔线,色油带应连续一周。

⑥在排气阀与阀座关闭的情况下,用 1 mm 塞尺能插进 24 ~ 25 mm。

4. 空气缸的组装

①精整并清洁所有待装的零件,回攻所有螺纹孔,去毛刺。

②在排气阀阀杆上预装空气弹簧活塞及锥形块,涂色油检查锥形块和阀杆接触均匀后拆除。

③在空气弹簧缸的外圆和平面上装妥各 O 形密封圈,将空气弹簧缸对准定位销后安装在阀壳上,按规定的力矩上紧螺栓。

④在空气弹簧活塞上装妥 O 形密封圈,并涂上润滑油脂。将空气弹簧活塞套入空气弹簧缸内,装上锥形块和压力法兰,并用螺栓紧固在阀杆上。

5. 阀驱动装置的组装和安装

(1)阀驱动装置的组装

①清除阀驱动装置壳体的毛刺和锐边,回攻所有螺纹孔。

②在壳体上装妥各旋塞。

③放气螺钉安装。

a.检查放气螺钉端面,应平整、无伤痕。

b.将放气螺钉端面涂上色油,装入孔中拧紧后拆除,检查端面色油情况,要求接触面色油均匀连续,必要时进行修正。

c.在放气螺钉上装上粗滤器和挡圈后,将放气螺钉装在壳体上拧紧。

④液压活塞的组装。

a.如图 2 - 1 - 38 所示,检查液压活塞及垫块的配合尺寸,其配合过盈量应为 0.023 ~ 0.072 mm,在活塞上装妥缓冲活塞及弹簧,将垫块在液氮箱中冷却至不沸腾时拿出,看清方向后迅速装入液压活塞中,并压紧弹簧,直至垫块涨紧后松开。

b.将液压活塞套入排气阀杆,用 0.05 mm 塞尺检查空气缸底平面与阀壳上平面无间隙,用桥形量规检查液压活塞的缓冲间隙应为 47.0 ~ 51.2 mm,否则应对液压活塞组件的垫块厚度进行调整。

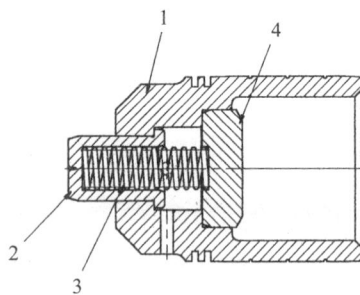

1—液压活塞;2—缓冲活塞;
3—弹簧;4—垫块。

图 2 - 1 - 38　液压活塞组装

⑤液压活塞和液压缸安装

a.试装液压活塞和液压缸,要求液压活塞在液压缸内灵活,无卡阻现象。

b.将活塞环放入液压缸,检查活塞环搭口间隙,其间隙值应符合规定要求,必要时应进行修正。

c.将液压缸装入壳体内,在液压活塞上装上活塞环后,将液压活塞和活塞环一起装入液压缸,装上挡圈和锁紧垫片,用螺栓按照规定的力矩拧紧,然后将垫片翻边保险。

⑥在液压缸顶部装妥节流旋塞及垫圈,注意检查节流旋塞的 $\phi 0.7$ mm 节流孔,然后装起吊板及吊耳。

⑦排气阀检查标杆的安装

装妥排气阀开启检查标杆组件,然后将检查标杆组件及垫圈安装在液压缸上,此时检查标杆处于锁定状态。

(2)阀驱动装置与阀壳的安装

①精整并清洁所有待装的零件,并回攻所有螺纹孔,对暂不安装的孔道清洁后封口,保证装配过程内部零件清洁、无毛刺。

②在液压缸底部装妥 O 形密封圈并涂以润滑油脂。

③将液压缸组件装入空气缸,装妥排气阀安全环并拧紧连接螺母,拧紧力矩为 100 N·m。

6.排气阀总成完整性安装

(1)排气阀试验。将排气阀总成吊起,在排气阀与平台之间放入木垫,排气阀距离木垫约 20 mm,向排气阀的空气弹簧缸通入压缩空气,排气阀应关闭,切断压缩空气,通过安全阀的阀芯顶入,放空空气后,排气阀应迅速打开。用上述方法做两次,而且在阀关闭时,至少 15 min 内不得漏气。

(2)装妥排气阀座上的 O 形密封圈,并涂以润滑油脂。

(3)安装结束后做好清洁工作,确认螺钉紧固及保险完整,对外胚面涂以防锈油并用蜡纸包好。

三、过盈配合的装配

在柴油机装配过程中,有许多零件间需要紧密配合,用以防止连接脱落或需要传递大的扭矩,于是产生了过盈配合技术。过盈配合就是利用材料的弹性使孔扩大、变形、套在轴上,当孔复原时,产生对轴的箍紧力,使两零件连接。当金属在弹性限度内变形时,总有一个恢复变形的力存在,恢复力形成作用在两配合面上的正压力。正压力越大,两配合件就越不容易脱落,可传递较大的扭矩。过盈配合技术在柴油机安装过程中应用很广泛,如 MAN B&W 5S60MC-C 型柴油机排气阀总成装配中的排气阀杆与叶轮的装配,以及液压活塞中的垫块装配等。

过盈连接的配合面多为圆柱面,也有圆锥形的配合面。采用圆柱面过盈配合时,如果过盈量较小或零件较小,一般用压入法装配;当过盈量较大或零件尺寸较大时,常用温差法装配。

采用温差法装配时,可加热包容件或冷却被包容件,也可同时加热包容件和冷却被包容件,以形成装配间隙的存在,由于这个间隙的存在,零件配合面的不平度不致被擦平,因而连接的承载能力比用压入法装配高。压入法过盈连接拆卸时,配合面易被擦伤,不易多次装拆。

圆锥面过盈连接利用包容件与被包容件相对轴向位移获得过盈配合。可用螺纹连接件实现相对位移,近年来,利用液压装拆的圆锥面过盈连接应用日渐广泛。圆锥面过盈连接的压合距离短,装拆方便,装拆时配合面不易擦伤,可用于多次装拆的场合。

1.热过盈装配

热过盈装配就是通过加热包容件,使之膨胀,尺寸变大,然后进行安装,这种工艺亦称红套。例如,MAN B&W 5S60MC—C 柴油机活塞冷却芯管与法兰的装配、燃油和排气凸轮以及链轮与凸轮轴的装配等均采用红套的方法进行。

红套时应注意以下几点。

（1）加热温度的控制

红套加热的温度应保证红套时的装配间隙。红套装配的间隙一般取

$$\Delta = \delta \text{ 或 } \Delta = 0.001D$$

式中 Δ——红套装配的间隙，mm；

δ——孔与轴配合的过盈量，mm；

D——轴径，mm。

按照这个要求，红套装配时的加热温度应为

$$t = \frac{\Delta + \delta}{\lambda D} + t_0 \text{ 或 } t = \frac{2\delta}{\lambda D} + t_0$$

式中 λ——加热零件的线膨胀系数，铜质：$\lambda = 1.8 \times 10^{-5} \text{℃}^{-1}$；钢质：$\lambda = 1.1 \times 10^{-5} \text{℃}^{-1}$；

t_0——装配时的环境温度，℃。

例如，MAN B&W 5S60MC – C 型柴油机排气阀杆与叶轮的装配，排气阀杆的直径为 $\phi 72.5^{+0.20}_{+0.15}$ mm，叶轮的孔径为 $\phi 72.5^{+0.03}_{0}$ mm，其装配过盈量 $\delta = 0.12 \sim 0.20$ mm，取红套的装配间隙为 $\Delta = 0.001D = 0.072\,5$ mm，为保险起见，过盈量取最大值，即 $\delta = 0.20$ mm，设环境温度 $t_0 = 25$ ℃，则红套时的加热温度为

$$t = \frac{\Delta + \delta}{\lambda D} + t_0 = \frac{0.072\,5 + 0.20}{1.1 \times 10^{-5} \times 72.5} + 25 = 367 \text{ ℃}$$

应当注意的是，以上计算得出的加热温度，前提是要求加热均匀，并应防止零件变形，因此通常采用烘箱电热或油煮等加热方式，且达到加热温度后，需再保温一段时间，才能进行装配。对于一些尺寸和质量较大的零件，采用气割火焰加热时，由于加热温度不均匀，零件各处的膨胀量不一样，则应适当提高加热温度。

（2）事先备好内径测量样棒

为确保红套时的装配间隙，使装配能顺利完成，应事先准备好加热零件内径测量的样棒，在装配前，用样棒检查零件的内孔直径，确认达到要求后，再进行装配。

样棒可用 10 ~ 15 mm 圆钢做成，两端磨光、磨尖，套合处的孔径应该膨胀到的预定套合尺寸，装配时只要样棒能通过，则可以进行套合。

（3）红套定位工具

在红套时，零件安装的具体位置是有严格规定的，而红套过程应迅速、准确，因此红套时一般要用定位工具来定位。例如，凸轮红套在凸轮轴上时，凸轮的轴向位置和圆周方向的位置均需要精确定位，为了操作方便，一般采用定位环来定位。

（4）红套操作时的注意事项

红套操作时首先应注意安全保护，零件较小，用手拿时，一定要戴石棉手套；零件较大时，需用吊具吊起，也应戴石棉手套操作，以免烫伤；加热后一定要用量棒检查后才能装配，套入时应迅速，一旦发现有问题，应果断拆下重新加热红套。

2. 冷过盈装配

冷过盈装配也称冷套，其方法是将被包容零件冷却，使其收缩，尺寸变小，然后立即将其装配，待恢复到常温后，则与配合的零件形成过盈配合。在 MAN B&W 5S60MC – C 型柴油机排气阀总成装配中，液压活塞与垫块是过盈配合，采用冷套。

在冷过盈装配中，通常采用液氮作为冷却剂来冷却零件。液氮为低温液化气体，在标

准大气压力下,其沸点为 -195.65 ℃。

冷套时应注意以下问题。

(1)冷却容器的选择

因为液氮是低温液化气体,温度非常低,很多材料在低温下会脆裂,因此选择冷却容器的材料应保证在这种低温下不发生脆裂,通常选用钢质材料做成的容器。另外,由于液氮在常温下就会气化,所以为节省液氮的使用量,对冷却容器还应适当地保温。

(2)安全问题

在冷套的操作过程中,应注意安全保护。在向冷却容器中加入液氮或将零件放进液氮的过程中,由于温差非常大,液氮会迅速沸腾和飞溅,应注意避免液氮飞溅到皮肤上,造成冻伤,尤其是在夏天穿着较少时,应更加小心。

(3)零件冷却时的放入和取出

零件在放进和取出时,应考虑好放入和取出的方法。由于冷套时,冷却的零件一般很小,因此可用细铁丝缠好后放进液氮中,细铁丝则露在外面,等冷却好后,戴上石棉手套,用细铁丝将零件取出,解下细铁丝后再安装。

(4)冷却情况检查

冷套时,被冷却的零件必须达到所需的冷却温度才能进行装配,和红套不同的是,被冷却零件的温度是不便于测量检查的,只能通过观察零件与液氮的反应情况来判断零件的温度,一般当液氮不再沸腾时,说明零件的温度已接近液氮的温度,可以取出进行装配。因为液氮沸腾后即气化蒸发,因此当冷却容器较小时,一次装入的液氮量不足以将零件冷却到所需的温度,可分几次加入液氮,直到零件不再沸腾为止。

(5)冷却前应检查零件表面

冷却前应检查零件表面是否有伤痕,以免在冷却时由于低温脆硬和热应力而产生裂纹。

在实际工作中,零件的装配是采用红套还是冷套,应当从成本等诸多方面来选择,一般选择尺寸和质量较小的零件进行加热或冷却。

四、WinGD 6RTA48T – B 型柴油机排气阀总成预装的工艺过程

1. 排气阀壳的组装

排气阀壳的组装工作主要是将排气阀导套、螺柱、定位销以及各种盖板和接头等安装在排气阀壳上。

(1)排气阀导套安装

排气阀导套与阀壳是过盈配合,大多采用冷却套的方法安装,其安装过程如下:

①精整并清洁所有待装的零件,并回攻所有螺纹,对暂不安装的孔道清洁后应封口,保证装配过程中内部零件清洁、无毛刺。

②测量排气阀壳与排气阀导套的配合尺寸,其配合过盈量应符合图纸要求。

③将排气阀导套在液氮箱中冷却,时间不少于 20 min,冷却温度低于环境温度 250 ℃。

④将排气阀导套从液氮箱中取出后,迅速地垂直套入排气阀壳,并用导套压盖和螺栓将导套定位,待排气阀导套恢复常温后拧紧螺栓。

⑤检查排气阀导套内孔尺寸应符合规定要求。

(2)螺柱、定位销以及各种盖板和接头的安装

①在排气阀壳体顶部螺纹孔处种入双头螺柱。

②装妥排气阀壳上的各种定位销、内六角螺塞及垫片,螺纹上应涂密封胶。

③装妥排气阀壳上的盖板、垫片、螺栓以及各种接头。

2. 排气阀组件的组装

排气阀组件的组装是将转翼安装在排气阀上,转翼和排气阀是过盈配合,一般采用红套的方法进行装配。其装配过程如下:

(1)精整并清洁所有待装的零件,回攻所有的螺纹孔,去毛刺。

(2)测量排气阀阀杆和转翼的配合尺寸,其过盈量应符合图纸要求。

(3)在排气阀阀杆上安装红套定位夹箍,控制转翼下端面到排气阀阀杆顶部尺寸符合规定要求。用气割龙头将转翼加热到370 ℃后套入排气阀阀杆中,安装时应注意转翼上具有45°倒角的一端朝下。

(4)在转翼的螺纹孔上装上螺套,先按螺套内孔尺寸用较小的钻花钻出一个凹坑,然后拆除螺套,再用图纸规定尺寸的钻花在阀杆上钻出定位孔,孔的深度应符合规定要求。

(5)装妥转翼与排气阀阀杆的止动螺钉,拧紧螺钉后沿螺纹一圈用中心冲铆牢。

3. 阀壳、阀座及排气阀的组装

(1)精整并清洁所有待装的零件,回攻所有螺纹孔,去毛刺。

(2)将排气阀座安放在平板上,在阀壳和阀座的安装面上涂润滑油脂后将阀壳吊装在阀座上,并用螺钉将阀壳固定在阀座上。

(3)在排气阀导套和导套压盖之间装入O形密封圈。

(4)将排气阀立放在平板上,在阀杆上涂润滑油后将阀壳和阀座组件吊装在阀杆上。

(5)涂色油检查阀座与排气阀的接触阀线,色油带应连续一周。

4. 空气缸、阀杆的组装

(1)精整并清洁所有待装的零件,回攻所有螺纹孔,去毛刺。

(2)在排气阀阀杆上预装空气弹簧活塞及锥块,涂色油检查锥块和阀杆,应接触均匀后拆除。

(3)在空气缸的外圆和平面上装妥各O形密封圈,将空气缸对准定位销后安装在阀壳上,按40 N·m的力矩上紧螺栓。

(4)在空气弹簧活塞上装妥O形密封圈,并涂上润滑油脂。将空气弹簧活塞套入空气缸内,装上锥块和压力法兰,并用螺栓紧固在阀杆上,上紧力矩为40 N·m。

5. 阀驱动装置的组装

(1)清除阀驱动装置壳体的毛刺和锐边,回攻所有螺纹孔。

(2)在壳体上装妥各旋塞。

(3)放气螺钉安装。

①检查放气螺钉端面应平整、无伤痕。

②将放气螺钉端面涂上色油,装入孔中拧紧后拆除,检查端色油情况,要求接触面色油均匀、连续,必要时进行修正。

③在放气螺钉上装上粗滤器和挡圈后,将放气螺钉装在壳体上拧紧。

(4)液压活塞和液压缸安装。

①试装液压活塞和液压缸,要求液压活塞在液压缸内灵活,无卡阻现象。

②将活塞环放入液压缸,检查活塞环搭口间隙,其间隙值应符合规定要求,必要时应进行修正。

③将液压缸装入壳体内,在液压活塞上装上活塞环后,将液压活塞和活塞环一起装入液压缸,装上挡圈和锁紧垫片,用螺栓按照规定的力矩,将液压缸紧固在壳体上,然后将垫片翻边保险。

④安装观察玻璃,注意内、外各垫一张2 mm厚的耐油石棉橡胶密封圈,装上法兰,并用内六角螺钉紧固。

⑤在缓冲器上装上吊耳螺钉,暂不装O形密封圈,将缓冲器装入壳体,拧上螺栓。

6.排气阀总成完整性安装

(1)阀驱动装置与阀壳的安装。

①将组装好的阀驱动装置安装在阀壳上,按规定的力矩将连接螺栓紧固。

②如图2-1-39所示,拆下缓冲器,使排气处于关闭位置,阀杆顶部与液压活塞无间隙,用深度游标卡尺测量上壳体3平面到活塞2间的尺寸H,确定新垫片1的厚度$h = 106 + A - H \pm 0.05$ mm。

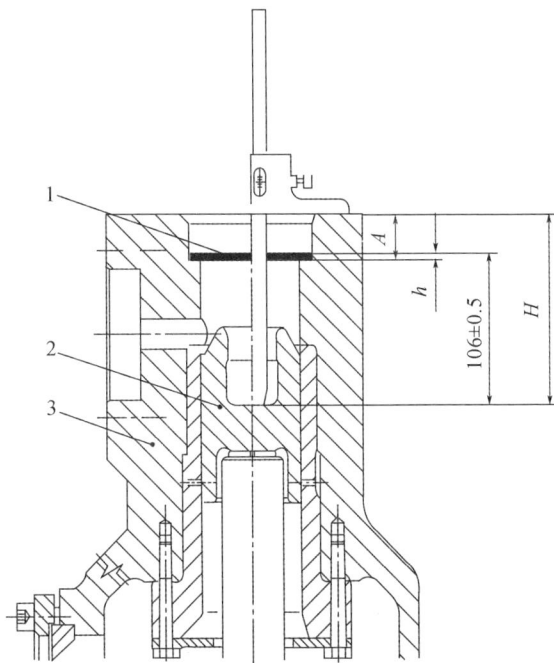

1—垫片;2—活塞;3—壳体。

图2-1-39　确定新垫片的厚度

③装上确定后的垫片,在缓冲器上装O形密封圈,用螺栓将缓冲器紧固在阀驱动装置壳体上。

(2)排气阀试验。

将排气阀总成吊起,在排气阀与平台之间放入木垫,排气阀距离木垫约20 mm,向排气阀的空气缸通入压缩空气,排气阀应关闭,切断压缩空气,通过安全阀的阀芯顶入,泄放完空气后,弹簧排气阀应迅速打开。用上述方法做两次,而且在阀关闭时,至少15 min内不得漏气。

（3）装妥排气阀座上的O形密封圈,并涂以润滑油脂。

（4）安装结束后做好清洁工作,确认螺钉紧固及保险完整,对外胚面涂以防锈油并用蜡纸包好。

五、气缸盖组件预装的主要工作内容

1. 气缸盖的结构

图2-1-40为MAN B&W 5S60MC-C型柴油机的气缸盖,在气缸盖下部安装有一个导水套,以便冷却水冷却完气缸套后进入,对气缸盖进行冷却。在气缸盖的上部有各种孔,以便安装各种阀件。需安装的阀件主要有排气阀、启动阀、安全阀、示功阀及喷油器等。

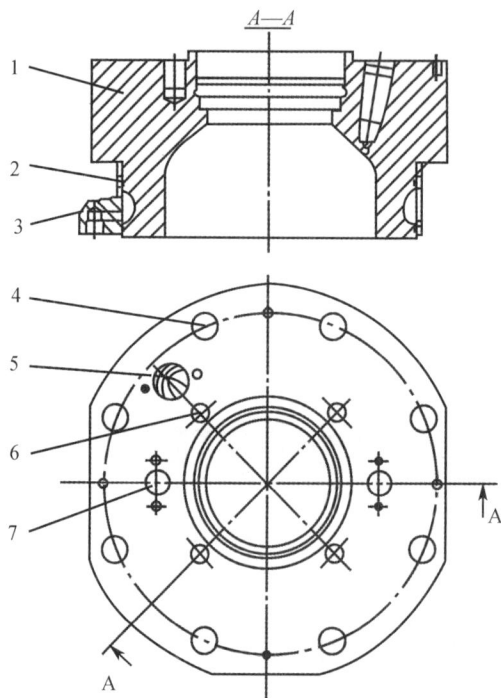

1—气缸盖;2—O形密封圈;3—导水套;4—气缸盖安装螺栓孔;
5—启动阀安装孔;6—排气阀螺栓安装螺纹孔;7—喷油器安装孔。

图2-1-40 MAN B&W 5S60MC-C型柴油机的气缸盖

图2-1-41为WinGD 6RTA48T-B型柴油机的气缸盖。气缸盖下部安装有一个导水套,以便冷却水冷却完气缸套后进入,对气缸盖进行冷却。在气缸盖的上部有各种孔,以便安装各种阀件。需安装的阀件主要有排气阀7、启动阀5、安全阀3、示功阀1及喷油器4等。

2. 气缸盖组件预装的主要工作内容

①导水套安装。

②各种螺柱种紧。

③各阀件安装。

④完整性安装等。

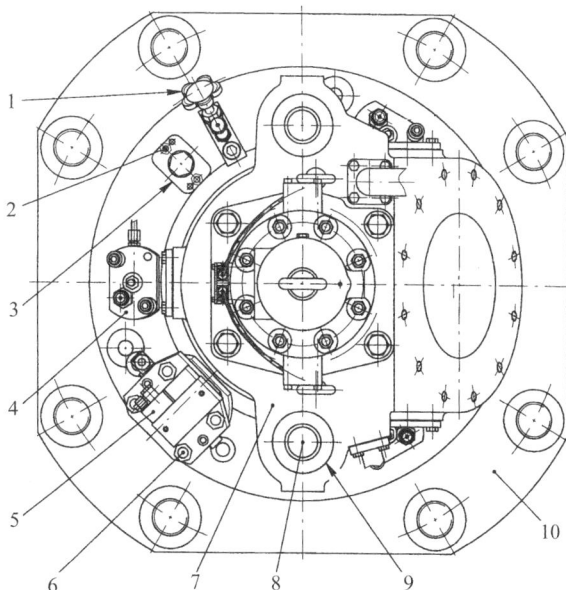

1—示功阀;2—安全阀紧固螺栓;3—安全阀;4—喷油器;5—启动阀;6—启动阀紧固螺栓;
7—排气阀;8—排气阀紧固螺栓;9—排气阀紧固圆螺母;10—气缸盖。

图 2 – 1 – 41　WinGD 6RTA48T – B 型柴油机的气缸盖

六、MAN B&W 5S60MC – C 型柴油机气缸盖组件预装的工艺过程

1. 导水套安装

导水套安装的过程如下:

(1)精整并清洁所有待装的零件,去油封并检查气缸盖的表面质量及安装密封面无缺陷、气缸盖下部与气缸套的密封面无损伤,清整外形并去毛刺。

(2)清洁气缸盖内表面,在气缸盖和气缸盖导水套的燃油侧做好标记,注意:标记做在冷却水套上的两个冷却水连接管进口圆周的中分线上。

(3)装妥气缸盖下缘的 O 形密封圈,并涂适量的润滑油脂。

(4)对准标记将气缸盖装入导水套,并用连接螺栓将导水套紧固在气缸盖上。

2. 各种螺杆种紧

如图 2 – 1 – 42 所示,气缸盖上需安装的螺柱有排气阀螺柱、启动阀螺柱、喷油器螺柱及吊耳等。其安装过程如下:

(1)用丝锥回攻气缸盖上的所有螺纹,检查螺纹深度应符合要求,清洁所有螺孔并用压缩空气吹干净。

(2)在排气阀螺柱的旋入端螺纹上涂润滑油脂后,将排气阀螺柱旋入气缸盖,用专用的双头螺栓紧固器拧紧,拧紧力矩为 450 N·m;旋入后,装妥排气阀螺柱的螺纹保护帽,以保护螺纹。

(3)在启动阀螺柱的旋入端螺纹上涂润滑油脂后,

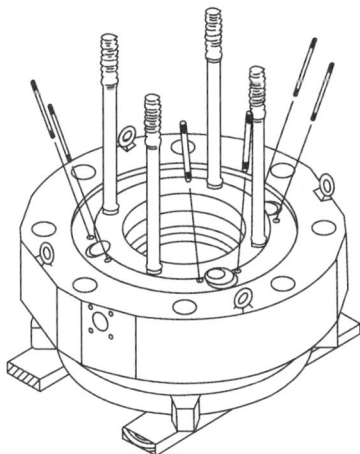

图 2 – 1 – 42　气缸盖螺柱安装

将螺柱旋入缸盖,用专用的双头螺栓紧固器拧紧,拧紧力矩为 140 N·m。

(4)在喷油器螺柱的旋入端螺纹上涂润滑油脂后,将螺柱旋入缸盖,用专用的双头螺栓紧固器拧紧,拧紧力矩为(140±20) N·m。

3.各阀件安装

(1)安装前的准备

安装前应做好各种阀座孔、冷却孔的清洁工作,并检查孔道是否通畅。

(2)排气阀组件的安装

如图 2-1-43 所示,排气阀组件的安装过程如下:

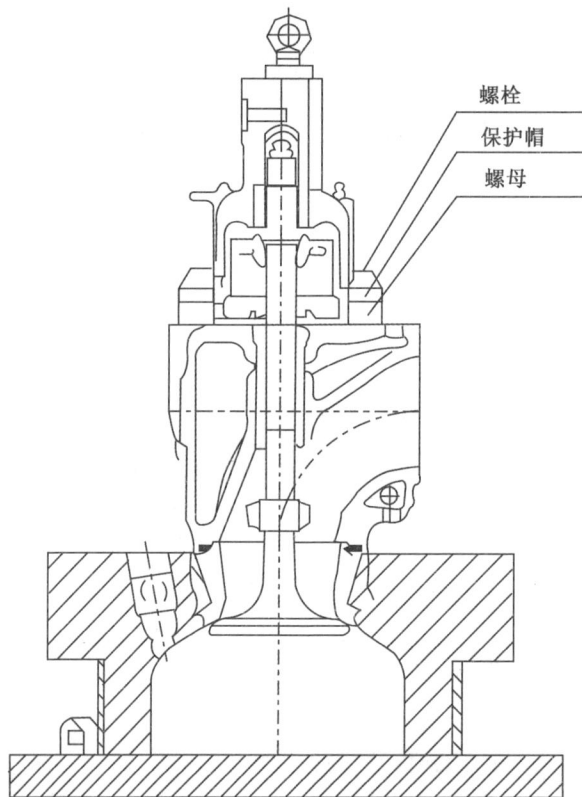

图 2-1-43　排气阀组件安装

①彻底清洁排气阀和气缸盖的安装面,并在安装面上涂润滑油脂。

②拆除排气阀螺柱上的螺纹保护帽。

③检查排气阀座上是否装好 O 形密封圈并涂以润滑油脂,将排气阀组件吊装在气缸盖上,用 0.05 mm 塞尺检查排气阀与气缸盖的贴合面应插不进。

④在排气阀紧固端的螺纹上涂润滑油脂后,旋入圆螺母,用专用的液压拉伸器泵紧,泵紧压力为 150 MPa。

注意:在安装排气阀之前接上压缩空气,便于排气阀在安装期间保持关闭。

(3)启动阀的安装

启动阀除了要求密封以外,还有启阀压力的要求,因此在安装时,除了按要求做密封试验外,还应做启阀压力试验,调整其启阀压力,其调整试验的结果应通过专职检验人员确认，并统一填入《压力试验报告》。

启动阀调整试验的方法如下：

①检查阀杆与阀套的配合间隙，确认杆与套的滑动部位灵活，导向精确无晃动。

②在阀口上涂以色油，将阀与阀座对齐，检查阀线均匀、完整，合格后清洗干净并装复。

③在阀进口处装泵压工具进行泵压，泵压的同时调整阀的压力以满足如下要求：

a. 当泵压压力在启阀压力以下时，阀面以及其余密封面无渗漏，表压值无变化。

b. 当泵压至规定的启阀压力时，阀被打开并泄压。

c. 当压力泄至低于启阀压力时，阀回复至关闭状态，并仍保持不渗漏。

启动阀的调整试验合格后即可进行安装，其安装过程如下：

①在启动阀和气缸盖的安装面上涂润滑油脂，启动阀的 O 形密封圈上涂滑油脂后，将启动阀装入气缸盖。

②装妥垫圈，拧紧启动阀螺母，拧紧角度60°。

注意：轻轻地旋紧此螺母，并且至少分三次轮番拧紧到40°；松开此螺母并且重复上述过程，以达到充足的拧紧角度60°。

注：螺栓上紧应根据图纸或规范的规定按螺纹的规格确定，并按规定的拧紧方式操作。螺栓拧紧方式有力矩旋紧和角度旋紧两种方式，角度旋紧方式是根据螺栓规格确定旋紧角，按此角度将螺栓拧紧。拧紧时应分步骤按顺序交替进行。

（4）喷油器的安装

喷油器在安装前应做试验检查，其试验方法如下：

①将喷油器装于专用的试验台上，并在进口接入燃油管。

②先缓慢、平稳地向喷油器加压使压力接近规定的启阀压力，然后加压使压力快速上升并超过启阀压力，随即检查：

a. 阀开启的一瞬间喷射出的燃油呈充分雾化状态。

b. 喷射的雾柱数量与喷孔数量一致，不能有喷孔堵塞。

c. 喷射结束后不允许有油滴漏。

喷油器试验合格后即可进行安装，其安装过程如下：

①在喷油器的定位周围及座面上涂润滑油脂。

②如图 2－1－44 所示，将喷油器装入气缸盖，在喷油器螺柱上装妥定距套管并拧紧螺母，拧紧力矩为 32 N·m。

（5）示功阀及安全阀的安装

缸盖安全阀在安装前应做试验检查，其试验方法如下：

①在安全阀口部装入适当厚度的金属圆盘。

②向阀的进口泵压，要求：

a. 当压力低于规定的压力值时，金属圆盘不被击穿，所有密封面无渗漏。

b. 当压力超过规定的压力值时，金属圆盘被击穿。

注意：若金属圆盘不符合要求，则需更换稍厚或稍薄的直至符合为止。

③试验合格后，将该阀新装入一片同样规格的被确认的金属圆盘。

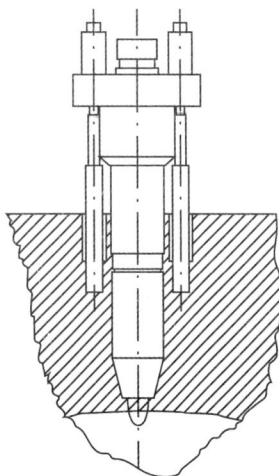

图 2－1－44　喷油器安装

缸盖安全阀试验合格后即可进行安装,其安装过程如下:

①将示功阀总成安装在气缸盖上,在螺纹上涂密封胶,并旋紧螺母。

②装妥示功器安装口处带弹簧圈的保护螺塞帽。

③将安全阀总成安装在气缸盖上,在螺纹上密封胶,并旋紧螺母。

4.完整性安装

(1)泵水试验

装妥排气阀与气缸盖间的冷却水连接管,对气缸盖及排气阀组件组合泵水,压力为 0.7 MPa,历时 5 min 不得渗漏。

(2)打钢印标记

在气缸盖的规定部位敲上钢印。

(3)完工后的防护

气缸盖总成安装完毕后,将所有的外露口封口,外露的光胚面涂防护油并用蜡纸遮盖好。

七、WinGD 6RTA48T-B型柴油机气缸盖组件预装的工艺过程

1.弹性螺柱安装

气缸盖上需安装的弹性螺栓有排气阀螺栓、示功阀螺栓、安全阀螺栓、启动阀螺栓等。其安装过程如下:

①弹性螺栓及缸盖螺孔用丙酮清洗干净,弹性螺栓螺纹部位不允许涂任何润滑脂,螺栓与缸盖缝隙内填充硫化硅橡胶。

②在排气阀安装位置敲入圆柱定位销,装弹性螺栓,用专用的紧固器拧紧,拧紧力矩为 310 N·m。

③在安全阀安装位置装入定位套,装弹性螺栓,用专用的紧固器拧紧,拧紧力矩为10 N·m。

④在启动阀安装位置装弹性螺栓,用专用的紧固器拧紧,拧紧力矩为20 N·m。

⑤在各连接处涂密封剂,装螺塞。

2.各类阀件安装

(1)安装前的准备

安装前应做好各种阀座孔、冷却孔的清洁工作,并检查孔道是否通畅。

(2)排气阀组件的安装

在气缸盖上装妥密封垫片,将排气阀总成装上气缸盖,在紧固端的螺纹上涂润滑油脂后,旋入圆螺母,用专用的液压拉伸器泵至 100 MPa,拧紧螺母。

(3)启动阀的安装

①在启动阀和气缸盖的安装面上涂润滑油脂,启动阀的O形密封圈上涂滑油脂后,将启动阀装入气缸盖。

②装妥垫圈,拧紧时应至少分三次轮番拧紧,按 160 N·m 的力矩拧紧启动阀螺母,注意启动阀的安装方向。

(4)示功阀

如图 2-1-45 所示,在示功阀紧固螺栓的螺纹部位涂二硫化钼,将示功阀装上气缸盖,拧紧紧固螺栓,拧紧力矩为 80 N·m。

（5）安全阀的安装

如图2－1－46所示，在气缸盖上安妥密封垫圈5，在安全阀上装妥O形密封圈9，将安全阀装入气缸盖，在紧固的弹性螺柱的螺纹部位涂二硫化钼，装上紧固螺母，并拧紧。

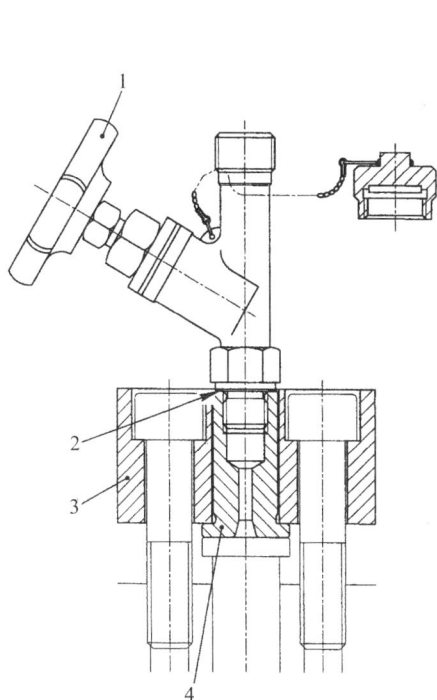

1—示功阀；2—密封垫片；
3—安装法兰；4—转接头。

图2－1－45　示功阀及其安装

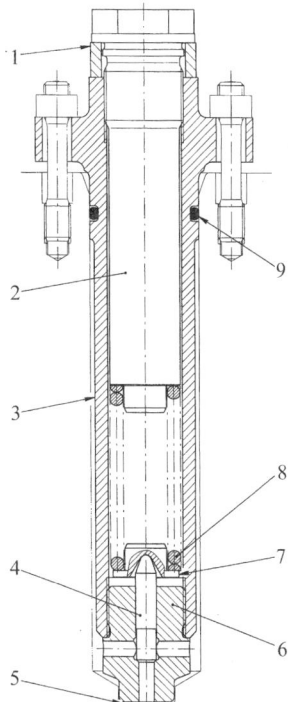

1—定距套；2—弹簧张紧螺栓；3—安全阀本体；
4—安全阀；5—密封垫圈；6—安全阀座；
7—弹簧承盘；8—压缩弹簧；9—O形密封圈。

图2－1－46　安全阀及其安装

（6）喷油器的检查与安装

如图2－1－47所示，WinGD 6RTA48T－B型柴油机喷油器的安装过程如下：

①将喷油器装在试验台上，装上调整工具，进行启喷压力试验，启喷压力为（37.5±0.5）MPa。如不符，则进行调整，松开锁紧螺母3，调整弹簧张紧螺栓2。启喷压力合格后，扳紧锁紧螺母3。

②检查喷油器雾化状态：喷射器的雾柱数量与喷孔数量一致，不能有喷孔堵塞，喷射结束后不允许有油滴漏。

③在喷油器的定位周围及座面上涂润滑油脂。

④将喷油器装入气缸盖，装蝶簧座，在喷油器螺柱的螺纹旋入端涂润滑油脂后，将螺柱旋入缸盖装，再拧内六角螺钉，先拧至蝶簧压实后再松1/4圈，即90°角。

⑤在喷油器分配器螺栓的螺纹旋入端涂润滑油脂后，将螺栓旋入缸盖，上紧力矩为170 N·m。注意安装方向：放气阀朝自由端。

3．导水套安装

（1）精整并清洁所有待装的零件，去油封并检查气缸盖的表面质量及安装密封面无缺陷，气缸盖下部与气缸套的密封面无损伤，精整外形并去毛刺。

（2）清洁气缸盖内表面,在气缸盖和气缸盖导水套的燃油侧做好标记。

（3）装妥气缸盖下缘的 O 形密封圈,并涂适量的润滑油脂。

（4）对准标记将气缸盖装入导水套,并用连接螺栓将导水套坚固在气缸盖上。

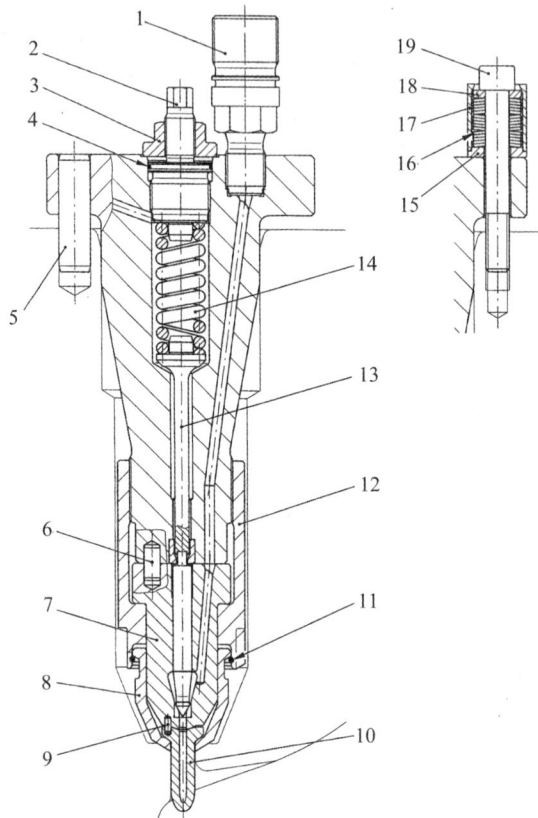

1—燃油管接头;2—弹簧张紧螺栓;3—锁紧螺母;4—O 形密封圈;5、6、9—定位销;

7—针阀体;8—保护壳;10—喷嘴;11—止动环;12—保护螺母;13—挺杆;

14—压缩弹簧;15—下弹簧承盘;16—杯形弹簧;17—衬套;18—弹簧盖;19—内六角螺栓。

图 2 – 1 – 47　WinGD 6RTA48T – B 型柴油机喷油器及其安装

4.完整性安装

（1）泵水试验

装妥排气阀与气缸盖间的冷却水连接管,对气缸盖及排气阀组件组合泵水,压力为 0.7 MPa,历时 5 min 不得渗漏。

（2）完工后的防护

气缸盖总成安装完毕后,将所有的外露口封口,外露的光胚面涂防护油并用蜡纸遮盖好。

2.1.5　活塞组件预装

一、活塞组件预装的主要工作内容

1.活塞组件的结构

如图 2 – 1 – 48 所示,MAN B&W 5S60MC – C 型柴油机活塞组件主要由活塞头、活塞

杆、活塞环和活塞杆填料函等部分组成。

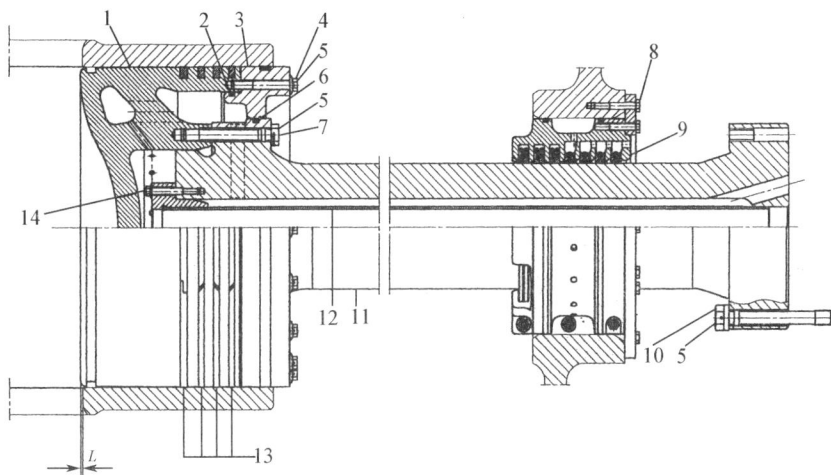

1—活塞头;2、6－O形密封圈;3—活塞裙;4、7、8、10、14—螺栓;5—锁紧钢丝;
9—活塞杆填料函;11—活塞杆;12—冷却油管;13—活塞环;
L—上止点时,活塞顶面伸出气缸套的距离。

图2－1－48　MAN B&W 5S60MC－C型柴油机活塞组件

活塞由两部分组成:活塞头1和活塞裙3。活塞头1由若干个螺栓7紧固在活塞杆11上端,而螺栓用锁紧钢丝5紧固。活塞裙3由法兰面螺栓4紧固在活塞头1上,螺栓用锁紧钢丝5紧固。活塞头1装四道活塞环13。活塞杆11中心有一个通孔,它用来安装冷却油管12。该冷却油管由螺栓14固定在活塞杆11顶端。冷却油通过连接在滑块上的一个伸缩套管引入,经过十字头上的孔道,由活塞杆11下端的油孔进入活塞杆11里面的冷却油管,经过冷却油管12内孔流到活塞头1内腔冷却活塞头1,冷却油经活塞头内的一系列孔道到达活塞杆11中的冷却油管周围的空腔,然后从活塞杆11下端的油孔,经过十字头和滑块的孔道流到安装在滑块上的冷却油排放管,再通过机架上的开槽油管,流过一个检测流动和温度的控制装置后,经机座流回循环油柜。

活塞杆填料函9由螺栓8紧固安装在气缸体空间底部的活塞杆孔上,用来防止曲柄箱的润滑油进入扫气空间,同时也防止扫气空气窜入曲柄箱。

图2－1－49为WinGD 6RTA48T－B型柴油机活塞组件,主要由活塞头1、活塞裙3、活塞杆5、活塞环2和油冷却件等组成。

活塞头1和活塞杆5由10个弹性螺栓9连接。活塞裙3直接由弹性螺栓9紧固在活塞杆5上。活塞杆5下端法兰紧固在十字头销8上。其间装有压缩垫片7,它的厚度与压缩比相适应。活塞头1用十字头轴承润滑油冷却。活塞冷却油KO从十字头销8注入两个进口槽EN,在这里冷却油从油管6外(装在活塞杆5里)流到喷嘴板。冷却油通过喷嘴板上的喷嘴喷入活塞头的冷却孔里。冷却完活塞后,回油OR通过油管6流入十字头销,通过十字头销的侧面流出。

图2－1－50为WinGD 6RTA48T－B型柴油机的活塞杆填料函装置。活塞杆填料函防止燃烧残余物污染轴承润滑油以及将扫气空间与曲轴箱KG密封。

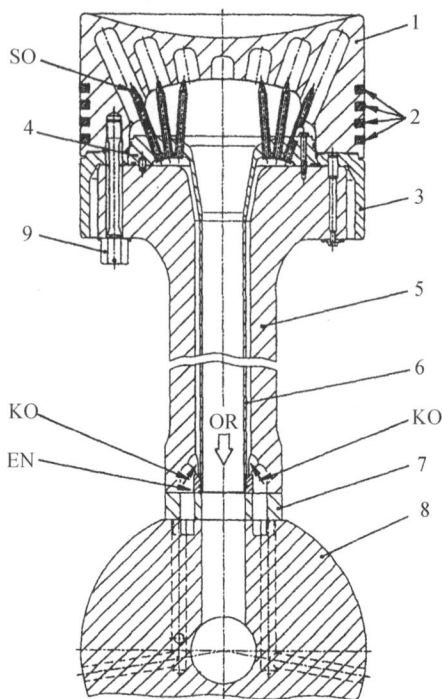

1—活塞头;2—上活塞环;3—活塞裙;4—喷嘴板;5—活塞杆;6—油管;7—压缩垫片;
8—十字头销;9—弹性螺栓;EN—进口槽;KO—活塞冷却油;OR—工作活塞的回油;SO—喷油。

图 2－1－49　WinGD 6RTA48T－B 型柴油机活塞组件

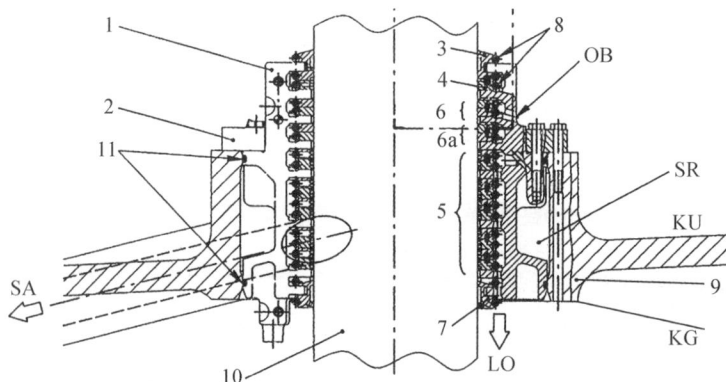

1—壳体(两部分组成);2—固定环(两部分组成);3—刮环(三部分组成);
4—上刮油环(三部分组成,有一道槽);5—下刮油环(三部分组成,有两道槽);
6、6a—密封环(三部分组成);7—刮环(四部分组成);8—夹紧弹簧;9—缸体;
10—活塞杆;11—O 形密封环;KU—活塞下侧扫气空间;KG—曲轴箱;LO—轴承油排放;
OB—油孔;SA—从 SR 腔排出脏油(气压降低);SR—脏油腔。

图 2－1－50　WinGD 6RTA48T－B 型柴油机活塞杆填料函

　　刮环 3 和上刮油环 4 刮除活塞杆 10 的脏气缸润滑油,被刮下的脏气缸润滑油聚集在缸体底部并从燃油泵侧通过排污管排出。注意:为保证排污通畅,活塞下侧扫气空间 KU 的脏油排污管必须始终开着。

密封环 6 和 6a 是由三部分(三瓣)组成的密封环,各部分之间有间隙,为保证密封良好,在各部分之间的间隙上装有密封块(图中未示出)。密封环 6 和 6a 的作用是防止扫气空气漏进曲轴箱。由于间隙漏失引起的低空气压力,通过脏油收集管的排放装置被释放。顶部残余的脏油被密封环 6 刮掉。这些脏物通过孔 OB 聚集到扫气空间 KU 底部。

所有刮环和密封环用夹紧弹簧 8(标准尺寸)压靠到活塞杆 10 上。注意:下刮油环 5 安装时必须使标记"TOP"朝上。

2.活塞组件预装的主要工作内容

①活塞组装。

②活塞杆填料函组装。

③活塞环安装。

④完整性安装。

二、MAN B&W 5S60MC - C 型柴油机活塞组件预装的工艺过程

1.活塞组装

活塞组装的工艺过程如下。

①精整并清洁所有待装的零件,仔细检查表面质量,去除所有毛刺,回攻螺纹,用压缩空气吹净所有螺纹及油腔、油道,保证油孔畅通、清洁、无杂物。

②将活塞头倒置在干净的木板(或厚纸板)上,用兰油检查活塞裙和活塞头安装面的接触情况,应接触均匀且连续一周。

③在活塞裙上装妥密封圈(密封圈上涂润滑油脂)后,将活塞裙安装在活塞头上,将连接螺栓依次对角轻轻地拧紧。

④在活塞杆内装妥冷却油管,并拧紧连接螺栓,螺栓需对角逐渐拧紧,拧紧力矩为 80 N·m。

注意:安装中需要严格清洁安装,不允许任何垃圾进入内腔,活塞杆和活塞裙、活塞头接合面之间应涂密封胶。

⑤在活塞杆组件上装妥密封圈(密封圈上涂润滑油脂)和活塞裙组件内,将连接螺栓依次轻轻对角拧紧。

⑥如图 2 - 1 - 51 所示,对活塞头、活塞裙及活塞杆进行校调,同心度要求为活塞裙和活塞杆外圆的同轴度偏差≤0.05 mm。

⑦将活塞裙和活塞头的连接螺栓依次对角拧紧,拧紧力矩为 190 N·m,活塞杆和活塞头的连接螺栓依次对角拧紧,拧紧力矩为 500 N·m。

⑧穿妥活塞杆与活塞头和活塞裙与活塞头的保险钢丝。

⑨活塞组件压力试验

为保证活塞组件的冷却油腔密封良好,活塞组件组装后应进行压力试验,试验要求:试验压力为 0.7 MPa,历时 5 min 无泄漏,试验介质为机油。

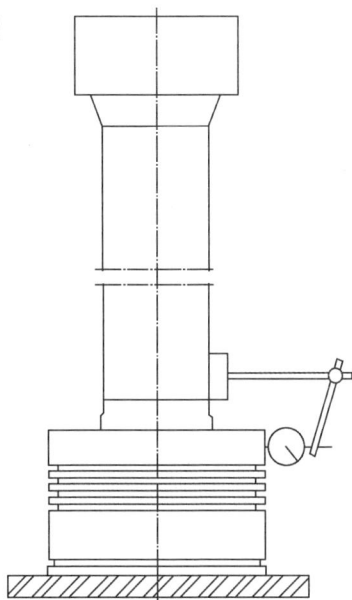

图 2 - 1 - 51 活塞组件校调

2.活塞杆填料函组装

(1)安装说明

①三瓣式刮油环的上平面有"TOP"标记,安装时该平面朝上。

②每组刮油环、密封环与两半壳体、两半环应做同一缸号标记。

(2)在活塞杆底脚上装妥填料函定距工具,供总装时使用。

(3)填料函组装

①以相应的活塞杆为基准,兰油检查刮油环和密封环的接触面积≥75%,否则应进行拂刮。

②在平板上装妥填料函壳体,用普通螺栓连接并上紧,此时连接面之间用0.05 mm的塞尺应插不进,且壳体上平面应平整。

③如图2-1-52所示,在壳体内预装刮油环和密封环,并需注意下列间隙:

a.第一道环(密封环和刮油环)和壳体平面之间的间隙为0.175~0.298 mm。

b.第二、三道环(密封环)和壳体平面之间的间隙为0.175~0.298 mm。

c.第四、五、六、七道环(刮油环)和壳体平面之间的间隙为0.105~0.171 mm。

d.第四、五、六、七道环(刮油环)的刮油环座与刮油薄环的平面间隙为0.006~0.03 mm。

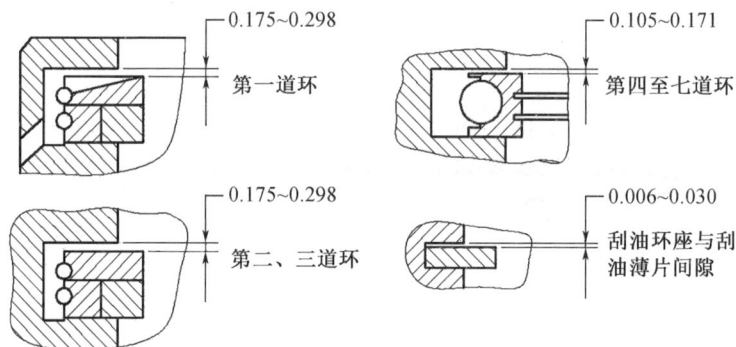

图2-1-52 活塞杆填料函刮环间隙检查

④在活塞杆上安装填料函的部位涂二硫化钼,用拉伸弹簧将各道环安装在活塞杆上,用刮环安装规定好各刮环之间的距离。

⑤装妥填料函壳体,壳体连接螺栓的拧紧力矩为80 N·m,注意中间的两个连接螺栓为紧固螺栓。

⑥装妥填料函壳体外的O形密封圈。

(4)刮油环和密封环组装后的装配间隙检查:将各种刮油环和密封环分别装入两半壳体中相应的槽内,检查各环的端面间隙应符合图纸规定的要求,注意各道环的间隙要求是不同的。

(5)填料函的安装:

①在活塞杆上安装填料函的部位涂上润滑油脂,用拉伸弹簧将各道环按相应的顺序安装在活塞杆上。

②用连接螺栓、锁紧板装妥填料函两半壳体,并按规定的力矩拧紧螺栓,然后将锁紧板折角保险。

③装妥填料函壳体外的O形密封圈。

3.活塞环安装

活塞环的搭口间隙直接影响柴油机的正常运行,所以必须进行检查。其检查过程如下:

(1)测量活塞环的自由伸展和搭口间隙。

①第一道活塞环自由开口长度:(61 ±6) mm。

②第一道活塞环搭口间隙:5.3 ~ 5.7 mm。

③第二至四道活塞环自由开口长度:(61 ±6) mm。

④第二至四道活塞环搭口间隙:4 ~ 4.6 mm。

(2)在活塞头安装活塞环,注意以下事项:

①环上有"TOP"标记的一面朝上。

②第一道环开口为搭口形式。

③第二、四道环斜切口从正面看斜向右方。

④第三道环斜切口从正面看斜向左方。

⑤各相邻环之间搭口错开180°。

(3)测量各环在环槽中的平面间隙为 0.40 ~ 0.45 mm。

4.完整性安装

①在活塞杆、活塞头、活塞裙和填料函壳体上敲好钢印标记,其中活塞杆与活塞头上的钢印敲好后需修平。

②检查组件的完整性及螺栓紧固、保险,对所有的光胚面涂防透油,并用蜡纸或塑料薄膜包扎好,对于暂不使用的孔用胶布封住。

三、WinGD 6RTA48T – B 型柴油机活塞组件预装的工艺过程

1.活塞组装前的准备

在活塞组装前应做一些准备工作,主要工作如下:

(1)零件清洁与整理

活塞组装前应将所有零件去毛刺、锐边,所有油道必须清理干净。

(2)活塞杆检查

活塞杆与十字头销的安装面应进行着色检查,要求色迹分布均匀,接触面积≥80%,平面度≤0.03 mm,不允许有凹陷,合格后交验。

2.活塞组装

活塞组装的工艺过程如下:

①在带油管的喷嘴板上敲入圆柱销,再装上喷嘴,安装时应在圆柱销和喷嘴的外圆安装面上涂液态黏结剂。

②在活塞杆上套的衬套中装入 O 形密封圈,在带油管的喷嘴板上装上密封圈,然后将带油管的喷嘴板装入活塞杆的中间孔中,并对准定位销孔,用螺栓和锁紧板紧固,螺栓的拧紧方式为角度拧紧:预紧力矩为 10 N·m,然后再转 25°角,螺栓拧紧后将锁紧板折角保险。

③将活塞裙装上活塞杆,调整活塞裙使其内孔与活塞杆外圆四周的间隙基本一致,然后敲入定位销,并用螺栓紧固。

④在活塞头上敲入定位销,将活塞杆装入活塞头,活塞头与活塞裙外圆用刀口尺找正,装上弹性螺栓、锁紧板、螺钉及防松垫片等,并预紧弹性螺栓,预紧力矩为 225 N·m,然后再

转 70°角。

3. 活塞组件压力试验

为保证活塞组件的冷却油腔密封良好,活塞组件组装后应进行压力试验,试验要求:试验压力为 0.7 MPa,历时 15 min 无泄漏,试验介质为机油。

压力试验合格后,将机油放尽,按设计要求的力矩拧紧弹性螺栓和螺钉,然后将锁紧板折角保险。

4. 活塞环搭口间隙检查

活塞环的搭口间隙直接影响柴油机的正常运行,所以必须进行检查。其检查过程如下:

①检查活塞环平面应有"TOP"标记。

②将活塞环放入气缸套中,测量搭口间隙应为 $S = 2.9_0^{+0.6}$ mm,必要时可进行修正。

③用透光法检查活塞环与气缸套圆周的密封情况,要求活塞环的光密度应大于圆周的 90%,最大间隙保持在圆周的 10% 范围内 ≤0.03 mm。

④在活塞环的上平面打上缸号标记及顺序号,敲痕修平,完工后交验。

⑤用图 2-1-53 所示专用的活塞环拆装工具将各活塞环按顺序安装在活塞头上,注意环的"TOP"标记朝上,相邻各环之间错开 180°。

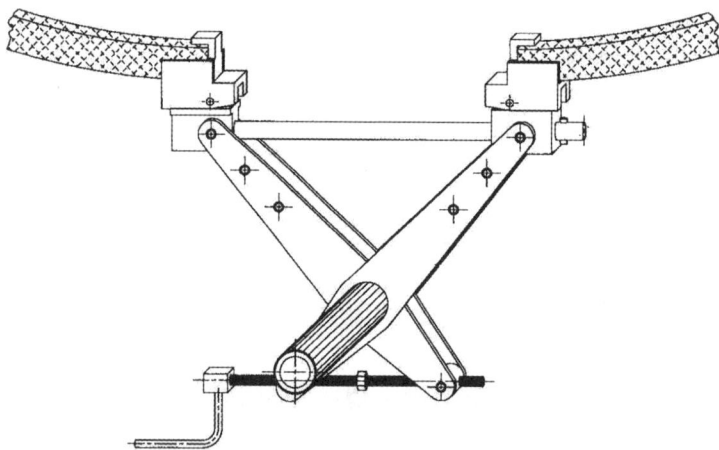

图 2-1-53 活塞环拆装工具

5. 活塞杆填料函组装

(1)安装说明

①三瓣式刮油环的上平面有"TOP"标记,安装时该平面朝上,标记符号高度为 3.5 mm。

②每组刮油环、密封环与两半壳体、两半环应做同一缸号标记。

(2)填料函组装前的试配

①用专用的检验工具涂色检查刮油环和密封环内孔密封面,要求着色分布均匀,接触面积 ≥80%。

②涂色检查密封环、刮油环的底平面,要求着色分布均匀,接触面积 ≥80%。

③清理各零件,不得有毛刺,在各刮油环、密封环中的外圆刮油棱边应为锐边。

④在各密封环和刮油环上装入弹性销,销高出平面 4 mm。

⑤将两半壳体分开,清洁表面,未加工面除砂,去锐边,再将定位销敲入两半壳体中。

⑥分别将合拢的刮油环、密封环插入两半壳体的槽内,检查端面间隙,四周间隙要符合图纸要求,若有卡阻现象则要查明原因并修理。

(3)刮油环和密封环组装后的装配间隙检查

将各种刮油环和密封环分别装入两半壳体中相应的槽内,检查各环的端面间隙应符合图纸规定的要求,注意各道环的间隙要求是不同的。

(4)填料函的组装

①在活塞杆上安装填料函的部位涂上润滑油脂,用拉伸弹簧将各道环按相应的顺序安装在活塞杆上。

②用连接螺栓、锁紧板装妥填料函两半壳体,并按规定的力矩拧紧螺栓,然后将锁紧板折角保险。

③装妥填料函壳体外的 O 形密封圈,未装的零件应妥善保管,并防止生锈,待总装时使用。

2.1.6　连杆总成预装

一、连杆总成预装的主要工作内容

1. 连杆总成的结构

连杆总成主要由连杆组件和十字头组件组成,图 2 – 1 – 54 为 MAN B&W 5S60MC – C 型柴油机的连杆组件,连杆组件主要由连杆本体、十字头轴承和连杆下端轴承等组成。

连杆本体中间有一个油孔,润滑十字头的润滑油一部分通过这个油孔进入连杆下端,润滑连杆下端轴承,即曲柄销轴承。

十字头轴承主要由连杆本体 5、十字头轴承端盖 1、两片十字头轴承下瓦 4 组成,两片十字头轴承下瓦 4 通过止动螺钉 2 固定在连杆本体 5 上,十字头轴承端盖 1 则通过定位销 2 与连杆本体 5 定位,并由十字头轴承螺栓 6、圆螺母 7 连接紧固。十字头轴承端盖 1 有一个安装十字头与活塞杆的开口,其内孔浇铸有白合金,因此不需要上瓦。

连杆下端轴承主要由连杆本体 5、连杆下端轴承上瓦 10、连杆下端轴承下瓦 12 和连杆下端轴承端盖 13 组成,连杆下端轴承上瓦 10 和连杆下端轴承下瓦 12 分别用止动螺钉固定在连杆本体 5 及连杆下端轴承端盖 13 上,连杆本体 5 和连杆下端轴承端盖 13 则通过定位销 14 定位,再由连杆下端轴承螺栓 9 和圆螺母 8 连接紧固。

图 2 – 1 – 55 为 MAN B&W 5S60MC – C 型柴油机的十字头组件。十字头销 7 两端的轴颈装有可浮动的前滑块 3 和后滑块 13,十字头销 7 中间部分作为支承在十字头轴承上的轴颈,十字头销 7 中间有一个方槽,上面装有定位套 4 和存气调整垫片 6,这里与活塞杆连接,通过定位套 4 定位,并通过 4 个螺栓紧固,通过改变存气调整垫片 6 的厚度可以调节柴油机存气的大小,十字头销 7 两端通过两端的轴颈和挡板 17 连接前滑块 3、后滑块 13,在前滑块 3 上装有导板条 22 和活塞冷却油排放管 1,后滑块 13 上装有导板条 19 和伸缩管 10,导板条 19、22 分别通过垫片 18、23 与滑块连接,通过调整垫片 18、23 的厚度,可以调节导板条与机架小导板之间的间隙。

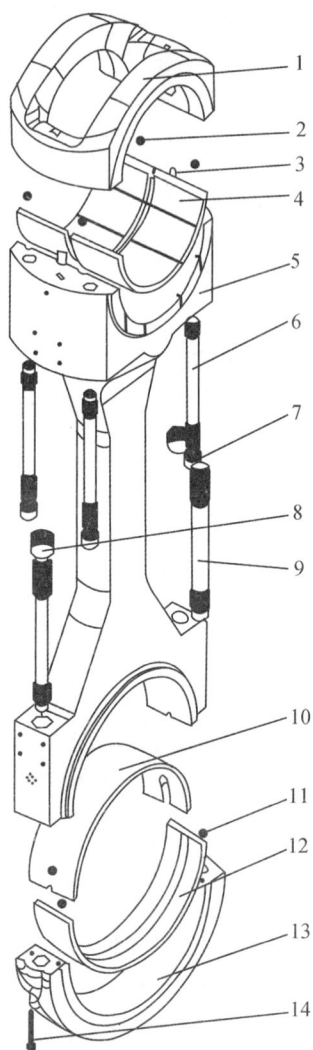

1—十字头轴承端盖;2、11—止动螺钉;3—定位销;4—十字头轴承下瓦;
5—连杆本体;6—十字头轴承螺栓;7、8—圆螺母;
9—连杆下端轴承螺栓;10—连杆下端轴承上瓦;
12—连杆下端轴承下瓦;13—连杆下端轴承端盖;14—定位销。

图 2-1-54 MAN B&W 5S60MC-C 型柴油机连杆组件

活塞冷却油和十字头轴承、曲柄销轴承、滑块与导板的润滑油由伸缩管 10 引入,一部分润滑油用于活塞的冷却,一部分润滑油用于各部分的润滑。活塞冷却油经后滑块 13、十字头销 7 进入活塞冷却活塞顶部,冷却后的润滑油流回十字头销 7,再经过前滑块 3、活塞冷却油排放管 1 流至机架的开槽油管。一部分润滑油则通过孔道分别进入十字头轴承、曲柄销轴承、滑块与导板进行润滑。

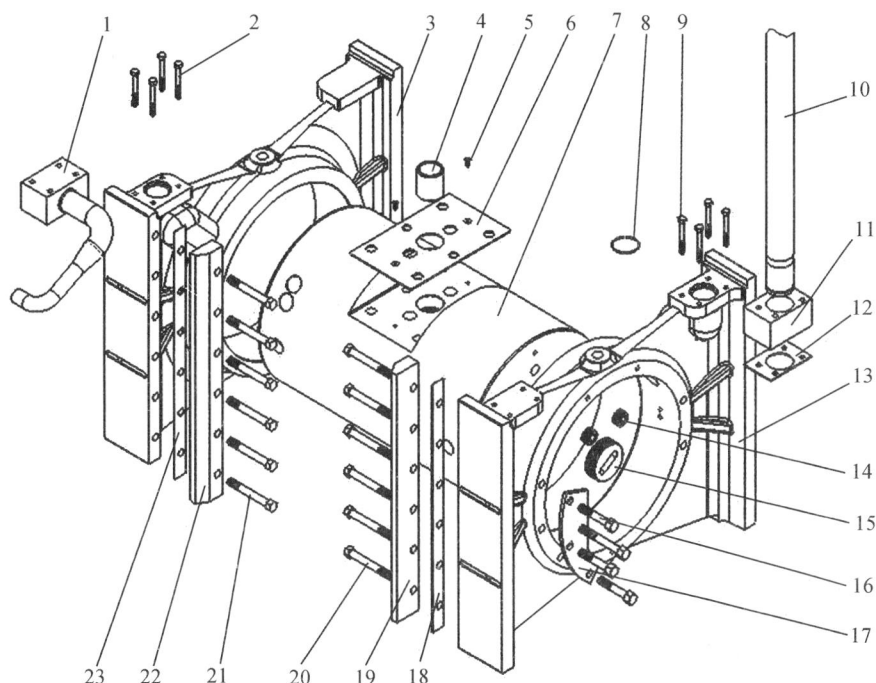

1—活塞冷却油排放管;2、9、16、20、21—螺栓;3—前滑块;4—定位套;5—止动螺钉;
6—存气调整垫片;7—十字头销;8—开口环;10—伸缩管;11—法兰;
12、18、23—垫片;13—后滑块;14—旋塞;15—旋塞;17—挡板;19—导板条;22—导板条。

图2－1－55　MAN B&W 5S60MC－C型柴油机十字头组件

图2－1－56为WinGD 6RTA48T－B型柴油机连杆组件,在底端轴承及下轴承盖上分别装有可更换的底端轴承下轴瓦5和底端轴承上轴瓦6。在顶端轴承的连杆1上则装有可更换的上端轴承轴瓦(十字头4),上轴承盖3上浇有白合金。

十字头滑油从接口KE进入十字头轴承中,并通过十字头轴承销轴内的钻孔引到十字头滑块。十字头滑油通过连杆1体内的钻孔引到底端轴承处。

轴承滑油从接口KO进入,并经过十字头销和活塞杆内相应钻孔到活塞内,对活塞进行冷却。挡板9用来保证十字头销正确配合。

图2－1－57为WinGD 6RTA48T－B型柴油机十字头组件。活塞杆5依靠螺钉紧固在十字头销1上,用于冷却活塞的轴承滑油经槽NS和钻孔OV引入活塞。冷却后的滑油OR经油管10流回十字头销,然后再从排放管OA排回到曲轴箱内。

导滑块2安装在十字头销轴的小轴颈上,它们通过滑块工作面和导板条4在机架9的导板上滑动。端盖3在拆卸期间能够保护中间块11与十字头销不分离,并且只允许它们在有限的范围内转动。

2. 连杆总成预装的主要工作内容

MAN B&W 5S60MC－C型柴油机连杆总成预装的主要工作内容如下:

①连杆下端轴承孔压瓦检查。

②十字头轴承孔压瓦检查。

③十字头组件组装。

④连杆总成组装等。

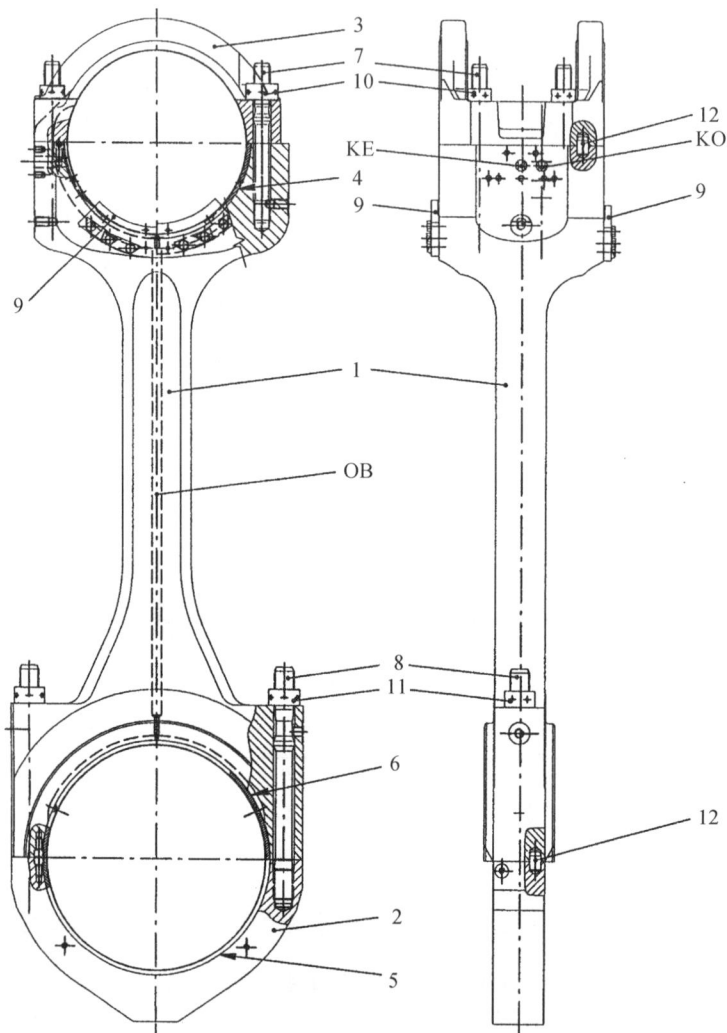

1—连杆;2—下轴承盖;3—上轴承盖;4—上端轴承轴瓦(十字头);

5—底端轴承下轴瓦;6—底端轴承上轴瓦;7—顶端轴承螺栓;8—底端轴承螺栓;

9—保护挡板;10、11—圆螺母;12—圆柱销;KE—十字头轴承油进口;

KO—活塞冷却油进口;OB—连杆体内油孔。

图 2 – 1 – 56　WinGD 6RTA48T – B 型柴油机连杆组件

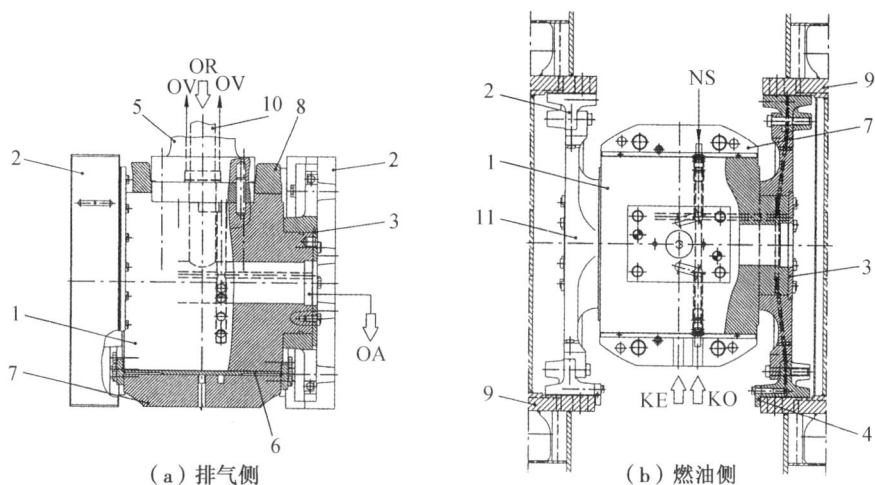

（a）排气侧　　　　　　　　　　（b）燃油侧

1—十字头销；2—导滑块；3—端盖；4—导板条；5—活塞杆；
6—顶端轴承轴瓦（十字头）；7—连杆；8—上轴盖；9—机架；10—活塞滑油管；
11—中间块；KE—十字头滑油进口；KO—活塞冷却油进口的滑油进口；
NS—连杆槽；OA—排放到曲轴箱油管；OR—来自活塞的回油；OV—滑油进入连杆钻孔。

图 2 – 1 – 57　WinGD 6RTA48T – B 柴油机十字头组件

二、MAN B&W 5S60MC – C 型柴油机连杆总成预装的工艺过程

1. 连杆下端轴承孔压瓦检查

（1）精整并清洁所有待装的零件，仔细检查表面质量，去除所有毛刺，回攻螺纹，用压缩空气吹净所有螺纹及油腔、油道，保证油孔畅通、清洁、无杂物。

（2）在连杆下端轴承盖上装入定位销，在连杆下端轴承螺栓与轴承盖连接的螺纹部位涂金属黏结剂，旋入轴承盖螺孔内拧紧，拧紧力矩为 500 N·m。

（3）在连杆下端轴承盖的内孔涂兰油，装入连杆下端轴承下瓦，并用止动螺钉止动。在连杆本体的下端轴承孔上涂兰油，装入连杆下端轴承上瓦，用止动螺钉止动。

（4）将连杆下端轴承盖与连杆合拢，装上圆螺母，用专用的液压拉伸器按规定的步骤泵紧，泵紧过程如下：

①在连杆上装上两个百分表，以测量连杆下端轴承盖相对于连杆的位移。

②将液压拉伸器泵压至 5 MPa，用塞尺测量轴承哈夫面的间隙 x_1、x_2，记录，将百分表调至零位。

③将盖与座泵压至压合点（即盖与座刚好无间隙），检查并记录：

a. 表行程：Δx_1，Δx_2。

b. 泵压压力：压合点的压力 P，P 值应符合要求。

④将液压拉伸器泵压至 150 MPa，测量连杆下端轴承内径为：$\phi 720^{+0.56}_{+0.40}$ mm。

（5）合格后泵松连杆下端轴承盖，拆下轴瓦，检查瓦背色油，应分布均匀，否则，应查明原因并修复，在泵侧做标记。

2. 十字头轴承孔压瓦检查

（1）在十字头轴承盖上装入定位销，在十字头轴承螺栓与轴承盖连接的螺纹部位涂金属黏结剂，旋入轴承盖螺孔内拧紧，拧紧力矩为 500 N·m。

（2）在连杆的十字头轴承内孔涂兰油，装入十字头轴承下瓦，并用止动螺钉止动。

（3）将十字头轴承与连杆合拢，装上圆螺母，用专用的液压拉伸器按规定的步骤泵紧，泵紧过程如下：

①在连杆上装上两个百分表，以测量连杆十字头轴承盖相对于连杆的位移。

②将液压拉伸器泵压至 5 MPa，用塞尺测量轴承哈夫面的间隙 x_1、x_2，记录，将百分表调至零位。

③将盖与座泵压至压合点，检查并记录：

a. 表行程：Δx_1，Δx_2。

b. 泵压压力：压合点的压力 P，P 值应符合要求。

④将液压拉伸器泵压至 150 MPa，测量连杆十字头轴承内径为：

天地：$\phi 522^{+0.345}_{+0.275}$ mm；

结合面：$\phi 522^{+0.54}_{+0.45}$ mm。

⑤合格后泵松连杆十字头轴承盖，拆下轴瓦，检查瓦背色油，应分布均匀，否则，应查明原因并修复，在泵侧做标记。

3. 十字头组件组装

（1）十字头、滑块找正

①将十字头中各油道、油孔清洗干净，用压缩空气吹干，然后吊在平台 V 形铁上，装入自由端、输出端的旋塞，安装时，旋塞的螺纹部分涂金属黏结剂，安装后，旋塞平面应低于十字头端面或平齐。在自由端敲上标记 FORE，在输出端打印标记 AFT。

②用千分表找平 $\phi 522$ mm 的十字头轴颈，要求误差 ≤0.01 mm，端面垂直度误差≤0.02 mm，检查活塞杆的支承面，要求平行度误差≤0.01 mm。

③分别将前滑块和后滑块在内孔涂润滑油后套入十字头的自由端和输出端，用千分表找平滑块的下端工作面（表值 A）再将滑块翻转 180° 找平工作面（表值 B）要求 $|A-B|$≤0.10 mm（对称度要求）。

④保持滑块工作面不动，将表上移，测量滑块上端工作面，要求平行度误差≤0.05 mm，否则修正。

⑤将滑块的工作面调整垂直，检查滑块上活塞冷却油排放管安装面和伸缩管法兰安装面与中心孔的垂直度误差≤0.02 mm，滑块导板面的开挡尺寸为 $984^{0}_{-0.1}$ mm。

⑥检查两滑块上导板条安装面垂直度误差≤0.08 mm，平面度误差≤0.10 mm，开挡尺寸为 $600^{-0.2}_{-0.7}$ mm。

⑦将导板条、垫片用螺栓紧固在滑块上，螺栓暂不拧紧。将挡板用螺栓固定在十字头和滑块两端。

（2）伸缩管的安装检查

①伸缩管组装

把开口环装上管子，测量伸缩管与法兰的配合过盈量符合图纸要求，将法兰加热至240 ℃后套入伸缩管中，法兰端面与管端面距离为 6 mm，转机加工，以伸缩管中心为基准加工法兰端面，端面距离为 9 mm，端面跳动量≤0.01 mm。

②将活塞冷却油排放管装上前滑块，用螺栓紧固，检查接触面，0.02 mm 塞尺无法插入，合格后拆下，待总装时用，涂油防锈。

4. 连杆总成组装

①将十字轴承座孔内清理干净,十字头轴瓦压入连杆座孔内,拧紧止动螺钉,十字头底部均匀涂一层兰油,装入连杆轴孔内,盖上十字头轴承盖,泵紧螺母。

②用塞尺检查间隙:天地处为 0. 275 ~ 0. 375 mm,结合面处为 0. 45 ~ 0. 57 mm,并做记录。

③泵松螺母,取下十字头轴承盖,吊起十字头,检查轴瓦色油情况,要求:接触面≥45% ,轴向≥75% 。

④清洁干净,吊装十字头,在轴承内浇注气缸油,然后吊上十字头轴承盖,泵紧螺母,泵压为 150 MPa。

⑤预装好后,涂油防锈,防止脏物进入,待总装装复。

三、WinGD 6RTA48T – B 型柴油机连杆总成预装的工艺过程

1. 连杆上润滑面检查

连杆上润滑面是安装润滑铰链的平面,其平面是否平整对十字头润滑油的密封起到关键的作用,因此必须进行检查,其检查方法如下:

(1)仔细清理零件上的油道及毛刺。

(2)用平板着色检查连杆上冷却油进口平面即润滑面,要求色迹分布均匀,着色面积≥80% 。如达不到要求,可允许拂刮。

2. 连杆下端轴承孔压瓦检查

连杆下端轴承孔是与曲轴的曲柄销连接配合的轴承孔,其孔径大小应符合设计要求,因此在预装时应进行检查。其检查过程如下:

(1)检查连杆下端轴承的上、下半燃油侧的"FUEL PUMP SIDE"标记应齐全。

(2)在连杆下端轴承上敲入圆柱定位销。

(3)用专用的双头螺柱种紧器在连杆下端轴承上旋入弹性螺柱,旋入时,在旋入的螺纹部分应涂上厌氧胶,旋入力矩应为 250 N·m。

(4)选配轴瓦,保证瓦底平行度≤0.015 mm。

(5)分别在连杆下轴承的轴承座和轴承盖孔中涂上色油,装入轴瓦,旋入内六角螺钉。

(6)将连杆下轴承的轴承盖装上连杆,装上圆螺母,用液压拉伸器泵紧。泵紧分两步进行:

①第一步:预紧至 30 MPa,检查两哈夫面间隙是否为零。

②第二步:泵紧至 100 MPa,检查螺母旋转角 55°(从第一步至第二步的旋转角度)就符合要求,注意泵紧时螺纹和接触面应涂润滑油。

(7)测量并记录下轴承内孔尺寸,然后交验,轴承内孔尺寸应为:

天地:$\phi 585^{+0.47}_{+0.35}$ mm;

结合面:$\phi 585^{+0.62}_{+0.50}$ mm。

(8)合格后拆下轴瓦,检查瓦背色油,应分布均匀,接触面积应≥80% ,并交验。

(9)将瓦背色油清洗干净,编号保存,待总装时用。

3. 十字头轴承孔压瓦检查

连杆上轴承即为十字头轴承,是连杆与十字头配合的部位,其孔径大小应符合设计要求,因此在预装时应进行检查。其检查过程如下:

（1）清理连杆上端螺孔及弹性螺栓旋入的螺纹部分，并在弹性螺柱旋入的螺纹部分涂上厌氧胶，用专用的双头螺柱种紧器将弹性螺柱旋入螺孔内，旋紧力矩应为 130 N·m。

（2）选配轴瓦，保证瓦底平行度 ≤0.015 mm。

（3）分别在连杆十字头轴承的轴承座和轴承盖孔中涂上色油，装入轴瓦，旋入内六角螺钉。

（4）用十字头销涂色油检查轴瓦内孔，要求着色分布均匀，在底部 60° 范围内，接触面积 ≥80%，并交验。

（5）将连杆十字头轴承的轴承盖装上连杆，装上圆螺母，用液压拉伸器泵紧，泵紧分两步进行：

①第一步：预紧至 60 MPa，检查两哈夫面间隙是否为零。

②第二步：泵紧至 100 MPa，检查螺母旋转角 25°（从第一步至第二步的旋转角度）就符合要求，注意泵紧时螺纹和接触面应涂润滑油。

（6）测量并记录十字头轴承内孔尺寸，其尺寸应为 $\phi 480^{+0.38}_{+0.25}$ mm，并交验。

（7）合格后拆下轴瓦，检查瓦背色油，应分布均匀，接触面积应 ≥80%，并交验。

（8）将瓦背色油清洗干净，编号保存，待总装时用。

4. 十字头组件组装

十字头组件主要由十字头销、滑块、端盖和中间块等组成，在连杆总成预装时，一般先将十字头组件组装好后再与连杆组件装配在一起，形成连杆总成。十字头组件的组装过程如下：

（1）十字头销的检查

①清理滑块油道及毛刺。

②将十字头销置于平台 V 形铁上，以十字头与连杆上轴承配合的外圆为基准，纵向找平，测量活塞杆安装面与十字头轴线的平行度误差应 ≤0.02 mm，平面度误差应 ≤0.03 mm，并用平板着色以检查该平面，接触面积应 ≥80%。若达不到要求，则允许拂刮。合格后交验。

（2）滑块中间体装配

①在工艺螺孔的密封螺钉上涂黏结剂，旋入导滑块，并用洋冲冲缝保险。

②用螺栓、锁紧板将导滑块与滑块中间体连接起来，并用塞尺检查接合面，不允许有间隙，然后再装螺栓锁紧，拧紧力矩应符合规定要求。

③将滑块组件置于平台上，检测滑块内孔与导滑面的平行度误差应 ≤0.03 mm，配对（同一气缸）的滑块与同一侧的导滑面共面度 ≤0.1 mm，合格后交验。

④滑块组件合格后，再将已装好的锁紧板折角保险。

（3）滑块组件与十字头销装配

①将十字头销置于 V 形铁上，装上滑块组件、端盖和螺栓，将滑块轴向拉动检查轴向间隙应为 0.2~0.4 mm。

②将滑块往里靠死，使滑块端面紧贴十字头销端面，测量纵向两导板条安装面间的距离应为 466.3~467.5 mm，并测量纵向导板安装面垂直度误差应 ≤0.10 mm/m，滑块工作面的垂直度误差应 ≤0.05 mm/m。必要时应修正，合格后交验。

③调整端盖与滑块缺口的间隙，单边轴向间隙应符合要求。两边用等厚铜皮塞紧，测量两导滑块的间距应为 $820^{-0.20}_{-0.31}$ mm，并检测两导滑面的垂直度应 ≤0.05 mm/m，拧紧螺栓并交验。

④转机加工，钻铰端盖与十字头销之间的定位销孔，注意在起吊过程和转运过程中，尽

量避免接触导滑块。

⑤待组件回到车间后,将零件拆解,对十字头销彻底清洗,所有油道内不许有任何垃圾。清洗干净后,将十字头置于 V 形铁上,十字头销上装弹性螺栓,涂厌氧胶然后拧紧,其拧紧力矩应符合规定要求,敲入定位销,然后装上端盖,并将十字头锁紧板折角保险。

⑥在滑块上装垫片、导板条、螺栓、锁紧板,测量导板条间的开挡尺寸应为 462.3 ~ 463.3 mm,合格后将锁紧板折角保险并交验。

5. 连杆总成组装

十字头组件组装完毕后,即可将其与连杆组件组装成连杆总成,其装配过程如下:

(1)将连杆上轴承孔清理干净,装入轴瓦,拧紧内六角螺钉。

(2)在轴承孔内加入气缸油,装入十字头销,注意方向应正确。装上上轴承盖,在螺母螺纹上加少许润滑油后旋紧螺母,用液压拉伸器分两步泵至 100 MPa,上紧螺母,其旋转角度应符合规定。

(3)用塞尺检测上端轴承间隙,应符合规定要求,前后允差≤0.08 mm。

(4)在十字头销的活塞杆连接面上敲入定位销。在连杆上轴承座的输出端和自由端端面上,用锁紧板和螺栓装上保护挡板,注意不能装错。测量保护挡板与十字头销的轴向间隙应为 0.4 ~ 0.8 mm。合格后将锁紧板折角保险。

(5)打上缸号和方向标记。

(6)组件完工后,封住所有油道,妥善保养,待总装时用。

2.1.7　曲轴总成预装

一、曲轴总成预装的主要工作内容

1. 曲轴总成预装的结构

曲轴一般是外购件,MAN B&W 5S60MC - C 型柴油机曲轴上装有飞轮、正时链轮、自由端链轮和平衡重等。

WinGD 6RTA48T - B 型柴油机曲轴总成如图 2 - 1 - 58 所示,在曲轴上还装有轻、重飞轮,正时齿轮和扭振减振器等。

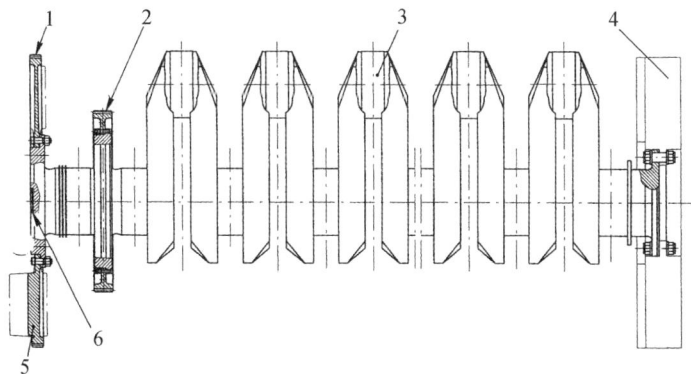

1—轻飞轮;2—正时齿轮;3—曲柄销;
4—扭振减振器;5—重飞轮;6—端盖及密封。

图 2 - 1 - 58　WinGD 6RTA48T - B 型柴油机曲轴总成

2.曲轴总成预装的主要工作内容

①正时链轮(或齿轮)安装。

②飞轮安装。

③平衡重安装等。

④自由端扭振减振器安装。

二、MAN B&W 5S60MC－C 型柴油机曲轴总成预装的工艺过程

1.正时链轮安装

①将曲轴安放在 V 形铁上,去除曲轴油封,并清洗干净。

②检查曲轴主轴颈及曲柄销轴颈尺寸应为 $\phi720_0^{-0.08}$ mm。

③如图 2－1－59 所示,在曲轴输出端旋紧链轮连接螺柱,螺柱的拧紧力矩为 500 N·m;装妥链轮并泵紧,泵压为 150 MPa,螺柱、圆螺母的螺纹处和接触面上应涂二硫化钼。

2.飞轮安装

①去除飞轮油封,精整曲轴与飞轮的安装连接孔。

②如图 2－1－60 所示,将飞轮按照正确的角度要求安放在曲轴的推力端,注意飞轮与曲轴前端有摩擦片。

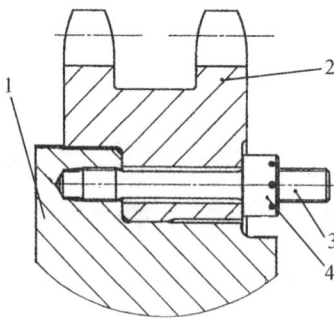

1—曲轴;2—链轮;3—螺柱;4—圆螺母。

图 2－1－59　正时链轮装配　　　　图 2－1－60　飞轮安装角度

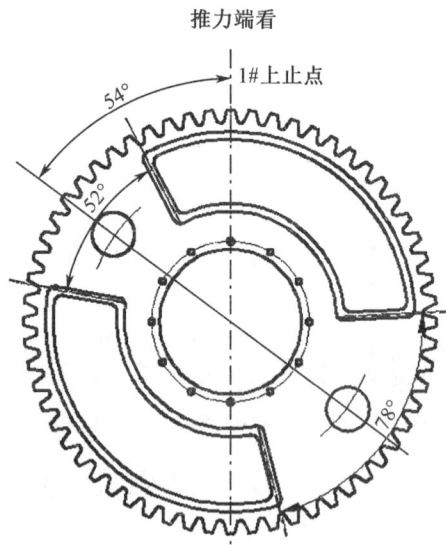

③如图 2－1－61 所示,装妥飞轮与曲轴的连接螺柱,先旋紧前端的圆螺母与曲轴均匀接触,然后装妥推力端的定距套及圆螺母,用专用的液压拉伸器将圆螺母泵紧,泵压为 150 MPa。

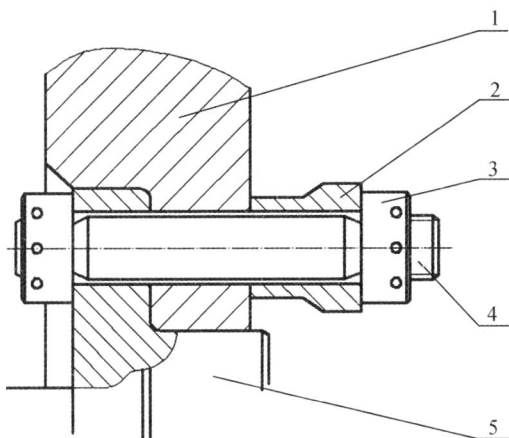

1—飞轮;2—定距套;3—圆螺母;4—螺柱;5—曲轴。

图 2 – 1 – 61 飞轮安装

3. 自由端链轮和平衡重安装

①去除平衡重及链轮的油封,精整平衡重、链轮与曲轴前端链轮的安装连接孔。

②如图 2 – 1 – 62 所示,将链轮安装在曲轴前端,用已选配好的紧配螺栓临时固定。

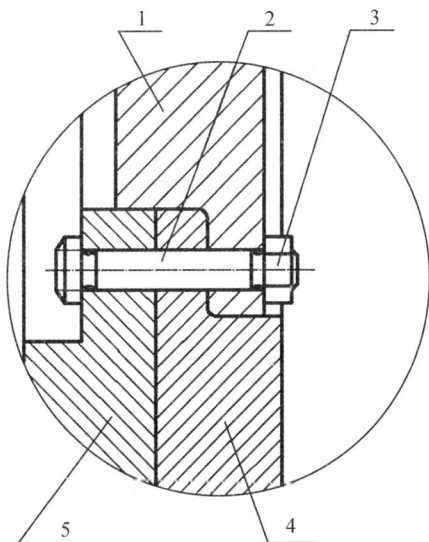

1—曲轴;2—螺栓;3—螺母;4—链轮;5—平衡重。

图 2 – 1 – 62 自由端链轮和平衡重安装

③按照正确的位置将平衡重同链轮安装在一起。注意:可在前端链轮面上找出平衡重中心位置并做标记,然后将此标记线盘至垂直向下位置,再根据标记线将平衡重吊装上。

④根据紧配螺栓孔选配紧配螺栓,用紧配螺栓将平衡重、链轮同曲轴连接起来,先将螺栓预紧到 200 N·m,再拧紧 10°。

⑤在曲轴的前端装妥扭振减振器,先旋紧后端的圆螺母与曲轴均匀接触后,再将前端

的圆螺母用专用的液压拉伸器泵紧,泵压为 150 MPa。注意:螺母对角依次泵紧。

三、WinGD 6RTA48T - B 型柴油机曲轴总成预装的工艺过程

1. 正时齿轮安装

WinGD 6RTA48T - B 型柴油机正时齿轮为两半式的,与曲轴采用过盈配合,两半齿轮用螺栓紧固在曲轴上,其安装过程如下:

①测量曲轴齿轮尺寸应为 $\phi 1\,140^{-0.05}_{-0.12}$ mm,将齿轮装上曲轴。

②如图 2 - 1 - 63 所示,先拆下连接两半齿轮的弹性螺栓,将两半齿轮分开后装在曲轴上,再装弹性螺栓和螺母。

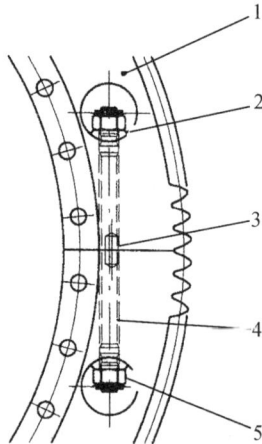

1—正时齿轮半块;2—螺栓安装面;3—定位销;4—弹性螺栓;5—螺母。

图 2 - 1 - 63 曲轴正时齿轮安装

③如图 2 - 1 - 64 所示,装上 36 - M24 × 2 的六角螺栓,装上定距管,螺纹处涂黏结剂后装上螺母并拧紧,拧紧力矩为 800 N·m。

2. 飞轮安装

飞轮的安装过程如下:

①将飞轮吊装到曲轴飞轮端,注意飞轮上的标记要与曲轴上的标记对准,用工艺螺栓将飞轮与曲轴连接起来。

②如图 2 - 1 - 65 所示,按曲轴与铰制螺栓的配对号,将紧配螺栓装入曲轴孔内,按规定的力矩拧紧开槽螺母,穿入开口销并保险。

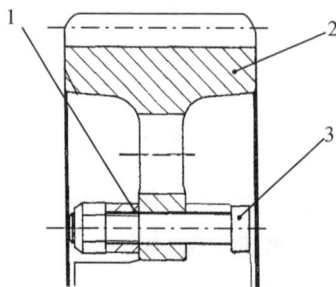

1—定距套;2—齿轮;3—螺栓。

图 2 - 1 - 64 齿轮安装

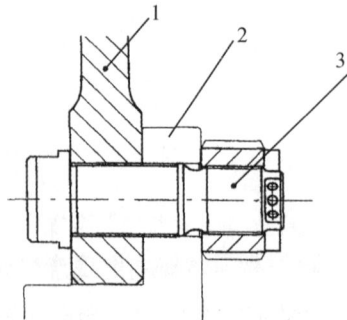

1—飞轮;2—曲轴;3—紧配螺栓。

图 2 - 1 - 65 飞轮安装

③在其余的螺栓孔内穿入连接螺栓,按规定的力矩拧紧开槽螺母,穿开口销并保险。

3. 输出端密封端盖的安装

①将端盖密封垫用黏结剂黏结在端盖上。

②在螺纹处涂黏结剂,用螺栓将密封端盖紧固在曲轴输出端上。

4. 自由端扭振减振器的安装

如图2-1-66所示,自由端扭振减振器的安装过程如下:

①测量扭振减振器与曲轴φ85 mm紧配螺栓孔尺寸,定出紧配螺栓的外圆尺寸,紧配螺栓与孔的配合间隙为0.012~0.034 mm,将确定的紧配螺栓外圆尺寸交机加工车间配制紧配螺栓。

②将扭振减振器按标记装上曲轴,在紧配螺栓的外圆和螺纹处涂上二硫化钼,装入紧配螺栓的槽形螺母,拧紧螺母,拧紧角为30°,装妥开口销保险。

③在紧配螺栓和扭振减振器上打对应的标记。

④将扭振测量装置的传动轴装上曲轴,用带锁紧板的螺钉将传动轴与曲轴连接,拧紧力矩为350 N·m,将锁紧板折角保险。

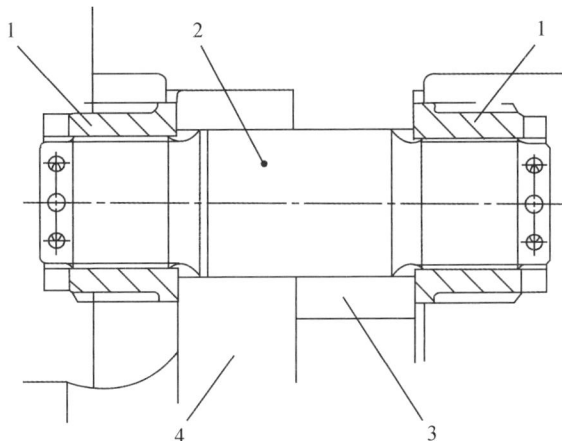

1—槽形螺母;2—紧配螺栓;3—扭振减振器;4—曲轴。

图2-1-66 自由端扭振减振器安装

2.1.8 凸轮轴总成预装

一、凸轮轴总成预装的主要工作内容

1. 凸轮轴总成的结构

图2-1-67为MAN B&W 5S60MC-C型柴油机凸轮轴总成,该柴油机采用如图2-1-68所示的鸡心凸轮配合空气缸滚轮摆臂换向装置。

在图2-1-67中,凸轮轴4多为一根轴,若凸轮轴过长,也可采用两段轴,中间用联轴器连接。在凸轮轴4上装有燃油凸轮1、排气凸轮2、示功凸轮3三种凸轮,此外还装有小齿轮5、大链轮6和止推盘7等。小齿轮1用来驱动启动空气分配器,大链轮6则是驱动凸轮轴转动的,止推盘7用以平衡凸轮轴的轴向力,防止凸轮轴轴向串动。

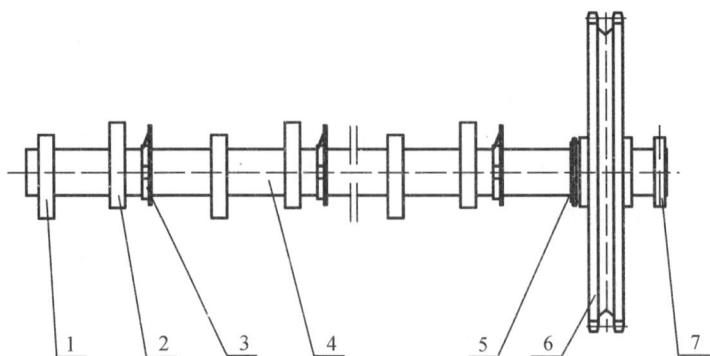

1—燃油凸轮;2—排气凸轮;3—示功凸轮;
4—凸轮轴;5—小齿轮;6—大链轮;7—止推盘。
图 2 - 1 - 67　MAN B&W 5S60MC - C 型柴油机凸轮轴总成

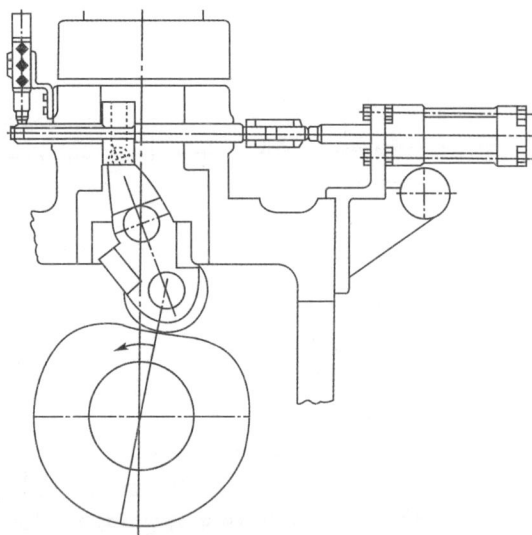

图 2 - 1 - 68　MAN B&W S60MC - C 柴油机换向装置

　　WinGD 6RTA48T - B 型柴油机采用换向伺服器机构进行换向,其结构如图 2 - 1 - 69 所示。

　　换向伺服器起到转动凸轮轴的燃油凸轮的作用,以便柴油机正向或反向转动。燃油凸轮装在每对柴油机气缸的换向伺服器的任何一侧。在缸数为奇数的柴油机中,自由端的伺服器只配有一个燃油凸轮 7。凸轮轴旋转方向与曲轴的旋转方向相反。

　　燃油凸轮 7 能够根据柴油机所需的旋转方向(相对于凸轮轴)转到正确喷油的定时位置。

　　换向伺服器的结构原理如下:

　　燃油凸轮 7 和锥形衬套 10 压装在轴套 9 上。轴套 9 与扇形块 2 用螺钉紧固在一起。

于是,燃油凸轮7、锥形衬套10、轴套9、扇形块2和衬套4就组成了一个被转翼1限位的独立转动机构。

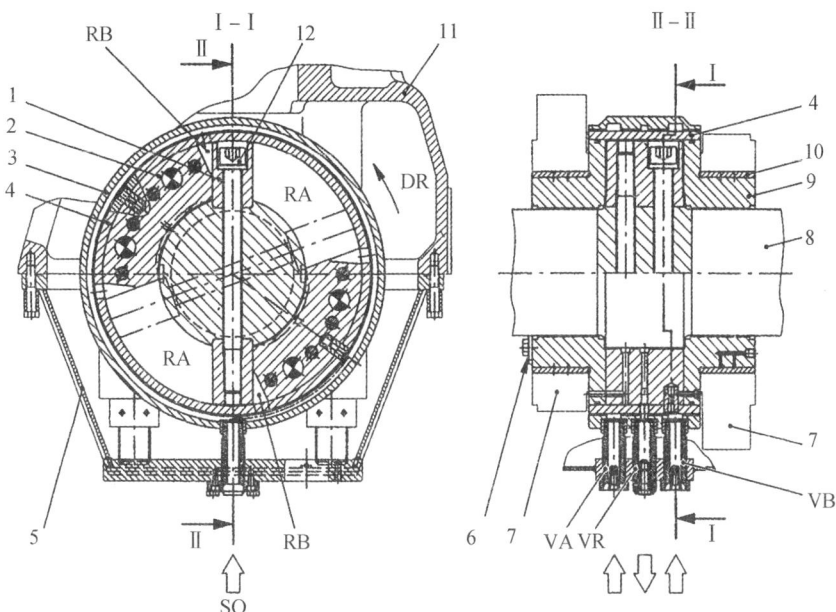

1—转翼;2—扇形块;3—滑环;4—衬套;5—油槽;6—锁紧板;7—燃油凸轮;
8—凸轮轴;9—轴套;10—锥形衬套;11—燃油泵泵体;12—缩腰螺钉;DR—转动方向;
VA—凸轮轴反时针旋转连接块;VB—凸轮轴顺时针旋转连接块;VR—换向端部位置信号连接块;
RA—凸轮轴反时针旋转空间;RB—凸轮轴顺时针旋转空间;SO—控制油接头。

图2-1-69　WinGD 6RTA48T-B型柴油机换向伺服器

(1)右机顺时针转动的正车

当凸轮轴8按箭头DR方向旋转时,转翼1按箭头方向推动扇形块2。液压油从接头VA处进入,经过衬套4上的钻孔充满空间RA,保证扇形块2紧靠在转翼1上。通过接头VR将换向伺服器处于正确位置的油压信号传到气动逻辑装置。

(2)换向

进行换向时,接头VA处卸压,压力油从接头VB处进入,充满空间RB。于是扇形块2带着燃油凸轮绕凸轮7轴转动,直到又与转翼1相靠。只要接头VR处表明换向正确且转向正确,燃油就以新转向的正确定时喷入。

因为采用换向伺服器机构进行换向,所以WinGD 6RTA48T-B型柴油机的凸轮轴总成结构也较复杂。如图2-1-70所示,WinGD 6RTA48T-B型柴油机的凸轮轴多为分段式,两个气缸共用一段凸轮轴,凸轮轴段与凸轮轴段以及凸轮轴段与凸轮轴定时齿轮的齿轮轴段之间用联轴器连接。凸轮轴上除装有换向伺服器、燃油凸轮和排气凸轮外,还装有凸轮轴减振器。

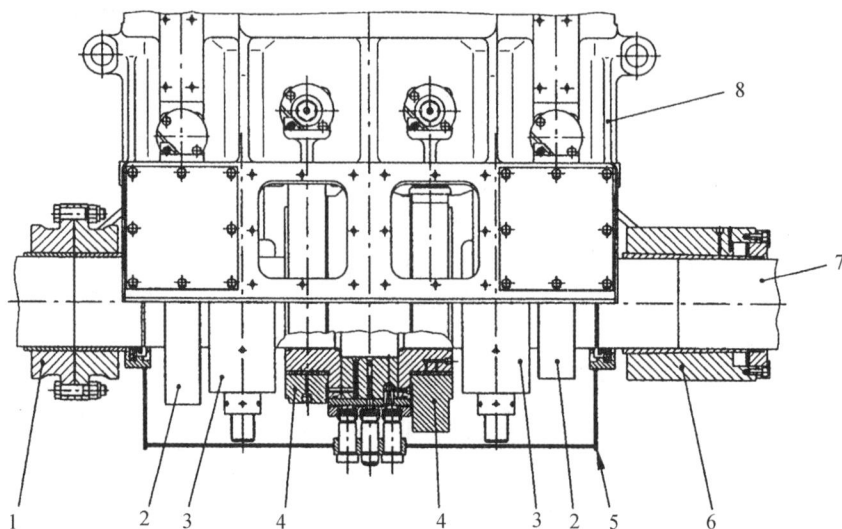

1—联轴器；2—排气凸轮；3—凸轮轴轴承；4—燃油凸轮；5—油槽；
6—SKF 联轴器；7—凸轮轴；8—燃油泵泵体。

图 2 – 1 – 70　WinGD 6RTA48T – B 型柴油机的凸轮轴总成

如图 2 – 1 – 71 所示，凸轮轴的扭振减振器装在自由端，以减少扭振。

减振器包括减振器体和壳体，安装在独立的支架内侧。壳体牢牢地固定在凸轮轴上并严格密封死。在壳体和减振器体间有一定的间隙，其中充满了一定黏度的硅油。

减振器不要求单独润滑，扭矩在硅油内通过静摩擦传到减振器。扭振在壳体和减振器体间产生时，会产生一个相对的运动，硅油内的扭力剪切应力（摩擦力）会产生扭振的阻尼。摩擦机构产生热，如果减振器由于某种原因超负荷工作，硅油被过分地加热，其黏度随时间而变，则减振器不再起到应有的作用，而且过热的作用会损坏减振器。

2. 凸轮轴总成预装的主要工作内容

由于两种柴油机的凸轮轴总成的结构差异很大，因此预装的工作内容也有很大不同。

MAN B&W 5S60MC – C 型柴油机凸轮轴总成预装的主要工作内容如下：

①凸轮轴画线。

②各种凸轮安装。

③链轮安装。

④齿轮和止推盘安装等。

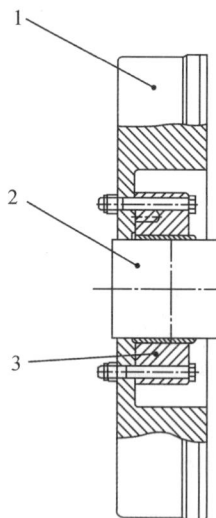

1—减振器；2—凸轮轴；3—连接环。
图 2 – 1 – 71　凸轮轴减振器

WinGD 6RTA48T – B 型柴油机凸轮轴总成预装的主要工作内容如下：

①转翼的安装与加工。

②换向伺服器安装。

③燃油凸轮安装。

④排气凸轮安装。

⑤凸轮轴减振器安装。

二、MAN B&W 5S60MC‐C 型柴油机凸轮轴总成预装的工艺过程

1. 凸轮轴画线

柴油机的喷油定时和排气定时均靠凸轮控制,因此凸轮在凸轮轴上安装的位置是否正确将直接影响柴油机的正常工作,因此在安装凸轮之前,必须在凸轮轴卜画出正确的凸轮位置线,以便凸轮的安装位置准确。凸轮轴画线的过程如下:

(1)测量凸轮轴的长度和轴径

长度:5 780 mm ± 0.5 mm;

轴径:$260^{0}_{-0.032}$ mm。

(2)如图 2‐1‐72 所示,按照图纸要求的位置,画出燃油凸轮、排气凸轮、示功凸轮、小齿轮、大链轮、止推盘的轴向和径向定位十字线,要求:

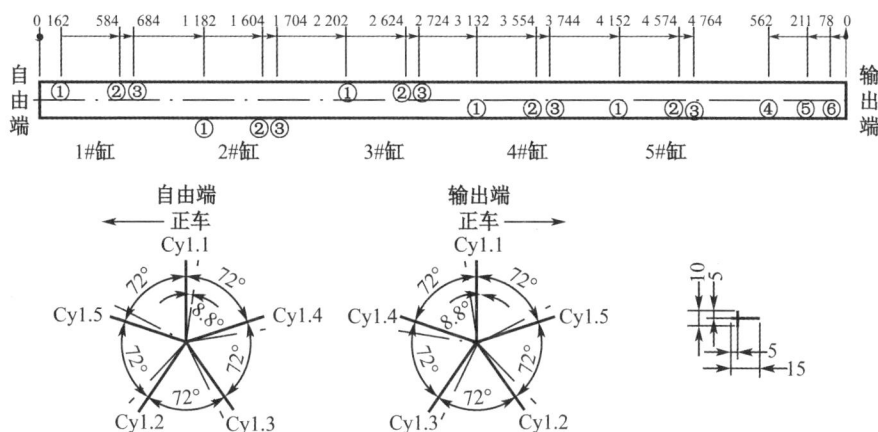

1—燃油凸轮红套线;2—排气凸轮红套线;3—示功凸轮红套线;

4—小齿轮红套线;5—大链轮红套线;6—止推盘红套线。

图 2‐1‐72　MAN B&W S60MC‐C 型柴油机凸轮轴画线示意图

①刻线长均为 15 mm。

②画线具有一定的深度,且清晰。

③画线位置应考虑到凸轮的安装顺序和方向,因为凸轮红套时先由中间到自由端安装各凸轮,这时凸轮的轴向定位工具应安装在凸轮的推力端;然后再由中间到推力端安装其余的凸轮,这时凸轮的轴向定位工具应安装在凸轮的自由端,刻线的位置应与定位工具的位置相适应。

④画线后,对刻线的边缘应修葺光滑、平整。

⑤将刻线染以红色的颜料,以便寻找。

(3)画完线后应对画线的位置进行复查。

2. 燃油凸轮和排气凸轮安装

燃油凸轮和排气凸轮与凸轮轴是过盈配合,安装均采用红套的方法进行,其安装过程如下:

①精整并清洁所有待装的零件,所有螺纹孔用丝锥回攻并去除孔内的杂物。复查凸轮轴外表面、凸轮内孔及外表面状况良好,凸轮上油孔清洁,内螺纹及孔底无缺陷,内孔油槽符合要求。

②检查各配合尺寸,确保配合过盈量为:

排气凸轮装配过盈量 0.166～0.250 mm;

燃油凸轮装配过盈量 0.206～0.290 mm。

③按画线工艺检查凸轮轴上的画线是否正确。

④把凸轮轴中部放在 V 形铁上,使相应的凸轮红套线朝上,并用压板将凸轮轴压牢。

⑤在凸轮上相应位置安装定位工具。

⑥加热燃油凸轮、排气凸轮到 225 ℃,保温约 1 h。

⑦用专用的量棒检查凸轮内孔尺寸达到红套的尺寸要求后,将凸轮迅速套入凸轮轴。

红套时应注意以下几个问题:

a. 燃油凸轮的刻线应与凸轮轴上的刻线对齐。

b. 排气凸轮的刻线与凸轮轴上的刻线的夹角应符合图纸要求。

c. 红套凸轮时,从自由端看,要注意燃油凸轮和排气凸轮上的"AHEAD"标记箭头与主机正车方向一致。

d. 凸轮红套的顺序如下:

$1^{\#}$～$3^{\#}$缸从凸轮轴前端套入,顺序是:$3^{\#}$缸排气凸轮→$3^{\#}$缸燃油凸轮→$2^{\#}$缸排气凸轮→$2^{\#}$缸燃油凸轮→$1^{\#}$缸排气凸轮→$1^{\#}$缸燃油凸轮。

$4^{\#}$～$5^{\#}$缸从凸轮轴后端套入,顺序是:$4^{\#}$缸燃油凸轮→$4^{\#}$缸排气凸轮→$5^{\#}$缸燃油凸轮→$5^{\#}$缸排气凸轮。

3. 小齿轮、大链轮、止推盘安装

如图 2－1－73 所示,小齿轮、大链轮、止推盘与凸轮轴也是过盈配合,安装方法也采用红套安装。安装过程如下:

(1)检查各配合尺寸,确保配合过盈量为:

小齿轮装配过盈量 0.118～0.202 mm。

大链轮装配过盈量 0.131～0.215 mm。

止推盘装配过盈量 0.166～0.250 mm。

(2)小齿轮安装

①将定距箍按小齿轮的定位尺寸夹持在凸轮轴上。

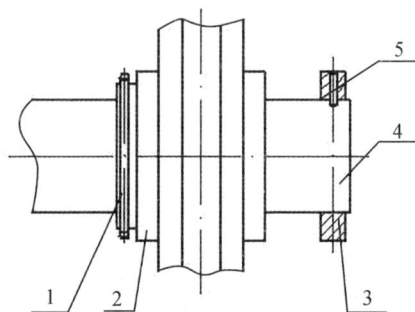

1—小齿轮;2—大链轮;3—止推盘;
4—凸轮轴;5—定位销。

图 2－1－73　小齿轮、大链轮、止推盘安装

②将小齿轮加热至约 100 ℃,用量棒检查小齿轮内孔尺寸达到要求后,将小齿轮套入凸轮轴,并与定距箍端面贴平。

③待小齿轮自然冷却后拆除定距箍。

(3)大链轮安装

①将定距箍按大链轮的定位尺寸夹持在凸轮轴上。

②将大链轮安放在垫座上,并用气割龙头加热大链轮内孔至约 100 ℃,用量棒检查大链轮内孔尺寸达到要求后,将其套入凸轮轴,并与定距箍端面贴平。

③待大链轮自然冷却后拆除定距箍。

（4）止推盘安装

①将定距箍按止推盘的定位尺寸夹持在凸轮轴上。

②将止推盘加热至约170 ℃,用量棒检查止推盘内孔尺寸达到要求后,将止推盘套入凸轮轴,并与定距箍端面贴平。

③待小齿轮自然冷却后拆除定距箍。

④复测止推盘与大链轮的轴向间隙应符合规定的要求。

⑤在止推盘上钻铰3个定位销孔,孔的深度应符合图纸要求,配制好定位销后,装妥定位销并用洋冲铆紧。

4. 示功凸轮安装

示功凸轮与凸轮轴也是过盈配合,但是示功凸轮是哈夫式的,中间用螺栓连接,安装比较方便。

①检查各示功凸轮内孔与凸轮轴外径的配合尺寸,其配合过盈量为 0.033 ~ 0.11 mm。

②按画线工艺检查凸轮轴上的刻线是否正确。

③安装示功凸轮,要求示功凸轮顶点刻线对准各缸凸轮轴上的画线。

④上紧示功凸轮的自紧螺母。

二、WinGD 6RTA48T – B 型柴油机凸轮轴总成预装的工艺过程

1. 转翼的安装与加工

①安装前将所有零件去毛刺,清洗干净,将油孔、油道吹干净。

②如图 2 – 1 – 69 所示,在凸轮轴 8 两端轴头及两个进油孔处,沿转翼槽的中心线画刻线,长约 20 mm,刻线周围的毛刺应清理干净。

③检查凸轮轴 8 的各外圆及长度尺寸应符合图纸要求。

④将转翼 1 装于凸轮轴 8 上的转翼槽内,转翼 1 两侧与凸轮 8 轴台肩两侧应平齐。装入垫圈和缩腰螺钉 12,缩腰螺钉 12 的螺纹处应涂液态黏结剂,按规定的力矩拧紧缩腰螺钉 12,检查转翼 1 与凸轮轴 8 的贴合面,要求 0.03 mm 的塞尺无法插入。

⑤将凸轮轴 8 和转翼 1 一起转机加工车间,加工转翼 1 的外圆。

2. 换向伺服器安装

换向伺服器的结构如图 2 – 1 – 69 所示,其安装过程如下:

（1）衬套选配

①如图 2 – 1 – 74 所示,着色检查轴套 2 与锥形衬套 3 锥面的贴合情况,要求着色均匀,着色面积≥70%。

②用手轻轻将锥形衬套 3 推入轴套 2 外圆,测量锥形衬套 3 厚的一端凸出长度,要求凸出长度为 $27_0^{+0.4}$ mm,若凸出长度过大,则将多余部分车去。

（2）转翼衬套、扇形块的选配

①如图 2 – 1 – 75 所示,测量转翼 1 和衬套 4 的尺寸,要求其配合间隙:单边间隙为 0.075 ~ 0.128 mm,总间隙为 0.150 ~ 0.256 mm。

②测量扇形块 2 的宽度,同一轴上的扇形块宽度应基本相等,同时应保证扇形块 2 与凸轮轴的配合间隙:单边间隙为 0.1 ~ 0.2 mm。

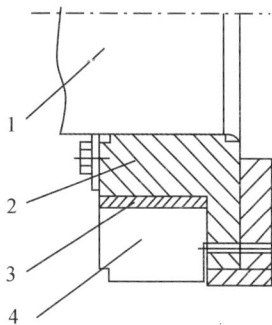

1—凸轮轴;2—轴套;
3—锥形衬套;4—燃油凸轮。

图 2 – 1 – 74 燃油凸轮衬套选配

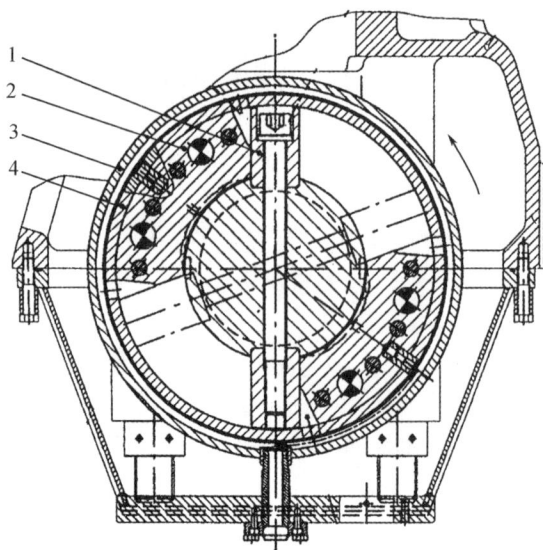

1—转翼;2—扇形块;3—滑环;4—衬套。

图 2 - 1 - 75　转翼衬套、挡板的选配

(3)换向伺服器安装

①将图 2 - 1 - 69 所示的轴套 9 从凸轮轴 8 两端套入凸轮轴,在两套之间装入扇形块 1,让扇形块 2 外圆与轴套 9 外圆平齐,将定位销冷缩后装入挡板与轴套的定位销孔中,再装入内六角螺钉并按规定的力矩拧紧,使两个轴套 9 和两个扇形块 2 连接成一个整体,检查扇形块 2 与凸轮轴 8 的间隙应符合要求。

②转动扇形块 2,着色检查扇形块 2 与转翼 1 的贴合面,要求两组同时接触无间隙,0.03 mm 塞尺无法插入,贴合面≥70%,并交验。

③将衬套 4 装到扇形块 2、转翼 1 和轴套 9 的外圆上,测量衬套 4 与转翼 1 的间隙应符合规定要求,在衬套 4 和扇形块 2 上按图纸要求的尺寸钻铰定位销孔,再将衬套 4 拆下,将定位销孔清洗干净,待定位销配好后,在轴套 9 的外圆上装 O 形密封圈,再装上衬套 4,将定位销冷缩后装入孔内,同时保证定位销上的切槽对准保险螺钉孔,旋入保险螺栓防止定位销轴向串动。

④在轴套 9 和衬套 4 上打配对标记。

⑤装上滑环 3,保证滑环 3 转动灵活。

⑥在滑环 3 上,采用冷套的方法装入 3 个衬套,这 3 个衬套用于连接换向伺服器液压系统上的带法兰接头。

3.燃油凸轮安装

①如图 2 - 1 - 74 所示,测量燃油凸轮 4 的内孔和锥形衬套 3 的外圆尺寸,保证锥形衬套 3 能放进燃油凸轮 4 的孔内。

②利用吊具,将燃油凸轮 4 和锥形衬套 3 一起放进凸轮轴的轴套 2 上,注意有编号的一侧朝外。

③根据具体确定的燃油凸轮定时图,调整燃油凸轮的角度。

④装上液压工具,利用液压将燃油凸轮 4 和锥形衬套 3 一起压入轴套 2,并使燃油凸轮

4 与锥形衬套 3 和轴套 2 的外侧齐平。

⑤在轴套 2 上安装挡板,拧紧螺栓,并用锁紧板锁紧螺栓。

4.排气凸轮安装

如图 2-1-76 所示,排气凸轮 1 的内孔和衬套 2 外圆是锥面配合,并存在一定的过盈量,安装时需采用液压装置泵压扩孔,才能安装到位。其安装过程如下:

①按图 2-1-76 将衬套 2 轻轻放入排气凸轮中,测量衬套 2 凸出长度,要求其伸出长度为 $10.5_0^{+0.4}$ mm。

②利用吊具将排气凸轮 1 和衬套 2 一起吊装到凸轮轴 3 上,注意有编码的一侧朝外。

③在凸轮轴 3 上安装排气凸轮的画线处,让衬套 2 与画线对齐,排气凸轮 1 的角度按图纸的规定调整好。

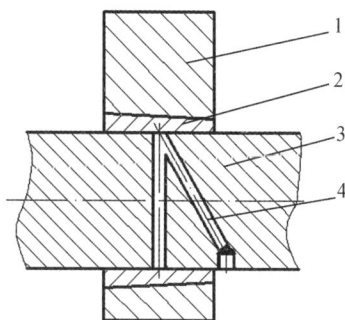

1—排气凸轮;2—衬套;3—凸轮轴;4—油孔。

图 2-1-76　排气凸轮安装

④利用液压工具将排气凸轮 1 安装到位,使排气凸轮 1 的两边与衬套 2 平齐,并交验。

5.凸轮轴减振器安装

如图 2-1-71 所示,凸轮轴的扭振减振器装在凸轮轴的自由端。其安装过程如下:

①将配对好的减振器 1 和连接环 3 拆开,去毛刺,清洗干净。

②将连接环衬套轻轻放入连接环内孔,测量衬套凸出长度应为 $17_0^{+0.4}$ mm。

③在凸轮轴自由端画出减振器的安装位置,将衬套和连接环 3 放到凸轮轴上,并使衬套位置与画线一致。调整连接环 3,使连接环 3 上与减振器 1 配合的紧配螺栓孔朝上。

④利用液压工具,将连接环 3 泵紧到位,使其端面与衬套的端面平齐。

⑤将减振器 1 安装在连接环 3 上,安装时用紧配螺栓定位,并用连接螺栓紧固,连接螺栓的拧紧力矩应符合规定要求。

2.1.9　燃油泵及排气阀传动机构预装

一、燃油泵及排气阀传动机构预装的主要工作内容

1.燃油泵及排气阀传动机构的结构

大型低速柴油机的燃油泵均采用单体泵,B&W 柴油机采用回油孔调节式喷油泵,而 WinGD 柴油机则采用回油阀调节式喷油泵。大型低速柴油机的排气阀均采用液压驱动,因此每个气缸均配有排气阀液压驱动泵及驱动机构。

图 2-1-77 为 MAN B&W 5S60MC-C 型柴油机的燃油泵及排气阀驱动机构,左半部分为燃油泵的驱动机构,右半部分为排气阀的驱动机构,各缸的燃油泵及排气阀驱动机构都安装在底座板 8 上。

由于采用回油孔式喷油泵,所以只有一个燃油泵滚轮导向柱塞 6 与燃油泵柱塞连接,燃油泵滚轮导向柱塞 6 在燃油泵滚轮导向衬套 7 内上下滑动,在燃油泵滚轮导向衬套 7 内安装有导向块 15,以防止燃油泵滚轮导向柱塞 6 在燃油泵滚轮导向衬套 7 内转动。换向连杆 10 通过换向销轴 9 与燃油泵滚轮导向柱塞 6 连接,在换向连杆的下边,通过销轴 14、浮动垫片 11 及衬套 13 安装燃油泵滚轮 12。

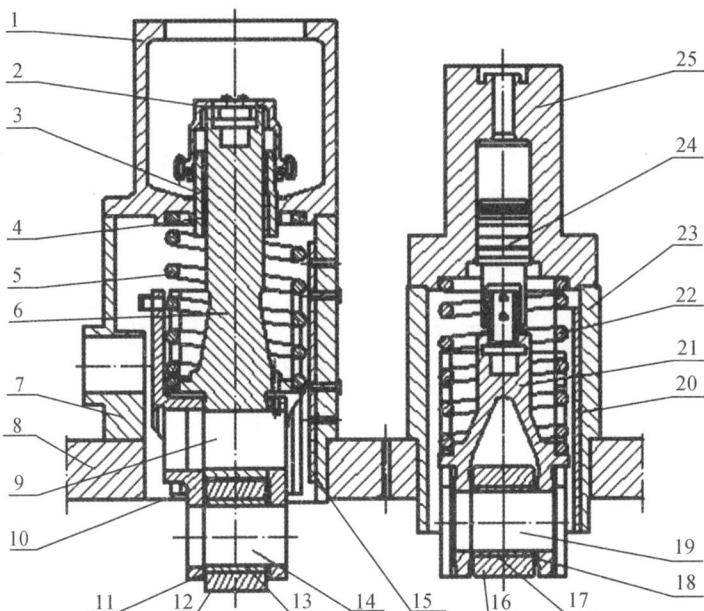

1—燃油泵座;2—帽盖;3—密封衬套;4—导套;5、22—弹簧;6—燃油泵滚轮导向柱塞;
7—燃油泵滚轮导向衬套;8—底座板;9—换向销轴;10—换向连杆;11、18—浮动垫片;
12—燃油泵滚轮;13、17—衬套;14、19—销轴;15、20—导向块;16—排气滚轮;
21—排气滚轮导向柱塞;23—排气滚轮导向衬套;24—排气液压油泵柱塞;25—排气液压油缸。

图 2-1-77 MAN B&W 5S60MC-C 型柴油机燃油泵及排气阀驱动机构

排气阀液压柱塞 24 与液压油缸 25 配合,产生驱动排气阀开启的油压。排气阀液压柱塞 24 与排气滚轮导向柱塞 21 相接,排气滚轮导向柱塞 21 则安装在气滚轮导向衬套 23 内,并在导向衬套内上下运动,在气滚轮导向衬套 23 内同样装有导向块 20,以防止排气滚轮导向柱塞 21 在排气滚轮导向衬套 23 内转动。在排气滚轮导向柱塞 21 上通过销轴 19、浮动垫片 18 及衬套 17 安装有排气滚轮 16。

图 2-1-78 为 WinGD 6RTA48T-B 型柴油机燃油泵及排气阀驱动泵的传动机构。一般情况下,它包括两台燃油泵和两台排气阀驱动泵。在气缸数为奇数的柴油机上,位于自由端的传动单元一半是封住的,只有一台燃油泵和一台排气阀驱动泵。

(1)燃油泵的结构原理

各个单元的偏心轴 9、17 和分段凸轮轴 13 通过联轴器连接。

换向伺服器上的燃油凸轮 15 通过燃油泵滚轮导套 10 使燃油凸轮柱塞 18 按固定行程往复运动。

当燃油泵滚轮导套 10 的滚轮 11 从凸轮顶圆滚向基圆时,燃油凸轮柱塞通过溢流阀或吸入阀将燃油往吸入腔 SD 引入。由于只在下一行程通过控制杆 8,因此顶杆 4 和调节顶杆 7 使吸入阀处于打开位置,它也只能通过吸入压力被提起。

当燃油凸轮柱塞 18 被燃油凸轮 15 向上推动时，吸入阀 3 根据吸入阀偏心轴 9 的位置在柱塞经过一定的行程之后关闭。在这之前，无燃油供给到喷油器，这段行程被称为"无效行程"，吸入阀关闭的定时被称为"供油始点"。

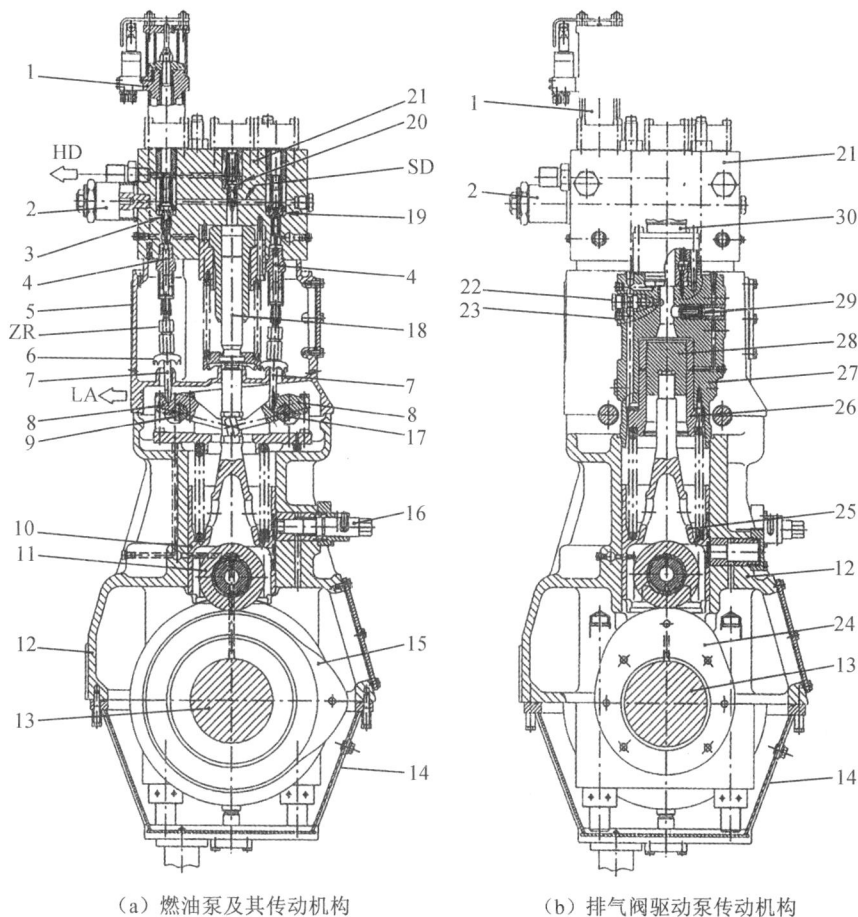

（a）燃油泵及其传动机构　　　　　（b）排气阀驱动泵传动机构

1—安全切断装置；2—安全阀；3—吸入阀；4—顶杆；5—中间体；6—滴油罩；
7—调节顶杆；8—控制杆；9—吸入阀偏心轴；10—燃油泵滚轮导套；11—滚轮；
12—凸轮轴轴承壳体；13—分段凸轮轴；14—泵壳体油槽；15—燃油凸轮；
16—燃油泵切断装置；17—溢流阀偏心轴；18—燃油凸轮柱塞；19—溢流阀；
20—供油阀（压力阀）；21—燃油泵体；22—限压阀；23—检查漏油的螺塞；
24—排气凸轮；25—排气滚轮导套；26—排气液压油缸；27—驱动泵；
28—排气液压活塞；29—止回阀；30—高液压油管；SD—吸入和压力空间；
ZR—中间空间；LA—漏油排放；HD—高压系统。

图 2 - 1 - 78　WinGD 6RTA48T - B 型柴油机燃油泵及排气阀驱动泵的传动机构

吸入阀关闭之后，柱塞套筒内的燃油经过供油阀 20 被仍旧向上移动的柱塞压到喷油器，然后喷射到气缸的压缩空间中。喷射期间，柱塞所经过的行程称为"供油行程"。

根据溢流阀偏心轴 17 的位置，在柱塞完成了供油行程之后，通过顶杆 4 和调节顶杆 7 使溢流阀 19 打开。此点称为"供油终点"。

剩余在柱塞套筒内的燃油在导向装置的滚轮到达凸轮顶圆之前经过打开的溢流阀 19 被柱塞压回到燃油系统。供油阀 20（相当于止回阀）用以防止燃油从高压油管流回到燃油泵体 21 中。

燃油凸轮柱塞 18 以及顶杆 4 和调节顶杆 7，利用泄漏到柱塞/顶杆和导套之间的燃油来润滑。运行期间十分重要的是，定期检查是否有过多的燃油漏积在空间 ZR 内（排放孔 LA 决不允许堵住）以及滴油罩 6 是否损坏。如果积油过多或者滴油罩损坏，就有燃油污染轴承油系统的危险。

（2）排气阀驱动泵的结构原理

分段凸轮轴 13 上的排气凸轮 24 通过排气滚轮导套 25 使排气液压活塞 28 做固定行程的往复运动。排气液压油缸 26 到排气阀的高液压油管 30 以及排气阀推动装置内部充满着液压油。当排气液压活塞 28 向上移动时，排气阀驱动装置中的活塞被向下推动并且打开排气阀。当排气液压活塞 28 向下运动时，排气阀在空气弹簧的作用下关闭。排气阀推动装置内的液压油被压回到排气液压油缸 26 内。止回阀 29 用以防止液压系统过压。

在柴油机运行时，通过小心卸下检查漏油的螺塞 23 能够检查限压阀 22 和液压管接头的密封性。如果上述零部件是密封的，就没有油流入漏油孔里。

2. 燃油泵及排气阀传动机构预装的主要工作内容

由于两种柴油机的燃油泵及排气阀传动机构有很大差异，因此其预装的主要工作内容也有很大不同。

MAN B&W 5S60MC-C 型柴油机燃油泵及排气阀传动机构预装的主要工作内容如下。

①燃油泵滚轮导筒组装。
②燃油泵泵座组装。
③排气阀驱动油泵滚轮导筒组装。
④排气阀传动机构组装。
⑤底板上各零件安装。
⑥换向机构安装。
⑦提升机构安装等。

WinGD 6RTA48T-B 型柴油机燃油泵及排气阀传动机构预装的主要工作内容如下。

①分段凸轮轴安装。
②燃油泵及其驱动机构安装。
③排气阀驱动泵及其驱动机构安装等。

二、MAN B&W 5S60MC-C 型柴油机燃油泵及排气阀传动机构预装的工艺过程

1. 燃油泵滚轮导筒组装

如图 2-1-79 所示，燃油泵滚轮导筒组装主要是将换向连杆、滚轮等零件与滚轮导筒组装在一起。其装配过程如下：

（1）准备工作

精整并清洁待装的零件，做好油路的清洁工作，检查油路应清洁、畅通，所有螺纹孔用丙酮清洗。

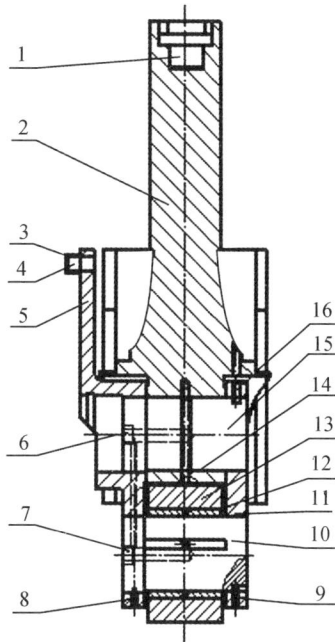

1—圆垫块;2—滚轮导筒;3—衬套;4—销;5—换向连杆;6、7、14—旋塞;
8、16—定位螺钉;9—销;10—销轴;11—滚轮衬套;12—浮动垫片;
13—滚轮;15—换向销轴。

图 2 - 1 - 79 燃油泵滚轮导筒组装

（2）换向连杆控制销的安装

如图 2 - 1 - 80 所示,在换向连杆 3 上装有控制换向的控制销 1,控制销 1 上装有衬套 2,控制销的安装过程如下:

①检查销 1 外圆与换向连杆 3 上销孔的配合尺寸,其过盈量为 0.005 ~ 0.041 mm。检查销 1 外圆与衬套 2 内孔的配合尺寸,其配合间隙为 0.019 ~ 0.064 mm。

②将销 1 在液氮中冷却到不沸腾时取出,在套入衬套 2 后,迅速压入换向连杆 3 对应的销孔中。

（3）各相关零件配合尺寸的检查

如图 2 - 1 - 79 所示,换向连杆 5 与燃油泵滚轮导筒 2 用换向销轴 15 连接,燃油泵滚轮 13、衬套 11 和浮动垫片 12 则用销轴 10 装在换向连杆 5 上,装配前,这些零件的配合情况必须进行检查。

①检查换向连杆 5 的内孔与换向销轴 15 外圆的两处配合尺寸,其配合过盈量均为 - 0.019 ~ 0.025 mm。

②检查燃油泵滚轮导筒 2 的内孔与换向销轴 15 外圆的配合尺寸,其配合间隙为 0.047 ~ 0.101 mm。

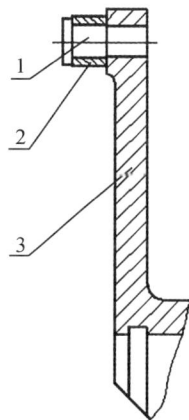

1—销;2—衬套;3—换向连杆。

图 2 - 1 - 80 换向连杆控制销的安装

③检查换向连杆 5 的内孔与滚轮销轴 10 外圆的两处配合尺寸,其配合过盈量均为

0.001～0.045 mm。

④检查燃油泵滚轮 13 的内孔与滚轮衬套 11 外圆的配合尺寸,其配合间隙为 0.085 mm～0.16 mm。

⑤检查滚轮衬套 11 的内孔与滚轮销轴 10 外圆的配合尺寸,其配合间隙为 0.049～0.081 mm。

⑥检查浮动垫片 12、滚轮 13 和滚轮衬套 11 的厚度与换向连杆 5 的开挡宽度尺寸,其配合总间隙为 0.6～1.1 mm。

⑦检查圆垫块 1 与油泵导筒 2 的配合尺寸,其配合间隙为 0.009～0.050 mm。

(4)换向连杆与燃油泵滚轮导筒组装

①将换向销轴 15 在液氮中冷却到不沸腾。

②将换向销轴 15 从液氮中取出,并迅速将其套入换向连杆 5 和燃油泵滚轮导筒 2 中,注意换向销轴 15 上的油孔应对准燃油泵滚轮导筒 2 上的油孔位置,可根据定位螺钉进行定位。

③将燃油泵滚轮导筒 2 及换向销轴 15 上的旋塞 6、14 和定位螺钉 16 清洗干净后,在螺纹处涂上密封胶并装妥。

(5)燃油泵滚轮安装

①在滚轮衬套 11 的外圆和浮动垫片 12 的两平面上涂润滑油脂后,在滚轮 13 内和两侧放妥后一起放入换向连杆的开挡内。

②将销轴 10 在液氮中冷却到不沸腾取出,并将其迅速套入换向连杆 5 和衬套 11 内,注意销轴 10 上的油孔应对准换向连杆 5 上的油孔位置,可根据定位螺钉进行定位。用芯轴检查换向连杆及导筒在正车位置时与导筒的接触面,其贴合面积应达到 70%。

③将销轴 10 及换向连杆 5 上的旋塞 7、定位螺钉 8 和销 9 清洗干净后,在螺纹处涂上密封胶并装妥,并将销 9 用铆冲使之紧固。

④检查滚轮转动应轻快、灵活。

(6)在圆垫块 1 上涂润滑油脂后安装在滚轮导筒 2 上。

2.燃油泵座组装

如图 2 - 1 - 81 所示,燃油泵座组装主要是将密封衬套及帽盖等零件装在燃油泵座上。其安装过程如下:

①检查燃油泵座与密封衬套及导套的配合尺寸

检查密封衬套 4 的外径与燃油泵座 1 内孔的配合尺寸,其配合过盈量为 0.023～0.088 mm;检查密封衬套 4 的内孔与导套 6 外径的配合情况,其配合过盈量为 0～0.076 mm。

②将密封衬套 4 放入液氮冷却到不沸腾后取出,并迅速套入燃油泵座 1 上对应的孔中。

③将导套 6 在液氮中冷却到不沸腾后取出,并迅速套入密封衬套 4 上对应的孔中。对导套 6 和密封衬套 4 同钻、攻两个止动螺钉 5 的螺纹孔,在止动螺钉 5 的螺纹处涂黏结剂后,将止动螺钉装妥。

④测量导套 6 内孔尺寸为 $90_0^{+0.054}$ mm,否则应进行拂刮。

⑤在密封衬套 4 上套入刮油环托架的连接法兰 12,将刮油环 15 装入刮油环托架 14 并在油中加热到 90～100 ℃后套入密封衬套 4。

⑥在密封衬套的帽盖 2 上装妥轴向刮油环 11,并将其安装在密封衬套 4 上,最后用螺

栓将帽盖 2 与法兰 12 连接在一起。注意螺栓应均匀地依次拧紧,螺栓上紧后,帽盖 2、刮油环托架 14 及其法兰 12 一起应能在密封衬套 4 上移动。

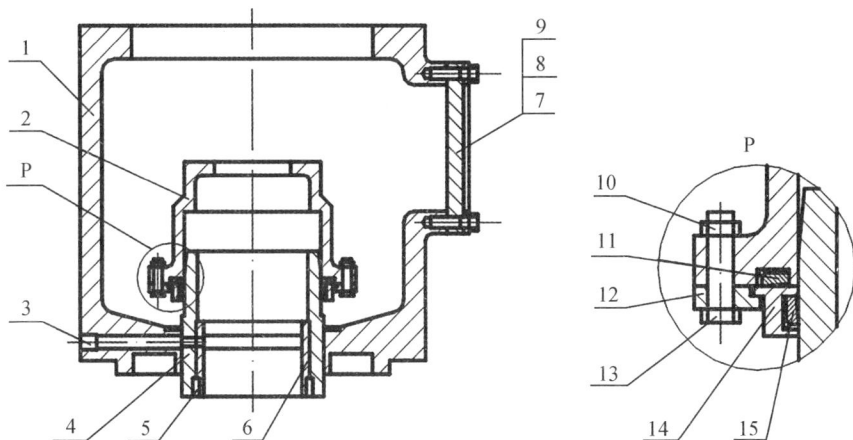

1—燃油泵座;2—帽盖;3—旋塞;4—密封衬套;5—止动螺钉;6—导套;
7—观察门盖;8—垫片;9—螺栓;10—螺母;11—轴向刮油环;12—法兰;
13—螺栓;14—刮油环托架;15—刮油环。

图 2 - 1 - 81　燃油泵座组装

⑦在燃油泵座 1 上装妥旋塞,注意旋塞的螺纹处应涂上黏结剂。

⑧用螺栓 9 将观察门孔盖 7 及其垫片 8 等装妥。

3. 排气阀驱动油泵滚轮导筒组装

图 2 - 1 - 82 为排气阀驱动油泵滚轮导筒装配示意图。该机构的装配过程如下:

(1)准备工作

精整并清洁所有待装的零件,做好油路的清洁工作,检查油路应清洁、通畅,所有螺纹孔用丙酮清洗。

(2)配合尺寸的检查

①检查驱动泵滚轮导筒 2 与销轴 3 的两处配合尺寸,其配合过盈量均为 0.001 ~ 0.045 mm。

②检查滚轮 9 与衬套 8 的配合尺寸,其配合间隙为 0.085 ~ 0.16 mm。

③检查销轴 3 与衬套 8 的配合尺寸,其配合间隙为 0.027 ~ 0.081 mm。

④检查浮动垫片 7、衬套 8 和滚轮 9 的厚度,以及滚轮导筒 2 的开挡宽度尺寸,其轴向配合的总间隙为 0.6 ~ 1.1 mm。

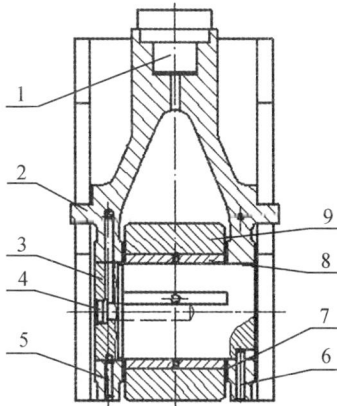

1—圆垫块;2—驱动泵滚轮导筒;
3—销轴;4—旋塞;5—定位螺钉;
6—销;7—浮动垫片;8—衬套;9—滚轮。

图 2 - 1 - 82　排气阀驱动油泵滚轮导筒组装

⑤检查圆垫块 1 与排气阀滚轮导筒 2 的配合尺寸,其配合间隙为 0.009 ~ 0.05 mm。

(3)在圆垫块 1 表面涂润滑油脂后安装在排气阀滚轮导筒 2 上。

(4)在衬套 8 的内外表面和浮动垫片的两侧涂润滑油脂后,将衬套 8 套入滚轮 9,再将浮动垫片 7 放在滚轮 9 两侧,并将浮动垫片 7、衬套 8 和滚轮 9 一起放入排气阀滚轮导筒 2 的开挡中。

(5)将销轴 3 在液氮中冷却至不沸腾时取出,并迅速将其压入滚轮导筒 2 内,将滚轮导筒 2 和滚轮 9 及其浮动垫片 7、衬套 8 连接在一起,注意销轴上油孔的方向不要弄错,可借助于定位螺钉进行定位。

(6)在定位螺钉 5 的螺纹处涂黏结剂后,将其安装在滚轮导筒 2 上。将销 6 安装在滚轮导筒 2 上,并用洋冲铆固。

(7)检查滚轮 9 转动应轻快、灵活。

4. 排气阀传动机构组装

(1)油缸的组装

①精整并清洁所有待装的零件,做好油路的清洁工作,检查油路应清洁通畅,所有螺纹孔用丙酮清洗。

②在液压缸上装妥止回阀、放泄阀、旋塞及示功机构的角钢等附件,安装时注意在螺纹处涂黏结剂。

(2)活塞组件的组装

①用丙酮清洗活塞及活塞环后,将活塞环安装在活塞上,注意活塞环上有"TOP"标记的一面朝上,活塞环在活塞的环槽内应能自由转动。

②将活塞组件安装在排气阀导筒顶部的槽内,并用螺栓装妥活塞组件的止动孔板,螺栓的拧紧力矩应达到规定的要求。

5. 底座板上各零件安装

①在底座板上种紧燃油及排气机构的螺柱,注意在螺柱的螺纹处应涂黏结剂,并用专用的双头螺柱紧固器拧紧,拧紧力矩应符合规定要求。

②在底座板上装妥各旋塞,安装时注意在旋塞的螺纹处应涂黏结剂。

③将示功器传动机构安装在底座板上。

6. 换向及提升机构安装

(1)换向机构安装

检查空气缸活塞的行程为 $120^{+3.4}_{+1.2}$ mm,将空气缸法兰加热到 200 ℃后套入衬套,然后将换向装置安装在排气阀驱动油泵导套上。

(2)提升机构安装

先将提升机构组装好,然后将提升机构安装在凸轮轴箱上。

二、燃油泵及排气阀传动机构预装的工艺过程

如图 2 - 1 - 83 所示,WinGD 6RTA48T - B 型柴油机燃油泵和排气阀驱动泵主要包括凸轮轴轴承壳体、分段凸轮轴、泵壳体油槽、中间块、燃油泵、排气阀驱动泵机构等。其预装过程如下:

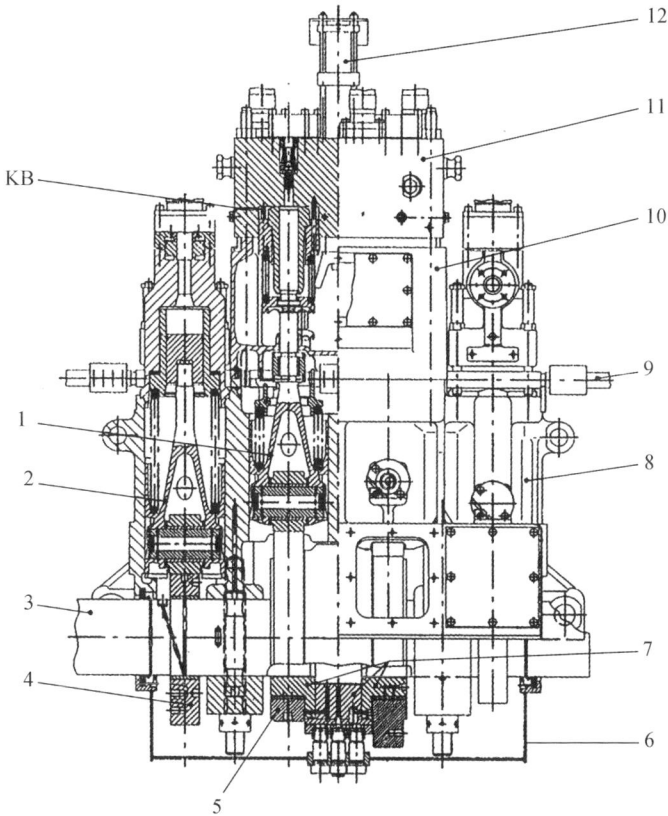

1—燃油泵滚轮导筒;2—驱动泵滚轮导筒;3—分段凸轮轴;4—排气凸轮;

5—燃油凸轮;6—泵壳体油槽;7—换向伺服器;8—凸轮轴轴承壳体;9—偏心轴;

10—中间块;11—燃油泵体;12—安全切断装置;KB—观察孔。

图2-1-83 WinGD 6RTA48T-B型柴油机燃油泵和排气阀驱动泵

1.分段凸轮轴安装

(1)准备工作

将所有待装零件去毛刺,清洗干净,油道、油孔吹净。

(2)凸轮轴轴承壳体与中间块检查

将凸轮轴轴承壳体8与中间块10的贴合面清洗干净,吊起中间块10,在中间块10上涂色油。检查中间块10与凸轮轴轴承壳体8的贴合情况,要求0.03 mm塞尺无法插入,且色油着色面积≥70%,合格后交验。

(3)分段凸轮轴安装

①将凸轮轴轴承壳体8翻身,底部朝上,在凸轮轴轴承壳体8上旋入弹性螺栓。

②在分段凸轮轴3的轴承部位涂色油,检查凸轮轴轴承壳体8轴承孔的着色情况,要求着色面积≥70%。

③测量轴承盖的内孔尺寸,孔的深度尺寸应为$90.5^{+0.06}_{+0.04}$ mm,同一壳体的两个轴承盖的深度应基本一致,合格后交验。

④在轴承盖上装入圆柱定位销。

⑤将轴承盖装到壳体上,带上圆螺母,在弹性螺栓的螺纹处涂上润滑油,用液压拉伸器泵紧,泵紧压力为 100 MPa。

⑥测量轴承孔尺寸应为 $\phi180.5^{+0.16}_{+0.04}$ mm。

⑦松开圆螺母,拆下轴承盖。

⑧在分段凸轮轴两端装上 V 形环和 O 形密封圈,V 形环应与凸轮轴上的槽平齐,环与槽外侧的距离应符合要求,且环上有台肩的一侧朝内。

⑨吊起分段凸轮轴,让分段凸轮轴长的一端朝自由端,装入壳体内,装上轴承盖,旋紧螺母,并泵压至规定压力。

(4)泵壳体油槽安装

①将泵壳体油槽清洗干净,在泵壳体油槽上装垫片、旋塞,用黏结剂将圆形密封圈粘在槽内。

②将泵壳体油槽吊装到壳体上,用定距管和螺栓将泵壳体油槽紧固,安装时注意 O 形密封环应落进泵壳体油槽端面的槽内。

(5)换向油接头安装

①转动凸轮轴,使换向伺服器的滑环上的进出油口朝上,对准泵壳体油槽上的孔。

②参照图 2-1-69,在带法兰的接头上安装 O 形环,然后将其插入泵壳体油槽和滑环的孔内,并用螺栓紧固。

2.燃油泵及其驱动机构安装

(1)燃油泵滚轮导筒组装

①将圆垫块在液氮中冷缩后放入燃油泵滚轮导筒的顶部。

②检查滚轮、滚轮衬套、浮动垫片和燃油泵滚轮导筒的配合尺寸,各处的配合应符合规定要求。将衬套压入滚轮中,将浮动垫片置于滚轮两侧,并将浮动垫片、滚轮衬套及滚轮一起放入燃油泵滚轮导筒的开挡中。

③将燃油泵滚轮销轴在液氮中冷缩后迅速放入燃油泵滚轮导筒,注意油孔方向应正确。

④依次装入垫片和挡圈等零件。

(2)燃油泵滚轮导筒安装

①将燃油泵滚轮导筒放入燃油泵滚轮导向衬套内。

②盘车检查滚轮与凸轮的贴合情况,并且燃油泵滚轮导筒上下活动要灵活。

③依次装入弹簧和弹簧承盘等零件。

(3)燃油泵切断装置安装

如图 2-1-84 所示,燃油泵装有切断装置,以备必要时切断燃油,使某缸停缸。其工作原理是每当滚轮 2 在凸轮 1 的顶圆上时,滚轮导筒 3 里的孔 4 就与切断销 AZ 平齐。

偏心销 7 和弹簧定位销 6 受到弹簧 10 的压力作用处于导槽的短槽 SS 里。如果偏心被压向里面,则切断销 AZ 就靠在滚轮导套上。当孔 4 和切断销相互对齐时,后者被向里的压力推进滚轮导筒 3,用这种方式活塞很快固定在它的位置上。

把偏心销 7 按逆时针方向转动 100°左右,滚轮导筒 3 会稍稍提起,这样在滚轮 2 和凸轮 1 顶部之间就会有间隙。这样滚轮导筒就停止上下运动,燃油泵也就停止供油。

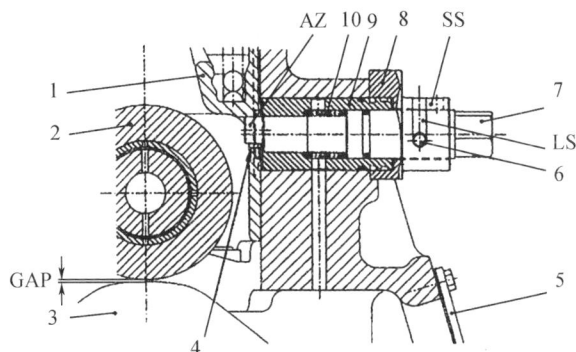

1—滚轮导筒;2—滚轮;3—凸轮;4—孔;5—检查盖;6—弹簧定位销;

7—偏心销;8—盖;9—轴套;10—弹簧;AZ—切断销;

LS—导槽的长槽;SS—导槽的短槽。

图 2－1－84　燃油泵切断装置

燃油泵切断装置的安装过程如下:

①测量燃油泵壳体上孔、轴套9、偏心销7以及盖8的配合尺寸,保证其配合间隙符合图纸要求。

②在轴套9上装O形密封圈,将轴套9装入燃油泵壳体的孔内,注意方向,让轴套上的缺口在上下方向。

③在轴套内放入弹簧10,在偏心销7上装入O形密封圈和盖8,偏心销7上的径向弹簧定位销孔对准盖8上的槽,然后敲入弹簧定位销6。

④将组装好的偏心销插入轴套9中,盖8紧靠燃油泵壳体,并用螺栓紧固。

⑤将检查盖5用内六角螺栓固定在燃油泵壳体上。

⑥盘动凸轮轴,当燃油凸轮在顶圆时,压缩弹簧10,让偏心销7插入滚轮导筒3的孔中,旋转偏心销90°,将滚轮导筒3连同滚轮2一起抬起,检查滚轮2与凸轮3的间隙应符合规定的要求。

(4)偏心轴安装

将偏心轴轴承、偏心轴、控制杆及其附件安装在燃油泵壳体上。

(5)中间块安装

①在燃油泵壳体上种入安装中间块和燃油泵的弹性螺栓。

②在燃油泵壳体上敲入圆柱定位销。

③将中间块吊装到燃油泵壳体上,检查中间块与壳体的贴合面,不允许有间隙。

(6)燃油泵阀组拆封清洗

①将燃油泵拆封后,拆出安全阀和罩壳,拆出吸油阀、溢油阀和供油阀,拆出顶杆和导套,拆出柱塞偶件。

②将拆出的各零件和泵体用干净的柴油清洗之后,按拆除的反过程装复。

③燃油泵装复后,将各油孔堵住,外部油封保养。

（7）顶杆安装

如图 2 - 1 - 85 所示,将顶杆 1 连同滴油罩 3 和调节顶杆 4 预装好后,一起放到吸油阀和溢油阀控制杆的槽中,注意顶杆在槽中要能灵活地活动。

（8）燃油泵安装

①将燃油泵吊装到中间块上,注意燃油泵的顶杆导套一定要和顶杆装置对准落位。

②按规定的力矩上紧连接螺栓的螺母。

3.排气阀驱动泵及其驱动机构安装

（1）驱动泵滚轮导筒组装

驱动泵滚轮导筒组装是指在驱动泵滚轮导筒安装圆块、浮动垫片、滚轮衬套、滚轮等零件,其组装过程与燃油泵滚轮导筒的组装过程基本相同。

（2）驱动泵安装

驱动泵的结构如图 2 - 1 - 86 所示,其组装过程如下:

①将驱动泵壳体 1 清洗干净,各油孔吹干净,测量驱动泵壳体 1 中的 A、C、D 的实际尺寸,并做记录。

②在驱动泵壳体 1 上装入油缸 2 并用内六角螺栓 7 紧固。

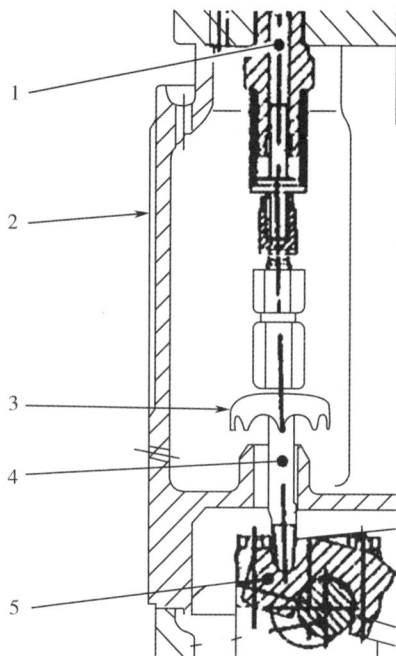

1—顶杆;2—中间块;3—滴油罩;
4—调节顶杆;5—控制杆。

图 2 - 1 - 85　顶杆装置

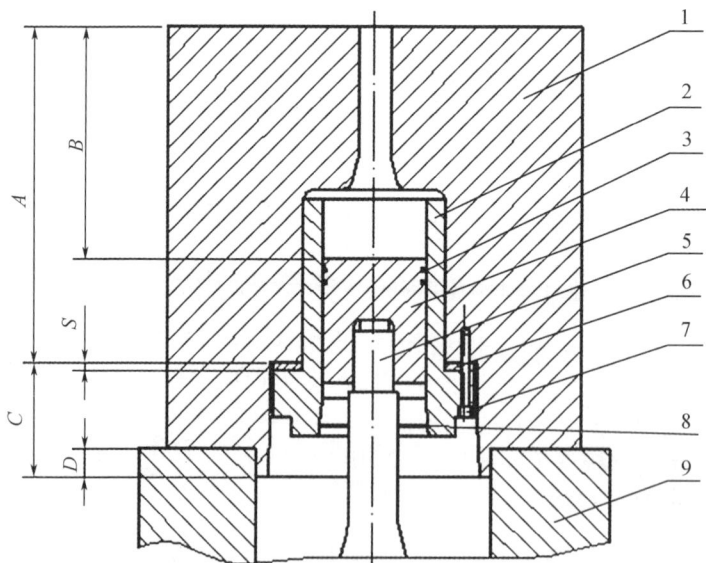

1—驱动泵壳体;2—油缸;3—活塞环;4—活塞;5—滚轮导筒;6—调整垫片;

7—内六角螺栓;8—卡环;9—凸轮轴轴承壳体。

图 2 - 1 - 86　驱动泵组装

③将活塞环3放入油缸2内,测量搭口间隙应符合规定要求并做记录,取出活塞环3,并将其装到活塞4上,注意环上有"TOP"标记的一面朝上,再将活塞4连同活塞环3一起装入油缸2内,要求活塞4活动灵活。

④在油缸2下部装入卡环。

⑤将排气阀驱动泵滚轮导筒和驱动泵组件吊装到凸轮轴轴承壳体9上,检查排气滚轮与排气凸轮的接触情况。

⑥盘车使排气凸轮的基圆处于垂直朝上的位置,测量驱动泵壳体1顶部到活塞4顶部的距离 B。

⑦按规定计算调整垫片6的厚度。例如,6RTA48T－B型柴油机的调整垫片6的厚度为 $S \pm 0.2 = 158 - (A + C - B - D)$。

⑧调整垫片6加工好后,复测其厚度,符合要求后,将驱动泵组件拆下,拆下油缸2和活塞4,将调整垫片装入驱动泵壳体1后,再将油缸2和活塞4装复,并用内六角螺栓7紧固。

⑨在驱动泵壳体1上装入各种阀件、附件后,再将驱动泵组件安装在凸轮轴轴承壳体9上。

⑩将各油道、油孔堵住,并保养。

(3)驱动泵切断装置安装

驱动泵也有切断装置,其安装方法可参照燃油泵切断装置的安装工艺。

4.完整性安装

将燃油泵、排气阀驱动泵组件上的各种盖、板等零件,按图纸要求安装完毕。

活动 2.2 大型低速柴油机总装

柴油机总装是柴油机制造和修理过程中最后的且十分关键的一项工作。一台柴油机能否可靠地运转,能否具有良好的工作性能和经济性能,很大程度上取决于总装工艺。

大型低速柴油机的总装工作在车间试车台上进行。目前,大部分大型柴油机都采用整机装船工艺,机器装配好后进行调整和试验,再吊运到船上安装。也有部分大型柴油机先在车间总装试车,再拆成零部件送到船上进行装配和安装,这是在缺乏起运设备的情况下采取的措施。

大型低速船用柴油机总装过程大同小异,MAN B&W 5S60MC－C型柴油机总装程序可按图2－2－1所示的程序进行。

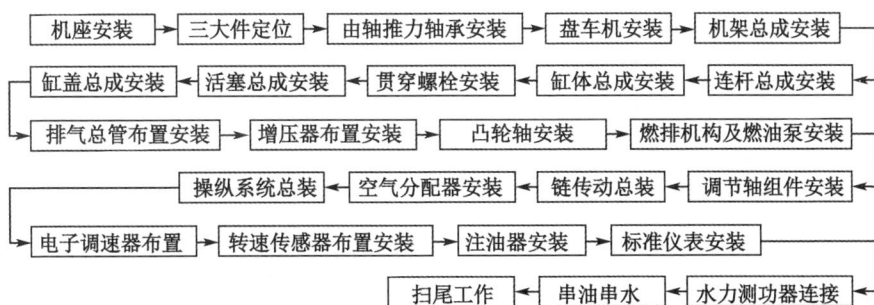

图2－2－1 MAN B&W 5S60MC－C型柴油机总装工艺程序

2.2.1　机座安装及三大件定位

一、机座安装的主要工作内容

机座是大型低速船用柴油机的三大固定件之一,是其他固定件和运动件安装的基础,因此大型低速船用柴油机的总装首先从机座开始。

机座安装的主要工作内容大体相同,以 MAN B&W 5S60MC – C 型柴油机为例,机座安装的主要工作内容如下:

①台架布置。

②机座校水平。

③主轴承座孔泵孔检查。

④轴向减振器及刮油环壳体定位。

⑤推力轴承预装等工作。

二、机座安装工艺过程

下面介绍 MAN B&W 5S60MC – C 型柴油机机座安装的工艺过程。

1. 台架布置

机座安装前,要对试车台公共底座(即台架)进行布置,并检查其平面度是否符合要求。具体操作如下:

①如图 2 – 2 – 2 所示,在试车台上按机座底脚螺栓孔中心距 3 500 mm 放好铁凳,上紧铁凳与铁轨的连接螺栓。

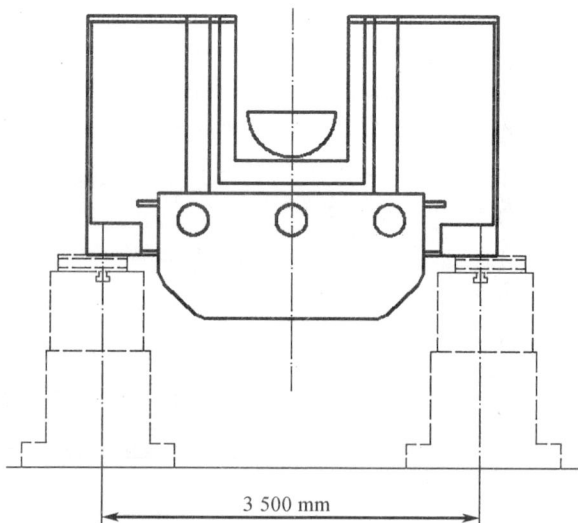

3 500 mm

图 2 – 2 – 2　台架布置

②如图 2 – 2 – 3 所示,在台架的上平面按图示的部位放上测量水碗,用深度千分尺及托架测定各水碗的水平面,以此来测定台架上平面是否在同一水平面内,并对台架纵向和横向的平面进行调整。允许在台架的底部垫以垫片,在所有底脚螺栓被拧紧之后,台架水平

面的要求是:纵向的直线度偏差 < 0. 10 mm/m,全长 < 0. 3 mm;横向的直线度偏差 < 0.10 mm/m,全宽 < 0.2 mm。

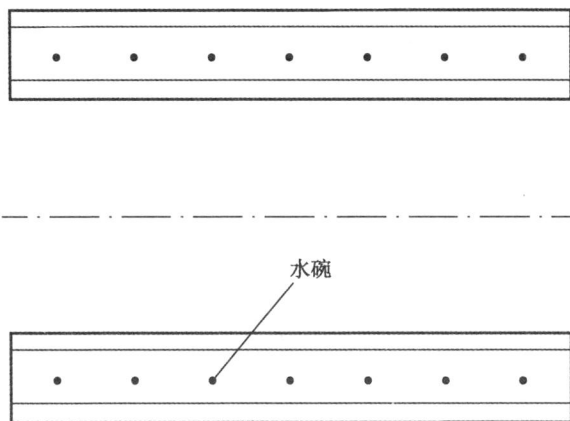

图 2 - 2 - 3　台架的水平面测定

2. 机座校水平

(1)机座清洁

在机座上试车台之前,应对机座进行精整、清洁。

(2)机座校水平

将机座吊上台架后,经初步定位,并确定好固定位置,然后进行以下测量检查工作。

在拧紧机座底脚螺栓之前,检查机座下平面与平台之间的结合状态,同时检查机座上平面直线度偏差。前者的检查方法是用塞尺沿着机座四周进行测量,并做好记录(每次测量均必须记录结果,便于对照)。如果机座下平面与平台之间有超过 0.05 mm 的缝隙,或上平面有局部挠曲,则应在下平面与平台之间垫塞垫片,垫片厚度以不致造成机座变形为限,通常的经验做法是垫塞不超过三张薄垫片,但可随意调换厚度不同的黄铜片或镀锌铁片,这样就能避免机座的变形或数据的变化。

在垫片垫妥之后,必须拧紧地脚螺栓,这时可对机座上平面进行直线度偏差的测量检查工作。如测量结果仍不满意,则必须松掉地脚螺栓,再次增减垫片,重复上述过程,直至上平面的直线度符合技术要求为止。

这里必须特别指出的是,机座安装时上平面直线度的测量方法和位置应与机加工时采用的方法和位置力求一致,如测量的点、所使用的仪器设备、操作工艺等都应保持一致,否则会带来额外的偏差。

机座上平面水平及平面度的测量方法很多,常用的有拉线测量法、水碗测量法、水平仪法和光学仪器法等。

①拉线测量法

a.拉线测量工具

图 2 - 2 - 4 为用拉线法测量 MAN B&W 型柴油机机座上平面的示意图。

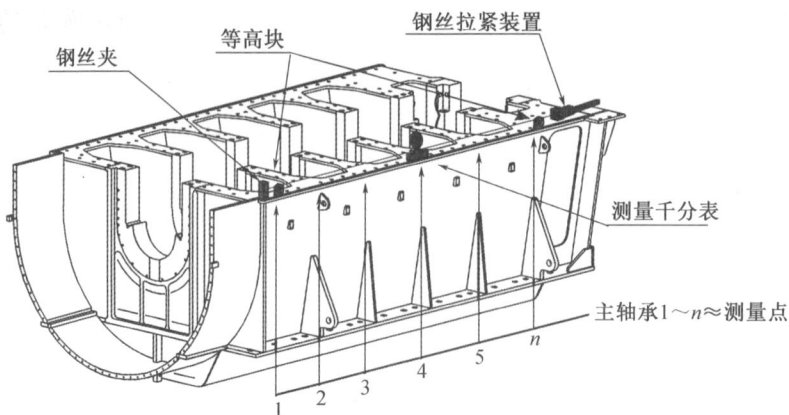

图 2 - 2 - 4　用拉线法测量 MAN B&W 型柴油机机座上平面的示意图

应注意,测量千分表只有显示为正值才是正确的。其正负值显示可通过同时按"SET"和"MM"按钮进行转换,具体操作如下:

(a)如图 2 - 2 - 5(a)所示,测量前应检查"MM"设置;

(b)如图 2 - 2 - 5(b)所示,按测量千分表表针时,显示为正值时正确;

(c)如图 2 - 2 - 5(c)所示,按测量千分表表针时,显示为负值时不正确;

(d)如图 2 - 2 - 5(d)所示,同时按两个按钮进行测量千分表显示正负值的切换。

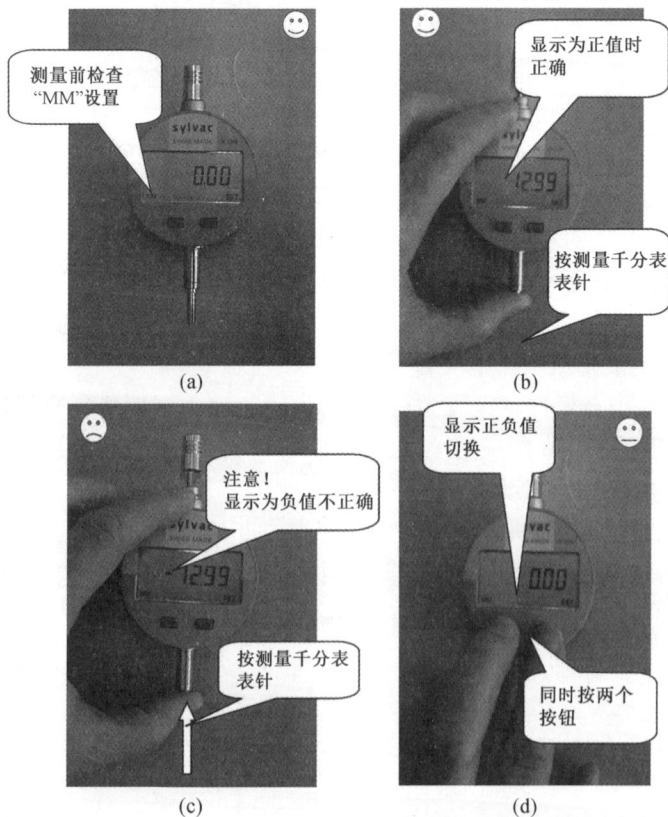

图 2 - 2 - 5　测量千分表显示正负值切换

图 2 - 2 - 6 为钢丝拉紧装置结构图,上紧螺母,使弹簧一端的标记与标准杆端面平齐时,弹簧的弹力(即钢丝的拉紧力)为 400 N。

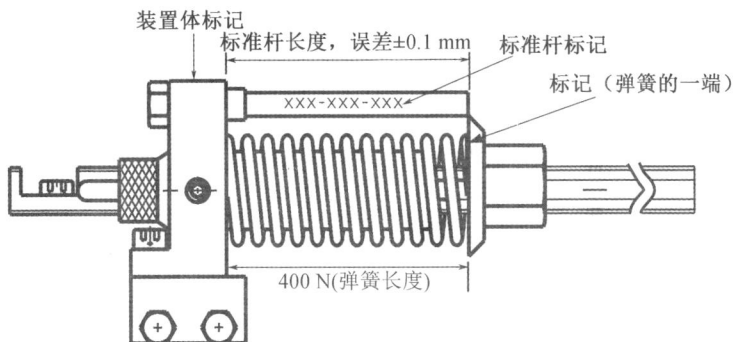

图 2 - 2 - 6 钢丝拉紧装置结构图

b. 拉线测量操作程序

图 2 - 2 - 7 为拉钢丝线测量机座上平面燃油侧和排气侧直线度的工作图,具体操作程序如下:

图 2 - 2 - 7 拉钢丝线测量机座上平面燃油侧和排气侧直线度的工作图

(a)清洁全部测量区域,并去除毛刺。如图 2 - 2 - 8 所示,将钢丝拉紧装置安装在尽可能靠近机座端部的位置,并用螺栓锁紧。

图 2 - 2 - 8 钢丝拉紧装置安装

（b）如图2-2-9所示，将钢丝夹安装在机座的另一端，并用螺栓锁紧。

图2-2-9　钢丝夹安装

（c）如图2-2-10、图2-2-11所示，将钢丝一端安装在钢丝拉紧装置上，将另一端安装在钢丝夹的钢丝安装板上，钢丝长度应略长于两个钢丝安装点之间的距离。

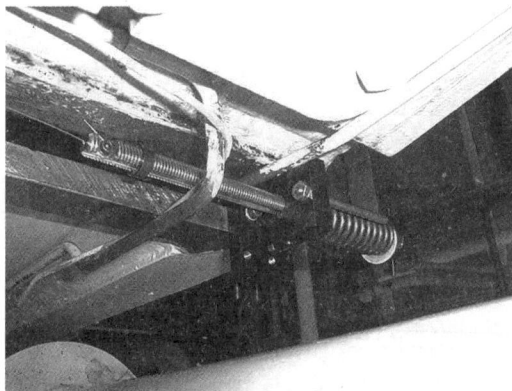

图2-2-10　在钢丝拉紧装置上安装钢丝

图2-2-11　在钢丝夹的钢丝安装板上安装钢丝

（d）如图2-2-12所示，先用手预紧钢丝，然后将钢丝安装板装在钢丝夹上；然后如图2-2-13所示，旋转钢丝拉紧装置上的拉紧螺母，将钢丝拉紧。在钢丝拉紧过程中，要注意使如图 2 - 2 - 14 所示的限位螺母与钢丝拉紧装置的本体保持约 10 mm 的距离。

图 2 - 2 - 12 在钢丝夹上安装钢丝安装板

图 2 - 2 - 13 拉紧钢丝

图 2 - 2 - 14 限位螺母

(e)继续拉紧钢丝,直到标准杆与弹簧一端上的标记齐平(拉紧力达到 400 N),如图 2 - 2 - 15 所示。

图 2 - 2 - 15 钢丝拉紧标记

(f)将两块等高铁块放置在尽量靠近 1# 主轴承和最后一道主轴承的中间位置,如图 2 - 2 - 16 所示,这个位置也是第一个和最后一个测量点位置。

图 2 - 2 - 16 等高铁块放置

(g)如图 2 - 2 - 17 所示,调整测量千分表夹具,使其在测量过程中能跟随钢丝。

图 2 - 2 - 17 测量千分表夹具调整

(h)如图 2 - 2 - 18 所示,在第一个测量点或最后一个测量点转动手轮直到红灯亮起,按下测量千分表前面的右按钮("SET"按钮),将表的显示设置为"0.00"。注意:在第一个测量点和最后一个测量点,测量千分表显示应该尽量靠近 0.00,但不是必须为 0.00。

图 2 - 2 - 18　在第一个测量点或最后一个测量点设置测量千分表

(i)如图 2 - 2 - 19 所示,从第一个测量点开始,依次测量每个测量点,当红灯亮时,记录测量千分表的计数,记录表格见表 2 - 2 - 1。

图 2 - 2 - 19　测量各测量点

表 2 - 2 - 1　机座上平面平面度测量记录表

测量记录表						使用设备: 拉线□ 激光□			
船名	船舶编号	机型	标准号	设备规格	操作者	日期		签字	

主轴承号																
	1	2	3	4	5	6	7	8	9	10	11	12	13	14	15	16
操作侧 – 第一次测量																
操作侧 – 第二次测量																
操作侧 – 最后一次测量																
排气侧 – 第一次测量																
排气侧 – 第二次测量																
排气侧 – 最后一次测量																

c.测量结果分析

钢丝因自身重量而产生向下的挠度,所以上述拉线记录仅能用作相对的比较值。如需要求出直线度的误差值,则应把钢丝向下挠度减去。钢丝挠度计算如图 2-2-20 所示。

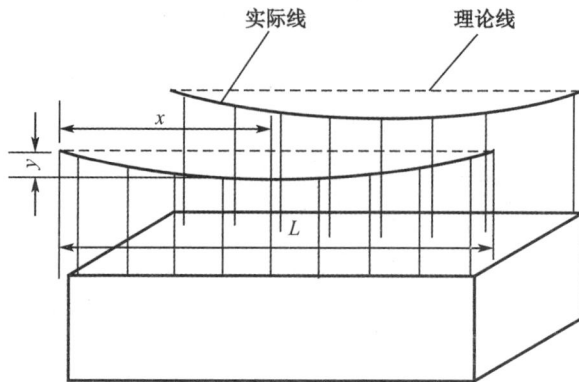

图 2-2-20　钢丝挠度计算图

钢丝挠度可用下式计算:

$$y = \frac{qx(L - x)}{2T}$$

式中　y——计算点的挠度,m;

　　　q——钢丝每米的质量,g/m;

　　　x——计算点至基准点的距离,m;

　　　L——基准点之间的距离,m;

　　　T——挂重,g。

例如,12K80MC-S 型柴油机拉钢丝线时,各测量点(主轴承中间位置)的挠度值见表 2-2-2,表中还给出了对应各测量点钢丝的高度值。

表 2-2-2　12K80MC-S 型柴油机各测量点钢丝线挠度及钢丝距机座上平面的高度

序号	1	2	3	4	5	6	7	8	9	10	11	12	13	14
钢丝挠度/mm	0.00	0.46	0.84	1.14	1.37	1.52	1.59	1.58	1.50	1.35	1.11	0.80	0.41	0.00
测量点钢丝高度/mm														
燃油侧	35.00	34.54	34.16	33.86	33.63	33.48	33.41	33.42	33.50	33.65	33.89	34.20	34.59	35.00
排气侧	35.00	34.54	34.16	33.86	33.63	33.48	33.41	33.42	33.50	33.65	33.89	34.20	34.59	35.00

MAN B&W 型柴油机机座上平面平面度要求见表 2-2-3。

表 2 - 2 - 3 　 MAN B&W 型柴油机机座上平面平面度要求　　　　　单位:mm

缸径	相邻两主轴承最大允许偏差	全平面最大允许偏差	水平度最大允许偏差
26 ~ 50	0.05	0.10	0.20
60 ~ 70	0.08	0.15	0.30
80 ~ 108	0.10	0.20	0.40
		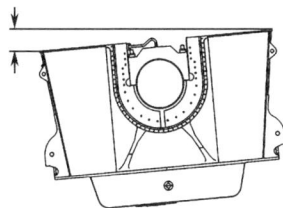	

②水碗测量法

水碗测量法是一种十分简单可行、操作方便的测量方法,它可测量机座上平面水平度、平面度和直线度,测量精度甚高,精度误差能控制在 0.005 ~ 0.010 mm。基于其以上特点,国内外低速机制造工厂几乎均已采用此法来检查机座上平面的直线度。图 2 - 2 - 21 为用水碗测量机座上平面的示意图。

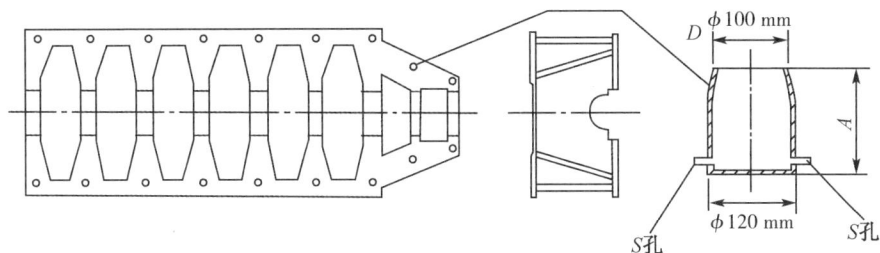

图 2 - 2 - 21 　水碗测量机座上平面示意图

由图 2 - 2 - 21 可知,在机座上平面各测量部位放好每只水碗,用透明的塑料管分别将各个水碗连接接通,让倒入水碗的水能流注到各个碗内而且相互流通,这样才能使所有水碗内的水平面逐渐趋向处于同一水平面内,一般情况下,达到同一水平面所需的时间约在一个小时左右。当水平面稳定后,就可将普通的深度千分尺放在每个水碗的圆口上(参阅图 2 - 2 - 22),细心、缓慢地旋转千分尺的旋钮,同时用肉眼观察千分尺的触头与水面接触情况,记录它们接触时每个水碗的测量值,经过数值比较分析,便可直接求得机座上平面直线度的偏差值。

用这种工具对机座上平面进行测量检查直线度时,必须注意以下几点:

a. 深度千分尺的触头应改磨成 V 形,使其顶端形成尖顶,如图 2 - 2 - 22 所示。这个尖顶与水面一接触就很容易被清楚地看到,它意味着测量精度可以得到控制。

b. 水碗的高度(即图 2 - 2 - 21 中的 A 值)应为同一尺寸值,通常的做法是将所有水碗在平面磨床上一次磨正确即可,其相互的精度误差被控制在 0.01 mm 内,足以保证测量精度。

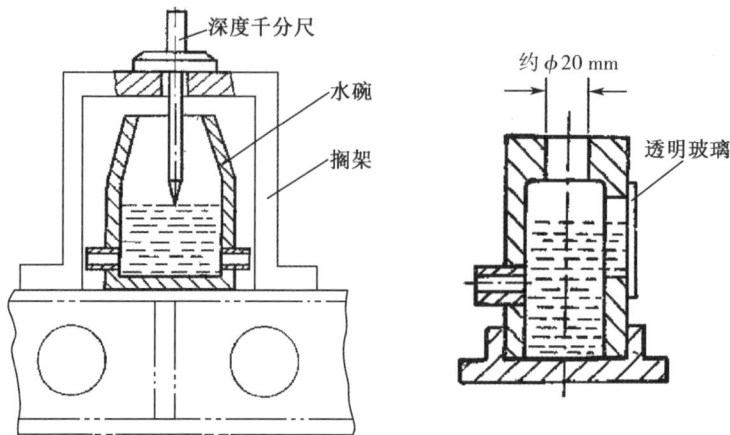

图 2 - 2 - 22   水碗示意图(右图为新型水碗)

c. 水碗的进出水孔(图 2 - 2 - 21 中的 S 孔)应尽量放大,但没有严格规定,其目的在于使水平面能在最短时间内达到稳定。

d. 为排除水碗高度 A 值精度的影响,某些工厂亦采用图 2 - 2 - 22 左图中的搁架,用它来测取各点的水面值,能获得更高的尺寸精度。

e. 水碗碗口的直径 D 一般不宜太大,通常在 100 mm 左右,以不阻挡肉眼能见度为准。目前,有些工厂将水碗的碗口收小,使之仅能插入深度千分尺即可,但在水碗的外部圆周上开一个观察孔,用透明度良好的玻璃片镶入(图 2 - 2 - 22 右图),在测量时从水碗外侧就可清晰地看到千分尺触头与水面的接触情况,从而进一步消除肉眼观察的误差因素。

水碗测量法有其独特的优点,操作简易,容易掌握,精度可靠,早已被许多工厂广泛应用。但是,这种方法只能用在车间装配平台或不受振动或不倾斜的地方测量,在船上就无法使用了。

③水平仪法

图 2 - 2 - 23 为用框形水平仪测量检查机座上平面直线度的示意图。这种测量方法亦曾被不少工厂所采用,因它的测量精度十分可靠、精确,而且可以随时调整、测定,十分方便,故亦颇受欢迎,它与水碗法相比各有千秋。

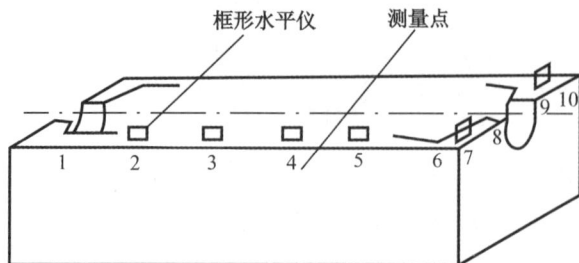

图 2 - 2 - 23   框形水平仪测量检查机座上平面直线度示意图

用框形水平仪进行测量的操作程序通常是先做一次初校,根据结果做必要的调整;然后按图2-2-23中规定的测量点逐一循序测定,并将其倾斜方向和实际读数记录下来。

图2-2-24为某一机座的实测示例,按这些值作出图中下部直线度的曲线,在这种状态下,就应在D处垫入一定厚度的垫片,将地脚螺栓拧紧后,再用水平仪重复测定,直至符合直线度标准为止。

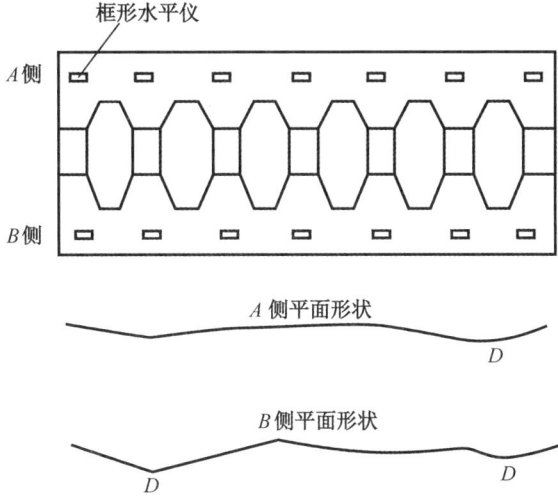

图2-2-24　机座实测示例

有时亦可使用一块长1 m左右的平铁放在机座上平面上,用塞尺检查平铁与上平面的接触情况,其间不准有空隙,即0.03 mm塞尺应无法插进,然后将框形水平仪在该平铁上逐段进行测量,这种方法同样可以测量整个长度内沿纵向和横向的直线度偏差。

④光学仪器法

用光学仪器测量机座上平面时,目前多采用平面扫描仪,如图2-2-25所示。平面扫描仪由望远镜支架1、回转光学直角头6、光学测微器3、出口窗目标4(镀有一圆点)、垫块5和四个目标(图2-2-25(b))组成。回转光学直角头中装有五棱镜,使望远镜光学视线转折90°。光学直角头回转360°可以扫出一个基准面。光学测微器的作用与望远镜测微器相同。出口窗目标4用来调整望远镜的光学视线与回转光学直角头6回转轴线的重合性。校正回转轴线与光学视线重合的方法:准直望远镜装入扫描仪望远镜支架孔中并紧固后,将测微准直望远镜和平面扫描仪的光学测微器均调到"0"位上,对望远镜调焦观察光学头窗口目标,并使光学头旋转360°(如果窗口目标圆点始终与望远镜十字线交点重合,说明光学头回转轴线与光学视线重合;当光学头窗口目标圆点与望远镜十字线交点不重合时,用望远镜光学测微仪测出光学视线对窗口目标的偏移值);再调整望远镜光学测微仪和调整光学头窗口目标的圆点位置,使窗口目标圆点与十字线交点重合,并锁紧准直望远镜的测微鼓轮,然后检查调整,直至完全重合为止。

平面扫描仪带有四个相同的目标,如图2-2-25(b)所示。目标图案条纹均平行于目标底座,并具有同样的高度。底座中带有磁脚。目标图案是一条宽度不同的台阶式条纹,宽度不同是为了适应不同的测量距离,一般远距离选用较宽的条纹。目标图案上有箭头,便于判断高于或低于基准平面,防止对测量结果做出错误的解释。

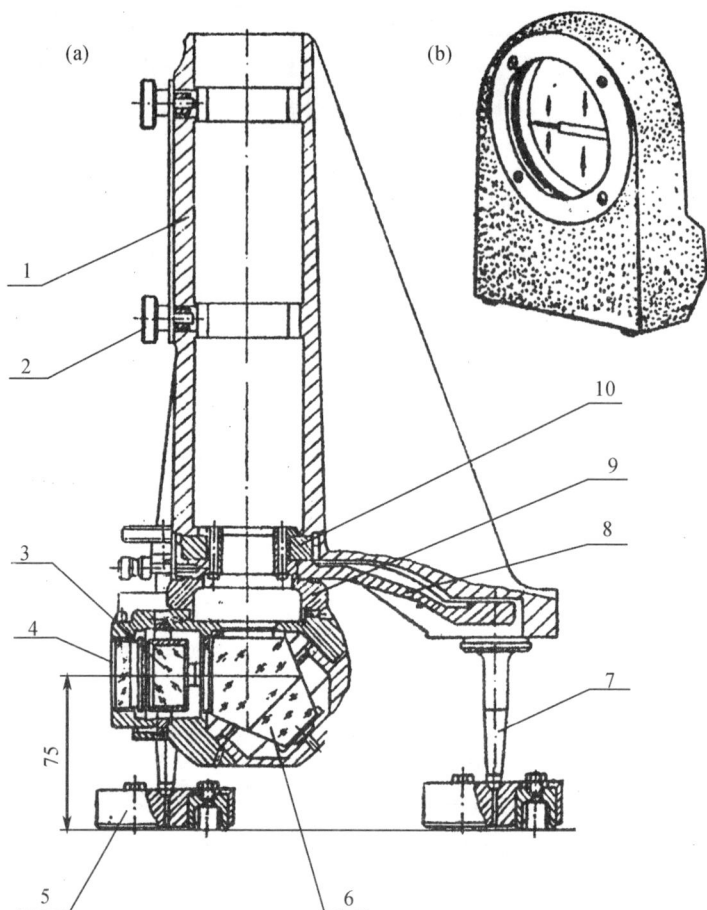

1—望远镜支架;2—锁紧曙钉;3—光学测微器;4—出口窗目标;5—垫块;
6—回转光学直角头;7—固定支脚;8—摆杆;9—回转轴;10—回转轴支承。

图2－2－25　平面扫描仪及其目标

利用平面扫描仪安装机座的工艺过程如下:

首先调整仪器位置,将准直望远镜插入三脚架孔中并调整其光学视线与光学头回转轴线重合。然后如图2－2－26所示,将仪器放在机座一边的中间位置,在机座上平面之两角各放一个平面扫描仪目标,与仪器相对的另一边中间位置也安放一个平面扫描仪目标,各目标正面朝向仪器。将望远镜向各目标调焦,并通过调整三脚架之调整螺钉使准直望远镜的十字线交点与各目标精确对中,这时光学视线上的十字线中心已调到三个目标所组成的基准平面上。然后测量各测量点对基准平面的高度差。将平面扫描仪目标放到规定的测量点。仪器对准目标,如果测量点相对基准目标有高低,则目标图案线与准直望远镜十字线不重合。调整扫描仪的光学测微器,使仪器十字线中心与目标图案线重合。从扫描仪鼓轮上可以读出该测量点与准直望远镜十字线中心高度差,亦即测量点与三个基准点的高度差。如果该值超过机座上平面平面度的要求,则调整机座垫块,直至符合要求。机座上平面高低经调整后,基准点已发生变动,因此再次检查时需要重新调整仪器的位置(方法同上),之后再进行测量。

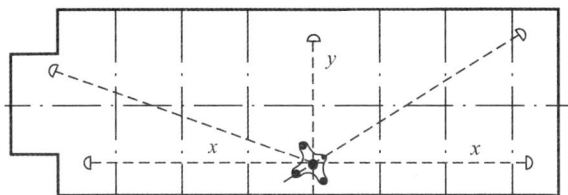

图 2 - 2 - 26 平面扫描仪测量机座上平面

对于 MAN B&W 型柴油机,可采用激光测量装置测量机座上平面的平面度和水平度,其装置结构如图 2 - 2 - 27 所示,由激光发生器、激光接收器和操作单元组成。

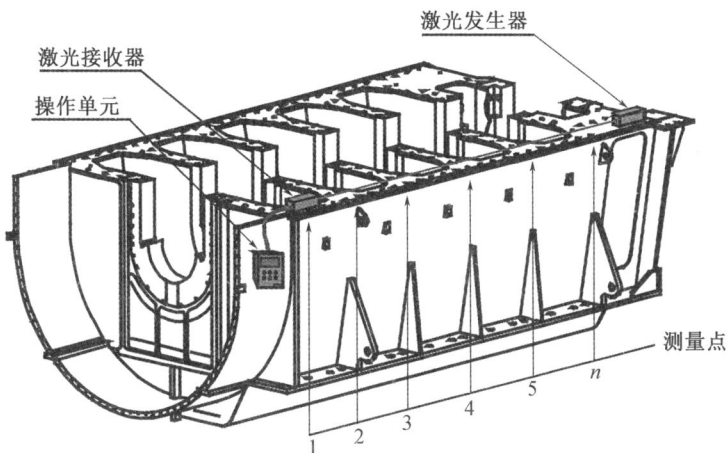

图 2 - 2 - 27 平面度激光测量装置

采用该激光测量装置应该注意以下事项:

a. 确保测量区域没有风机运转。

b. 确保测量区域不受加热的影响。

c. 确保激光接收器和激光发生器不接触机器,如通过磁力座安装固定。

d. 确保激光发生器用磁力座安装固定良好。

e. 检查激光接收器显示的测量值为"1",如果有变化,应增加过滤值。

f. 测量值最大存储量为8。

采用激光测量装置测量操作程序如下:

a. 将激光发生器和激光接收器分别装于机座的两端,开启激光,并等待 10 min。

b. 调整激光发生器使激光能打在激光接收器的靶板上 ◉。将操作单元与激光接收器连接。

c. 按 1 平直度→ENTER ;按 1 垂直度→ENTER 。

d. 输入测量点编号→ENTER ;输入测量点距离→ENTER 。

e. 设置滤波时间为 10 s。

f. 向下移动靶板 ◎ 打开激光接收器,按 ENTER 获取第一个测量点的测量值 。

g. 移动激光接收器到下一个测量点,按第一个测量点的测量方法测量下一点的值。

h. 当所有测量点测量完成后,复测点 10 和点 12。

i. 设置 0 点,通常设置 $1^\#$ 主轴承和 $n^\#$(最后一道)主轴承这两道主轴承测量点为 0 点。

j. 重复测量至少 2 次。

注:测量 ◁▷ 切换目录,始终按 ENTER 执行👍。

⑤MAN B&W 5S60MC – C 型柴油机机座校水平

MAN B&W 5S60MC – C 型柴油机机座校水平的工艺过程如下:

a. 检查机座底平面清洁后,将机座吊上试车台铁凳。

b. 如图 2 – 2 – 28 所示,在机座上平面上的各主轴两侧的测量位置放置水碗,然后用透明塑料软管将各水碗互相连接起来,用水注满各水碗和塑料软管,注意塑料软管里不能有空气。

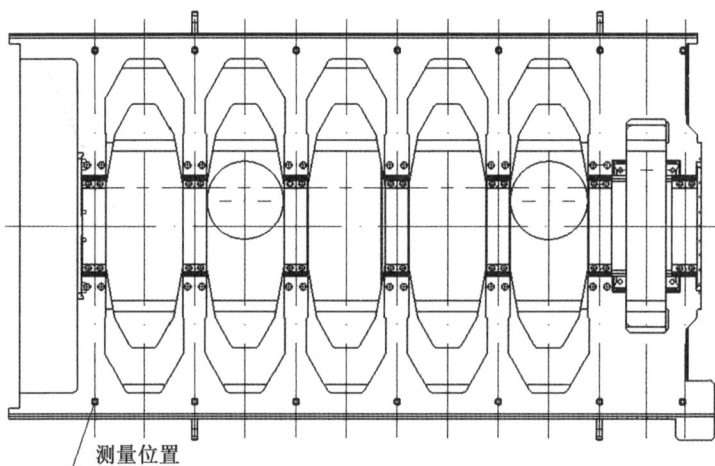

图 2 – 2 – 28 MAN B&W 5S60MC – C 型柴油机机座上平面校水平水碗布置

c. 待水面平静后,用螺纹测微仪测量机座上平面到水表面的距离,要求:

(a)纵向的直线度偏差:<0.05 mm/m,全长 <0.15 mm;

(b)横向的直线度偏差:全宽 <0.07 mm。

d. 连接机座与试车台架铁凳的底脚螺栓,根据试车台的拧紧要求拧紧。

e. 复测机座上平面的平面度,若不符合要求,可通过在机座与台架铁凳之间垫垫片进行调整,直到连接机座与试车台架铁凳的底脚螺栓拧紧后,机座上平面的平面度符合要求为止。

3. 主轴承座孔泵孔检查

(1)主轴承座孔精度检查

机座上平面校正合格后,首先应检查主轴承底孔的表面精度,一般用样轴涂色油进行检查。要求底部 60° 范围内着色面积大于 80%,且分布均匀,如果不符合要求,可适当研刮。

(2)主轴承座孔同心度检查

目前常采用拉线法检查主轴承座孔同心度。该方法操作简易,工具简单,但需有较熟练的测量手艺,否则会产生测量误差,影响精度。图 2 – 2 – 29 是常见的座孔拉线示意图,所拉的钢丝长度应超过机座总长度,钢丝直径以 0.30 mm 为宜,拉线时应以第一道和最末道的座孔中心为基准,使钢丝与它们的中心重合,然后将钢丝固定好。

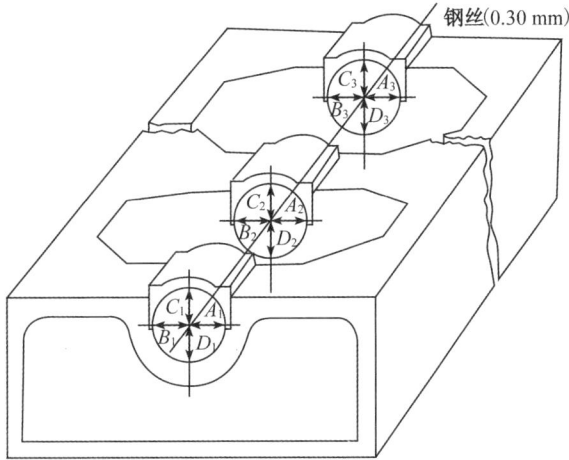

图2-2-29　座孔拉线示意图

钢丝被固定后,就可按座孔顺序测量每个孔的 A、B、C、D 尺寸,按其结果便可求出座孔中心的同心度偏差,但必须注意垂直平面内的测量结果应减去钢丝的向下挠度值,才能获得正确的偏差值。

座孔中心的同心度允许偏差在机座全长内一般不应超过 0.15 mm,三道相邻座孔之间不应超过 0.04 mm。注意:WinGD RTA 型柴油机为了保证曲轴第 1 缸(从尾部数)和第 n 缸的臂距差在合理的范围内,规定艏艉端的主轴承比其他主轴承要高,具体的抬高量遵循技术部门通知。

除拉线法外,对于座孔中心的同心度还可用光学望光法、假轴法等进行测量。而平板法可测量主轴承孔垂直方向的同心度和座孔中心线对机座上平面的平行度,如图2-2-30所示。这种测量方法简单、方便,而且容易掌握,只需配备一块宽 100 mm、长 1 m 左右的平板,把它搁置在座孔上面(此时轴承盖已拆去),用 0.03 mm 的塞尺检查平板与上平面的接触部位,如不能插入,则证明它们的接触是紧密贴合的,然后按图所示,用内径千分尺测取平板与座孔最低圆弧处的距离,有时亦用百分表测量其相对的变化值。测量时应注意每道座孔要取前后两个测量点 A_1、A_2,并依次完成各道座孔的测量工作,即可求出它们的同心度和平行度。

图2-2-31所示为测量各道主轴承座孔的深度 T 值。测量时应做好记录,并将各道座孔的深度 T 和相对应的曲轴主轴颈序号做计算核对,以便选配好主轴承下瓦的厚度,计算公式为

$$\delta = T - t - d/2$$

式中　δ——主轴承下瓦厚度,mm;

　　　T——机座上平面至座孔底部距离,mm;

　　　t——主轴承中心至机座上平面距离,mm;

　　　d——曲轴主轴颈直径,mm。

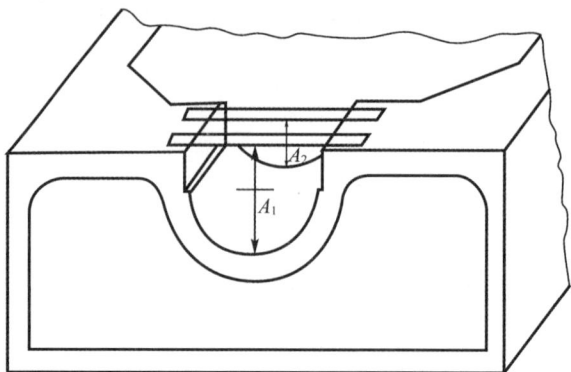

图 2 – 2 – 30　平板法测量

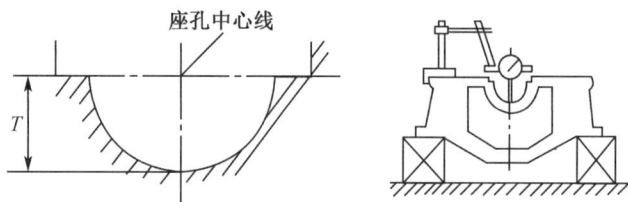

座孔中心线

图 2 – 2 – 31　测量主轴承座孔深度

（3）主轴承座孔泵孔检查

如图 2 – 2 – 32 所示，MAN B&W 5S60MC – C 型柴油机主轴承座孔泵孔检查的过程如下：

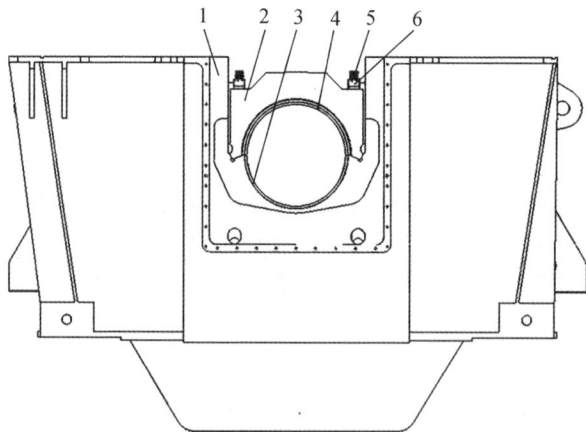

1—机座中间体;2—主轴承盖;3—主轴承下瓦;
4—主轴承上瓦;5—螺柱;6—圆螺母。

图 2 – 2 – 32　MAN B&W 5S60MC – C 型柴油机主轴承座孔泵孔检查

①清洁主轴承上下轴瓦、螺柱后，种入螺柱，螺柱种入端的螺纹处涂二硫化钼，拧紧力矩为 400 N·m。

②测量轴瓦的尺寸

a. 自由伸展长度:758 ~ 761 mm。

b. 轴瓦厚度：

天地：$18_{-0.26}^{-0.24}$ mm；

结合面：$18_{-0.30}^{-0.28}$ mm。

③清洁主轴承座孔，在主轴承座孔内涂上色油，装上主轴承下瓦，并上好止动螺钉。

④清洁主轴承盖的内孔，在主轴承盖的内孔上涂上色油，装上主轴承上瓦，并上好止动螺钉。

⑤安装主轴承盖，用专用的液压拉伸器按规定的步骤泵紧主轴承，泵压为150 MPa。注意：WinGD RTA型柴油机主轴承泵紧方法有所不同。以6RTA48T - B型柴油机为例，其主轴承泵紧过程是：用双缸液压拉伸器泵压，第一步泵至60 MPa，螺母及哈夫面无间隙；第二步泵至150 MPa，检查第一步至第二步旋紧角为60°。

⑥测量主轴承孔径

天地：$\phi 720_{+0.48}^{+0.60}$ mm；

结合面：$\phi 720_{+0.56}^{+0.68}$ mm。

⑦在主轴承上下瓦、主轴承盖及机座的相应部位上打钢印。

⑧泵松主轴承盖，拆下主轴承上、下瓦，检查瓦背的着色面积应 >75%，并着色均匀。

⑨对轴承进油孔进行封口，并将油管定位。

⑩装妥油底壳盖板和出口网栅。

4. 轴向减振器及刮油环壳体定位

现代大型柴油机一般装有轴向减振器、刮油环等，其安装定位均以曲轴轴线为基准，有同轴度的要求。实际安装时通常以主轴承座孔轴线为基准，采用拉线法或假轴法进行定位安装。一般要求水平方向同轴度偏差不大于0.05 mm，垂直方向则要考虑曲轴轴线与主轴承座孔轴线的偏差，安装时对该偏差加以计算修正即可。

MAN B&W 5S60MC - C型柴油机轴向减振器定位的过程如下：

①检查并清洁机座接触表面，去除毛刺并清洁减振器上、下部，按图纸要求仔细检查减振上、下部凹槽内部和槽的圆角及倒角符合图纸要求。

②如图2 - 2 - 33所示，在机座上安装减振器下部，装入减振器下半体上的连接螺栓。橡胶密封圈暂不装，以第一挡主轴承孔为基准，校调减振器孔与主轴承孔的不同轴度，要求：左右方向与曲轴轴线偏移量≤0.05 mm；垂直方向应低于曲轴轴线（0.27 ±0.1）mm。

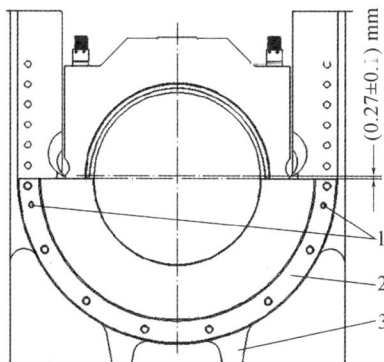

1—定位销孔；2—减振器下部；3—机座。

图2 - 2 - 33　MAN B&W 5S60MC - C型柴油机轴向减振器定位

③拧紧轴向减振器的连接螺栓,对机座和减振器钻铰 $2 - \phi 20^{+0.021}_{0}$ 定位销孔,并配妥定位销。

④拆下轴向减振器下部。

5. 推力轴承预装及刮油环壳体定位安装

MAN B&W 5S60MC – C 型柴油机推力轴承预装的过程如下:

①将带有探测孔的推力块放在第一块,然后将推力块装入推力轴承座,用 0.05 mm 的塞尺检查推力块匹配面之间应无间隙。

②通过选配应使推力块与推力轴承座之间齐平,或略高于推力轴承座,如果通过选配不能满足要求,则应如图 2 - 2 - 34 所示,测量推力轴承与推力块的高度差,并根据测量尺寸进行单配。

③在机座的后端装妥推力轴承罩壳,罩壳内槽清洁干净并涂二硫化钼后装妥拉伸弹簧。

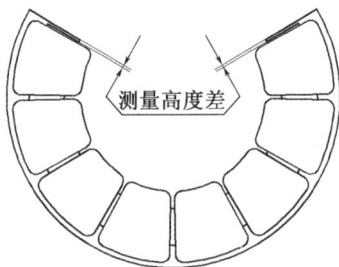

图 2 - 2 - 34   MAN B&W 5S60MC – C 型柴油机推力轴承预装

三、三大件定位

机座、机架、气缸体是大型低速柴油机的三大固定件(三大件),在机座上平面校水平达到要求后,这三个部件要经过相互定位,并做必要的调整和修整,方可进入下一步的总装。

1. 机架在机座上定位

目前,整体机架总装这种安装工艺愈来愈被广泛采用,主要是因为其简单、方便。将整体机架(组装好的机架)吊装在机座上平面进行机架的纵横向定位工作,位置定妥后,钻铰机架与机座的紧配螺栓孔,配制紧配螺栓就完成了机架的定位工作。

如图 2 - 2 - 35 所示,机架在机座上定位的要求如下:

①横向定位:机架的导板安装面中心面与机座主轴承座孔中心线重合。

②纵向定位:机架的小导板工作面中心面与机座上相邻两主轴承纵向中心点连线的中点重合。

此外,机架与机座的结合面应接触紧密,用 0.05 mm 塞尺检查一般应无法插入,但允许局部插入,其插入深度不应超过 15 mm,以不造成漏油缺陷为准。定好位后,机架、机座同钻铰定位孔,一般泵侧、排气侧各取 3 个定位孔。

为防止机座、机架在定位过程中发生变形,定位后还要对机架导滑板尺寸进行复查,主要有大、小导滑板开挡尺寸,以及各缸导板共面度等。还要检查机架上平面水平度,一般要求纵向每米不大于 0.05 mm,全长不大于 0.1 mm;横向不大于 0.05 mm。

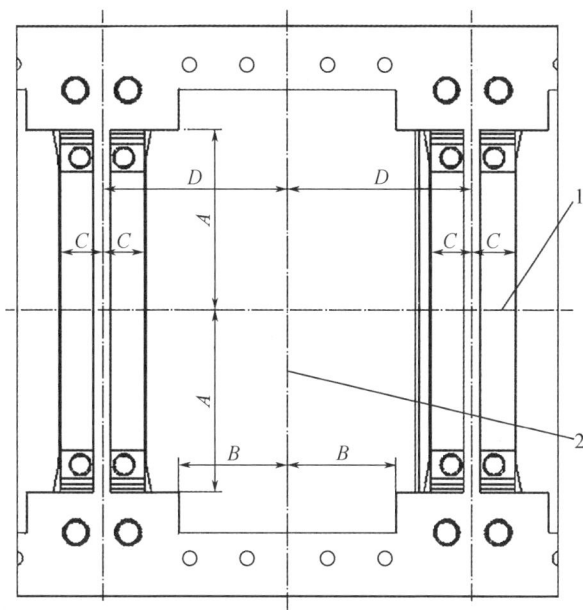

1—导板安装面中心面、主轴承座孔中心线；
2—小导板工作面中心面、主轴承纵向中心点连线的中点线。

图 2 – 2 – 35　机架与机座定位要求

2. 气缸体定位

气缸体定位的要求如下：

①横向定位：气缸中心线与曲轴中心线垂直相交。

②纵向定位：气缸中心线与相邻的两主轴承纵向中心点连线的中点重合。

传统的气缸体定位方法是整个气缸体部件纵向以机架中线痕定位，横向利用定位块初步定位。然后，在首尾两气缸内各拉一条铅垂线。该线的上基准点是气缸的填料孔，下基准点是这样确定的：纵向以曲柄开挡对称取中；横向通过主轴承轴线。如果这两条钢丝线分别与首、尾缸之轴线重合，则可铰配首、尾墙板紧配定位螺栓；不重合时常常研刮气缸体与机架之间的结合面。

3. MAN B&W 5S60MC – C 型柴油机三大件定位

现行的三大件定位工艺大多以机座、机架、气缸体三者的输出端端面作为纵向的定位基准，而横向的定位基准则为各结合面的燃油泵侧侧面。如图 2 – 2 – 36 所示，MAN B&W 5S60MC – C 型柴油机三大件定位工艺过程如下：

（1）机架定位

①清洁并修理机座上平面，用汽油清洗机座中间体内的贯穿螺栓螺纹孔。

②清洗贯穿螺栓下部螺纹，试装所有螺孔都能顺利旋入。

③在机座输出端上平面装机架纵向定位工具，工具凸台必须紧贴机座输出端基准面；在机座泵侧油槽首尾装横向定位工具并楔紧。

④吊起机架，修理并清洁机架底部，将机架吊入机座并贴靠纵横向定位工具。

⑤检查机架与机座贴合面应 0.05 mm 塞尺无法插入。

⑥机架找正：用 0.03 mm 塞尺检查机架与纵向横向定位工具均应无法插入，如果有间

隙,则用纵横向移位工具将机架顶靠至定位工具。

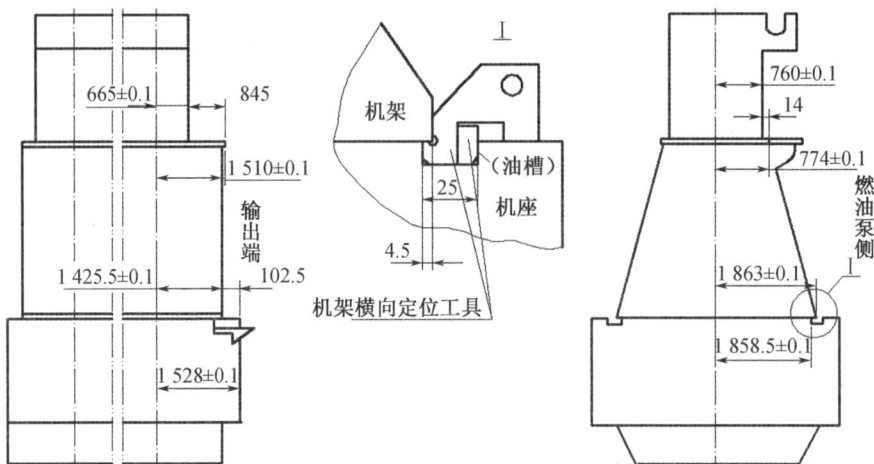

图 2 - 2 - 36　MAN B&W 5S60MC - C 型柴油机三大件定位

⑦机架、机座分段装连接螺栓,拧紧后应复检定位尺寸,其余所有螺孔均应试装。

⑧机架、机座同钻铰紧配螺栓孔,燃油泵侧及排气侧共 6 孔,将铰孔尺寸提供给工艺员。

⑨导板尺寸测量检查

a. 测量大导板尺寸为 $984^{+0.3}_{+0.2}$ mm。

b. 测量小导板开挡尺寸为 $600^{+0.2}_{0}$ mm。

c. 机架首尾纵贯拉一钢丝,首尾泵侧校准,测量各缸导板共面度为 0.1 mm。

⑩测量、检查机架上面水平度:纵向 0.05/1 000,全长 0.10 mm,横向全宽 0.05 mm。

(2)气缸体定位

①清理、修理机架上平面,在机架上装气缸体移位工具。

②吊起气缸体,清理、修理气缸体下平面,将气缸体落入机架上大至对准螺孔。

③检查气缸体与机架贴合面应 0.05 mm 塞尺无法插入——交验。

④分段各挡初装紧固螺栓,找正定位后每个螺孔都应试装。

⑤气缸体找正

a. 调整气缸体纵向位置,测量气缸体输出端面至机架输出端面距离应为(845 ± 0.1)mm。

b. 调整气缸体横向位置,测量气缸体下部泵侧侧面与机架上部泵侧侧面的距离应为(14 ±0.1)mm,其首尾两端都要测量,且两端差值不大于 0.05 mm。

注:气缸体及机架的定位尺寸因加工存在误差,具体数据由加工车间提供。

⑥气缸体与机架同钻铰紧配螺栓孔,并将铰孔尺寸提供给工艺。

⑦拆下气缸体、机架定位工具。

4. WinGD 6RTA48T - B 型柴油机三大件定位工艺

(1)三大件定位的要求

WinGD 6RTA48T - B 型柴油机三大件定位的要求与 MAN B&W 5S60MC - C 型柴油机三大件定位的要求基本相同,通常如下:

①机架与机座定位

a. 横向:机架以大导板工作面为基准,机座以主轴承座孔中心为基准。

b. 纵向:机架与机座均以输出端端面作为定位基准。

②气缸体定位

a. 横向:气缸体以下部活塞杆填料函安装孔中心为基准,机架以大导板工作面为基准。

b. 纵向:气缸体以下部活塞杆填料函安装孔中心为基准,机架以小导板工作面为基准。

(2)机架在机座上定位

三大件定位前,机座水平找正应已结束,机座其余工序可在三大件定位结束后进行,但与三大件合拢时必须配管子的工序应同步进行,主轴承座面等加工面应妥善保护。

①机架吊装

修理机座、机架结合部平面,在机座输出端挡油盖平面装机架与机座定位的纵向定位板,将机架吊至机座上,输出端紧靠定位板,横向初步对准螺孔,用 0.05 mm 塞尺检查机架、机座接合面无法插入,将定距管、螺栓底端朝上装入机架内侧和外侧、输出端外侧、齿轮箱内侧,每挡初步拧紧几个螺栓。

②机架的找正定位

a. 横向:机架首尾导板吊钢丝线,导板上部钢丝调到中心,测量机座主轴承座孔与中心线(钢丝)对中,误差≤0.06 mm,若不符合要求,则用机架横向调整工具调整。

b. 纵向:输出端端面与定位工具板之间,0.03 mm 塞尺无法插入。

c. 机架、机座同钻铰 ϕ20 mm 锥形定位销孔,配妥锥形定位销后试装锥形定位销,锥形定位销敲入后,其头部应与机架平齐。

③导滑板工作面尺寸复测

a. 机架中心孔纵向拉钢丝,首尾调至中心,测量各导板面相对中心线尺寸≤0.2 mm,单缸≤0.03 mm。

b. 各导板吊线,测量垂直度≤0.08/1 000,单缸导板垂直方向每对平行度≤0.05 mm。

c. 测量导滑板开挡尺寸为$820_0^{+0.25}$ mm。

d. 测量小导板垂直度≤0.15/3 480,单缸小导板垂直方向每对平行度≤0.1 mm。

e. 测量小导板开挡尺寸为 464 ± 0.1 mm。

④齿轮挡轴承座面尺寸复测及修研

a. 沿自由端方向检查各法兰面垂直度≤0.03 mm,横向以加工面为准。

b. 用色油检查并修研法兰面,着色面积≥50%均布,同时考虑垂直度要求。

c. 以色油及垂线合格的一面法兰为基准,上、下、左、右共4点测量开挡尺寸及两法兰平行度,开挡尺寸为$372_0^{+0.2}$ mm,上、下、左、右4点平行度≤0.03 mm。

d. 完成后交验。

⑤检查机架上平面的水平度

a. 检查机架上平面的水平度,要求:纵向全长范围内误差≤0.10 mm;横向全宽范围内误差≤0.05 mm。

b. 完成后交验。

(3)气缸体定位

WinGD 6RTA48T－B 型柴油机气缸体定位工艺过程如下:

①修理缸体,机架安装平面,将缸体纵横向移位工具预先装至机架缸体上。

②缸体吊于机架上,纵横向初步对中落入机架上,行车吊索不吃力,用0.05 mm塞尺检查机架缸体接合部无法插入。适当收紧行吊钢索。

③螺栓件旋入缸体各螺孔。

④用缸体纵横向移位工具调整缸体位置,以机架大小导板面为基准测量缸体填料函ϕ350 mm孔调整缸体纵横中心。要求以1、6号缸为基准,横向允差≤0.05 mm,纵向各缸借中。

⑤拧紧各缸螺栓,松开行车钢索,用电磁钻磁于机架上平面,在燃油侧缸体门盖处钻铰ϕ30 mm锥销孔并试装锥销。

三大件定位完成后,还要进行自由端罩壳定位,试装,贯穿螺栓试装等工作,然后吊下气缸体、机架,拆下所有试装定位件,清理、保养加工面,妥善保管紧固件,准备进行下一步的总装工作。

2.2.2 曲轴总装

曲轴总装主要包括曲轴安装、推力轴承安装、输出端刮油环安装、轴向减振器安装、盘车机安装等工作。

一、曲轴安装

主轴瓦配好并安装主轴瓦下块后,即可将曲轴吊入机座,进行曲轴的安装测量和检查工作。

1. MAN B&W 5S60MC – C型柴油机曲轴安装的主要技术要求

①曲轴主轴颈与主轴承下瓦应均匀接触、紧密贴合,着色检查时,底面120°范围内着色面积≥75%均布,结合面处不允许有色油。

②曲轴装妥后,各主轴颈的径向跳动量应<0.08 mm。

③盘车检查曲轴曲臂差,要求:通用各挡≤0.14 mm;首尾两挡≤0.56 mm。

④曲轴装妥后,应做桥规测量并记录。

⑤主轴颈与轴承之间的径向间隙应为:

天地:0.48~0.68 mm;

结合面:0.56~0.76 mm。

⑥主轴颈与主轴承之间的轴向间隙应为:

推力间隙:0.5~1.0 mm;

曲柄臂前端与主轴承端面间隙:>14.4 mm;

曲柄臂后端与主轴承端面间隙:>12.9 mm。

2. MAN B&W 5S60MC – C型柴油机曲轴安装

曲轴安装时,首先应根据机座的主轴承座孔深度值选配轴瓦,然后压瓦检查,轴瓦背面与主轴承座孔的贴合情况及轴瓦内孔直径符合要求后,方可进行曲轴的安装。曲轴的安装过程如下:

(1)曲轴着色检查

①根据机座的主轴承座孔深度值选配轴瓦,将机座主轴承座孔清理干净,按顺序号将主轴承下瓦安装到位,并用止动螺钉固定。

②将曲轴组件(曲轴、传动链轮、飞轮)平行地平稳吊起,在各道主轴颈上涂以一层薄薄

的色油,继续平行地吊高曲轴组件,缓慢、小心地将它吊入机座主轴承下瓦上。

③转动曲轴1~2周,吊出曲轴,检查轴承瓦面及瓦背色油,应符合要求。

（2）曲轴定位安装

①清洗各轴瓦瓦面及瓦背的色油,将主轴承下瓦按钢号顺序装入机座各挡内。

②清洗曲轴轴面,在机座各挡主轴瓦上加入高黏度的润滑油,将曲轴吊装入机座内。

③用框形水平仪或专用测平仪测量主轴颈和曲柄销颈的水平状况,其允许偏差≤0.10 mm/m。

④如图2-2-37所示,用划针盘及百分表放在主轴颈的最高点上,缓慢转动曲轴,检查曲轴转一周中百分表的读数变化值,其最大值与最小值的差值便是主轴颈的跳动值,每道主轴颈必须测量前、中、后三个截面上的跳动值,其跳动量应符合要求。

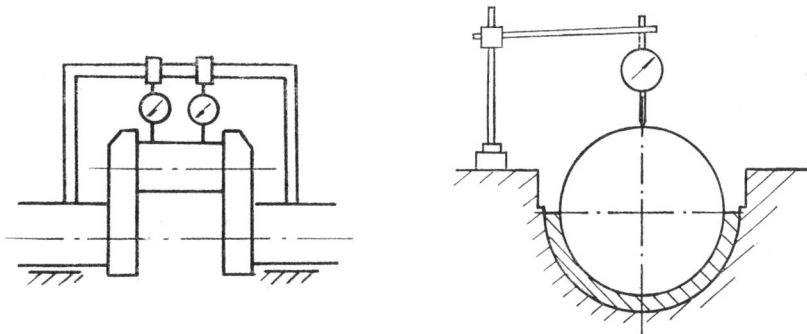

图2-2-37　曲轴在机座内主轴颈跳动测量

⑤对于每道主轴颈的首尾两点,用专用桥规测取桥规与主轴颈之间的距离,做好记录,并将这些距离值刻印在桥规上,备作原始记录。

⑥将主轴承上瓦按钢号装至主轴承盖上,并按钢号将主轴承盖装至相应各挡内。

⑦按工艺规定的压力值泵紧主轴承,泵压150 MPa。

⑧用专用长塞尺检查主轴间隙应符合规定值。

⑨在每个曲拐开挡内,装妥曲柄臂距量表,缓慢转动曲轴一周,检查每个曲拐的曲柄臂距差应符合要求。

二、推力轴承安装

1.推力轴承安装的主要技术要求

①止动架螺栓泵紧压力为150 MPa。

②止动架与推力块之间的间隙为（2±1）mm。

2.推力轴承安装

柴油机工作时温度升高,曲轴会伸长,这时应使曲轴能有自由伸长的余地,即要有适当的轴向间隙。现代大型低速柴油机多用作船舶主机,采用直接传动,为保证适当的轴向间隙,并承受轴向推力及限制曲轴轴向串动,一般装有推力轴承或止推轴承。

MAN B&W5S60MC-C型柴油机推力轴承的安装过程如下:

①纵向调整曲轴,使各挡曲臂处于机座中心位置,同时检查曲轴上推力环与壳体的相对位置,以及曲轴减振环与自由端减振器壳体中环槽的间隙应符合要求,若不符则应调整。

②测量机座推力座面至曲轴推力环工作面距离,正车"A",倒车"F"。

③根据机型确定推力块厚度,即:

正车推力块厚度$\delta_a = A - H$;

倒车推力块厚度$\delta_f = F - (H + \delta)$。

注:H——推力盘厚度;δ——推力间隙。

④将加工好的推力块敲好钢印标记后,装入机座推力挡内,在曲轴轴向装百分表,轴向串动曲轴,确认推力间隙符合规定值,如图2-2-38所示。

⑤装妥止动架,确保与推力块有间隙后泵紧,泵压150 MPa,测量止动架与推力块之间的间隙应为(2±1) mm,如果尺寸不符合要求,则需要对止动架进行单配。

⑥装妥喷管及润滑管路。

⑦用螺栓在曲轴链轮的挡肩上装妥推力块保护板。

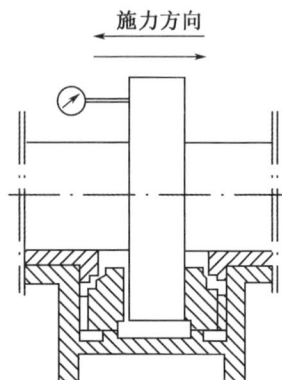

图2-2-38 推力间隙测量

三、输出端刮油环安装

1.输出端刮油环安装的主要技术要求

①甩油圈与刮油环壳体的间隙为(1.5±0.1) mm。

②刮油环壳体同曲轴轴颈的径向间隙为(0.5±0.1) mm。

2.输出端刮油环安装

为防止润滑油泄漏,在曲轴输出端装有刮油环,MAN B&W 5S60MC-C型柴油机曲轴输出端刮油环安装过程如下:

①轴向推动曲轴使推力环靠向输出端推力块无间隙。

②将两半甩油圈用内六角螺栓初步安装在刮油环壳体前端的曲轴颈上,调整甩油圈与刮油环壳体的间隙为(1.5±0.1) mm后,拧紧内六角螺栓。

③将拉伸弹簧由刮油环壳体下半油槽穿入后装于曲轴轴颈上。

④将刮油环壳体上部清洗后,在贴合部哈夫面上涂密封胶,用铰制螺栓及连接螺栓将上、下壳体合拢,并拧紧螺栓。

⑤用塞尺检查刮油环壳体同曲轴轴颈的径向间隙为(0.5±0.1) mm。

四、轴向减振器定位

1.轴向减振器定位的主要技术要求

①螺柱M24和M52的旋入力矩均为100 N·m。

②M24的螺柱拧紧力矩为660 N·m,M52的螺柱液压泵紧压力为150 MPa。

③减振器上、下壳体与机座的连接螺栓的拧紧力矩为1 200 N·m。

2.轴向减振器定位

MAN B&W5S60MC-C型柴油机曲轴轴向减振器安装过程如下:

①在轴向减振器下壳体上旋入连接螺柱,螺柱M24和M52的旋入力矩均为100 N·m,敲入$\phi20$ mm定位销。

②如图2-2-39所示,用拉伸弹簧将减振器的油封紧固于曲轴油封环上。

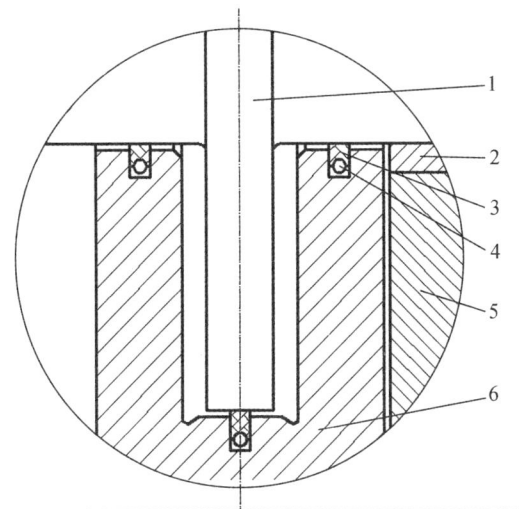

1—曲轴;2—主轴瓦;3—油封;4—拉伸弹簧;
5—主轴承座;6—减振器。

图 2 - 2 - 39　轴向减振器安装

③将减振器上壳体与下壳体合拢,对准定位销。

④上紧上、下壳体的连接螺柱,螺柱 M24 的拧紧力矩为 660 N·m,对螺柱 M52 用专用的液压拉伸器泵紧,泵压为 150 MPa。

⑤拧紧减振器上、下壳体与机座的连接螺栓,拧紧力矩为 1 200 N·m,穿好保险钢丝。

五、盘车机安装

盘车机安装时,应检查盘车齿轮与飞轮齿轮的啮合精度,齿顶隙和齿侧隙应满足技术要求,并用色油检查齿轮接触情况,啮合面色点分布应均匀,在宽度方向齿轮应基本同心。

1. 盘车机安装的主要技术要求

①盘车机齿轮与曲轴齿轮的啮合间隙要求:齿顶隙为 17～19 mm;齿侧隙为 5～7 mm。

②盘车机连接螺栓的拧紧力矩为 1 200 N·m。

2. 盘车机安装

MAN B&W5S60MC - C 型柴油机盘车机安装的过程如下:

①将盘车机吊上机座盘车机安装板。

②穿妥盘车机的连接螺栓,轻轻拧紧。

③将盘车机在腰形孔中移动,使盘车机中心到曲轴中心的水平方向距离为 1 817 mm。

④啮合上盘车机,盘车机的齿应在飞轮齿谷中居中,齿的啮合长度应符合要求。

⑤测量盘车机中心到飞轮中心的垂直距离为 a,配制厚度为 $(900 - a)$ mm 的垫片。

⑥将盘车机脱开飞轮,松开连接螺栓,垫妥垫片后再轻轻拧紧盘车机连接螺栓。

⑦啮合上盘车机,测量盘车机与飞轮的齿顶隙和齿侧隙。

⑧通过垫片厚度和盘车机在座板孔中的微量调整,使盘车机齿顶隙为 17～19 mm,齿侧隙为 5～7 mm。

⑨配钻铰紧配螺栓孔,配制紧配螺栓后将其上紧,然后上紧所有连接螺栓,拧紧力矩为 1 200 N·m。

⑩安装完后在齿轮上涂润滑油脂。

2.2.3 机架总成和连杆总成安装

机架、缸体的安装主要要求三大件之间要有一定的位置精度。如前所述,三大件定位后,其相互位置精度得到了保证,因此机架、缸体的吊装相对就比较简单了。

一、机架的安装

MAN B&W 5S60MC-C 型柴油机机架总成安装的过程如下:

①将机架平行吊起,检查机架下平面的边缘及各螺孔口有无毛刺,必须把所有毛刺修光,并清理机体内外表面、各导滑板面。慢慢地吊高机架,移至机座上空。

②对机座上平面做最后的清洁检查,在机座上平面上涂密封胶。

③缓缓放下机架,当机架接近机座时,在它们首尾端的铰制螺孔内插入引导杆,由引导杆作为校中工具,让机架坐落在机座上,如图 2-2-40 所示。

④先装妥紧配螺栓、定距管和螺母,以紧配螺栓定位,然后装妥各连接螺栓、定距管和螺母等并拧紧,所有螺栓的拧紧力矩为 1 340 N·m,装妥所有防松装置。

⑤安装轴向振动监测仪、自由端罩壳等部件。安装自由端罩壳时,首先测量机架与机座自由端凸台高度,按此尺寸制作软木橡胶垫,然后修理罩壳及机座机架安装贴合面,将软木橡胶垫用黏结剂粘于罩壳上,在机座及机架上安装双头螺柱,将上、下罩壳用螺母固定即可。

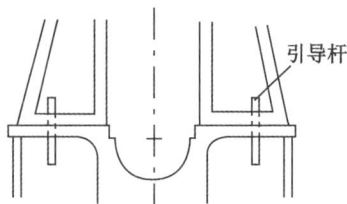

图 2-2-40 机架安装示意图

二、连杆总成的安装

1. MAN B&W 5S60MC-C 型柴油机连杆总成安装的主要技术要求

①连杆大端轴承盖螺柱泵紧压力为 150 MPa。

②滑块与机架导板的配合间隙为 0.2~0.55 mm。

③曲柄销轴承底部两侧的间隙应为 0.4~0.64 mm。

④十字头的天地间隙应为 0.275~0.375 mm,结合面处的间隙之和为 0.45~0.57 mm,且单边大于 0.1 mm。

2. MAN B&W 5S60MC-C 型柴油机连杆总成安装

当十字头组、连杆组等零件组装合格后或这些零件经预装检查合格后,即可进入总装工序,将各个组件按总装工艺程序逐组装入机架内。MAN B&W 5S60MC-C 型柴油机连杆总成安装的过程如下:

①检查机架导板、曲柄销、滑块、连杆大端连接面及轴瓦表面状况良好。

②将曲柄销盘到止点后 90°,将连杆大端轴承盖连同螺柱总成一起吊入油底壳放好。

③将曲柄销盘车到上止点,在曲柄销及机架导板面上涂润滑油,如图 2-2-41 所示,将连杆十字头组件吊进机架,大端轴承落在曲柄销上。

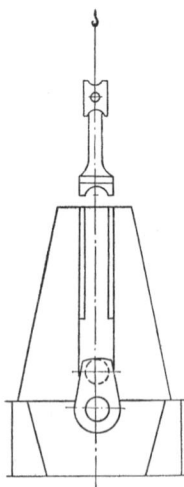

图 2-2-41 连杆总成吊装示意图

④将连杆大端轴承盖吊上合拢,大端轴承盖螺柱泵紧压力为 150 MPa。

⑤盘倒车到下止点后 45°,测量滑块与机架导板间隙为 0.2~0.55 mm。

⑥盘车到下止点,测量曲柄销轴承底部两侧的间隙应为 0.4~0.64 mm;十字头的天地间隙应为 0.275~0.375 mm,结合面处的间隙之和应为 0.45~0.57 mm,且单边大于 0.1 mm。

⑦按照上述步骤,将各缸的连杆总成分别吊入机架,并安装好。

三、MAN B&W 5S60MC－C 型柴油机飞轮指针安装

连杆总成安装完毕后即可安装飞轮指针。飞轮指针安装工作主要分为安装和校正两个步骤,MAN B&W 5S60MC－C 型柴油机飞轮指针安装的过程如下:

1. 飞轮指针安装

①精整并清洁所有待装零件。

②将飞轮指针组件组装好,上紧螺栓螺母。

③将飞轮指针组件在机架上装好,螺栓暂不上紧。

2. 飞轮指针校正

如图 2－2－42 所示,飞轮指针校正的过程如下:

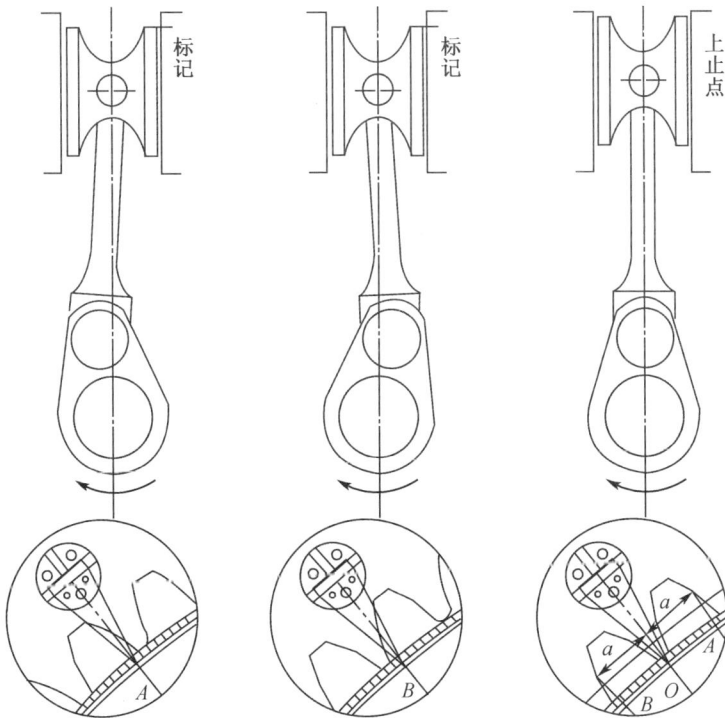

图 2－2－42 确定活塞上止点

①正车盘至 1# 缸上止点前 10°的位置,此时不要管指针的位置是否正确。

②用划线工具在导板和滑块上做好标记,在飞轮轮齿上沿飞轮指针中心线划一条直线,并在直线上用洋冲做标记 A。

③继续盘车经过上止点,直到导板和滑块的标记再次重合。

④在飞轮轮齿上,沿飞轮指针中心线划一条直线,并在直线上用洋冲做标记 B。

⑤求出标记 A 和 B 的圆弧中点 O。

⑥盘正车,使飞轮指针对准 O 点,此时 1# 缸处于上止点位置。

⑦如图 2-2-43 所示,调整飞轮指针,使之指向飞轮上 1# 缸的 0° 位置,拧紧飞轮指针的连接螺栓。

⑧配钻铰飞轮指针的定位销孔,配妥定位销并安装好。

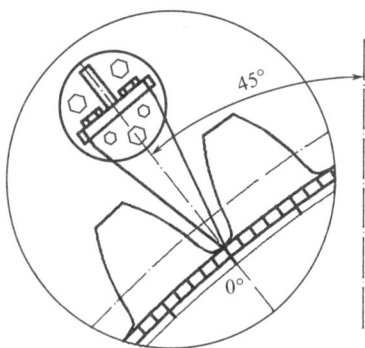

图 2-2-43　校正飞轮指针

2.2.4　气缸体总成和贯穿螺栓总成安装

一、气缸体总成的安装

气缸体组装后,应将全部气缸套压入气缸体内,气缸壁润滑用的滑油注油枪亦全部装妥,最后对气缸套周围的冷却水腔进行适当压力的液压试验,历时 5 min,不得有任何渗漏缺陷。

MAN B&W 5S60MC-C 型柴油机气缸体总成安装的过程如下:

1.气缸体总成合拢前的准备

①在气缸体上装妥气缸体起吊工具。

②吊起气缸体总成,清洁并精整气缸体底平面,尤其需注意的是下平面的各种螺孔及填料函孔。

③清洁并精整机架上平面,在机架上平面上涂密封胶。

2.气缸体与机架的连接

①将气缸体总成吊装在机架上,对准紧配螺栓孔,检查气缸体及链箱下平面与机架上平面的贴合情况,0.1 mm 塞尺应无法插入。

②以紧配螺栓定位,穿妥连接螺栓并上紧,螺栓的拧紧力矩为 1 750 N·m。

二、贯穿螺栓总成的安装

在现代低速柴油机的设计中,机座、机架和气缸体三者之间几乎均采用长的贯穿螺栓结构形式连接。这种结构形式要求在安装中必须慎重对待,严防产生变形。MAN B&W 型柴油机和 WinGD RTA 型柴油机的贯穿螺栓结构与安装方法不同,以下分别介绍其安装过程。

1.MAN B&W 5S60MC-C 型柴油机贯穿螺栓总成安装

(1)贯穿螺栓总成安装的主要技术要求

①贯穿螺栓应按规定顺序泵紧,液压泵紧压力为 150 MPa。

②贯穿螺栓泵紧后应测量其拉伸量,并做记录。

③贯穿螺栓泵紧后,要求测量以下各值:

主轴承天地间隙:0.48~0.68 mm;

曲柄销轴承间隙:0.40~0.64 mm;

十字头轴承天地间隙:0.275～0.375 mm;

曲轴臂距差:通用各挡≤0.21,首尾两挡≤0.56 mm。

(2)贯穿螺栓组装

如图2－2－44所示,清洁贯穿螺栓,修理螺纹;在贯穿螺栓上距离顶部(1 797±1) mm的位置上安装好内导套后,将外导套加热到330 ℃后套在内导套上,端部同内导套齐平。

(3)贯穿螺栓的吊装

①清洗贯穿螺栓的螺纹并涂二硫化钼后,装入贯穿螺栓安装孔中,旋至贯穿螺栓顶端露出气缸体上平面(180±3) mm,并记录为L。

②清洗贯穿螺栓顶部螺纹及螺母螺纹后,旋紧螺母直至与气缸体均匀接触,用0.05 mm的塞尺检查螺母与气缸体的贴合,应无法插入。

(4)贯穿螺栓的泵紧

①按图2－2－45所示的泵紧顺序安装液压拉伸器并泵紧,泵压150 MPa。

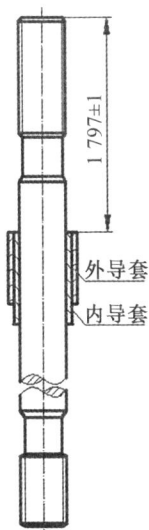

图2－2－44　贯穿螺栓组装

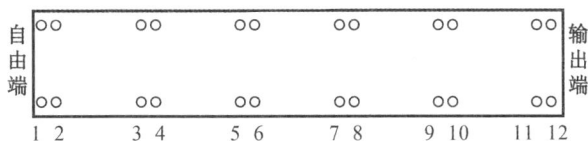

图2－2－45　贯穿螺栓泵紧顺序(一)

②重新安装液压拉伸器,用135 MPa的泵压检查螺母是否松动,如果松动则应按上述方法用150 MPa的泵压对所有螺栓重新泵紧。

③用螺栓装妥贯穿螺栓的保护帽。

(5)测量贯穿螺栓的伸长值

如图2－2－46所示,在贯穿螺栓泵紧后,测量并记录贯穿螺栓顶端到气缸体上平面的距离,记作L_1,计算并记录贯穿螺栓的伸长值$\Delta L = L_1 - L$。

(6)贯穿螺栓泵紧后的检查

贯穿螺栓泵紧后,要求测量以下各值:

主轴承天地间隙:0.48～0.68 mm;

曲柄销轴承间隙:0.40～0.64 mm;

十字头轴承天地间隙:0.275～0.375 mm;

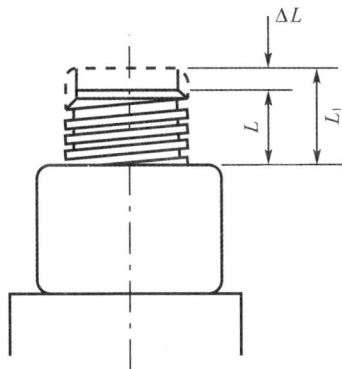

图2－2－46　贯穿螺栓伸长值

曲轴臂距差:通用各挡≤0.21,首尾两挡 ≤0.56 mm。

(7)对外露的加工面涂硬油封油。

2. WinGD 6RTA48T - B 型柴油机贯穿螺栓总成的安装

如图 2 - 2 - 47 所示,WinGD 6RTA48T - B 型柴油机使用贯穿螺栓将机座 11、机架 10 和气缸体 9 固定在一起(在气缸周围四点)。每个贯穿螺栓配有拼合式衬套 2,此衬套由两个位于气缸体 9 底部的夹紧螺钉 7 牢牢固定。这些衬套防止贯穿螺栓发生振动,为了缓冲振动,在贯穿螺栓下部直到机架中部周围空间注满油,此油通过十字头导板的注油孔进入。在下部螺纹中间设有一个排放油槽 AN,在柴油机停车的情况下,通过此排放油槽,一些油和冷凝水可以排出。

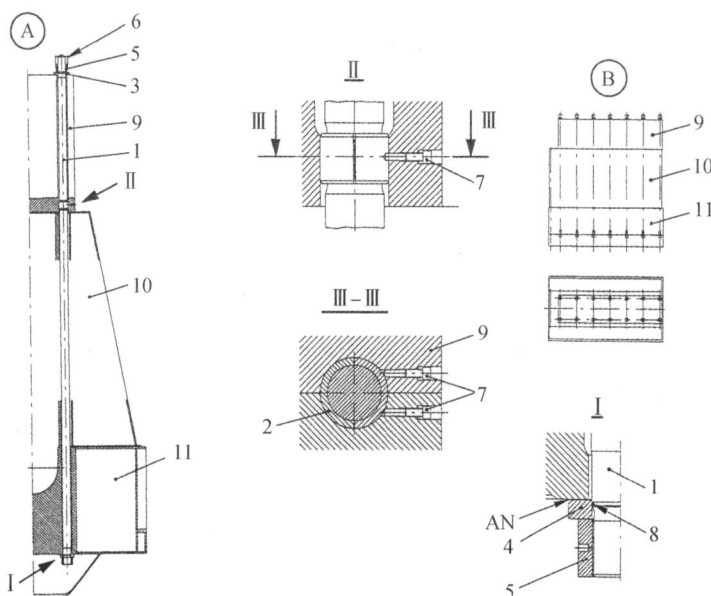

1—贯穿螺栓;2—拼合式衬套;3—上中间环;4—下中间环;5—圆螺母;
6—保护盖;7—夹紧螺钉;8—O 形圈;9—气缸体;10—机架;
11—机座;A—贯穿螺栓;B—贯穿螺栓布置;AN—中间环排放槽。

图 2 - 2 - 47 WinGD 6RTA48T - B 型柴油机贯穿螺栓

(1)贯穿螺栓总成安装的主要技术要求

①贯穿螺栓应按规定的程序液压泵紧,其泵紧压力为 100 MPa。

②贯穿螺栓泵紧后,应测量其拉伸量,并做记录。

③贯穿螺栓泵紧后,测量拐挡差,各挡均小于 0.31 mm。除首尾两挡外,中间各挡拐挡差值厂内控制在 0.16 mm。

④贯穿螺栓泵紧后,测量主轴承间隙,输出端第一挡为 0.55 ~ 0.85 mm,其余各挡为 0.45 ~ 0.75 mm。

(2)贯穿螺栓总成安装

这种结构形式要求在安装中必须慎重对待,严防变形。WinGD 6RTA48T - B 型柴油机贯穿螺栓总成安装的过程如下:

①将贯穿螺栓的上、下两部分分别从螺母的两端旋入螺母,旋入长度为 90 mm。安装前

在螺纹处涂液态密封剂。安装之后,复测贯穿螺栓两端露出的长度,上部为(1 095 ±1)mm,下部为(4 518 ±2)mm。

②将组装好的贯穿螺栓从缸体顶部穿进贯穿螺栓孔内,在贯穿螺栓底部装上 O 形圈,套上下中间环,旋上螺母,在螺纹处涂上 MoS_2。

③在贯穿螺栓顶部套入上中间环,旋上螺母,在螺纹处涂上 MoS_2。用吊车将贯穿螺栓拉起,让钢丝绳刚好受力,旋紧螺母使中间环与缸体上平面无间隙。测量贯穿螺栓伸出的长度 L_0,并记录。

④按图 2 - 2 - 48 所示的泵紧顺序安装液压拉伸器,依次泵紧贯穿螺栓。泵紧时分三次泵紧,第一次泵至 10 MPa,第二次泵至 60 MPa,第三次泵至 100 MPa。每次泵完后,均需测量贯穿螺栓的拉伸量。

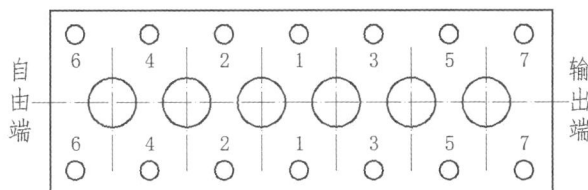

图 2 - 2 - 48 贯穿螺栓泵紧顺序(二)

⑤在贯穿螺栓顶部装保护盖,拧紧螺钉。

⑥在缸体底部旋入止动紧固螺钉,并拧紧。

⑦测量拐挡差,各挡均小于 0.31 mm。除首尾两挡外,中间各挡拐挡差值厂内控制在 0.16 mm 以内。

⑧测量主轴承间隙,输出端第一挡为 0.55 ~ 0.85 mm,其余各挡为 0.45 ~ 0.75 mm。

2.2.5 活塞组件安装

活塞组件包括活塞头、活塞裙、活塞杆和活塞环等,十字头式柴油机活塞组件的装配方法与筒形活塞柴油机相似,但需结合滑块与导板的校正工作一起进行。

首先要清洗活塞组件及气缸套内孔,用吊具将活塞组件吊起,此时活塞环暂不装入,检查活塞杆下端平面应平整,将活塞组件吊入气缸套内,落到十字头的平面上,用 0.03 mm 塞尺检查活塞杆与十字头的连接面绝不允许插入,如有缝隙出现,必须周密检查连接面有无机械杂质或毛刺夹在表面。如仍有缝隙,应进一步详细检查,疵病必须排除。在紧密贴和的情况下,才允许用液压拉伸器将活塞杆底部螺母上紧。

将各缸的活塞组件按上述方法装妥后,即可进行下面的工作。

一、压缩室高度的测量

气缸压缩余隙值代表余隙容积,又称压缩室高度或存气。每一种型号的柴油机必有它的压缩室高度值,在总装中必须保证其规定值,才能使各缸的余隙容积保持一致。

在实际生产中,由于压缩室高度装配尺寸链中组成环较多,累积误差较大,通常采取修配法来保证压缩室高度,把活塞杆与十字头之间的垫片作为调整环,因此该垫片称为存气垫片。

在实际测量中,目前多采用以下方法。将所有运动部件全部装入机器内部,但调整垫片可暂时不装。转动曲轴,使活塞处于上死点位置,如图 2 - 2 - 49 所示,用一专用量具测量

两个尺寸 a 及 b，a 与 b 之差值即为设计中规定必检的压缩余隙值 c，亦可直接用平尺及钢尺测量而获得 c 值。根据各缸的测量结果，选配好每缸的调整垫片，使其 c 值均符合图纸的规定值，以保证每缸的压缩余隙值基本一致，从而能有相互接近的压缩比和余隙容积。

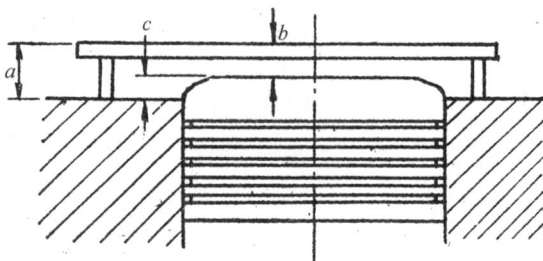

图 2-2-49　压缩余隙的测量

二、活塞校中

所有运动部件装入机内后，各部分的装配间隙均应调整至规定的范围内，所有连接螺栓按要求进行拧紧或液压上紧，这时在未装入活塞环的状态下，应进行活塞在气缸内的校中工作，做最后的安装配合测量检查，查明活塞与气缸、滑块与导板的相对位置是否正确。

1. MAN B&W 5S60MC-C 型柴油机活塞校中

（1）测量位置 1 的检查测量

①盘倒车到下止点后 45°的位置（导板应贴着十字头的滑块）。

②如图 2-2-50 所示，用塞尺检查活塞裙和气缸套在前后方向的间隙 PF、PA，注意确保活塞裙与气缸套前后方向上有间隙。

③在活塞上安装电子测隙仪测量活塞裙与气缸套的前后方向的间隙 PF、PA，确认两者在前后方向有间隙，并做记录。

④如图 2-2-51 所示，用塞尺检查导板和滑块的间隙 E、F、G、H。

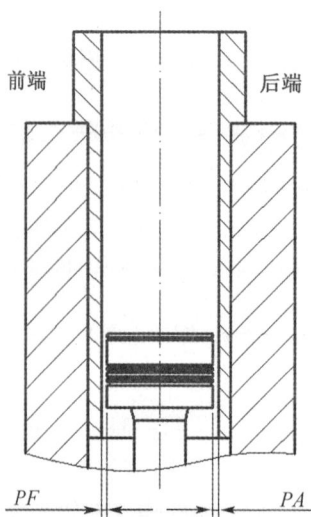

图 2-2-50　活塞裙和气缸套在前后
方向的间隙测量

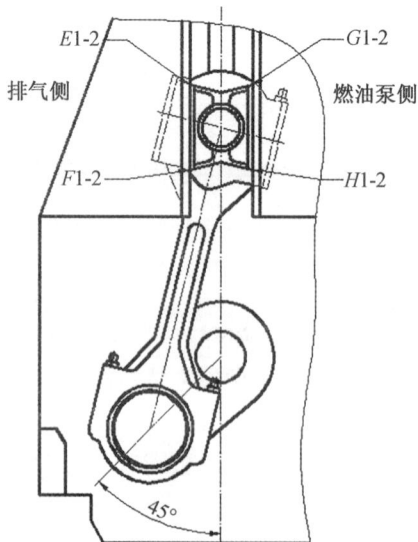

图 2-2-51　导板和滑块的间隙测量

⑤如图 2-2-52 所示，用塞尺检查滑块端面与连杆端面的间隙 X、Y。

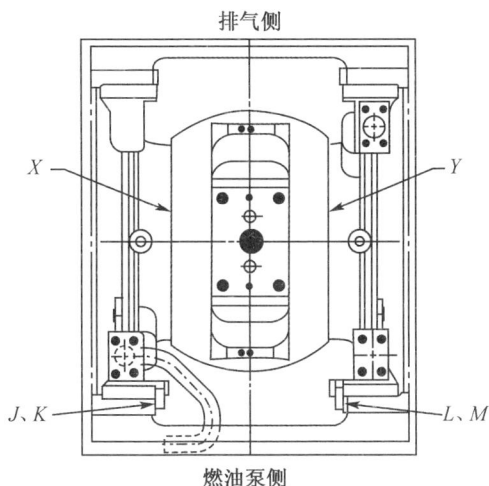

图 2-2-52 导板和滑块的间隙测量

⑥用塞尺测量导板条与小滑导板的间隙 J、K、L、M。用 $J+X$、$K+X$、$L+Y$、$M+Y$ 表示的间隙可借助于导板条的垫片予以调整，这样，上述间隙相对于活塞裙与气缸套的间隙应是均分的，其允许误差 $\Delta \leqslant 1/2$（最大间隙 - 最小间隙），导板条的垫片与导板的平行度误差 <0.20 mm/m。

⑦用塞尺检查连杆与曲柄臂之间的最小间隙 ZF、ZA，测量位置应在连杆与曲柄臂的机加工面之间，此处的间隙最小。

⑧在气缸体和活塞间安装一个百分表用于测量活塞杆的倾斜度 $R1$，此表设置在 0 位。

（2）测量位置 2 的检查测量

①盘倒车到上止点前 35°的位置。

②通过观察电子测隙仪，注意活塞裙与气缸套在前后方向上的间隙 PF、PA。

③按照测量位置 1 的测量方法，重新测量各个部位的间隙。

④记录装于气缸体底平面的百分表数据，即倾斜度 $R2$。

倾斜度调整说明：

a. 活塞杆的倾斜度 $R1$、$R2$ 测量结果应结合曲柄的位置 1、2 所测得的活塞与气缸套之间的间隙值 PF、PA（即排除两个位置活塞前后平移量）进行调整。

b. 如果活塞杆倾斜度超出许可的范围，可通过加工垫片来调整，前后方向的许可值不超过 0.05 mm。

（3）活塞校中的要求

MAN B&W 5S60MC-C 型柴油机活塞校中的要求见表 2-2-4。

表 2-2-4 活塞校中要求

测量点	允许间隙范围	数值/mm
$PF+PA$	最大	≤0.60

表 2 − 2 − 4(续)

测量点	允许间隙范围		数值/mm
E + G	最大		0.55
H + F	最小		0.20
J + X			
L + Y	最大		0.90
K + X	最小		0.50
M + Y			
X + Y	最大		0.7
	最小		0.1
R1 ± R2	最大		0.4

注:R1 与 R2 值同号相加,异号相减。

2. WinGD 6RTA48T − B 型柴油机活塞校中

(1)活塞校中的技术要求

WinGD 6RTA48T − B 型柴油机活塞校中的要求:当活塞处于气缸套的中心位置,且活塞杆的横向垂直度 <0.02 mm/m、纵向垂直度 <0.10 mm/m 时,各部位的间隙要求如下:

①每侧导板条与机架小导板间隙为 0.3 ~ 0.9 mm,在导板条测上、下两点,偏差小于 0.10 mm。

②十字头销与扇形板的间隙为每侧 0.2 ~ 0.4 mm,总间隙为 0.4 ~ 0.8 mm。

③测量滑块与大导板间隙,当一边为 0 时,另一侧应为 0.20 ~ 0.56 mm。

(2)活塞校中

所有运动部件装入机内后,各部分的装配间隙均应调整至规定的范围内,所有的连接螺栓按要求进行拧紧或液压上紧,这时在未装入活塞环的状态下,应进行活塞在气缸内的校中工作,做最后的安装配合测量检查,查明活塞与气缸、滑块与导板之间的相对位置是否正确。WinGD 6RTA48T − B 型柴油机活塞校中的工艺方法如下:

①盘车使活塞处于上死点后 10°。

②用木楔在活塞杆填料函孔口处调整活塞杆横向垂直度小于 0.02 mm/m,检查活塞杆纵向垂直度应小于 0.10 mm/m。

③用塞尺测量活塞与缸套首端间隙 a'、尾端间隙 a'',总间隙 a 为 0.95 ~ 1.15 mm,所测部位应至环槽区域。

④测量导板条首端间隙 b'、尾端间隙 b''。

⑤要求:$a' + b'' = a'' + b'$;每侧导板条与导板外侧间隙为 0.3 ~ 0.9 mm。若不符合要求,则通过调整垫片至符合要求,在导板条测上、下两点,偏差小于 0.10 mm,计算取平均值。

⑥测量十字头销与扇形板的间隙每侧 0.2 ~ 0.4 mm,总间隙 0.4 ~ 0.8 mm。

⑦测量滑块与大导板间隙,当一边为 0 时,另一侧应为 0.2 ~ 0.56 mm。

⑧合格交验后,取下木楔,在各缸活塞杆下部燃油侧打上缸号钢印。

三、活塞在气缸内的失中状态及其消除方法

在柴油机制造或修理时,活塞等运动件在校中过程中往往会呈现沿柴油机纵向和横向的失中状态,有时纵向、横向失中结合在一起发生。纵向失中与筒形柴油机活塞校中时的纵向失中类似,而横向失中则常常会呈现如图2-2-53所示的几种典型状态。

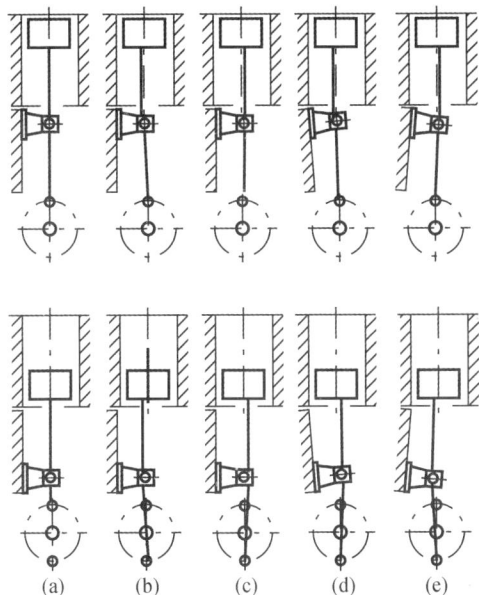

图2-2-53　活塞在气缸内横向失中状态

图2-2-53所示为活塞在气缸内沿柴油机横向方向的失中情况和典型现象。所谓横向失中,是指导板工作平面与气缸轴线不平行而引起的活塞在气缸内的左右方向上的倾斜。

图2-2-53(a)所示为正常的校中状态,活塞在上死点和下死点时,它与气缸套之间的间隙都符合技术要求。

图2-2-53(b)(c)所示为活塞在整个行程中都偏向气缸的左侧(或右侧),活塞与气缸套的间隙在左侧(或右侧)为零或很小。这种现象可能是由于安装时导板工作平面的对称中心线与气缸中心线不重合,有较大的偏移,亦可能是滑块的工作表面对活塞中心线的距离有偏差的结果。在新机总装时,可用增减导板垫片的办法来调整,使活塞在气缸内居中即可。对于修理的柴油机,应做周密的检查工作,它很可能是由滑块或导板的磨损引起的,这时就应采用修拂方法和增减垫片来解决。

图2-2-53(d)(e)所示为活塞在气缸内上死点位置时偏移在一边,而移动至下死点位置时,活塞向另一边偏移。从图中可清楚地看出,这是由导板工作平面与气缸中心线的平行度偏差过大而致,亦可能是滑块工作表面与活塞中心线的平行度有问题。后者的缺陷只需拂刮滑块合金工作表面即可消除。对于导板工作平面与气缸中心线的平行度偏差过大的缺陷,应视具体情况设法消除。如果因机架变形而产生这种缺陷,通常的修整方法是锉磨机架上的导板安装面,从而既可消除缺陷,又能保持导板厚度的一致性。如果导板厚度早已相差较大,则可以锉拂导板背面,再增加垫片,这样亦能得到良好的效果。对于某些十分陈旧的柴油机,可以采用局部增减垫片的方法来调整导板工作平面对气缸中心线的平行性,同样是切实可行的。

此外,活塞在上死点时偏向气缸右侧、在下死点时居中,通常与机架安装时的变形有关。例如,某大型低速柴油机安装时,曾发现贯穿螺栓上紧后,机架安装导板平面的上端发生向内弯曲变形,在这种情况下总装后就会发生上述现象。

四、活塞组件安装

1. MAN B&W 5S60MC – C 型柴油机活塞组件安装

活塞校中合格后,即可安装活塞组件,MAN B&W 5S60MC – C 型柴油机活塞组件安装的过程如下:

①拆掉活塞与十字头的连接螺栓,吊出活塞组件。

②将活塞杆填料函总成安装在活塞杆上,装妥 O 形密封圈。

③按标记和顺序装妥 4 道活塞环,注意活塞环的搭口方向。

④将填料函法兰从机架内装在气缸体的底部,上紧螺栓。

⑤将活塞导环置于气缸套上平面,在气缸套内涂气缸润滑油。

⑥盘车至上止点,调整活塞杆填料函的方向,将活塞组件吊入气缸套,活塞杆落在十字头平面上,检查连接面接触情况,0.02 mm 塞尺应无法插入。

⑦上紧活塞杆的连接螺栓,拧紧力矩为 590 N·m,上紧填料函与法兰的连接螺栓,拧紧力矩为 80 N·m。

2. WinGD 6RTA48T – B 型柴油机活塞组件安装

WinGD 6RTA48T – B 型柴油机活塞组件安装的过程如下:

如图 2 – 2 – 54 所示,装妥活塞支撑工具。用活塞吊具抽出各缸活塞,全面清理缸套、活塞及十字头相关面。

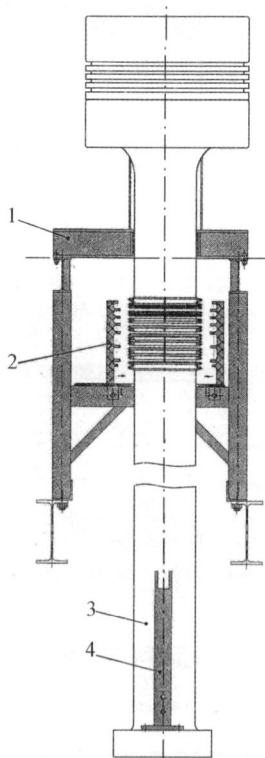

1—活塞组件安装支撑工具;2—活塞杆填料函刮环安装规;
3—活塞杆;4—定距支架。

图 2 – 2 – 54 活塞组件装配支撑工具

（1）填料函安装

①活塞吊入支撑设备中，按顺序将刮油环、密封环用拉簧固定在活塞杆上，两半壳体对准定位销合拢，用螺栓将两半壳体拧紧。

②将两半环用螺栓固定于壳体上，注意两半环的接缝与两半壳体的接缝应在一处，并在两半环接缝处用锁紧板连接、锁紧。

③填料函外壳装 O 形密封环，并涂黄油。

（2）安装活塞环

①活塞吊出支撑设备。

②用活塞环张开工具将活塞环装入环槽内，注意第一道环上有"GGV"标记，其余三道环上有"GG"标记，同时环上打有"TOP"字样的一面朝上，四道环装后错开搭口。

③测量活塞环与环槽的天地间隙。

（3）活塞安装

①活塞安装工具固定于缸套上。

②压缩垫片按各缸尺寸编号，去毛刺，清理干净，装于十字头上并用螺栓固定。

③活塞按钢号清理干净后放入缸套，钢印标记"FPS"朝燃油侧，当活塞环将进入锥形工具时在活塞及环上加气缸油，全部落入前检查填料函与缸体安装孔应对齐，落入后在螺杆上涂油，旋上螺母，拆下活塞吊具。

④用螺栓将填料函拧紧。

⑤分两步泵紧活塞杆螺母，第一步泵至 60 MPa，检查螺母与安装面无间隙；第二步泵至 100 MPa，检查螺母旋紧角为 55°。

（4）安装抗磨环

如图 2-2-55 所示，在气缸套内孔上部安装有抗磨环，以减少气缸套的磨损，因为气缸套内孔上部是气缸套磨损最严重的部位，这样可延长气缸套的使用寿命，抗磨环的安装过程如下：

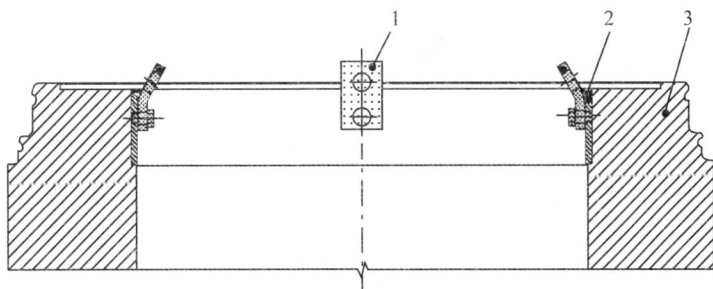

1—抗磨环安装工具；2—抗磨环；3—气缸套。

图 2-2-55　气缸套抗磨环

①盘车使活塞处于下死点。

②用抗磨环安装工具将抗磨环装于缸套内并紧靠于 7.4 mm 台上。

③拆出抗磨环安装工具。

五、WinGD 6RTA48T－B 型柴油机活塞冷却及十字头润滑机构布置

WinGD 6RTA48T－B 型柴油机活塞冷却及十字头润滑采用滑油铰链机构,其安装布置过程如下:

①将组装好的滑油铰链件由机架排气侧口穿入,用螺栓初步拧紧支架。

②将定位销敲入连接块后将连接块对准连杆上销孔并推靠,用螺栓拧紧。

③调整连接块、支架纵横向位置及角度,使上下杆各铰接部铜衬端面间隙均匀。

④盘车,检查连杆处于上、中、下各位置:在上死点附近时,上下杆铰接部与机架内侧距离约为 42.2 mm;在中部时,下杆与十字头销距离约为 38 mm。

⑤盘车过程中铰链运动的任何部位与连杆、十字头轴承盖应有足够间隙,各铰接部铜衬处于上、中、下位置都应有自由串量。

⑥在支架上钻铰锥销孔,在支架安装面涂硅胶,将定位销敲入,拧紧螺栓。

⑦拆下连接块,将铰链总成脱开连杆,妥善保留暂不安装的紧固件,用铁丝挂于机架内,待串油后重装螺栓。

2.2.6 气缸盖总成、排气总管及增压器安装

一、气缸盖总成安装

1. 气缸盖安装的主要技术要求

气缸盖部件装配好后,即可将其安装到缸体上。气缸盖安装的主要技术要求如下:

①气缸盖安装后应保证压缩室高度符合设计要求,否则将直接影响柴油机的压缩比。

②气缸盖与气缸套上面的结合面之间应保持良好的气密性。

③气缸盖螺柱的圆螺母应按规定程序液压泵紧,泵紧压力为 150 MPa。

所有气缸盖上的阀件均应预先装上,各通道及空腔经清洗检查合格。吊起气缸盖后,检查它与气缸套的结合表面,必须没有任何毛刺和杂质,再用压缩空气吹洗一遍,然后吊放在机器上。

气缸盖装配时,应注意气缸盖固定螺母的拧紧次序,使其受力均匀。大型低速柴油机气缸盖都是单体式气缸盖,大多采用液压拉伸器液压泵紧,应先泵紧四角,然后逐次对称地分 2~3 次轮流泵紧。气缸盖螺栓拧紧次序不正确必然会造成气缸盖与机体的连接平面受力不均匀,甚至扭曲变形,导致气缸由此向外漏气。

必须注意的是,拧紧气缸盖螺母时,螺母所需的拧紧程度应该符合柴油机技术文件中规定的扭矩要求。

2. MAN B&W 5S60MC－C 型柴油机气缸盖总成安装

MAN B&W 5S60MC－C 型柴油机气缸盖总成安装的过程如下:

①将预装完工后的气缸盖总成吊起,清理干净。

②将气缸垫涂上二硫化钼,放在气缸套上。

③将气缸盖总成装上,装妥圆螺母,用液压拉伸器分 2 次泵紧,泵压 150 MPa,泵紧顺序如图 2－2－56 所示。

④将防护帽装在气缸盖螺栓上,用螺栓将防护帽固定。

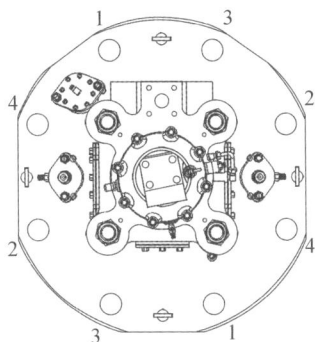

图 2 - 2 - 56　MAN B&W 5S60MC - C 型柴油机气缸盖螺母泵紧顺序

3. WinGD 6RTA48T - B 型柴油机气缸盖总成安装

WinGD 6RTA48T - B 型柴油机气缸盖总成安装的过程如下:

①在缸套上部装入 O 形环并涂黄油,缸套顶部放上气缸垫片。

②吊起缸盖,将缸盖底平面去毛刺,清理干净后慢慢穿过缸盖螺栓落到缸套上,在螺栓螺纹处涂油旋入螺母。

③泵紧螺母。如图 2 - 2 - 57 所示,WinGD 6RTA48T - B 型柴油机气缸盖用 8 个螺母泵紧,泵紧时用 8 个液压拉伸器 1 同时泵紧,8 个液压拉伸器 1 分为 2 组,每组的 4 个液压拉伸器 1 通过高压软管 2 与接头 3 相连,2 个接头 3 又通过高压软管 4 与接头 6 相连,接头 6 则通过高压软管 7 与液压泵相连,这样,8 个液压拉伸器互相接通,同时泵紧。

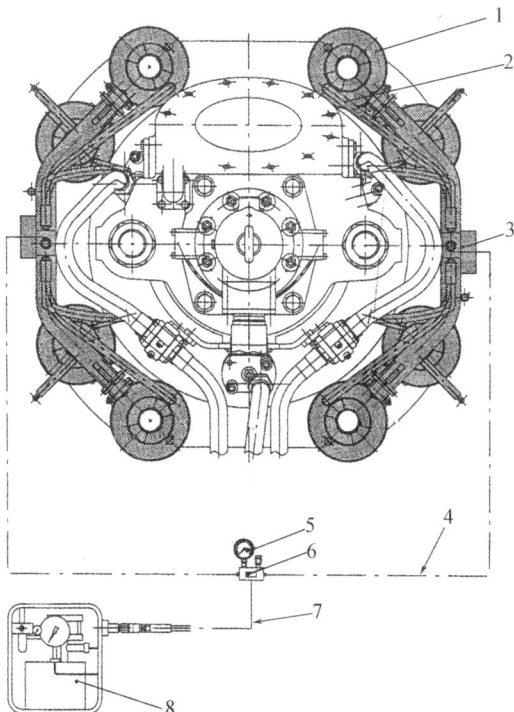

1—液压拉伸器;2、4、7—高压软管;3、6—接头;
5—压力表;8—液压泵。

图 2 - 2 - 57　WinGD 6RTA48T - B 型柴油机气缸盖螺母泵紧

螺母泵紧的过程:先将螺母拧紧靠至缸盖平面,再用液压拉伸器将螺母泵至 100 MPa,检查螺母旋紧角为 400°。

④将防护帽装在气缸盖螺栓上,用螺栓将防护帽固定。

二、排气总管安装

气缸盖总成安装好后,即可安装排气总管和增压器。排气总管进口通过膨胀接头与缸盖上的排气阀相连,而排气总管出口通过膨胀接头与增压器进口相接。膨胀接头安装时要注意气流流向,不要装反,否则会增加柴油机排气阻力,降低柴油机工作效率,并减少膨胀接头的使用寿命。

MAN B&W 5S60MC－C 型柴油机排气总管安装的过程如下:

①将排气总管各支管法兰平面和出气口法兰平面清理干净,在支管法兰平面上装双头螺柱,注意:双头螺柱的螺纹部位涂高温二硫化钼。

②将排气总管支座装在扫气箱顶部,敲入弹性销,装妥螺柱、定距管和螺母并拧紧,螺栓的拧紧力矩为 1 650 N·m。

③将排气总管装上,装妥排气总管与支座的弹性销、管夹、定距管、螺柱、螺母并上紧,拧紧力矩为 135 N·m。

④将膨胀接头两端法兰凹槽中装入垫片,装入排气总管与排气阀之间,注意膨胀接头的气流方向。

⑤在排气总管上装妥螺柱、锁紧板、螺母,上紧螺母后将锁紧板折角保险,注意:所有螺纹部位均涂高温二硫化钼。

⑥将绝缘层安装在各支管上,并锁紧。

三、增压器布置及安装

MAN B&W 5S60MC－C 型柴油机增压器布置及安装的过程如下。

1. 增压器安装

①将增压器出口法兰面涂密封剂,将膨胀接头装上,注意膨胀接头的气流方向,在螺栓的螺纹部位涂高温二硫化钼,用螺栓、垫圈、螺母连接起来,膨胀接头的支撑杆暂不去掉。

②膨胀接头装好后,将增压器吊装在空冷器箱体上,将增压器进口法兰孔与排气总管出口的膨胀接头孔对准,装连接螺栓、螺母并拧紧。

③装好绝缘层并锁紧。

④增压器调整完工后,配钻铰增压器与空冷器箱体的定位销孔,配妥定位销并装妥。

2. 增压器空气管配作

①将与空冷器连接的平面法兰用螺栓连接在空冷器进口法兰上,将空冷器进口封好,以免异物进入空冷器箱体内。

②将与膨胀接头连接的平面法兰用螺栓连接在膨胀接头出口法兰上。

③现场配制增压器空气管并焊妥。

3. 增压器空气管安装

①在增压器空气管两端法兰上涂密封剂,并装妥在增压器与空冷器之间,用螺栓、垫圈、螺母将增压器空气管与增压器压缩空气出口的膨胀接头和空冷器连接好。

②装好绝缘层并锁紧。

2.2.7　凸轮轴及传动机构、燃排机构安装

一、MAN B&W 5S60MC－C 型柴油机凸轮轴安装

如图 2－2－58 所示,MAN B&W 5S60MC－C 型柴油机凸轮轴安装的过程如下:

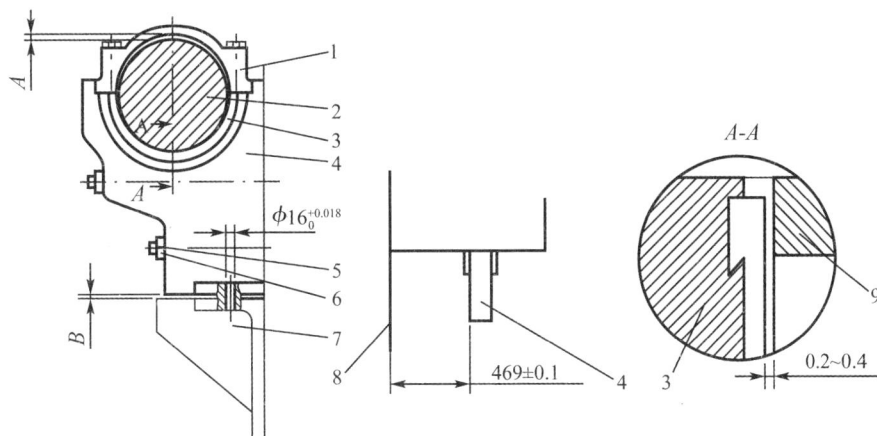

1—链轮轴承盖;2—凸轮轴;3—轴瓦;4—链轮轴承座;5—螺柱;
6—螺母;7—链轮箱;8—气缸体后端面;9—止推环。

图 2－2－58　MAN B&W 5S60MC－C 型柴油机凸轮轴安装

1. 凸轮轴链轮轴承安装

①在链轮箱上旋紧链轮轴承座的螺柱,螺纹上涂黏结剂。

②装妥凸轮轴链轮轴承座及其垫片并上紧,螺母的拧紧力矩为 730 N·m,并装上轴承下瓦。

③调整链轮轴承前端面到气缸体后端面之间的距离为(469 ±0.1) mm。

2. 凸轮轴安装

①在所有凸轮轴轴承座上装妥凸轮轴轴承的下瓦。

②吊入凸轮轴,调整链轮轴承座垫片,使链箱内的凸轮轴段的水平不超过0.05 mm/m,测量垫片的厚度为 B,同时测量链轮轴承天地间隙为 A。

③装妥链轮轴承上的止推环后上紧凸轮轴轴承盖,螺栓的拧紧力矩为330 N·m,轴承盖与轴承座之间的间隙(垫片厚度)为(3 ±0.3) mm。

④测量凸轮轴的推力间隙为 0.2 ~0.4 mm。

⑤配妥链轮轴承的垫片,对凸轮轴链轮的轴承座及其安装座同钻铰 $\phi 16_0^{+0.018}$ mm 定位销孔,配妥定位销并装妥。

3. 中间轴装置安装

在链轮箱体后端安装启动空气分配器的中间轴装置,中间轴装置与链轮箱体的安装面上涂密封胶。注意:中间轴装置同凸轮轴上小齿轮啮合应符合要求。

二、MAN B&W 5S60MC－C 型柴油机凸轮轴传动机构安装

如图 2－1－11 所示,MAN B&W 5S60MC－C 型柴油机的凸轮轴传动采用链传动方式,在机架预装时,已经将机架上的链条导板、张紧装置、平衡链轮装妥,接下来的任务是安装

链条,包括推力端链条和自由端链条。

1.推力端链条安装

（1）链条的安装

如图 2 - 2 - 59 所示,MAN B&W 5S60MC - C 型柴油机推力端链条安装的过程如下:

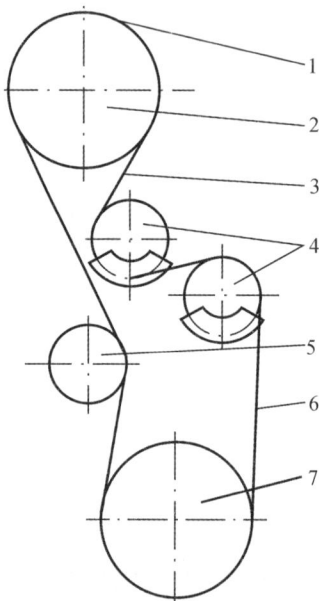

1—涂红漆;2—凸轮轴链轮;3—链条;4—平衡链轮;

5—张紧链轮;6—涂黄漆(连接点);7—曲轴链轮。

图 2 - 2 - 59   MAN B&W 5S60MC - C 型柴油机推力端链条安装

①将凸轮轴转到 1# 缸燃油凸轮的升程为 13.6 mm,定出 1# 缸燃油凸轮上止点的几何位置。

②找出凸轮轴链轮的顶点齿尖,以顶点齿尖左面第一齿谷为"0"号齿谷,按顺时针方向转过 15 个齿谷,在第"15"号齿谷用红漆做好装配标记。

③将曲轴盘到 1# 缸上止点后 99°。

④做好链条的清洁工作,清点链条应为 182 节。

⑤装妥各种装配专用工具,注意平衡重应垂直向下。

⑥装妥保护曲轴链轮的罩壳。

⑦将链条从第 69 节(该处涂红漆)吊起,吊起的长边从燃油泵侧吊进,短边从排气侧吊进。

⑧检查凸轮轴链轮、曲轴链轮与大链条的装配标记是否啮合,然后连接链条。

⑨拆下链条装配工具,在链条连接处涂黄漆。

（2）链条的张紧

如图 2 - 2 - 60 所示,MAN B&W 5S60MC - C 型柴油机推力端链条张紧的过程如下:

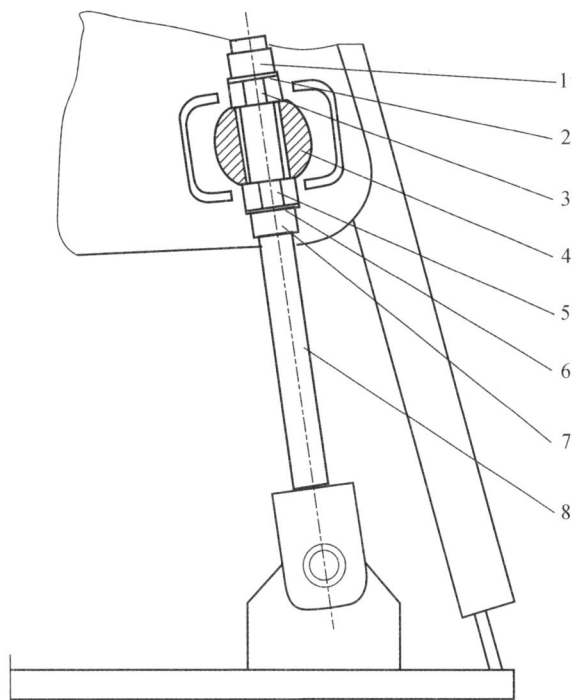

1—锁紧螺母1;2—垫片1;3—调节螺母1;4—轴;5—调节螺母2;
6—垫片2;7—锁紧螺母2;8—螺杆。

图2-2-60　MAN B&W 5S60MC-C型柴油机推力端链条张紧

①松开链条张紧装置的调节螺母和锁紧螺母。

②盘正车使得链条的松弛部分在张紧轮的同一侧(即位于燃油泵侧),且使平衡链轮处于垂直向下的位置(即1#缸上止点后99°)时停止。

③向下拧紧调节螺母1,直到轴与调节螺母1的间距为0.1 mm。

④进一步拧紧调节螺母1约420°,检查链条应处于张紧状态,拧紧调节螺母2。

⑤拧紧锁紧螺母1和锁紧螺母2,并用垫片1和垫片2折角保险。

⑥将张紧装置的指针调整到"0"位,并用螺钉紧固。

2. 自由端链条安装

(1)链条安装

①清洁链条。

②将曲轴盘到上止点后9°。

③连接妥链条。

(3)链条张紧

①盘车至平衡重垂直向下,测量弹簧的自由长度应为275 mm。

②将弹簧送至试验室,施压到16 500 N·m,测量弹簧此时的长度为a。

③旋松调节轴下部的锁紧螺母和调节螺母。

④拧紧调节轴上部的调节螺母,直至弹簧长度为a。

⑤轻轻上紧调节轴下部的调节螺母到平面接触为止,应控制弹簧长度维持于a,拧紧下

部的锁紧螺母,并用垫片折角保险。

⑥拧紧调节轴上部的调节螺母直至法兰紧紧顶住定距管,拧紧锁紧螺母,并用垫片折角保险。

三、MAN B&W 5S60MC - C 型柴油机燃排机构安装

MAN B&W 5S60MC - C 型柴油机燃油泵及排气阀驱动机构安装的过程如下:

1. 燃排机构座板的安装

①将座板组件吊装到气缸体上,座板推力端面同气缸体后端面齐平。

②上紧座板与气缸体的连接螺栓,对座板与气缸体同钻铰定位销孔,并配妥定位销。

2. 燃油泵传动机构的安装

①将燃油泵滚轮导筒安装在导套内,转动凸轮轴直至滚轮导筒提升20 mm,使换向空气缸处于正车位置,此时应:

a. 滚轮导筒同导套止动块的间隙为 0.3～0.8 mm;

b. 换向连杆端销两侧的间隙相等;

c. 换向连杆的间隙为 0 mm。

②将换向装置换至倒车位置,检查换向连杆的间隙如下:

a. 换向连杆端销燃油泵侧间隙为 0.6～3.1 mm;

b. 换向连杆端销排气侧间隙为 3.3～5.0 mm;

c. 换向连杆的间隙为 0 mm。

③上紧换向连杆机构调节杆的螺母,螺纹处涂黏结剂。

3. 燃油泵座及燃油泵的安装

①放入燃油导筒的弹簧后,装妥燃油泵座,上紧燃油泵座密封装置与燃油导筒的连接螺栓,螺纹处涂黏结剂。

②用螺母对角压紧燃油泵座。

③吊装燃油泵,燃油泵安装时将油泵齿条拉到"0"位,装妥燃油泵,螺母暂不上紧,来回拉动油泵齿条,油泵柱塞应能灵活转动。

④上紧燃油泵的连接螺母,拧紧力矩为 785 N·m。

4. 排气阀驱动机构的安装

①将排气阀滚轮导筒装入排气滚轮导套,使滚轮导筒与导套内止动块的间隙为 0.3～0.8 mm。

②装入排气阀滚轮导筒弹簧,将排气阀传动机构油缸装妥,活塞上涂二硫化钼,上紧连接螺母,拧紧力矩为 500 N·m。

③上紧排气阀传动机构油缸体外与示功机构的支架连接螺栓。

四、WinGD 6RTA48T - B 型柴油机凸轮轴齿轮传动安装

如图 2 - 1 - 23 所示,WinGD 6RTA48T - B 型柴油机凸轮轴齿轮传动安装的过程如下:

1. 调整上中间齿轮与凸轮轴齿轮的间隙

①松开临时固定中间齿轮的螺栓,在上中间齿轮和凸轮轴齿轮啮合处垫入 0.15 mm 铜皮,将中间齿轮向凸轮轴齿轮顶靠。

②敲紧固定中间齿轮的螺栓,盘车将铜皮退出,在中间齿轮上涂色油继续盘车,检查齿轮啮合的色油情况,同时测量齿隙,要求为 0.24～0.39 mm,盘车测量四处。

2. 调整下中间齿轮与上中间齿轮及曲轴齿轮的间隙

①松开临时固定下中轮的螺栓,在上中轮和下中轮啮合处垫入 0.15 mm 的铜皮,在下中轮和曲轴齿轮啮合处垫入 0.20 mm 的铜皮,然后从燃油侧将下中轮顶向排气侧,使下中轮和上中轮及曲轴齿轮均靠死。

②敲紧固定下中轮的螺栓,盘车退出两处铜皮,在下中轮上涂色油继续盘车,检查两处色油情况,同时测量两处啮合间隙,上中轮与下中轮齿隙为 0.24 ~ 0.39 mm,下中轮与曲轴齿轮齿隙为 0.33 ~ 0.8 mm,两处均测四点。

3. 中间齿轮定位安装

①在上、下中间齿轮的轴承上钻铰 $\phi 20$ mm 锥销孔,销孔钻深 175 mm,铰孔深度为 155 mm,注意钻铰孔时不要将孔头部的螺纹损坏,在销孔中敲入锥销,螺塞涂 A 型黏结剂,旋入锥销孔并压紧。

②将临时固定中间齿轮的螺栓及临时垫片拆下,装入输出端、机架内侧盖板,螺栓涂硅胶并拧紧,上紧角40°,用锁紧钢丝锁紧。

③盘车至 1# 缸上死点,在凸轮轴齿轮输出端沿轴承箱壳体、平面在凸轮轴齿轮上划两条刻线作为标记。

五、WinGD 6RTA48T－B 型柴油机燃排机构布置

WinGD 6RTA48T－B 型柴油机燃油泵及排气阀驱动泵安装的过程如下:

1. 配制垫片

①将燃油泵泵体吊置于平台上,并紧靠缸体,借助缸体平面测量各部位尺寸,计算并确定垫片厚度(理论厚度为 3 mm)。

②配磨垫片,垫片厚度允差为 - 0.10 ~ 0 mm。

③在垫片、弹性螺栓与壳体 $\phi 42$ mm 孔处打上配对标记。

2. 凸轮轴承壳体组件试装

①凸轮轴承壳体面漆前,脚踏装焊于壳体上,焊缝打磨成品。

②参照图 2 - 2 - 61,输出端轴承为 C_1,自由端轴承为 C_2,将轴承置于精密平台上,利用等高块、百分表测量尺寸 C_1、D_1、C_2、D_2,精确确定垫片厚度尺寸。

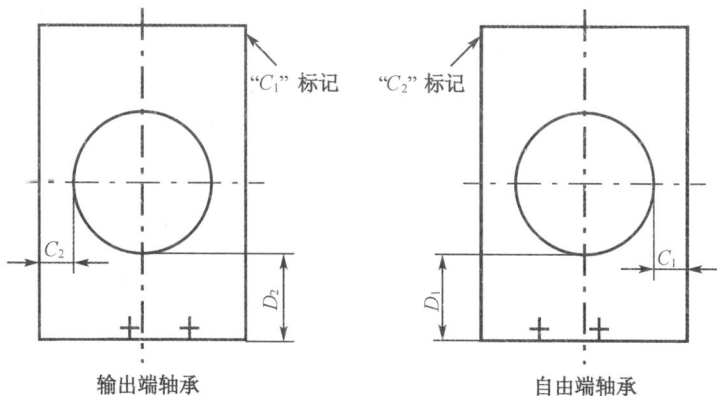

图 2 - 2 - 61 确定垫片厚度

垫片 1:输出端垫片厚度 $X_1 = 52 - C_1{}^{+0.005}$;

自由端垫片厚度 $X_2 = 52 - C_2{}^{+0.005}$。

垫片 2:输出端垫片厚度 $Y_1 = 52 - D_1^{+0.005}$;

自由端垫片厚度 $Y_2 = 52 - D_2^{+0.005}$。

③垫片 1、垫片 2 尺寸符合要求,打配对标记

④将凸轮轴轴承壳体吊置于缸体拼装平台上,将壳体拼装于缸体输出端面,0.03 mm 塞尺检查底平面无法插入,用螺栓与定距套固紧。

⑤弹性螺栓装入壳体,用扭力扳手上紧,力矩为 140 N·m。

⑥轴承、垫片按配对标记装于壳体上,垫片与轴承端面平齐,旋上圆螺母,泵压上紧,上紧力为 100 MPa。

⑦将假轴小心地装入轴承,测量假轴外圆面到缸体止口平面的距离为 333.0 mm,否则调整壳体。

3.偏心轴承安装

偏心轴轴承装于凸轮轴承壳体上,用螺栓固紧。

4.燃油泵、排气阀驱动泵定位与调整

①弹性螺栓装上垫片,装入缸体,上紧角度为 30°。

②弹性螺栓装入缸体,用扭力扳手上紧,力矩为 180 N·m。

③底部工艺垫片装于燃油泵壳体上,端面平齐,用螺栓固紧。中部工艺垫片装于弹性螺栓上。

④依次吊装燃油泵/促动泵组件(凸轮轴上应装有联轴器),用螺母固紧,螺母上紧角度符合要求。

⑤1#、2#缸燃油泵、排气阀驱动泵组件调整

a.通过加铜皮或磨工艺垫片调整,使凸轮轴与假轴对中,偏心轴与偏心轴承对中,用刀口尺检查调整。

b.测量水平方向:测量凸轮轴外圆至缸体止口平面水平方向距离为 333.0 mm,要求两端测量值相等;测量凸轮轴外圆至缸体下平面垂直方向距离为 841.0 mm,要求两端测量值相等。

c.测量工艺垫片总厚度,精磨垫片,打配对标记,要求同侧垫片的厚度差 ≤0.10 mm。

⑥将 3#、4#缸燃油泵、排气阀驱动泵组件以及 5#、6#缸燃油泵、排气阀驱动泵组件依次按步骤⑤调整。

⑦拆下燃排机构组件,装上产品垫片,装复燃排机构组件,上紧螺母。

5.凸轮轴轴承壳体组件安装

①凸轮轴轴承壳体与缸体配钻,铰 $\phi 25$ mm 锥销孔,试装锥销。

②松开壳体紧固螺栓,与缸体贴合的平面涂密封胶,装复锥销、紧固螺栓等,固紧。

③拆下轴承装于凸轮轴齿轮,自由端套上 V 环。凸轮轴齿轮总成装于壳体上,调整凸轮轴齿轮轴向间隙为 0.20~0.50 mm,泵压上紧螺母,泵压 100 MPa。

④配钻、铰 $\phi 16$ mm 锥销孔,安装锥销、填充件、压簧,用扁钢、螺栓、锁紧板压紧,锁紧板拆边保险。

⑤调整凸轮轴之间的间隙,复查凸轮轴对中。要求凸轮两侧轴向间隙相等,凸轮相对于滚轮居中,此时各轴之间间隙为 0.8~1.0 mm。

⑥减震器装于凸轮轴自由端,与联轴器标记线对齐,按配对标记安装铰制螺栓,装螺母固紧,上紧螺纹涂 MoS_2,上紧力矩为 600 N·m。

六、WinGD 6RTA48T – B 型柴油机燃油泵连接

1.凸轮轴与传动齿轮轴连接

如图 2 – 2 – 62 所示，WinGD 6RTA48T – B 型柴油机凸轮轴与传动齿轮轴采用 SKF 联轴器连接，该联轴器通过锥面的过盈配合传递转矩，采用液压扩孔的方法进行装配，其装配过程如下：

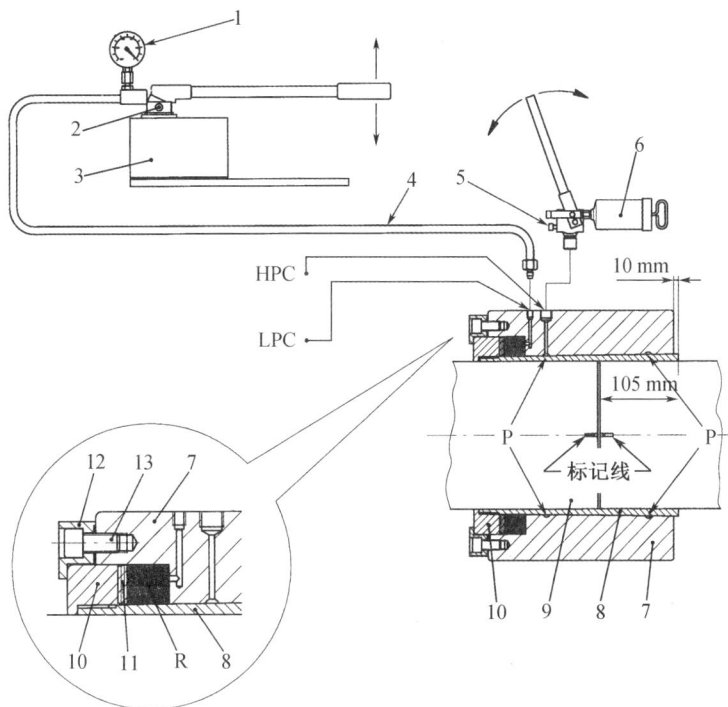

1—压力表；2—放泄阀；3—高压油泵；4—高压软管；5—螺丝阀；
6—SKF 手摇油泵；7—联轴器外套；8—联轴器内套；9—凸轮轴段；
10—螺母；11—密封环；12—锁紧板；13—螺栓；P—安装间隙；R—环形空间；
HPC—高压油接头；LPC—低压油接头。

图 2 – 2 – 62　WinGD 6RTA48T – B 型柴油机凸轮轴与传动齿轮轴 SKF 联轴器安装

①盘正车至 1#缸上死点后 33°，同时将 1#缸凸轮轴转至轴上标记朝上位置。

②沿着 1#缸凸轮轴上的标记刻度线，在传动齿轮轴上打配对标记线，并将标记线周围的毛刺去掉。

③在传动齿轮轴上距轴端面 105 mm 处划线，将 SKF 联轴器往输出端移动，使衬套端面与刻线平齐。

④利用安装工具将联轴器泵紧，直到联轴器端面离衬套大头端面还剩 10 mm 为止，卸掉油压。

2.中间凸轮轴相连

①将中间凸轮轴上的标记线对齐。

②在轴连接处右边的轴上距离端面 105 mm 处刻线平齐，将刻线周围的毛刺去掉。

③将联轴器往右移至衬套端面与刻线平齐，利用安装工具将联轴器泵紧，直到联轴器左端面与衬套左端面还剩 10 mm 为止，卸掉油压。

④分别在联轴器两侧的轴上打上缸号标记。

3. 偏心轴连接

①在 1# 缸中间块处装上偏心轴锁紧工具,将偏心轴锁住,调整偏心轴轴向位置,使两轴之间距离为 5 mm。

②将吸油阀偏心轴键槽转到水平朝内,将溢油阀偏心轴键槽转到水平朝外,将连接套滑入键处,拧紧连接套上的内六角螺栓。安装时螺栓应从上往下装,且螺纹处涂 B 型液态黏结剂。

③同样,完成 2# 缸与 3# 缸偏心轴连接,4# 缸与 5# 缸偏心轴连接。

2.2.8　完整性安装

除了主要零部件及装置外,一台柴油机还包含大量的辅助零部件、装置、仪表等,辅助部分的安装质量对柴油机的工作同样有着重要影响,这一部分的安装工作即为总装阶段的完整性安装。它主要包括空气分配器安装、操纵系统总装、电子调速器布置、转速传感器布置与安装、注油器安装、仪表安装、水力测功器连接、串油、串水、扫尾工作等,现将其中的主要部分加以说明。

一、空气分配器安装

空气分配器工作时有严格的正时要求,安装时应注意正时的调整。MAN B&W 5S60MC－C 型柴油机的空气分配器由凸轮轴齿轮驱动,其正时由凸轮轴齿轮、分配器齿轮、分配器盘三者之间的相位决定,而相位由检查销和齿轮啮合位置保证。其安装过程如下:

①将分配器总成装在链箱上的盖组件上,检查分配器齿轮端面与衬套之间的间隙为 0.90～1.60 mm,将螺母上紧,上紧力矩为 150 N·m。

②盘车至 1# 缸活塞位于上止点。

③调整分配器盘与盖的位置,将检查销插入分配器盘的腰形孔内,以保证分配器齿轮与分配器盘的相位关系。

④将分配器和盖板组件对准凸轮轴齿轮的啮合位置,一并装入链箱,螺母暂不拧紧。

⑤调整分配器和链箱盖板组件的位置,使分配器齿轮与凸轮轴齿轮的啮合间隙为 0.15～0.20 mm,并涂色油检查齿轮的啮合状况。

⑥齿隙色油检查合格后,将凸轮轴齿轮螺栓用 90 N·m 力矩拧紧,并用钢丝锁紧保险。

⑦分别给分配器壳体与盖板组件、盖板组件与链箱配定位销。

⑧将盖板连同分配器一并拆下,清理干净,脱开分配器壳体与盖板组件的结合面,涂金属黏结剂,盖板组件与链箱的结合面同样涂金属黏结剂,装复并装好定位销,上紧所有螺母。

二、操纵系统总装

操纵系统总装包括应急操纵台安装、操纵机构安装、操纵机构调整、应急控制箱安装、气动元件板安装等内容。操纵机构调整是其中重要的一环,要求调速器刻度与燃油泵齿条刻度一致,即调速器刻度处于零位和最大位置时,所对应的燃油泵齿条刻度要分别处于零位和规定位置。此外,对应急操纵台也要在应急状态下进行相应调整。MAN B&W 5S60MC－C 型柴油机操纵系统的调节方法与过程如下:

①转动调节轴,使各缸燃油泵齿条处于"0"位。

②调整夹紧杆,使杆中心线处于垂直方向,且与轴承座有 0.1～0.2 mm 的间隙。

③转动调速器的摇臂,使调速器刻度在"0"位,摇臂角度为 25°。

④将调节杆调整到规定长度,然后用专用铰制螺栓和自锁螺母将调节杆一端与摇臂 1 相连,另一端与调速器摇臂相连,并用定位销将夹紧杆与调节杆定位锁紧。

⑤推动燃油摇臂,使调速器刻度处于最大位置,检查燃油泵刻度应处于规定位置,否则应查明原因,并进行调整。

⑥转动应急操纵台的手轮,指针处于"0",将各缸燃油泵齿条拉回"0",夹紧杆用锥体杆与摇臂 2 相连,即处于应急操纵状态。

⑦调整应急调节杆长度到规定值,用专用铰制螺栓和自锁螺母将应急调节杆的上端与摇臂 2 相连,另一端与应急操纵台摇臂相连。

三、水力测功器连接

每一台大型柴油机出厂前,都要在试车台进行各种试验,试验过程中柴油机发出的功率一般由水力测功器吸收和测量。水力测功器通过短轴与柴油机输出端相连,短轴法兰与曲轴法兰连接之前,应先调整和校中水力测功器中心线与曲轴中心线,其校中质量是运转良好的先决条件,应予以充分重视。

目前使用得最普遍的方法如图 2-2-63 所示,测量短轴法兰与曲轴法兰外圆的位移和中心线之间的曲折,其结果便代表水力测功器中心线与曲轴中心线的同轴度偏差。测量法兰位移可以用刀口直尺放在它们的外圆表面上,在刀口直尺背面放一个光源,观察有无光线可见,如有光线透过,则用塞尺检查缝隙数值,分上、下、左、右四个位置测量。中心线的曲折用塞尺直接插入两法兰端面之间,测量上、下、左、右四个位置缝隙的大小,经计算即可求出它们的偏差。要求中心线位移偏差不大于 0.05 mm,且短轴高于曲轴;曲折偏差不大于 0.10 mm。一般情况下,左、右的曲折偏差、位移偏差应为零,上、下的曲折偏差应使下部的缝隙大于上部的缝隙,即只允许有下叉口。具体连接过程如下:

①将水力测功器吊装到试车台,粗调其高度,使轴的中心线与曲轴中心线等高。

②将短轴用螺栓螺母与水力测功器相连,调整短轴,使其端面跳动小于 0.05 mm,径向跳动小于 0.10 mm,拧紧螺栓螺母。

③精调水力测功器位置,使短轴中心线与曲轴中心线同心,测量偏移和曲折,应满足前述要求。调整好后,用铰制螺栓连接曲轴和短轴,拧紧螺母。

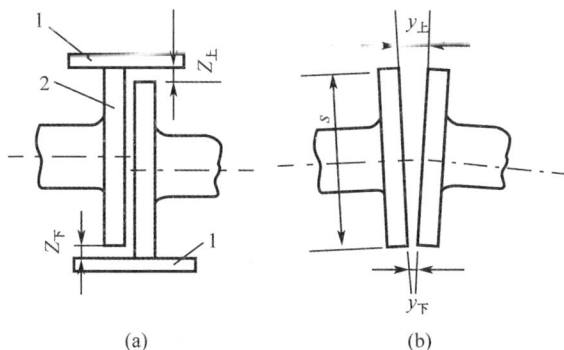

(a)　　　　　　　　(b)

1—刀口直尺;2—法兰。

图 2-2-63　短轴与曲轴中心线校中

④测量曲轴输出端第一挡臂距差,与连接之前的臂距差比较,两者相差不超过 0.05 mm,且第一挡臂距差应小于 0.18 mm。

四、串油、串水

大型柴油机进入试运转前,对燃油系统、滑油系统、冷却系统应通入相应的工质循环一定的时间,在此期间对系统管路及设备进行检查调整,这一过程即所谓的串油、串水。串油、串水的主要目的如下:

①检查系统是否通畅。

②检查系统管路接头是否密封良好。

③检查系统中的设备、部件及仪表等是否工作正常或良好。

④通过循环工质和滤器清除系统中的各种杂质。

串油、串水前应做好前期准备工作,对柴油机要进行全面清理、清洗,重点要清洗机架内表面、连杆、十字头、曲轴等部位,清洗后,可用面团将边角处杂质颗粒清理干净。

滑油系统串油分外循环串油、机内串油、注油点检查三个阶段,具体过程如下:

①封盖十字头上部窗口,用盲板封住滑块润滑支管;脱开主轴承盖上滑油管,装专用盲板;通往凸轮轴、燃排机构、齿轮箱、链传动的支管用盲板封堵。

②将主滑油总管及活塞冷却油管与泵房油泵接通;在促动泵总管一个接口上装过渡接头,用软管接至凸轮轴箱体内。

③关闭主滑油、活塞冷却油进口阀,打开旁通阀,开启泵房油泵,进行外循环串油,外循环串油一般连续循环72 h,其间每12 h清洗一次滤器,最终时间取决于滤器检查结果,若滤器检查杂质较多不合格,应增加串油时间。

④外循环串油完毕,开启主滑油、活塞冷却油进口阀,开启泵房油泵连续向机内串油,每6 h检查一次滤布,直至合格。

⑤拆除主滑油、活塞冷却油与泵房油泵连接管路,并装上盲板;拆除各支管盲板,重新连接各支管。

⑥开启滑油泵调至最低工作压力,检查滑油系统润滑油应充分到达各润滑点。若个别点流通不畅,可盘车进行检查。

⑦转动气缸润滑泵,检查气缸油各缸注油点应有油流出。

滑油系统检查完毕即可串水,对冷却水系统进行检查。封闭柴油机上各道门及有关敞口,将水压调至工作压力,向机上压水,检查各部位及管路是否有渗漏,开一下各支管上的放气阀,检查各支管应通畅有水。

关闭柴油机上各燃油泵进口的截止阀,打开燃油总管上的旁通阀,开启泵房燃油泵,连续12 h串油,检查并清洗滤器,直至合格。

柴油机总装完成后,机器各处(如调速器、增压器、气缸、盘车机等)加上相应的润滑油。按图安装机上各铭牌,最后对机器进行全面清理,为下面的各项运转试验做好准备。

活动 2.3 大型低速柴油机调整与试车

2.3.1 大型低速柴油机燃油正时的检查与调整

一、MAN B&W 5S60MC – C 型柴油机燃油正时的检查与调整

MAN B&W 5S60MC – C 型柴油机采用回油孔调节式喷油泵,其正时检查与调整通常采用测量喷油泵导程或燃油凸轮导程的方法(即"上行程法")来代替小型高速柴油机直接测量喷油泵冒油的喷油提前角的方法。用专用测深千分尺测量喷油泵柱塞关闭回油孔上边缘时所对应的曲柄转角和柱塞的上行行程,或柱塞刚好上行到达上死点时柱塞的上行行程(凸轮导程)和凸轮导程角。

该柴油机的燃油供油正时要求:燃油凸轮导程角 $FA = 18.1$ ℃A;燃油凸轮导程 $FL = 12.3$ mm。

如图 2 – 3 – 1 所示,该柴油机燃油正时的检查与调整方法如下:

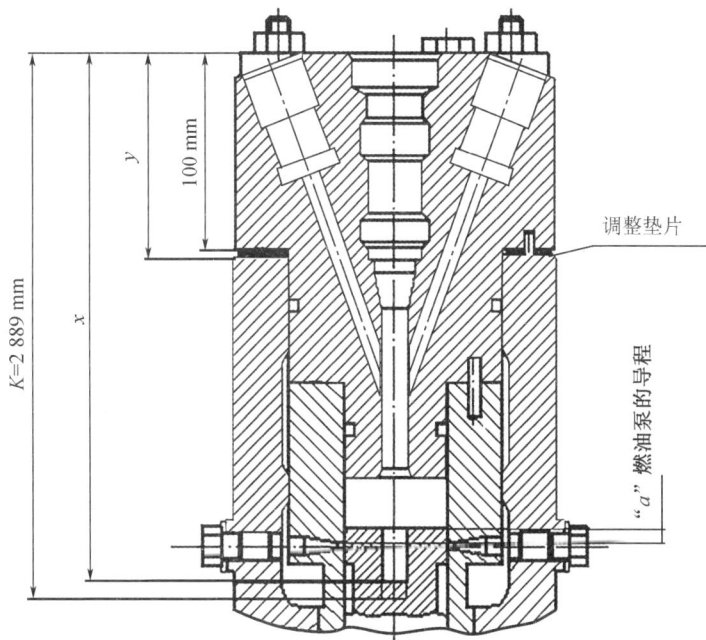

图 2 – 3 – 1 MAN B&W 5S60MC – C 型柴油机喷油泵导程的测量与调整

1. 燃油正时检查方法

①将换向机构置于正车位置。

②盘正车至滚轮处于最低位置,用专用测量工具或测深尺测取喷油泵上平面到柱塞中孔底部的距离,即图 2 – 3 – 1 中的 x 值,记作 x_2。此时对应的曲柄转角即为该缸的燃油凸轮导程角 FA(为此时凸轮中心与活塞上死点凸轮中心的夹角)。

③继续盘正车至活塞上死点,测取 x 值,记作 x_1。

④燃油凸轮导程 $FL = x_2 - x_1$，喷油泵导程为 $a = K - x_1 = 288.9 - x_1$。

当导程角和导程不符合要求时，则需要调整，调整的基本方法主要是转动凸轮法，以升降套筒法进行微调(试车前要求装调节垫片 8 片)。

燃油凸轮结构参数：燃油凸轮每度曲轴转角的升程为 1 mm，凸轮轴轴径为 $\phi 260$ mm，轴径上每度曲轴转角对应的圆周弧长为 2.27 mm，调节垫片每片厚 0.5 mm。

⑤检查此缸导程角和导程，调整至符合要求后，逐缸检查其余各缸的导程角和导程，直至符合要求。

2.燃油正时调整方法

对于 MAN B&W 5S60MC-C 型柴油机喷油泵导程，在试车期间，还要根据最大爆发压力 P_{max} 要求进行调整，即各缸平衡调整，通常在柴油机磨合阶段进行。其调整方法如下：

①试车前喷油泵装调节垫片 8 片(每片厚 0.5 mm)，相应 $y = 104$ mm。

②试车中通过加减垫片调整喷油泵导程，改变最高爆发压力 P_{max}，垫片最多为 16 片。增加(减少)1 片垫片，喷油泵导程减少(增加)0.5 mm，P_{max} 降低(升高)2 bar。

③若试车后垫片数少于 7 或大于 9，则需转动燃油凸轮，使垫片数保持为 8 片。曲轴转动角度 $\alpha = (104 - y)/1$，对应凸轮轴圆周弧长 $Z = 2.27 \times (104 - y)/1$ mm。若 $(104 - y) > 0$，则凸轮应顺着正车方向转；若 $(104 - y) < 0$，则凸轮应逆着正车方向转。

④调整后要重新检查喷油泵导程和燃油凸轮导程。

二、MAN B&W 6S50MC 型柴油机 VIT 机构的检查与调整

有些 MAN B&W 型柴油机带有可变喷油正时机构(VIT 机构)，如 6S50MC 型柴油机，这种柴油机不仅在全负荷时具有高的经济性，而且在常用部分负荷范围内也具有较高的经济性。这种机构为适应负荷变化而调节喷油量的同时自动调节其供油提前角，以保证其最大爆发压力基本不变或变化范围较小，从而获得高的经济性。如图 2-3-2 所示，在柴油机 $50\% P_b$ 以下时，喷油提前角 θ 最小，VIT 机构不起作用；当负荷由

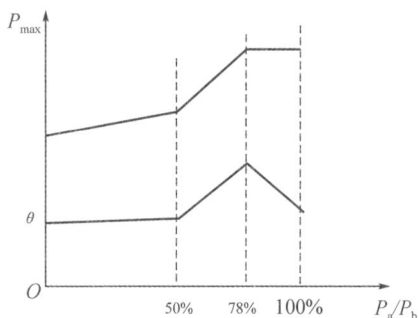

图 2-3-2 喷油泵 VIT 机构的调节特性

$50\% P_b$ 增至 $78\% P_b$ 时，θ 相应增大；在 $78\% P_b$ 时最高爆发压力达到最大值，此时的 θ 亦达到最大值，因此该点称为转折点；当负荷由 $78\% P_b$ 增至 $100\% P_b$ 时，θ 值逐渐减小，供油量相应增大(即负荷相应增大)，保持最高爆发压力不变；到 $100\% P_b$ 时，θ 恢复至标定值。

6S50MC 型柴油机的 VIT 机构的工作原理如图 2-3-3 所示，当调速器输出调节动作时，在拉动油量调节齿条调节供油量的同时，通过杆 A 带动杆 E 运动，从而改变位置传感器 B 的控制空气输出压力，该输出控制空气使位置伺服器 F 中的活塞运动，从而拉动 P_{max} 调节齿条动作，使喷油泵的套筒上升或下降，从而改变供油定时。

其调节方法与过程如下：

(1)在试运转前的预调节

①换向到正车位置，将活塞转到上止点，拆开与 P_{max} 调节齿条相连的接头。

②将 P_{max} 调节齿条设定到刻度 3.0，并固定。

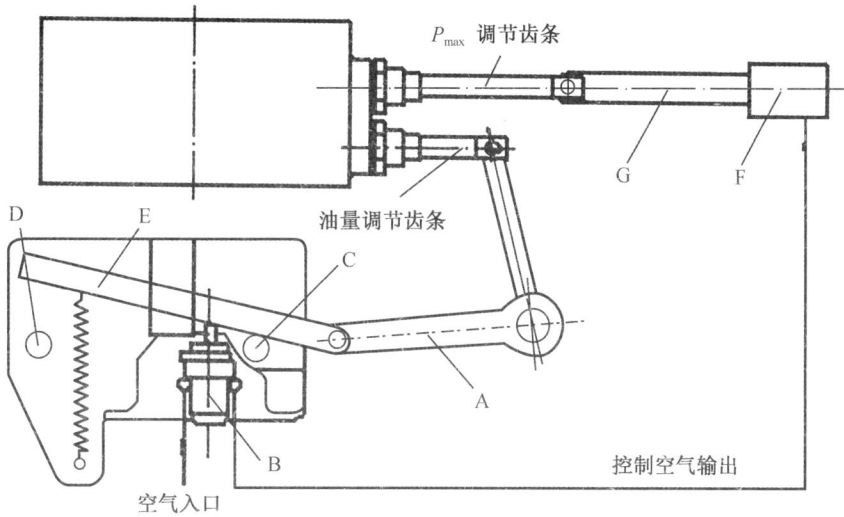

图2-3-3　喷油泵的 VIT 机构

（2）在第一次试运转期间的调节

①如图 2-3-4 所示，将柴油机升负荷运转到转折点，手动调节 P_{max} 调节齿条直到达到想要的转折点 P_{max} 值，记录油量调节齿条和 P_{max} 齿条的刻度。

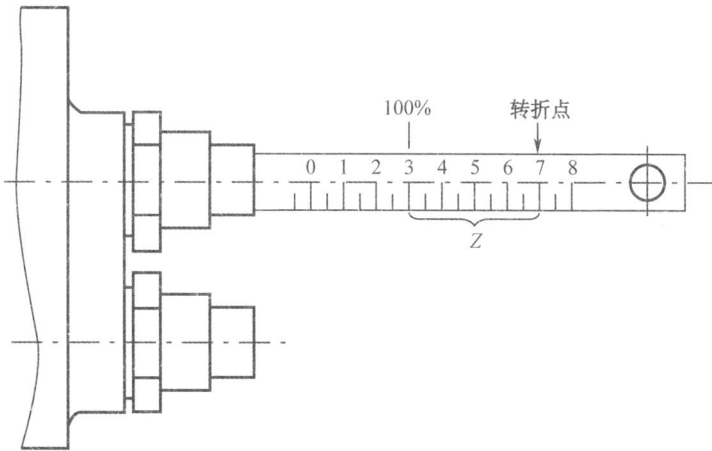

图2-3-4　喷油泵 VIT 机构第一次试运转期间的调节

②将 P_{max} 齿条再次调节并固定在 3.0 的位置，以免负荷再上升时 P_{max} 过大。

③将柴油机运行到 100% 负荷，手动调节 P_{max} 调节齿条直到达到想要的 100% 负荷的 P_{max} 值，记录两个齿条的刻度。

（3）在第一次试运转后的精调节

①盘车，使活塞在正车上止点位置。

②当 P_{max} 调节齿条在 100% 负荷时，测量喷油泵导程。

③如图 2-3-5 所示，保持 Z 值不变，重新确定转折点和 100% 负荷时 P_{max} 齿条的刻度，使 $X=Y$。

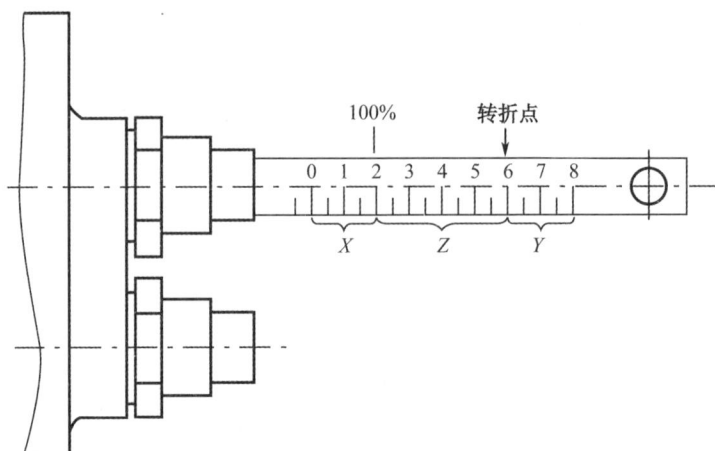

图 2 - 3 - 5　喷油泵 VIT 机构在第一次试运转后的精调节

④将 P_{max} 齿条设定到调整后的 100% 负荷位置,转动燃油凸轮直到喷油泵的导程与步骤(2)测量的喷油泵导程相同。

(4)第二次试运转前的调整

①将驱动器连接到喷油泵的调节接头上。

②通过操纵系统将油量调节齿条的刻度设定在对应转折点的值,如图 2 - 3 - 6 所示,调整连杆 A,使杆 E 与支撑销 C、D 都接触。

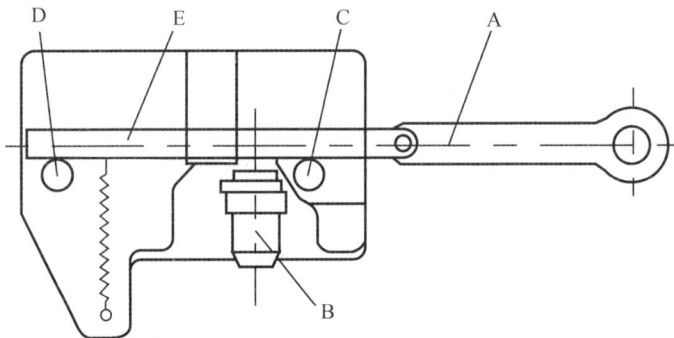

图 2 - 3 - 6　转折点时 P_{max} 调节装置的位置

③沿垂直方向调整控制阀 B 的位置,使其输出的控制压力达到第一次试运转后精调节的转折点刻度所要求的压力值。

④通过操纵系统将油门齿条的刻度设定在 100% 负荷对应的值,如图 2 - 3 - 7 所示,沿水平方向移动支撑销 C,直到控制阀输出的控制压力达到 100% 负荷时 P_{max} 齿条刻度所要求的压力值。

(5)第二次试运转中的最终调整

发动机运行中,按下面的方法细调:

①沿垂直方向移动控制阀 B 以调整转折点的 P_{max} 值。

②沿水平方向移动支撑销 C,以调整 100% 负荷时的 P_{max}。

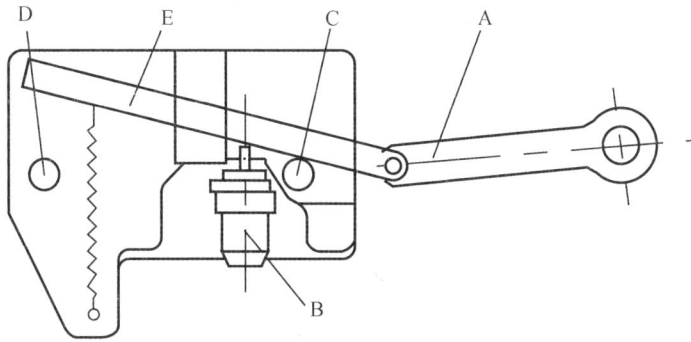

图 2 – 3 – 7　100% 负荷时 P_{max} 调节装置的位置

三、WinGD 6RTA48T – B 型柴油机燃油正时检查与调整

1. WinGD 6RTA48T – B 型柴油机燃油正时要求

WinGD 6RTA48T – B 型柴油机采用始、终点调节的回油阀式喷油泵,喷油泵的进油阀和溢油阀的位置如图 2 – 3 – 8 所示,具体要求如下:

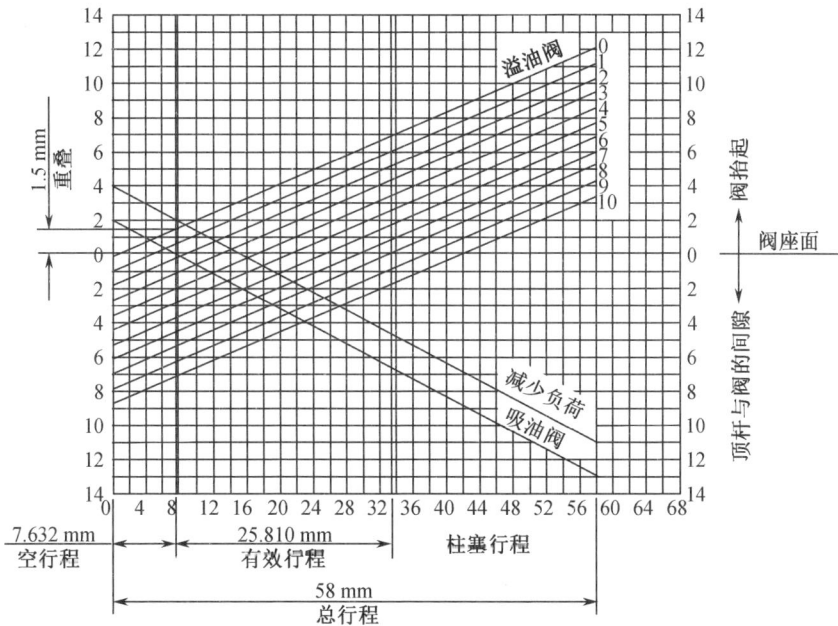

图 2 – 3 – 8　WinGD 6RTA48T – B 型柴油机喷油泵阀位置图

当喷油泵设定指针在 Pos. 8,ITP(the position of the injection timing indicator) = 0°时,供油提前角(TDC 前)α = 5 ℃A,供油终点角(TDC 后)β = 11. 55 ℃A,供油角 $\alpha + \beta$ = 16. 55 ℃A,柱塞无效供油行程 a = 7. 632 mm,柱塞总行程 b = 33. 442 mm,柱塞有效供油行程 $b - a$ = 25. 810 mm。

2. 喷油泵供油定时调整

该喷油泵的调整过程如下:

（1）检查前的相关准备工作

①将换向伺服器置于正车位置。

②将喷油泵负荷指针调整、设定在 Pos.8。

③ITP = 0°。

（2）燃油凸轮调整

①调整相应气缸活塞位置至上止点后 33 ℃A。

②安装测量柱塞升程用的千分表。

③测量并调整燃油凸轮使燃油凸轮顶圆必须朝上（柱塞在最上端位置）。

（3）供油正时调整

①正车盘车，当滚轮转到最高点时，如图 2 - 3 - 9（a）所示，在进油阀上方装行程测量工具（一只专用千分表），并将千分表调到 0.00 mm（此时进油阀关闭）。

②正车盘车，使滚轮在凸轮基圆上，如图 2 - 3 - 9（b）所示，在喷油泵柱塞和溢油阀上方装行程测量工具及阀行程测量工具，并将千分表调到 0.00 mm（此时柱塞在最低点，溢油阀关闭）。

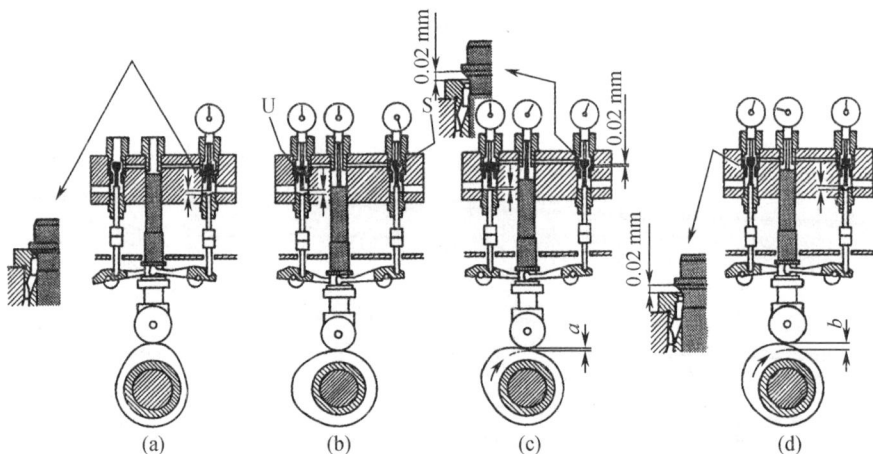

图 2 - 3 - 9　WinGD RTA48T - B 型柴油机喷油泵导程的测量与调整

③正车盘车至油泵柱塞上方千分表行程 a = 7.632 mm（柱塞无效供油行程）时，检查进油阀上方千分表读数应为 0.02 mm。若有超差，则调整进油阀顶杆的长度，使读数为 0.02 mm，如图 2 - 3 - 9（c）所示（此时进油阀关闭，供油开始），同时记录该缸飞轮指针刻度 TDC 前 α（α 的理论值为 5 ℃A）。

④正车盘车至油泵柱塞上方千分表行程 b = 33.442 mm（柱塞总行程）时，检查溢油阀上方千分表读数应为 0.02 mm。若有超差，则调整溢油阀顶杆的长度，使读数为0.02 mm，如图 2 - 3 - 9（d）所示（此时溢油阀打开，供油结束），同时记录该缸飞轮指针刻度 TDC 后 β（β 的理论值为 11.55 ℃A）。

3. 燃油泵定时检查

在 VIT 机构起作用时，吸油阀的顶杆的原始位置会随着偏心轴的转动而发生变化，从而改变燃油喷射的开始时间，检查调整时，关键是确定无负荷时机构各元件的相对位置。

燃油泵定时检查（VIT 机构的调整已经完成）过程如下：

①喷油泵设定指示置 Pos.0 位。

②设喷油定时指示 ITP =0°,检查重叠值(当进油阀刚刚关闭时,回油阀的行程),其允许值为(1.5±0.1) mm,否则表明喷油泵定时调整有误。

③设喷油定时指示 ITP =5°(提前),检查重叠值,其允许值为(1.07±0.1) mm。

④设喷油定时指示 ITP = -5°(延迟),检查重叠值,其允许值为(2.11±0.1) mm。

在上述提前延迟调整时,如果实测值与允许值有偏差,则表明 VIT 调整有误。

2.3.2　大型低速柴油机排气正时的检查和调整

大型低速船用柴油机的气阀传动机构是利用液压方式驱动气阀启闭,所以该柴油机排气阀定时的检查和调整如同燃油正时的检查与调整一样,是通过排气阀驱动泵导程的检查与调整来实现的。

一、MAN B&W 5S60MC - C 型柴油机排气正时检查和调整

图 2-3-10 为 MAN B&W 5S60MC - C 型柴油机排气正时图,该柴油机排气阀驱动泵导程检查和调整过程如下:

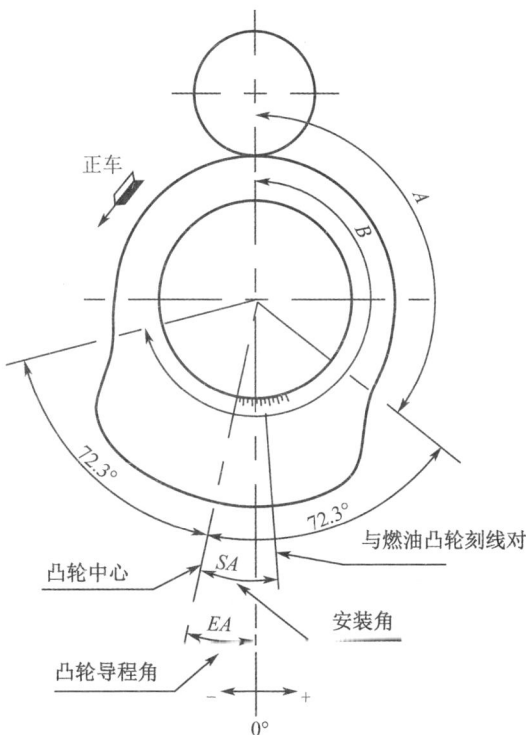

图 2-3-10　MAN B&W 5S60MC - C 型柴油机排气正时图

说明书要求各缸排气定时为:当排气滚轮升程为 12±0.1 mm 时,对应的曲柄转角 A = 112.7 °CA,B = 257.3 °CA,排气凸轮导程角 EA = 180 - (A + B)/2 = -5 °CA。

其检查方法如下:

①从该缸上止点开始正向盘车,至滚轮升高(12±0.1) mm,测取此时的曲柄角度应该为 A。

②继续盘正车,至滚轮回落到升程为(12±0.1) mm 位置,测取此时的曲柄角度应该为

B。排气凸轮导程角 $EA = 180 - (A + B)/2$(凸轮中心线与上下止点连线的夹角)。

③当对应的曲柄转角不符合要求时,应改变凸轮与曲轴的相位。若角度偏小,凸轮应顺工作转向转动,反之则相反。

④如此逐缸、逐气阀地检验,记下各缸的启闭角与说明书规定值进行比较。不符合要求的按方法③进行调整。

二、WinGD 6RTA48T – B 型柴油机排气正时检查和调整

1. WinGD 6RTA48T – B 型柴油机排气正时要求

WinGD 6RTA48T – B 型柴油机排气凸轮相位安装、检查与确定,是通过检查排气凸轮与燃油凸轮之间的相位来实现的。

按说明书要求,各缸排气定时如下:

①排气阀开启角:下止点前(BBDC)61 ℃A。

②排气阀关闭角:下止点后(ABDC)71 ℃A。

③排气持续角:132 ℃A。

④排气凸轮与燃油凸轮夹角:152 ℃A。

2. 凸轮轴段装配程序

各凸轮已在凸轮轴段上按规定的正时角度预装好,凸轮轴段的连接程序如下:

①转动所有凸轮轴段,使每段凸轮轴端的标记在上部位置。

②除传动齿轮最后一节外,连接各凸轮轴段。

③将凸轮调整刻度盘装到 1#缸燃油泵壳体上。

④如图 2 – 3 – 11 所示,盘车,将 1#缸活塞调整到正车上止点前 147 ℃A。

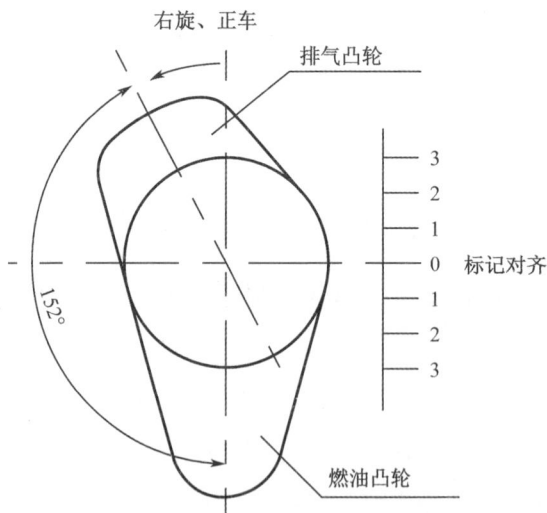

图 2 – 3 – 11 上止点前 147 ℃A 燃油凸轮所处位置图(自由端看)

⑤转动凸轮轴,使 1#缸燃油凸轮处于如下位置:

a.凸轮顶圆垂直朝下;

b.凸轮轴壳体上的标记与调整刻度盘"0"标记对齐。

⑥在传动齿轮轴上打标记。

⑦将凸轮轴和传动齿轮轴连接起来。

3.凸轮相位检查

（1）燃油凸轮相位检查

正车盘车,使各缸处于上止点前147 ℃A,各缸燃油凸轮应处于如图2－3－11所示的位置：

①凸轮顶圆垂直朝下。

②凸轮轴壳体上的标记与调整刻度盘"0"标记对齐。

各缸相对应飞轮的角度见表2－3－1。

表2－3－1 飞轮角度读数对照表（发火顺序：1—5—3—4—2—6）

	CLY.1	CLY.2	CLY.3	CLY.4	CLY.5	CLY.6
各缸上止点相对应飞轮角度/℃A	0	240	120	180	60	300
上止点前147℃A 飞轮角度/℃A	213	93	333	33	273	153

（2）排气凸轮相位检查

盘车,使各缸处于上止点后5 ℃A,各缸排气凸轮应处于如图2－3－12所示的位置：

①凸轮顶圆垂直朝下。

②凸轮轴壳体上的标记与调整刻度盘"0"标记对齐。

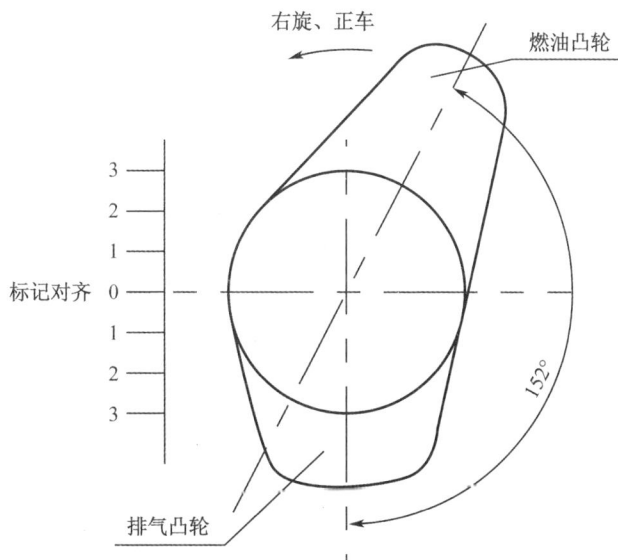

图2－3－12 上止点后5 ℃A 排气凸轮所处位置图（自由端看）

各缸相对应飞轮的角度见表2－3－2。

表2－3－2 飞轮角度读数对照表（发火顺序：1—5—3—4—2—6）

	CLY.1	CLY.2	CLY.3	CLY.4	CLY.5	CLY.6
各缸上止点相对应飞轮角度/℃A	0	240	120	180	60	300
上止点后5 ℃A 飞轮角度/℃A	5	245	125	185	65	305

2.3.3　大型低速柴油机气缸注油器的调整

一、MAN B&W 5S60MC - C 型柴油机气缸润滑概况

大型低速柴油机气缸润滑使用专用的润滑系统及设备(气缸注油器、注油接头等),把专用气缸油经气缸壁上的注油孔(MAN B&W 5S60MC - C 型柴油机均布 6 个)喷注到气缸壁表面进行润滑,其注油量可控,喷注的气缸油不予回收,为一次性润滑。对于 MAN B&W 5S60MC - C 柴油机装备的丹麦 Hans Jensen Lubricators A/S 生产的 HJ Type 75 型(HJ 型)气缸注油器,每台注油器共有 18 个柱塞泵,6 个柱塞泵供一个气缸,所以 5S60MC - C 型柴油机需要 2 台注油器,1# 注油器的 1# ~6# 柱塞泵供 1# 气缸,7# ~12# 柱塞泵供 2# 气缸,13# ~18# 柱塞泵供 3# 气缸,2# 注油器的 1# ~6# 柱塞泵供 4# 气缸,7# ~12# 柱塞泵供 5# 气缸。HJ 型气缸注油器的结构如图 2 - 3 - 13 所示,注油器转速与柴油机转速相同,柱塞直径为 6 mm,泵行程调节螺钉为每转 0.5 mm,总调节量为 0 ~7 mm;泵行程调节手柄从最小行程(-)到最大行程(+)共 5 孔位,总行程调节量约为 $4 \times 1.5 = 6$ mm。

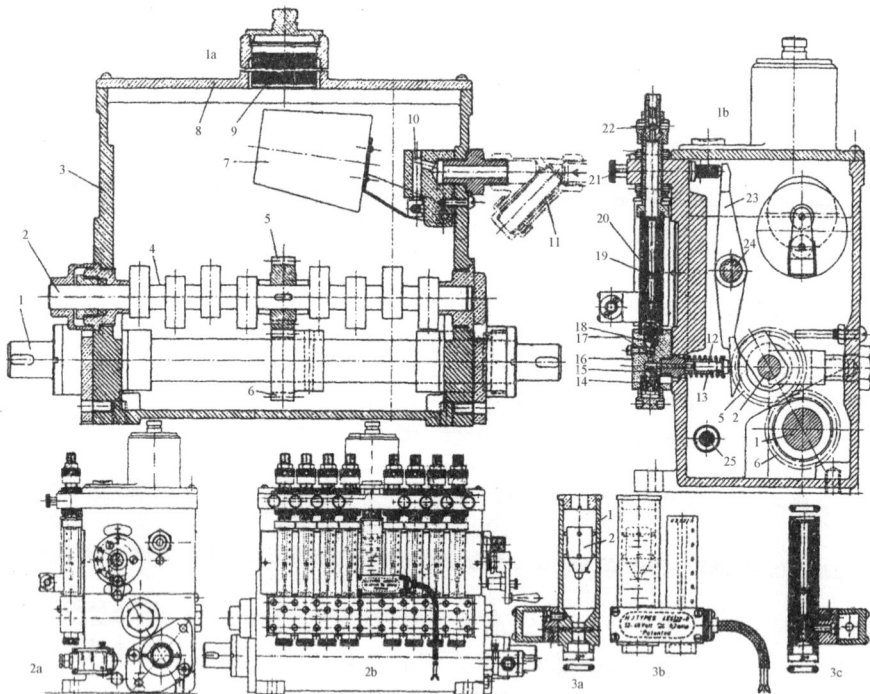

图 2 - 3 - 13　HJ 型气缸注油器

二、注油器正时调整

MAN B&W 5S60MC - C 型柴油机注油器正时调整的过程如下:

①盘正车使 1# 气缸曲柄转至下止点后 104° ~115°(此时飞轮的该刻度为 104° ~115°),转动 1# 注油器输入轴,使其 1# 柱塞泵的柱塞处于行程结束位置。

②将 1# 注油器同凸轮轴前端的传动轴的联轴器连接,并配妥联轴器的定位销。

③盘正车使 5# 气缸曲柄转至下止点后 104° ~115°(此时飞轮的该刻度为 32° ~43°),转动 2# 注油器输入轴,使其 12# 柱塞泵的柱塞处于行程结束位置。

④将2#注油器同1#注油器有传动轴的联轴器连接起来,并配妥联轴器的定位销。

⑤注油器连接后,通过盘车可以检查各缸注油器柱塞行程结束时,各缸的飞轮刻度应符合要求。

三、气缸供油率的调整

HJ型气缸注油器气缸供油率的调整是通过调节螺钉和调节手柄来调节泵行程。调节螺钉只能调节各单泵的行程,一般用来设定柴油机的基本供油率;调节手柄则同时调节整台注油器所有泵的行程,一般用来设定柴油机超过基本供油率外的过量供油率。

1. 基本供油率的调整

如图2-3-13所示,调整调节螺钉之前,必须将调节手柄放在最小位置(-),同时盘车,使需要调整的泵的凸轮处于泵行程结束位置。

调整方法一:在上述状态下,按压调节螺钉至其刚好碰到摇臂,然后将调节螺钉彻底拉出,测量出调节螺钉的这两个位置间的距离,此距离即为该泵现有的行程;然后松开调节螺钉上的锁紧螺钉,顺时针(减少行程)或逆时针(增加行程)旋调节螺钉,每转0.5 mm增或减行程至要求的值;最后旋入锁紧螺钉,调节螺钉不能转动。

调整方法二:松开锁紧螺钉,仔细地顺时针转动调节螺钉至其刚好碰到摇臂,此时该泵的行程刚好为零,然后逆时针退行调节螺钉至要求行程所对应的圈数(每转0.5 mm),调好后,装好锁紧螺钉。

2. 调节手柄的调整

如图2-3-13所示,调节手柄有5个孔位,最小(-)到最大(+)依次增加行程,每移动一个孔位,行程改变约1.5 mm,总行程约为4×1.5=6 mm,调整实际行程可通过上述方法一测得。

在注油器每个泵出口都有视流器,正常运行时,视流器中的钢球应位于锥管的某一位置上下移动,且各钢球的位置应基本一致,若差别太大则表明泵行程有差别,需要检查。

2.3.4　大型低速柴油机启动空气分配器和示功器传动装置的调整

一、MAN B&W 5S60MC-C型柴油机启动空气分配器的调整

大型低速柴油机均采用压缩空气启动,压缩空气进入气缸启动的时间靠启动空气分配器来控制,因此为了保证柴油机能够正常启动,启动空气分配器的正时必须符合要求,MAN B&W 5S60MC-C型柴油机启动空气分配器正时调整的过程如下:

①盘车将1#缸置于上止点位置。

②在链轮箱的中间轴上装妥启动空气分配器的分配盘和启动凸轮,并上紧螺栓,对启动凸轮和中间轴配钻铰定位销孔,并配妥定位销。

③调整分配盘,使1#缸处于供气状态,其分配盘同启动凸轮的间隙为1 mm,上紧分配盘的连接螺栓。

④用手按住滑阀,用透光的方法检查1#缸的开启时间为上止点后0°~5°。

二、MAN B&W 5S60MC-C型柴油机的示功器传动装置的调整

大型低速柴油机带有示功器,用以测录柴油机各缸的示功图。其传动装置是示功器记录鼓筒的传动机构,它使鼓筒的旋转运动正比于柴油机主活塞行程。为真实地反映主活塞的行程运动规律,传动机构必须满足:当主活塞达到上止点和下止点时,记录鼓筒的偏转要同时达到相应的终点。示功器传动机构有杠杆式、曲柄式和凸轮式等形式。MAN B&W 5S60MC－C 型柴油机的示功器传动机构采用凸轮式,该机示功器传动装置的检查和调整程序如下:

①传动装置安装时的初始位置:当主活塞处于上止点时,相应缸的传动杆刚好达到其行程的终点。

②柴油机正车运行在负荷为 35%～50% MCR(70%～80% NMCR)或在较低负荷时,切断指定气缸燃油(即将指定气缸燃油齿条拉至 0 位),使相应缸不发火,打一张示功图,示功图上的压缩线和膨胀线必须重合。

③如图 2－3－14(a)所示,两线重合,说明示功器传动装置调整正确。如果如图 2－3－14(b)所示两线不重合,则应进行调整:当膨胀线(较细)高于压缩线(较粗),则如图 2－3－15 所示,平移法兰或沿倒车方向转动示功凸轮,直至两线重合;若膨胀线(较细)低于压缩线(较粗),则平移法兰或沿正车方向转动示功凸轮,直至两线重合(示功图膨胀线与压缩线之间每平偏移 1 mm,约需转动凸轮 2 mm 或平移法兰 2.5 mm)。

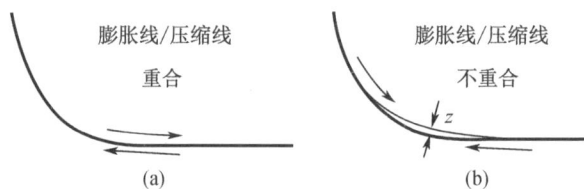

图 2－3－14 示功图膨胀线与压缩线的检查

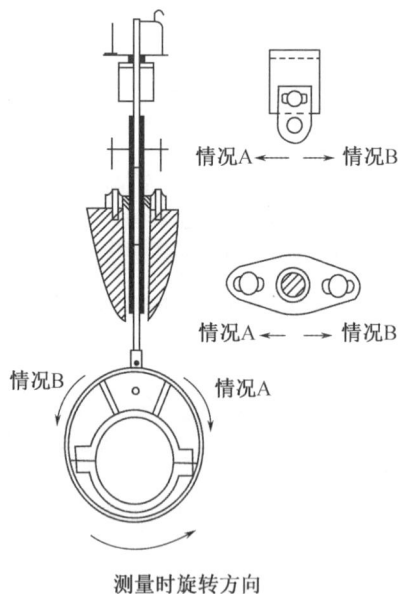

图 2－3－15 示功图膨胀线与压缩线的调整

2.3.5 8S60ME-C8.2型电控柴油机300 bar系统车间试验

一、MAN ME型柴油机控制系统

8S60ME-C8.2型电控柴油机是MAN公司的一款全电子控制柴油机,其喷油正时及喷油量的调节、排气正时、启动正时、注油量的调节等均由电子控制。ME型柴油机的燃油喷射和排气阀驱动力由一个液压动力(hydraulic power supply,HPS)装置提供,其最大工作压力为300 bar,因而也称300 bar系统。

1. ME型柴油机控制系统

ME型发动机控制系统(engine control system,ECS)是为常规遥控准备的,具有与驾驶室控制系统和本地操作面板(local operating panel,LOP)的接口。本地操作面板取代船用凸轮控制柴油机的机旁操控台。

一种多用途控制器(multi-purpose controller,MPC)具体有以下特定的任务控制单元:辅助控制单元(auxiliary control unit,ACU)、气缸控制单元(cylinder control unit,CCU)、冷却水控制单元(cooling water control unit,CWCU)、发动机控制单元(engine control unit,ECU)、扫气空气控制单元(scavenge air control unit,SACU)、发动机接口控制单元(engine interface control unit,EICU)。所有这些控制单元都建立在相同的硬件上,并且只是在安装的软件上有所不同。

图2-3-16为S60ME-C型柴油机带EICU柜的发动控制系统。

这种ME型发动机控制系统具有较高的冗余度,这种设计要求与系统相关的任何单一故障都不会引起发动机停车,在大多数情况下,单一故障不会影响发动机的性能和动力,或仅通过降速来实现发动机的性能和动力。

应该指出的是,任何控制器都可以在不停机的情况下更换,在更换了有缺陷的部件后,可立即恢复正常操作。

(1)主操作面板

工程师可通过两个冗余主操作面板(MOP)屏,让发动机有效地执行指令,调整发动机参数,选择运转模式,以及观察控制系统的运行状态。两个MOP屏均布置在发动机控制室(ECR),一个作为另一个发生故障时的备份单元,或者在首选时立即投入使用。

(2)发动机控制单元

为了达到冗余的目的,发动机控制系统包含两个发动机控制单元,这两个ECU并行,并执行同样的任务,一个作为另一个的备份,如果一个ECU发生故障,则另一个ECU将在没有任何中断的情况下接管控制。

ECU执行下列任务:

①速度管理功能、启动/停车程序、喷油正时、排气正时、启动正时等。

②ACUs处理的辅助功能的连续运行控制。

③可供选择的运行模式和程序。

(3)气缸控制单元

控制系统中,每个气缸有一个气缸控制单元,CCU按照从发动机控制单元收到的指令,控制排气阀驱动泵(FIVA)和启动空气阀(SAV)。

所有气缸控制单元都是相同的,且如果一个气缸的气缸控制单元发生故障,则只有这个气缸将自动停止运行。

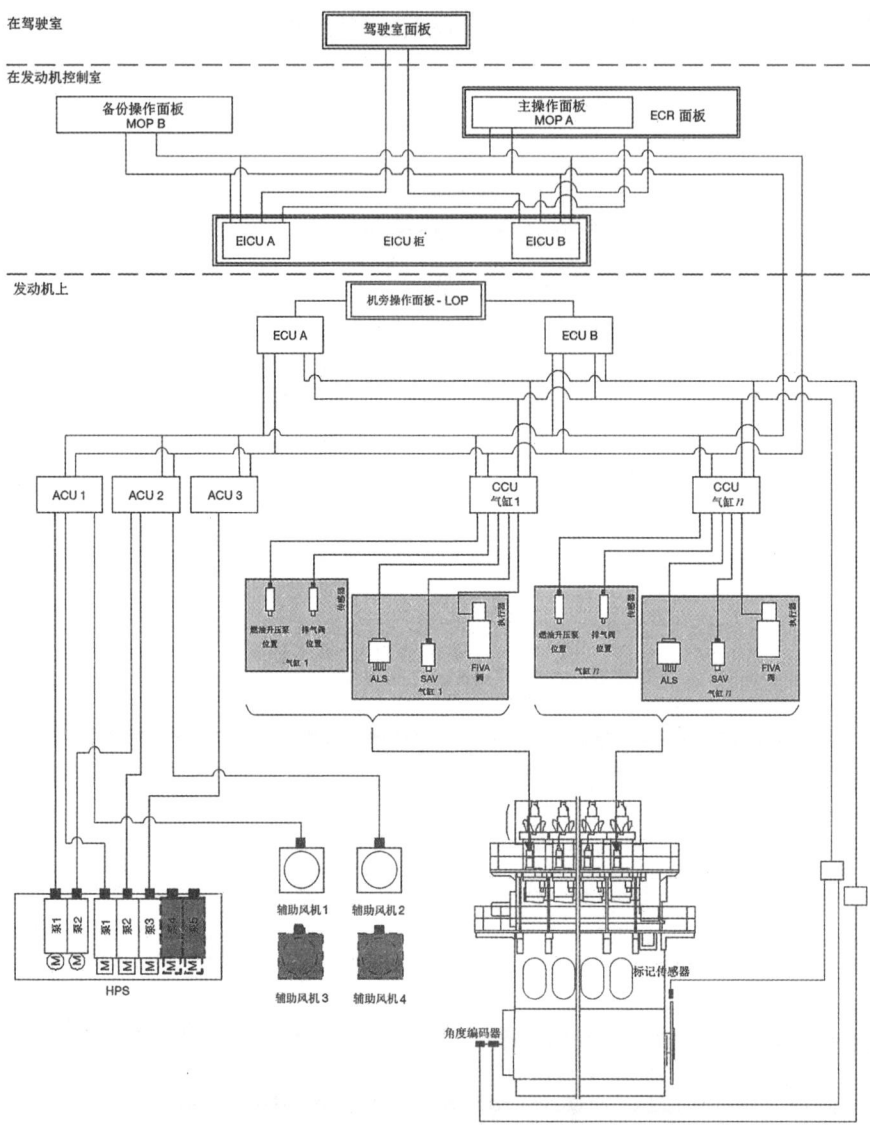

图 2-3-16　带 EICU 柜的发动机控制系统

（4）辅助控制单元

发动机上辅助设备的控制一般分为三个辅助控制单元，以便在一个单元发生故障的情况下，有足够的冗余以允许发动机的持续运行。

ACU 执行辅助鼓风机的控制，执行液压动力源单元中电动和机带液压泵的控制等。

（5）冷却水控制单元

带负荷的发动机依赖气缸套冷却水系统，一个冷却水控制单元通过控制一个三通阀来控制循环冷却水的温度。

（6）扫气空气控制单元

扫气空气控制单元（SCU）通过一些先进技术来控制扫气空气压力，如带开/关的或者可变开度的旁通阀的排气旁通（EGB）技术，以及废热再利用系统（WHRS）和带可调涡轮进口面积的涡轮增压器技术。

（7）发动机接口控制单元

两个发动机接口控制单元执行诸如与周边控制系统相连接之类的任务,如图2－3－16所示,两个 EICU 并行,确保关键任务的接口的冗余度。发动机接口控制单元可安装在集中控制室(推荐),也可安装在机舱。

（8）控制网络

主操作面板(MOP A)、备用操作面板(MOP B)和多用途控制器(MPC)通过独立的双重控制网络 A、B 实现互联。发动机上最远的单元与发动机集中控制室(一个发动机接口控制单元或主操作面板)之间,控制网络布线的最大长度为230 m。

如果船的布局使控制网络布线必须延长,则控制网络必须插入中继器以放大信号,并将电缆分成不长于230 m 的分段。例如,发动机集控室和机舱相距很远。

（9）发动机控制系统的电源

发动机控制系统需要两套带电池备份的独立的电源 A 和 B,见表2－3－3。

表2－3－3　发动机控制系统的电源

电源 A	
系统	IT(浮动),直流系统,单独隔离输出
电压	输入100～240 V 交流,45～65 Hz,输出24 V 直流
保护	输入过流,输出过流,输出高/低压
无电位接触报警	交流电源,不间断电源电池模式,电池不可用(熔断器故障)
电源 B	
系统	IT(浮动),直流系统,单独隔离输出
电压	输入100～240 V 交流,输出24 V 直流
保护	输入过流,输出过流,输出高/低压
无电位接触报警	交流电源,不间断电源电池模式,电池不可用(熔断器故障)

ME－ECS 电源必须与其他直流电源系统分开,即电源必须只与 ME－ECS 的组成部分连接。

高/低压保护可以与 DC/DC 转换功能集成,也可以分别实现。输出电压必须是18～31 V 的直流电压。

（10）机旁操作面板

在正常运行时,发动机可以从驾驶台或集控室控制。作为一种选择,可以启用机旁操作面板。这种冗余控制被认为是一种替代品,用以替代直接安装在 MC 型发动机上的早先的发动机侧控制台。机旁操作面板的标准安装是在发动机上。运用机旁操作面板可以实现基本功能,如启动、发动机转速控制、停车、倒车以及最重要的发动机数据的显示。

（11）液压动力源

图2－3－17为发动机上带有液压动力源(HPS)单元的机械液压系统图。液压动力源单元的功能是在启动和正常服务时,向发动机上的液压气缸单元(HCU)输送必要的高压液压油,液压气缸单元所需压力约为300 bar。

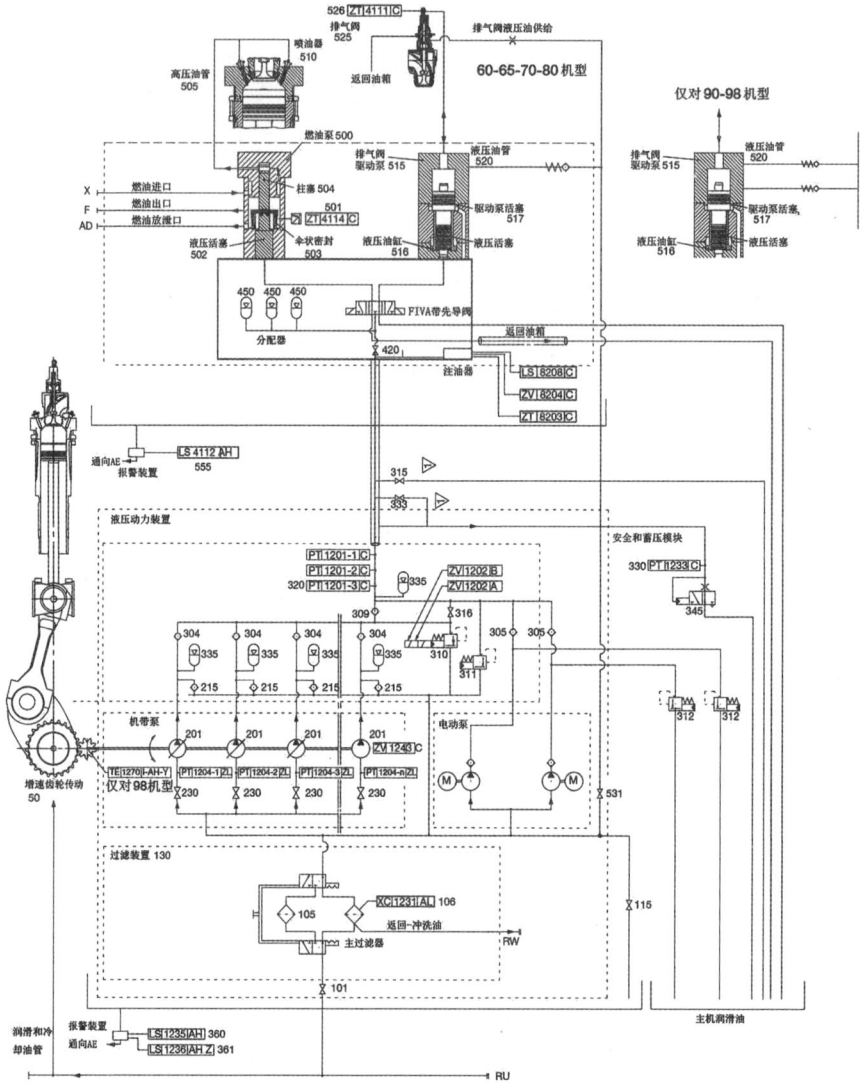

图 2 – 3 – 17   发动机上带有 HPS 单元的机械液压系统图

当标准的 HPS 单元机带泵发生故障或者发动机启动时,两个电力驱动的启动泵中的一个会启动。在发动机转速达到15%额定转速25 s之后,启动泵将停止。

配置多个备用泵确保了液压动力源的冗余度。机带泵和电动泵由三个辅助控制单元分别控制。

介于液压动力源单元和液压气缸单元之间的高压管路为双壁式,具有检漏器(仅为210 bar系统)。紧急运行可以采用外管作为压力容器来高压供油。

2. 发动机控制系统与外围系统的接口

为支持驾驶员,船只配备了船舶控制系统,其中的子系统用来监控和保护主机。

(1)报警系统

报警系统对发动机控制系统没有直接影响。警报提醒操作员有异常情况。报警系统是一个独立的系统,一般覆盖超过主机本身,它的任务是监控工作状态,并在超过正常工作范围时激活报警。警报传感器发出的信号可以用于降速功能及远程指示。

（2）降速系统

报警系统的传感器发出的一些信号用于向主机的发动机控制系统发送"降速请求"信号。

（3）安全系统

安全系统是一个独立的系统,在主机上装有其各自的传感器,满足船级社、MAN Diesel&Turbo 各自的要求。

如果其中一个测量值达到临界值,那么来自安全系统的输入信号必将向发动机控制系统发出一个可取消或不可取消的停车信号。

（4）车钟系统

该系统允许驾驶员从驾驶室、集控室或机旁操作面板发出发动机转速和旋转方向的指令,它为发动机控制系统提供速度设定和停车的信号。

集控室与机旁操作面板设有联合车钟和速度设定单元。

（5）遥控系统

遥控系统通常有两种控制地点选择:驾驶室控制和集控室控制。

（6）电源管理系统

这个系统负责船上供电,如发电机组的启动和停车,以及主机轴带发电机（SG）启动/停车（如果安装有轴带发电机）。

基于船上电网的负荷,电源管理系统正常的功能包括发电机的启动、同步、同相、分载、停车。

轴带发电机的启动/停车在发动机达到的速度范围内完成,并满足规定的频率范围。

（7）辅助设备系统

根据状态,"辅助系统就绪"的输入信号部分通过遥控系统给出,包括:

①燃油系统。

②润滑油系统。

③冷却水系统。

部分来自发动机控制系统本身,包括:

①盘车装置未啮合。

②主启动阀"开启"。

③提供密封空气的控制空气阀"开启"。

④空气弹簧的控制空气阀"开启"。

⑤辅助鼓风机运转。

⑥液压动力系统就绪。

（8）监测系统

发动机控制系统依靠发动机管理（EMS）系统提供支持,EMS 包含 PMI 自动调谐和 CoCoS－EDS（计算机控制的发动机监视诊断系统）。

①PMI 自动调谐

PMI 自动调谐的功用如下:

a.在线主机气缸压力检测。

b.输入发动机控制系统以形成闭环的性能调优。

c. 发动机电源评估。

PMI自动调谐利用安装在每个气缸盖上的在线传感器连续不断地测量气缸压力。压力测量是实时连续进行的,并传递相应的关键性能值到发动机控制系统。

发动机控制系统不断地检测PMI测量的燃烧压力,并与一个参考值进行比较,自动调节燃油正时和排气正时,以减小测量值与参考值的误差。如此循环,以使下一次燃烧获得最佳的燃烧压力。因此,该系统确保发动机在期望的最大压力下运行。

②CoCoS – EDS

CoCoS – EDS(计算机控制的发动机监视诊断系统)的功用如下:

①数据记录。

②发动机状态监测和报告。

③发动机操作故障排除。

基于CoCoS – EDS的早期干预以及预防性维修,发动机操作人员能够降低发动机损坏和故障的风险。当发动机出现异常情况时,CoCoS – EDS还可以使故障排除更加容易。

二、300 bar系统车间试验

液压动力源(HPS)单元即300 bar系统车间试验的工作内容包括:

①电气和液压系统试验。

②ECS系统安装。

③液压系统调试。

④安全要求。

⑤调整和启动。

⑥台架试验程序。

⑦调速系统调整。

⑧泵模态曲线。

⑨燃油指数标定(ECT程序)。

⑩主机模态调整。

⑪性能调整。

⑫ECU B同步。

⑬泵响应试验。

⑭台架试验记录。

1. 电气和液压系统试验

(1)试验前的要求

①动车前,必须根据电缆铺设和电缆连接的说明文件进行检查。

②柴油机零部件安装完毕后,按照MAN Diesel&Turbo最新文件做内部清洁,并按照MAN Diesel&Turbo目前的文件完成管系投油。

③柴油机HPS系统和ELFI/ELVA或FIVA已按照MDT要求完成投油。HPS和HCU已放气,空气管也已按照规范安装。

④为避免出现意外,在整个连接测试过程中,要确保鼓风机电压稳定,同时机旁关闭电动液压泵。

⑤必须机械锁定主启动阀,并拆除连接到主启动阀和慢转阀引导管子。拆除启动空气管末端的盲法兰。

⑥柴油机连接水力测功器或其他功率吸收设备,并配备必要的安全设备。

⑦控制空气源调整到 7 bar。

(2)MOP A/B 软件安装

MOP 已安装 Windows 操作系统,关闭所有 MPC 电源,并断开连接到 MOP A/B 的网络线 A/B,具体操作见表 2-3-4。MOP A 有一个 USB 键盘并整外接 CD-ROM 驱动器(也可以选择使用 U 盘)。MOP 配备的软件有效。

表 2-3-4　MOP A/B 软件安装

步骤	操作	结果
1	启动 MOP A,并将 MOP 配备的 CD 插入 CD-ROM 驱动器。 如果 MOP 已经运行一个 MOP 应用程序,必须关闭电子狗程序。 1. 按[Ctrl]+[Alt]+[Shift]+[M],打开 MOP 锁定程序。 2. 在公共界面按"Unlock"按钮解锁。 3. 输入密码"manbw",并按"Stop Watchdog"按钮,运行"Stop Watchdog. exe"	关闭电子狗程序
2	按[Ctrl]+[Esc]→选择"Windows Explorer"或"My Computer"并找到 CD 驱动器或装有 MOP 软件的 U 盘。 找到文件"install_mopA_XPE. bat",双击进入程序安装	在桌面创建一个 MOP 工具文件夹快捷方式(c:\ Program Files\MANBW\Tools)
3	首次安装,拖拽 MOP 工具文件夹到启动菜单	在 MOP A 上运行 MOP 应用程序
4	对 MOP B 重复上述步骤 1→3,使用文件"install_mopB_XPE. bat"	在 MOP B 上运行 MOP 应用程序

(3)电源供电及接地故障测试

断开所有 MPC 上的电源插头,具体操作见表 2-3-5。

表 2-3-5　电源供电及接地故障测试

步骤	操作	结果
1	检查所有电源插头的极性和电压	电源电压范围为 20~30 V,且极性正确
2	逐个恢复 MPC 电源插头,检查每个连接的接地状况,确认不存在接地故障	完成所有的接地故障检查,允许的最小阻值为 100 kΩ
3	确认已经安装备用电池和 ID-Key	—

(4)ID-Key 程序上传

所有 MPC 的电源插头已连接,服务终端已连接(可选),具体操作见表 2-3-6。

表 2 - 3 - 6　ID - Key 程序上传

步骤	操作	结果
1	断开相应的 MPC 电源,并根据"ID - Key 程序"设定 DIP 开关 S1	—
2	接上 MPC 上的电源	在 ID - Key 没有连接的状态下,启动程序注册表,LED 显示错误代码(4,2)
3	连接 ID - Key	ID - Key 将立即按照 DIP 开关设置上传程序。程序上传后,LED 将闪烁代码(4,3),表示 DIP 开关可以复位(所有都在 OFF 位置)
4	将 DIP 开关复位	引导程序将启动,LED 闪烁代码(2,1)
5	所有 MPC 重复上述步骤	ID - Key 程序上传完毕

（5）ID - Key 唯一 ID 程序下载

所有 MPC 的电源已连接,服务终端已连接,具体操作见表 2 - 3 - 7。

表 2 - 3 - 7　ID - Key 唯一 ID 程序下载

步骤	操作	结果
1	确认所有 ID - Key 都安装到所有 MPC 上,且所有 DIP 开关 S1 都在 OFF 位置	可以开始下载了
2	所有 MPC 接上电源。 MPC 将启动,且应用程序将终止,等待用户输入。 服务器终端连接到 EICU A 或 B,当服务器要求将 DIP 开关 S1 拨到 ON 和 OFF 位置时,可以确认 MPC 都处于等待用户输入状态。 所有 MPC 上的 DIP 开关 S1 都拨到 ON 和 OFF 位置	所有 DIP 开关都拨到 ON 和 OFF 位置后,应用程序将继续下载程序。 所有 ID - Key 都下载了唯一 ID 程序
3	重启所有 MPC	MPC 返回正常状态

ID - Key 程序下载时的 DIP 开关 S1 设定见表 2 - 3 - 8。例如,MPC DIP 开关 S1 设定见表 2 - 3 - 9。

表 2 - 3 - 8　ID - Key 程序下载时的 DIP 开关 S1 设定

DIP 开关号码	1	2	3	4	5	6	7	8
DIP 开关设定	OFF	OFF	OFF	OFF	OFF	ON	ON	ON

表 2 - 3 - 9　MPC DIP 开关 S1 设定

	DIP 开关号码	1	2	3	4	5	6	7	8
MPC	网络地址	—	—	—	—	—	—	—	—
EICUA	192	OFF	OFF	OFF	OFF	OFF	OFF	ON	ON

表 2 - 3 - 9(续)

DIP 开关号码		1	2	3	4	5	6	7	8
EICUB	193	ON	OFF	OFF	OFF	OFF	OFF	ON	ON
MOPA	202	OFF	ON	OFF	ON	OFF	OFF	ON	ON
MOPB	203	ON	ON	OFF	ON	OFF	OFF	ON	ON
ECUA	208	OFF	OFF	OFF	OFF	ON	OFF	ON	ON
ECUB	209	ON	OFF	OFF	OFF	ON	OFF	ON	ON
ACU1	224	OFF	OFF	OFF	OFF	OFF	ON	ON	ON
ACU2	225	ON	OFF	OFF	OFF	OFF	ON	ON	ON
ACU3	226	OFF	ON	OFF	OFF	OFF	ON	ON	ON
SCU1	239	ON	ON	ON	ON	OFF	ON	ON	ON
CCU1	240	OFF	OFF	OFF	OFF	ON	ON	ON	ON
CCU2	241	ON	OFF	OFF	OFF	ON	ON	ON	ON
CCU3	242	OFF	ON	OFF	OFF	ON	ON	ON	ON
CCU4	243	ON	ON	OFF	OFF	ON	ON	ON	ON
CCU5	244	OFF	OFF	ON	OFF	ON	ON	ON	ON
CCU6	245	ON	OFF	ON	OFF	ON	ON	ON	ON
CCU7	246	OFF	ON	ON	OFF	ON	ON	ON	ON
CCU8	247	ON	ON	ON	OFF	ON	ON	ON	ON
CCU9	248	OFF	OFF	OFF	ON	ON	ON	ON	ON
CCU10	249	ON	OFF	OFF	ON	ON	ON	ON	ON
CCU11	250	OFF	ON	OFF	ON	ON	ON	ON	ON
CCU12	251	ON	ON	OFF	ON	ON	ON	ON	ON
CCU13	252	OFF	OFF	ON	ON	ON	ON	ON	ON
CCU14	253	ON	OFF	ON	ON	ON	ON	ON	ON
CCU15	254	OFF	ON	ON	ON	ON	ON	ON	ON
CCU16	255	ON	ON	ON	ON	ON	ON	ON	ON

MPC 上的 LED 通过常亮或闪烁来显示代码,其表示的含义由 MPC 上的 LED 显示的颜色来区分。闪烁的 LED 指示由间隔 1 s 的两个脉冲组成,所有脉冲都以明显区别于黄色颜色背景的颜色显示,如图 2 - 3 - 18 所示。首列脉冲在红色和黄色之间变换,第二列则改为绿色和黄色。

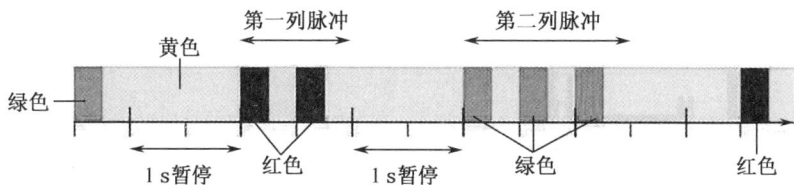

图 2 - 3 - 18 LED 显示

LED 颜色代码分别对应于红色和绿色脉冲数量。第一位是红色脉冲数量,第二位为绿色脉冲数量。

常亮时的颜色说明见表 2 – 3 – 10。

表 2 – 3 – 10　常亮时的颜色说明

颜色	缩写	简要说明
红色	ERROR	早期初始化或致命错误
橙色	INIT	初始化状态,没有参数可用或不正常的节点模式
绿色	NORMAL	应用程序加载、运行

闪烁时的数字说明见表 2 – 3 – 11。

表 2 – 3 – 11　闪烁时的数字说明

数字	缩写	简要说明
(1,1)	CTRL_PRG	船上控制程序运行中
(2,1)	APPLOAD_SCAN	应用程序下载中——服务器浏览
(2,2)	APPLOAD_DOWNOAD	应用程序下载中——下载程序
(2,3)	APPLOAD_DIP	应用程序下载完毕——重新设定黄色 DIP 开关为 ON
(3,1)	BOOTLOAD_SCAN	导入程序下载——服务器浏览
(3,2)	BOOTLOAD_DOWNLOAD	导入程序下载——下载程序
(4,1)	DONGLE_VERIFY	检查节点 ID 电子狗
(4,2)	DONGLE_ERROR	电子狗错误——丢失、损坏或不能加载
(4,3)	DONGLE_DIP	节点 ID DIP 开关重设不正确——重设为 0x00
(4,4)	DONGLE_FORMAT	等待确认对电子狗的启动和永久数据信息记录的格式化
(4,5)	DONGLE_DIP_CONFLICT	ID Key 没连接,DIP 或服务器终端没有提供可用的地址
(5,1)	DIP_ILLEGAL_BANGE	选择的地址超出定义范围 0xC0 ~ 0xFF(192 ~ 255)

颜色代码详细说明如下:

①ERROR(红色)

这个代码主要用于表示 MPC 出现了一个致命错误,但是 MPC 在早期初始化中也使用这个代码,因此用户仅需要知道这个代码表示一个持续 10 s 以上的错误。

②INIT(橙色)

通常这个代码用于表示初始化,但是 MPC 也可以用它表示以下状态之一:

a. 没有参数:应用软件没有可用的有效参数。

b. 配置或测试模式:MPC 在不正常的节点模式。

通常如果 INIT 代码出现 10 s 以上,则表示最后一个状态。

③NORMAL(绿色)

这个代码表示应用程序加载或运行中。

④CTRL_PRG(1,1)

这个代码表示船上微型控制器之一正在加载,这是 MPC 初始化过程的一部分。

⑤APPLOAD_SCAN(2,1)

这个代码表示应用软件下载程序——aka the boot loader——正试图寻找一个能下载应用程序的服务器。如果出现这个代码,则表示没有装载应用程序的服务器连接到网络,或是网络断开了。

⑥APPLOAD_DOWNOAD(2,2)

这个代码表示某个应用程序被下载。

⑦APPLOAD_DIP(2,3)

MPC CPU 板上黄色的 DIP 开关可以用于新应用的软件的强制下载。为了避免出现死循环,要求重新设定黄色的 DIP 开关去完成一个强制下载。重新设定这个开关到 ON/down 位置。

⑧BOOTLOAD_SCAN(3,1)

这个代码与 APPLOAD_SCAN 相似,除了表示没有可用的服务器外,还表示 MPC 可以下载一个新的引导程序。这个代码仅仅表示是否试图用特殊的更新程序去更新引导程序(boot loader)。

⑨BOOTLOAD_DOWNOAD(3,2)

这个代码表示可以下载或上传一个新的引导程序。

⑩DONGLE_VERIFY(4,1)

这个代码表示正在检查电子狗,时间约为 2 s。

⑪DONGLE_ERROR(4,2)

这个代码表示出现一个电子狗错误,电子狗丢失、损坏或出现了一个无效数值,此时应尝试重新加载。

⑫DONGLE_DIP(4,3)

安装在 CMI/0 板上的 DIP 开关用于加载电子狗。这个程序处理器要求在完成前重新设置 DIP 开关。

这个代码表示要求用户重新设定 CMI/0 板上的 DIP 开关到 OFF/down 位置。

⑬DONGLE_FORMAT(4,4)

确认启动记录和永久数据记录的格式化,必须使用 CMI/0 板(350)上的开关(S1)。开关置于 ON/up 位置至少 2 s 才能完成这个确认过程,然后开关复位。

(6)网络测试

断开网络接头,关闭电源,具体操作见表 2-3-12。

表 2-3-12　网络测试

步骤	操作	结果
1	通过测量每根网络线与地(机架)之间的电阻来测试网络的接地故障,即 J65A→接地,J65B→接地,J66A→接地,J66B→接地。 接地监测装置应检测不到网络线的接地故障,因为网络连接与 MPC 是绝缘的	网络接地故障检查完毕。J65A/B、J66A/B 与地的电阻值是无穷大
2	确认一个 120 Ω 电阻安装在 ECU A/B 内的网络电缆的末端,一个 120 Ω 电阻安装在 MOP A/B 内的网络 SUB - D9 插头内	—

表 2 - 3 - 12(续)

步骤	操作	结果
3	拆除所有 MPC 上的网络 A 插头(65)和 MOP A/B 上的网络 A Sub - D9 插头。在一个网络 A 插头上测量 A 和 B 之间的电阻	测得的电阻为 60 Ω。交叉网络和网络电阻检查完毕
4	观察网络 B 状态: Control Network Management→View Network Map Segment.1.(Net B)	已连接服务终端的 MPC 显示"MY"。 MPC 上的 J66 插头连接时,服务终端上显示为"ON"。"++"表示网络故障,即一个插头或线松脱。检查确认所有 MPC 都为"ON"
5	观察网络 A 状态: Control Network Management→View Network Map Segment.0.(Net A)。 上次连接一个网络 A 插头(65)	连接服务终端的 MPC 显示"MY"。 当插头连接时,相应 MPC 显示状态必须从"++"改为"ON"。如果"ON"显示在另外一个 MPC 上,则 ID - Key 没有正确加载。网络测试完毕

对步骤 4 和 5 测试:加电,ID - Key 程序已上传,所有 MPC 单元处于正常状态,网络插头已连接,服务器终端已连接。

注意:步骤 4 和 5 描述的网络试验适用于 ECS SW 版本 1.34,高于此版本的 MOP 操作见 MOP 用户手册。

(7)MPC 参数加载

MPC 参数加载见表 2 - 3 - 13。注意:如果主机厂名称超过 9 个字符和机号超过 8 个字符,参数加载会失败。

表 2 - 3 - 13　MPC 参数加载

步骤	操作
1	在 MOP PC 上,按"CTRL + ESC",选择"Windows Explorer"或"My Computer"并打开"C:\ProgramFile\MANBW\MOP\Tools"。启动 MPC 存档程序(MpcArchive.exe)并选择"Update"图标
2	通过"Add Files"按钮,添加存档文件或选择需使用的文件,按键盘上的"shift"键并选中所有文件来添加文档文件。这些文件可以放在硬盘或其他媒介上的一个文件夹内。应用程序通过比较文件内的 ArcNet 地址和 MPC 的 ID - Key/地址,将每个文件附给一个 MPC
3	选择所有需更新的 MPC(按键盘上的"shift"键选中多个 MPC)并按"Update Pra."键。MPC 将在配置模式下重新启动从而停止应用程序,参数文件将被下载。可以从"Download Status"栏内看到运行状态
4	完成后(Online Status→Normal),选择当前 MPC 并按"Start App."重新启动 MPC。这样将以新参数启动应用程序。最后重启 MOP A/B,更新 MOP 显示

(8)辅助风机试验

从 MOP 控制辅助风机,确保已在启动控制箱上测试过风机,并确认了转向;增压器滑油压力正常,ECU A&B 和 ACU 处于"Normal"模式,MOP 操作权限 Chief,没有停车信号,备车请求,且风机处于"Remote Control"状态,具体操作见表 2 − 3 − 14。

表 2 − 3 − 14　辅助风机试验

步骤	操作	结果
1	在 MOP 上选择"Auxiliaries⇒Scavenge Air"界面,并将辅助风机切换到手动模式	MOP 显示:aux. blower mode = manual
2	在机旁启动面板切换到"local control"状态	MOP 显示:aux. blower status = failure
3	在机旁启动面板切换到"remote control"状态	MOP 显示:aux. blower status = stopped
4	在 MOP 上选择"Maintenance⇒System ViewI/O Test⇒ACU1"	"Ch41,8623 − 1,Blower1 running"显示 OFF。 "Ch82,8620 − 1,Blower1 Start/Stop"显示 OFF。 "Ch40,8621 − 1,Blower1 Remote op./power"显示 ON
5	在 MOP 上选择"Auxiliaries⇒Scavenge Air"界面,并启动 1#风机。检查并确认风机转向	"Ch41,8623 − 1,Blower1 running"显示 ON。 "Ch82,8620 − 1,Blower1 Start/Stop"显示 ON。 "Ch40,8621 − 1,Blower1 Remote op./power"显示 ON。 1#风机以正确的方向运转
6	在 MOP 上停掉 1#风机	1#风机停止,测试完毕
7	其余风机按照对应的通道号及下列风机分配表重复上述步骤 4—5—6	所有风机测试完毕

ACU 单元的风机分配如下:

ACU1:1#和 4#风机;ACU2:2#和 5#风机;ACU3:3#风机。

(9)编码器的检查与调整

①编码器的检查

确认编码器已安装,并已经按照 MBD 推荐文件做调整,盘车机啮合,示功阀打开,松掉编码器上的锁紧螺钉,具体操作见表 2 − 3 − 15。

表 2 − 3 − 15　编码器的检查

步骤	操作	结果
1	盘车至 1#缸上死点(TDC)。用销规检查 1#的上死点(TDC)。 当 1#缸处于 TDC 位置时,确认 TSA − A 上的内侧编码器的指示灯点亮。前后盘车,确认 LED 灯出现亮/灭状态。 如果不是上述状态,见下文调整篇。	内侧编码器调整正确
2	正车方向盘车 45°。 确认 TSA − B 上的外侧编码器指示灯点亮。 如果不是上述状态,见下文调整篇。	外侧编码器调整正确

②编码器的调整

松开编码器的紧固螺栓,具体操作见表 2 − 3 − 16。

表 2 - 3 - 16　编码器的调整

步骤	操作	结果
1	盘车至 1#缸 TDC，用销规检查 1#缸 TDC。 旋转 TSA - A 使 LED 处于熄灭状态，正车方向旋转 TSA - A，直到 LED 刚亮，此时锁紧编码器	内侧编码器调整完毕
2	正车盘车 45°。 旋转 TSA - B 使 LED 处于熄灭状态，正车方向旋转 TSA - B，直到 LED 刚亮，此时锁紧编码器	外侧编码器调整完毕

（10）飞轮测速传感器检查

确认盘车机啮合，示功阀打开，标记环上的行程检查正确，具体操作见表 2 - 3 - 17。

表 2 - 3 - 17　飞轮测速传感器检查

步骤	操作	结果
1	从 1#缸 TDC 盘车 90°，确认传感器上的 LED 是亮的。传感器距离飞轮齿顶 2 mm	传感器检查完毕

（11）编码器信号测试

编码器信号测试的具体操作见表 2 - 3 - 18。

表 2 - 3 - 18　编码器信号测试

步骤	操作
1	MOP 操作权限 Chief，柴油机停车状态，且盘车机啮合。在 MOP 上选择 "Maintenance" → "Function Test" → "Tacho"，在 "Pre - Start Test" 界面选择 "Start"
2	正车方向，盘车至 1#缸上死点（TDC）前 10°（±2°），然后选择 "Done"
3	选择 'Reboot' 按钮重启所有 CCU 和 ECU，并等到 CCU 和 ECU 都重启完毕
4	继续向正车方向盘车 2°，然后选择 "Done"。 分别在 47°、92° 和 137°（±2°）重复上述操作
5	每一步操作都要检查测试值，如果这个值是 "OK" 则进行下一步； 如果当前值是 "Failed"，那么请按下 "Details" 按钮，这个不正确的信号会被标记为 "Test Failed"，校正信号，重新测试

MMA ON=0～180 deg　　　MSA ON=90～270 deg
MMB ON=45～225 deg　　　MSB ON=135～315 deg

2. ECS 系统安装

（1）EICU ECR 手柄标定

服务终端连接至 EICU，柴油机停车，具体操作见表 2 - 3 - 19。注意：有 13 个点可以用于 ECR 手柄标定。

表 2 - 3 - 19　EICU ECR 手柄标定

步骤	操作	结果
1	如果 ECR 手柄直接接线至 ECS，手柄标定必须在 EICU 27 通道上进行	—
2	将手柄置于全倒车位置，并注意 27 通道上的 mA 和 rpm(r/min) 数值。 在 MOP，选择"Maintenance"→"System view, I/0test"→"EICUA Ch27,2140 - A"	数值约为 4 mA 和 - MCR 转速
3	将手柄放置停车位置，并注意 27 通道上的 mA 和 rpm 值。 停车时，CH32 显示"ON"；移动手柄时 CH32 转变成"OFF"	数值约为 12 mA 和 0 rpm。 检车停车开关
4	将手柄置于"Dead Slow"，并注意 27 通道上的 mA 和 rpm 的值	—
5	将手柄放置全正车位置，注意 27 通道上的 mA 和 rpm 的值	数值约为 20 mA 和 MCR 的转速
6	在服务终端上选择" Adjust Parameters ⇒ Edit Parameters ⇒ I/0 Configuration⇒（使用 L 键来翻页）Ch 27，2140 - A，Speed Set ECR⇒Scaling⇒pp 1"，输入 mA 数值，然后选择"Activate edited Parameters"	Full Astern 位置的手柄标定
7	选择" Adjust Parameters ⇒ Edit Parameters ⇒ I/0 Configuration ⇒（使用 L 键来翻页）Ch 27，2140 - A，Speed Set ECR⇒Scaling⇒pp 2"，输入 mA 数值，然后选择"Activate edited Parameters"	停车位置的手柄标定
8	选择" Adjust Parameters ⇒ Edit Parameters ⇒ I/0 Configuration ⇒（使用 L 键来翻页）Ch 27，2140 - A，Speed Set ECR⇒Scaling⇒pp 2"，输入在"Dead Slow"时的 mA 数值，然后选择"Activate edited Parameters"	Dead Slow 位置的手柄标定
9	选择" Adjust Parameters ⇒ Edit Parameters ⇒ I/0 Configuration ⇒（使用 L 键来翻页）Ch 27，2140 - A，Speed Set ECR⇒Scaling⇒pp 3"，输入 mA 数值和"MCR 转速 × 1. 05"的数值，然后选择"Activate edited Parameters"	在台架试验时，为了进行超速试验应将手柄标定到110% MCR。 在台架试验结束后，将手柄标定到105% MCR
10	对 EICUB 重复上述 6—7—8—9 步骤	ECR 手柄标定完成

（2）LOP 上转速设置点的标定

如果 LOP 设定点由车钟手柄提供，而非速度上升、下降按钮，那么这些点仅仅是成比例的。注意 LOP 也有 13 个点用于标定。

表 2-3-20 中只使用了 3 个点，标定的比例与上述 ECR 手柄比例相对应。服务器终端连接 ECU A，主机停车。

表 2-3-20　LOP 上转速设置点的标定

步骤	操作	结果
1	LOP 手柄按 - MCRrpm/停车/ + MCRrpm 输入数值： Select"Adjust Parameters ⇒ Edit Parameters ⇒ I/0 ⇒ Ch26, 1006"； Local：Speed Set⇒Scaling⇒ppl： 4 mA = -100% MCRrpm pp2：12 mA = Stop pp3：20 mA = +100% MCRrpm LOP 手柄按停车/ + MCRrpm 输入数值： pp1：4 mA = Stop pp2：12 mA = 50% MCRrpm pp3：20 mA = 100% MCRrpm	
2	在 ECUB 中重复以上步骤	LOP 车钟手柄标定完成

（3）主启动阀和慢转试验

控制空气开，在 MOP 上权限为 Chief，主启动阀关闭，启动空气源关闭，盘车机脱开，具体操作见表 2-3-21。

表 2-3-21　主启动阀和慢转试验

步骤	操作	结果
1	在 MOP 上选择"Maintenance"→"System view, I/0 test"→"ACU1'"	"Ch21, 1111 - A, Main start valve block"须显示为"ON"，"Ch24, 11112 - A, Main start valve in ser"须显示为"OFF"
2	在 MOP 上选择 ACU2'	"Ch21, 1111 - B, Main start valve block"须显示为"ON"，"Ch24, 1112 - B, Main start valve in ser"须显示为"OFF"
3	在 MOP 上选择 ACU1	"Ch21, 1111 - B, Main start valve block"须显示为"OFF"，"Ch24, 1112 - A, Main start valve in ser"须显示为"ON"
4	在 MOP 上选择 ACU2'	"Ch21, 1111 - B, Main start valve block"须显示为"OFF"，"Ch24, 1112 - B, Main start valve in ser"须显示为"ON"
5	在 MOP 上选择"Engine"→"Status"	

表 2 – 3 – 21(续)

步骤	操作	结果
6	在 MOP 上选择"pilot valve"图标, 按"Open Main Start Pilot Valve A"	确认主启动阀已经被打开
7	按"Close Valve"	确认主启动阀已经被关闭
8	按"Open Main Start Pilot Valve B"	确认主启动阀已经被打开
9	按"Close Valve"	确认主启动阀已经被关闭
10	按"Open Slow turn Pilot Valve"	确认慢转启动阀已经被打开
11	按"Close Valve"	确认慢转启动阀已经被关闭打开

3.液压系统调试

(1)机带泵调整

先决条件和初始状态:备车请求,主机停车,HPS 模式 = 手动和备用泵停止。

①HCU 上的蓄压器检查

其具体操作见表 2 – 3 – 22。

表 2 – 3 – 22　HCU 上的蓄压器检查

步骤	操作	结果
1	关闭阀420(高压进口),并打开阀421(高压出口),以泄放 HCU 内的剩油	油从 HCU 泄放
2	连接压力设置工具或数字仪器检查压力	按照压力调整表调整压力。 检查压力在 ±5 bar
3	关闭阀421,打开阀420	HCU 准备受油

②HPS 上的蓄压器检查

其具体操作见表 2 – 3 – 23。

表 2 – 3 – 23　HPS 上的蓄压器检查

步骤	操作	结果
1	打开阀315 泄放 HPS 和蓄压器内的剩油	油从 HPS 泄放
2	连接压力设置工具或数字仪器至阀340 检查压力	按照压力调整表调整压力。 检查压力在 ±5 bar
3	关闭阀315	HPS 准备受油

各种温度下的压力值见表 2 – 3 – 24。

表 2 – 3 – 24　各种温度下的压力值(一)

温度/℃	0	10	20	30	40	50	60	70	80	90	100
压力/bar	124	130	136	142	148	154	160	166	172	178	185

③HPS 泄漏报警和停车试验

HPS 模式 = 自动,具体操作见表 2 – 3 – 25。

表 2 – 3 – 25　HPS 泄漏报警和停车试验(一)

步骤	操作	结果
1	往泄漏盘加油,直至发出警报	液压单元泄漏报警
2	往泄漏盘加油,直至停车	触发停车请求(不可取消)并发出警报

④启动泵试验、泄漏试验和安全阀 311 的调整

警告:随后的试验中,HPS 系统首次加压时,持续缓慢地增加压力并检查泄漏。

注意:在安全阀调整和每个 HCU 上的 HPS 系统加压之前,断开安装在阀 310 上的控制阀插头(标号 1202a/b)。

压力调节阀的最终设定值要求见表 2 – 3 – 26。

表 2 – 3 – 26　压力调节阀的最终设定值要求

位置号	阀	设定
310	安全阀	310 bar
311	安全阀	315 bar
312	启动泵	225 bar

阀的初始位置见表 2 – 3 – 27。

表 2 – 3 – 27　阀的初始位置(一)

位置号	阀	位置	备注
310	安全阀	全开	N/A
311	安全阀	全开	调至最小开启压力
312	安全阀 启动泵 1	全关 关闭	调至最大开启压力
315	排放阀	关	—
316	测试阀 P1 – P2	关	—
420	HCU 进口	开	—
421	HCU 出口	关	—
560	注油器进口	开	—

a. 备车请求

主机停车,ECU A&B、EICU A/B 和 ACU 处于"Normal"模式,没有停车报警,HPS 模

式=手动,压力表连接至启动泵,权限为Chief,具体操作见表2-3-28。

表2-3-28　备车请求(一)

步骤	操作	结果
1	在启动面板上,1#泵的开关切换到"Local Control"	MOP:1#启动泵状态="Control failure"
2	机旁启动1#启动泵,检车转动方向是否正确	1#泵以正确的方向运行
3	调整压力控制阀311,逐步增加压力,如20→50→75→100→125→150→175→200→250→315 bar。当压力达到315 bar时,锁住阀311。 在每一个压力点时检查系统是否泄漏	所有高压管按要求连接好阀311的压力被调整到315 bar
4	切换1#泵至"Remote control"	泵停止。 MOP:"Control failure"报警消失
5	在MOP上选择"Maintenance⇒ACU1"	"Ch45,1213-A,Startup pump running"必须显示为"OFF","Startup pump Start/Stop"必须显示为"OFF"
6	在MOP上启动1#泵	启动泵试验完成

b.2#启动泵试验

其具体操作见表2-3-29。

表2-3-29　2#启动泵试验

步骤	操作	结果
1	对于2#泵重复上表步骤1—2—4—5—6。 不需要重新调整阀311	启动泵试验完成

⑤调节阀310和启动泵调节阀312调整

阀的初始位置见表2-3-30。

表2-3-30　阀的初始位置(二)

位置号	阀	位置	备注
310	安全阀	全开	调至最小开启压力
311	安全阀	调至315 bar,锁紧	—
312	安全阀 启动泵1&2	全关 泵关闭	调至最大开启压力

表 2 – 3 – 30（续）

位置号	阀	位置	备注
315	泄放阀	关	—
316	试验阀 P1 – P2	开	—
420	HCU 进口	开	N/A
421	HCU 出口	关	—
560	注油器进口	开	N/A

其具体操作见表 2 – 3 – 31。

表 2 – 3 – 31　调节阀 310 和启动泵调节阀 312 调整

步骤	操作	结果
1	在 MOP 上启动 1#泵	液压压力限制在 310 bar。在 340(P2)的位置测量
2	关闭阀 310 直到压力为 310 bar,锁紧	阀 310 压力为 310 bar 并锁紧
3	开启泵 1 上 312 阀至最小开启压力	压力掉到 0
4	关闭调节泵 1 上阀 312 直到 225 bar,锁紧	泵 1 上 312 阀压力为 225 bar 并锁紧,340 处(P2)测量检查
5	在 MOP 关闭泵 1,开启泵 2	压力升至 310 bar
6	泵 2 上开启 312 至最小开启压力	压力掉到 0
7	关闭 312 阀直到压力达到 225 bar,锁紧	泵 2 的 312 阀调至 225 bar 并锁紧,340 处(P2)测量检查

（2）电动泵调整

先决条件和初始状态:备车请求,柴油机停车状态,HPS 手动模式,备用泵已停止。

①检查 HCU 蓄压器

其具体操作见表 2 – 3 – 32。

表 2 – 3 – 32　检查 HCU 蓄压器

步骤	操作	结果
1	关闭阀 420（高压油进口）,开启阀 421（高压油出口）,泄放 HCU 中残存的油	油从 HCU 泄放掉
2	连接压力设定工具或数字仪表至 340 处	根据下表检查压力,公差为 ±5 bar
3	关闭阀 421,开启阀 420	HCU 准备充油

各种温度下的压力值见表 2 - 3 - 33。

表 2 - 3 - 33　各种温度下的压力值(二)

温度/℃	0	10	20	30	40	50	60	70	80	90	100
压力/bar	124	130	136	142	148	154	160	166	172	178	185

②HPS 泄漏报警和停车试验

HPS 自动模式,具体操作见表 2 - 3 - 34。

表 2 - 3 - 34　HPS 泄漏报警和停车试验(二)

步骤	操作	结果
1	往泄露盘加油,直到产生报警	液压单元泄露报警
2	继续往泄露盘加油,直到停车	发出一个不可取消的停车命令,并产生一个报警

③启动泵试验、泄漏试验和安全阀 311 的调整

警告:在接下来的试验中,HPS 系统将首次加压,因此应缓慢增加压力,并持续检查泄漏情况。

压力调节阀的最终设定见表 2 - 3 - 35。

表 2 - 3 - 35　压力调节阀的最终设定

位置号	阀	设定
311	安全阀	315 bar

阀的预设状态见表 2 - 3 - 36。

表 2 - 3 - 36　阀的预设状态

位置号	阀	位置	备注
311	安全阀	全开	调至最小启开压力
315	泄放阀	关	
420	HCU 进口	关	调整后需打开
421	HCU 出口	关	
560	注油器进口	开	N/A

备车请求,柴油机停车,ECU A/B、EICU A/B 和 ACU 处于"test"模式,无停车信号,HPS 手动模式,压力表连接到接口 340,操作权限 Chief,具体操作见表 2 - 3 - 37。

表2-3-37　备车请求(二)

步骤	操作	结果
1	启动面板上将1#斜盘泵切换到"Local Control"	MOP:1# 泵状态 = "Control failure"
2	机旁启动1#泵,检查旋转方向	1#泵按照正确方向运转
3	调整压力控制阀311,逐步增加压力,如20→50→75→100→125→150→175→200→250→315 bar。达到315 bar时,锁住阀311。在每个压力点检查系统泄漏情况	所有高压管都已连接好。在340处测量。阀311调整到315 bar

(3)启动泵压力建立时间

①单泵运行时的压力建立时间

柴油机停止状态,HPS手动模式,启动泵已停止,液压压力为0 bar,具体操作见表2-3-38。

表2-3-38　单泵运行时的压力建立时间

步骤	操作	结果
1	启动1#泵,测量压力从0升高到225 bar的时间	建立时间1.5~3min

②所有泵运行时的压力建立时间

柴油机停止状态,HPS手动模式,启动泵已停止,液压压力为0 bar,具体操作见表2-3-39。

表2-3-39　所有泵运行时的压力建立时间

步骤	操作	结果
1	从完车状态切换到备车命令,启动所有泵。测量压力从0升高到225 bar的时间	建立时间小于1.5 min

(4)检查斜盘柱塞泵的旁通阀

备车请求,柴油机停车状态,启动泵运行,具体操作见表2-3-40。

表2-3-40　检查斜盘柱塞泵的旁通阀

步骤	操作	结果
1	在MOP上按下"Open ACU 1",打开斜盘柱塞泵旁通。观察压力变化。在MOP上关闭"Close ACU 1",关闭斜盘柱塞泵旁通	旁通阀打开后,液压压力降到0 bar
2	在MOP上按下"Open ACU 3",打开斜盘柱塞泵旁通。观察压力变化。在MOP上关闭"Close ACU 3",关闭斜盘柱塞泵旁通	旁通打开后,液压压力降到0 bar

表 2-3-40(续)

步骤	操作	结果
3	关闭手动测试阀316。 测量失压时间来确认阀的关闭状态	阀开启状态:压力降低的快。 阀关闭状态:压力降低的慢。 安全阀调整、测试完毕

（5）斜盘柱塞泵调整和测试

①1#→3#斜盘柱塞泵调整和测试（ACU 1→3）

备车请求，柴油机停止状态。MOP 操作权限 Chief，柴油机停车状态。在 MOP 上选择"Maintenance"→"Function Test"→"HPS"。其具体操作见表2-3-41。

注意：表 2-3-41 中的参考值由泵设计转向设定，CW 泵和 CCW 泵参考值是不一样的。MDT 的参考值已完成转向设定，不需编辑。

表 2-3-41 斜盘柱塞泵调整和测试

步骤	操作	结果
1	在机旁启动 HPS 泵，直到压力达 225 bar。 选择 1# 泵，并按下"Start"，当 1 个泵启动后，按下"Done"	当"Test Value"显示"OK"时，测试可以开始
2	按下一栏中的"Start"，并按下"Reboot"重启 ACU-1	ACU-1 重启到 test 模式
3	给出斜盘正最大位置命令，按下"Done"	斜盘处于正向最大位置
4	如果测试值在参考范围内，按下"Done"	如果斜盘开启方向错误，按下"trobleshooting"，进行功能测试 case 1； 如果斜盘不动，按下"trobleshooting"，进行功能测试 case 2； 如果斜盘开启正确，但反馈值不在范围内，按下"trobleshooting"，进行功能测试 case 3。 斜盘正车位置标定完毕
5	给出斜盘反向最大位置的命令，按"Done"	斜盘在反向最大位置
6	如果测试值在参考范围内，按下"Done"	如果异常，则参考第 4 步处理。 斜盘倒车位置标定完毕
7	按下"save"保存标定值	数值保存完毕
8	按下"Reboot"，重启 ACU-1 到 normal 模式	标定结束，ACU1 重启后为 normal 模式
9	对所有泵重复上述步骤（ACU2→3）	机带泵测试、设定完毕

②4#→5#斜盘柱塞泵测试

MOP 操作权限 Chief，主机停车状态，在 MOP 上选择"Maintenance"→"Function Test"→

"HPS",具体操作见表 2 – 3 – 42。

1#→3#泵的操作是一样的,单 4#泵由 ECU – A MPC 控制,5#泵由 ECU – B MPC 控制。

表 2 – 3 – 42　4#→5#斜盘柱塞泵测试

步骤	操作	结果
1	机旁启动一台 HPS 泵,直到压力达到 225 bar,选择 4#泵	—
2	按下"start",然后按下"reboot"重启 ECU – A	ECU – A 重启为 test 模式
3	按下"Done",设定斜盘到全正车(full ahead)位置	—
4	确认斜盘确实处于正车位置,然后按下"Done"	斜盘处于全正车(full ahead)位置
5	按下"Done",设定斜盘柱塞到全倒车位置	—
6	确认斜盘确实处于倒车位置,然后按下"Done"	斜盘处于全倒车(full astern)位置
7	按下"Done",启动 ECU – A 到 normal 模式	—
8	如果安装 5 个泵,5#泵重复上述步骤	—

(6)HPS 功能试验故障处理

①Case 1(斜盘转向错误)

给出正向转动命令,斜盘逆向转动(观察反馈信号和目测),可能的原因如下:

A. 电磁阀安装错误。

B. 接线错误。

C. 泵故障。

D. MPC 故障。

针对原因 A,建议断开控制信号,观察斜盘转动方向。

a. 斜盘转向 AH:电磁阀安装正确。

b. 斜盘转向 AS:电磁阀接线错误。

如果电磁阀没有问题,继续查找原因 B、C、D。

②Case 2(斜盘不动)

斜盘不动,通过反馈信号和目测确定,可能的原因如下:

A. 液压压力不对。

B. 来自斜盘的反馈信号错误。

C. 电磁阀设定点错误。

D. ME – ECS 参数错误。

E. 泵故障。

F. MPC 故障。

原因 A、B、C 都排除后的措施建议如下:

a. 打开 MOP 界面/Maintenance/Troubleshooting/HPS,尝试在该界面操作斜盘,如果不动,则在该界面操作斜盘转动,检查 ME – ECS – SW 参数与电磁阀是否匹配。

b. 检查提货单,该提货单须有 MDT 同母型机参数一起提供。如果找不到提货单,则打开 MOP/Maintenance/System View I/O Test/ACU – 1/Channel 70。

c. 如果参数错误,则需联系 MAN 提供一套新的参数,手动修改单个的参数不太可能解决问题,还会造成其他不良影响。

　　d. 如果参数正确,则继续排查 E、F。

　　③Case 3(斜盘运动正确,但是不能保存)

　　斜盘能按指令正向或反向转动,但是反馈信号不在参考值范围内,建议重新试验。

　　A. 如果结果相同,则需检查参考值设定。

　　B. 如果反馈值稍许超出参考值,则可将参考值相应改大。

　　C. 如果需要修改的参数不在"Parameter Explanation Guide"中,则需联系 MAN。

　　D. 如果反馈值较参考值仍偏差很大,则参数与电磁阀可能不匹配,见上文 Case 2。

　　(7)注油器定时检查

　　主机停车,盘车机连锁,具体操作见表 2 - 3 - 43。

表 2 - 3 - 43　注油器定时检查

步骤	操作	结果
1	拆掉 1#缸排气侧注油定时孔螺塞,如果没有该孔,则拆掉注油点止回阀	—
2	盘车至 1#缸 BDC,检查定时孔是否干净,继续盘正车直到能看到气环上边缘	盘车时有气从孔喷出,注意保护眼睛
3	飞轮读数	—
4	比较飞轮读数和 ECS 提货单内参数或 ECS 安装 SPAF 文件参数	ECS 参数中的注油角度表示 TDC 前角度,与实际读数比较时需换算,比如实际读数为 300°,注油角度需换算为 360° - 300° =60TDC 前
5	如果读数不对,则修正所有 CCU/Cylinder/Cylinder lubrication/Injection angle 下的参数,并记录观察角度与试车程序里 "Cylinder lubricator/Active angle"下的"主机和辅机详细"的参数差异	检查注油角度,如有必要,需调整。 如果发现有差异,需联系 MAN

　　(8)确认"Running In [g/kWh]"调整的正确性和 ME 注油器测试

　　备车请求,柴油机停车状态,液压压力正常,ECU A&B 和所有的 CCU 处于"Normal"模式,阀 560 已开启。气缸油供应正常,注油器和无流量盒已放气;MOP 上没有注油器报警;操作权限 Chief,具体操作见表 2 - 3 - 44。

表 2 - 3 - 44　确认"Running In [g/kWh]"调整的正确性和 ME 注油器测试

步骤	操作	结果
1	在 MOP 上,选择"Running In [g/kWh]"并确认注油器已按 MDT 最新的服务通讯——"关于注油器运行"设置。 如有必要需调整	注油率检查完成

表 2 - 3 - 44（续）

步骤	操作	结果
2	MOP 界面,点击"Prelube"两三次	所有注油器完成预润滑,确保没有报警信号反馈或"断油"
3	"Lubricator test sequence"界面选择"OFF"按钮,然后选择"ALL ON"按钮。 用手感觉或拆除缸套上的注油管子,确认所有注油点多有油。捉漏,并做必要的返修	启动注油器持续运行。可以在管子上感觉到有油供应,并消除泄漏
4	关闭注油器进油阀	5 min 内所有 CCU 发出"No Lube Oil"报警。 确认降速功能已触发
5	在 MOP 上选择"All Off"。 打开注油器进油阀,并放掉注油器中的空气	上述报警全部消失

（9）FIVA 阀试验及燃油泵柱塞位置标定（如已安装）

参数由 FIVA 阀的类型决定（MBD FIVA、Curtis Wright FIVA 或 Bosch Rexroth FIVA）。

MOP 操作权限为 Chief,柴油机处于停车状态。在 MOP 上选择"Maintenance"→"Function Test"→"HCU"。在机旁启动一台 HPS 泵,直到压力达到 225 bar,确认燃油压力正常,具体操作见表 2 - 3 - 45。

表 2 - 3 - 45　FIVA 阀试验及燃油泵柱塞位置标定

步骤	操作	结果
1	在"Preparation"界面,按下"Start"按钮。 如果液压力和燃油压力正常,按下"OK"。 如果协助人员已经准备好了,按下"OK"	系统准备标定 FIVA 和燃油柱塞
2	在" Test of FIVA valve and calibration of fuel plunger"界面,按下"Start"按钮	—
3	按下"Reboot"按钮,重启 CCU 到 Test 模式	CCU 到 Test 模式
4	按下"OK"按钮产生一次喷油。 仅产生一次喷油	柴油机旁的协助人员确认发生一次喷油(请注意:第 4 步操作时可以听到声音)
5	如果 FIVA 位置反馈(CH - 30)测试值在参照值范围内,按下"OK"。 如果燃油泵柱塞位置(CH - 31)测试值在参照值范围内,按下"OK"。 如果排气阀位置(CH - 34)测试值在参照值范围内,按下"OK"	如果 FIVA 无动作,在" Troubleshooting Assistance"界面进行 HCU 功能试验,Case 4。 如果完成喷射,但是反馈值不在参考值范围内,在"Troubleshooting Assistance"界面进行 HCU 功能试验,Case1。 燃油泵柱塞位置信号标定完成。 FIVA 阀测试完成

表 2 - 3 - 45（续）

步骤	操作	结果
6	如果协助人员确认第 4 步操作有喷油声音,按下"OK"	如果没有喷射动作但是反馈值在范围内,在"Troubleshooting Assistance"界面进行 HCU 功能试验,Case 2
7	按下"OK"按钮打开排气阀	机旁协助人员确认排气阀已开启。可听到声音
8	如果 FIVA 位置反馈(CH - 30)测试值在参照值范围内,按下"OK"。如果燃油柱塞位置(CH - 31)测试值在参照值范围内,按下"OK"。如果排气阀位置测试值(CH - 34)在参照值范围内,按下"OK"	如果 FIVA 阀不动作,在"Troubleshooting Assistance"界面进行 HCU 功能试验,Case 4。如果排气阀不动作,并且反馈值在参考值范围外,在"Troubleshooting Assistance"界面进行 HCU 功能试验,Case 1。燃油泵柱塞位置信号标定完毕。FIVA 位置信号测试完毕
9	如果协助人员确认第 9 步操作时排气阀发出了声音,按下"OK"	如果排气阀不动作,但反馈值在参考值范围内,在"Troubleshooting Assistance"界面进行 HCU 功能试验,Case 3
10	如果这些值都在范围内,按下"Save",并在保存结束后按下"Done"	如果喷油和排气阀开启都完成,但反馈值在参考值范围外,在"Troubleshooting Assistance"界面进行 HCU 功能试验,Case 1。燃油泵柱塞行程标定完毕
11	按下"Reboot CCU to Normal Mode",重启 CCU 到 normal 模式、继续步骤3(液压系统调试)	CCU 将重启并返回到 normal 模式
12	重复步骤 1→12,标定剩下的 FIVA 阀和燃油泵柱塞行程监测	—

（10）HCU 功能测试 Troubleshooting Assistance

①Case 1(燃油喷射和排气阀开启都能完成,但是不能保存):

操作建议:重做一次试验。

a. 如果测试结果不变,参考值需要检查。

b. 如果反馈值稍许超出参考值范围,可以将参考值范围适当放大。

c. 如果需要修改不在 Parameter Explanation Guide 内的参数,需告知 MAN。

d. 如果反馈值与参考值偏差较大,可能改参数与 FIVA 阀不匹配,见下文 Case 4。

参数与参考值之间的关系:

FIVA 位置反馈参考值(MBD FIVA)如图 2 – 3 – 19 所示。

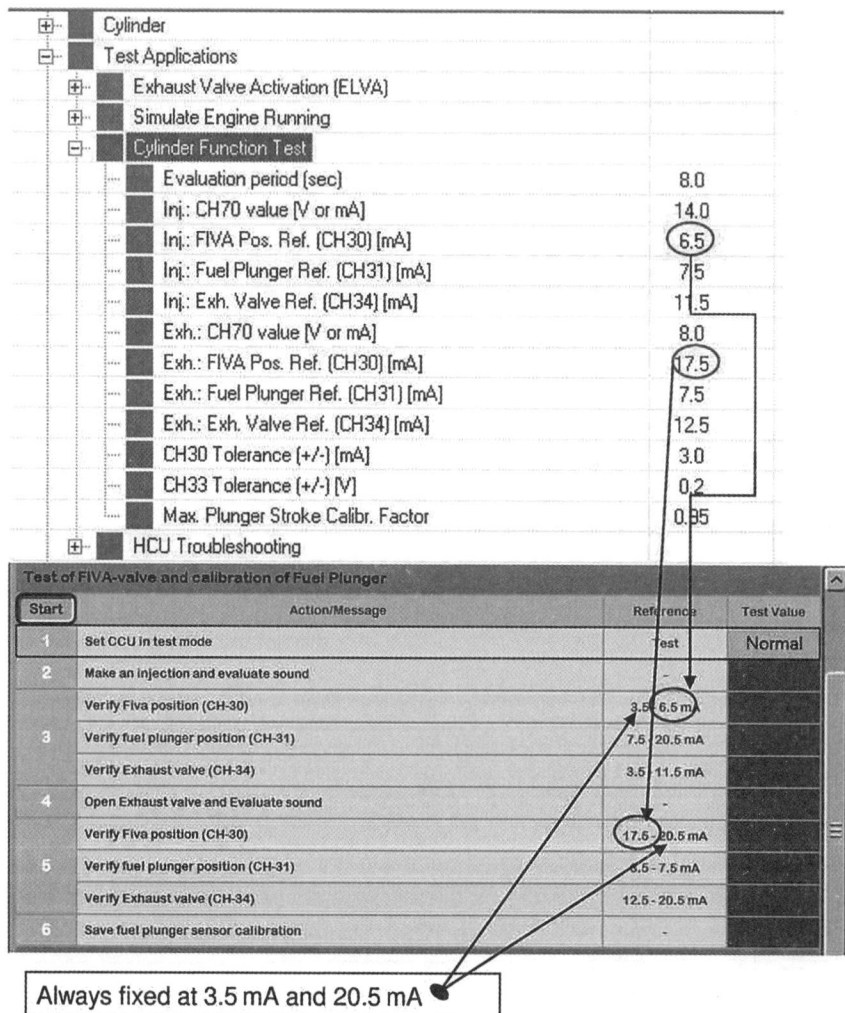

图 2 – 3 – 19 FIVA 位置反馈参考值(MBD FIVA)

FIVA 位置反馈参考值(Bosch Rexroth FIVA)如图 2 – 3 – 20 所示。

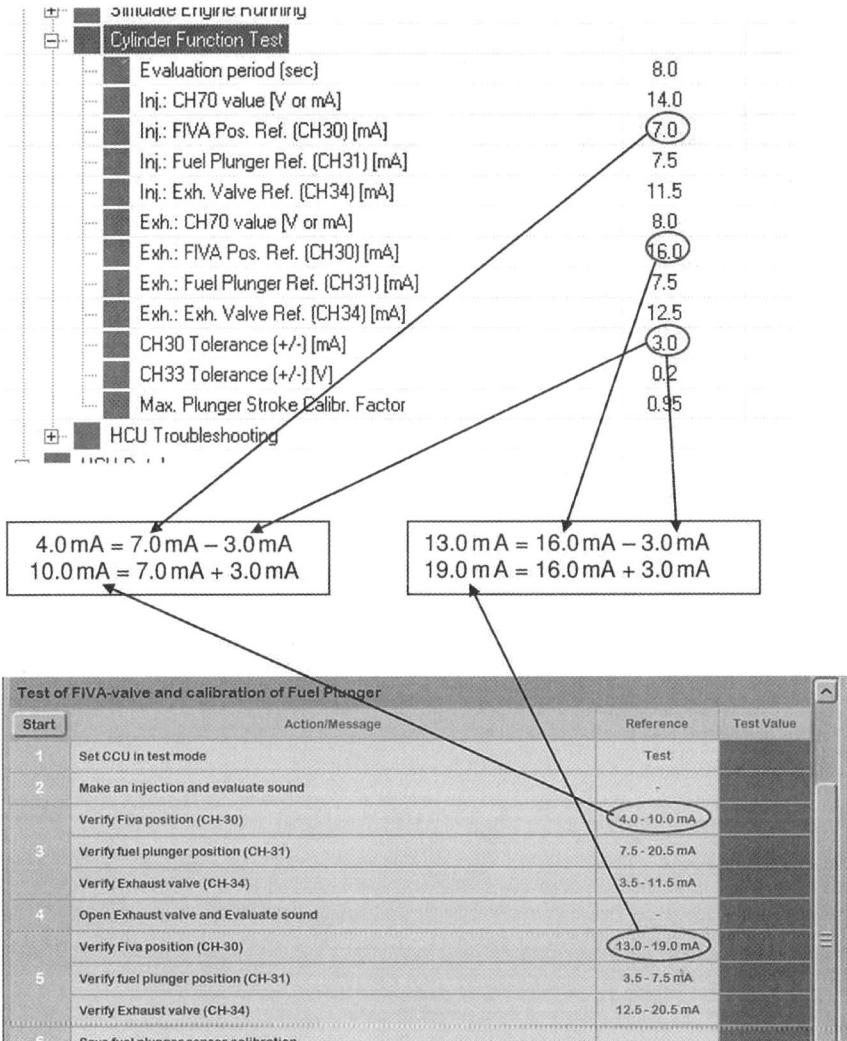

图 2 – 3 – 20　FIVA 位置反馈参考值(Bosch Rexroth FIVA)

燃油柱塞位置反馈参考值如图 2 – 3 – 21 所示。

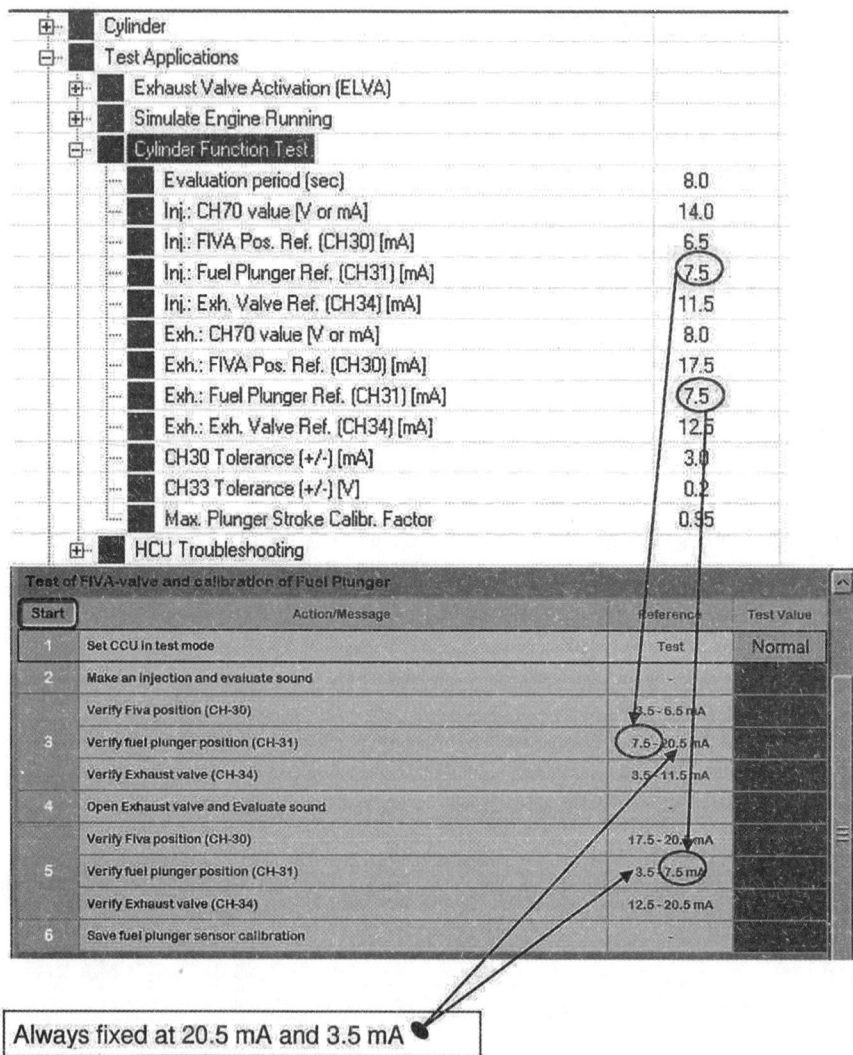

图 2 – 3 – 21　燃油柱塞位置反馈参考值

排气阀位置反馈参考值如图 2 - 3 - 22 所示。

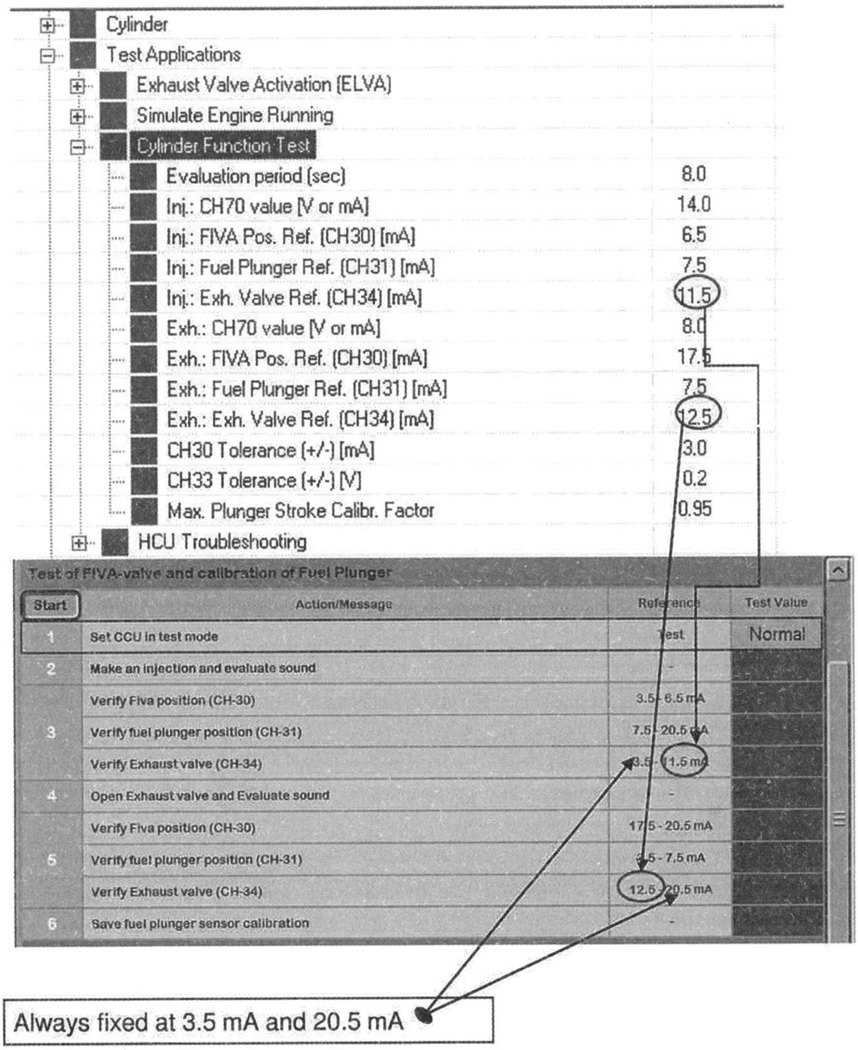

图 2 - 3 - 22　排气阀位置反馈参考值

②Case 2(FIVA OK,无燃油喷射)

FIVA 反馈值(CH - 30)在范围内,但是没有燃油喷射动作。

操作建议:查找燃油设备机械问题。

③Case 3(FIVA OK,排气阀无开启动作)

FIVA 反馈值(CH - 30)在范围内,排气阀没有按时开启。

操作建议:检查排气阀机械故障。

④Case 4(FIVA 无动作)

FIVA 反馈值在试验过程中不变。

可能的原因:

a. 液压油压力不对。

b. FIVA 反馈信号错误。

c. FIVA 信号设定错误。

d. ME－ECS 参数错误。

e. EIVA 故障。

f. MPC 故障。

a、b、c 排除后的操作建议：

打开 MOP 界面 Maintenance/troubleshooting/HCU，在此界面激活 FIVA 阀。

如果阀不能动作，检查 ME－ECS－SW 参数与 FIVA 阀型号是否匹配。

检查交货单中参数，如图 2－3－23 所示。

(g) Mass/Injection per Cylinder	1.810 g

3. Process Control	
Name	Value
(a) HCU Control Type	FIVA II (MBD/Parker)
(b) Low Force Exhaust Valve	No
(c) Auxiliary Blowers	2
(d) Scavenging Air Control	PNBP

This report is the property of MAN Diesel & Turbo SE and it is to be treated as confidential by the party to whom it has been submitted by MAN Diesel & Turbo SE and is not to be disclosed to any third party without the specific written permissions of MAN Diesel & Turbo SE Copyright MAN Diesel & Turbo 2012

图 2－3－23　交货单中的 FIVA 阀型号

交货单由 MAN 在母型机时与设定参数一起提供。如果找不到交货单，则检查参数，如图 2－3－24 所示。

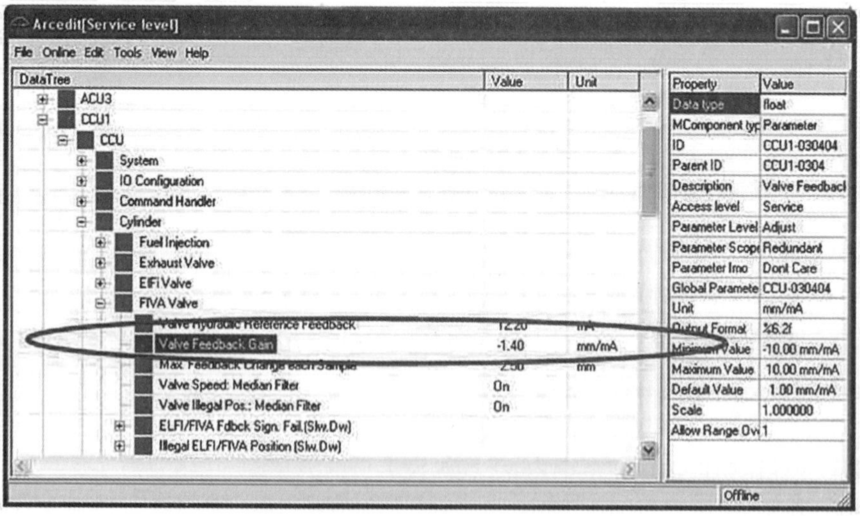

图 2－3－24　FIVA 阀参数

－1.40 mm/mA 用于 MBD FIVA；＋1.20 mm/mA 用于 Bosch－Rexroth FIVA。

如果发现参数错误，需联系 MAN，不建议私自手动修改；如果参数正确，继续排查原因 e、f。

4.安全要求

（1）燃油截止阀（仅适用于入级 GL 的船舶）

截止阀应装在燃油泵前的主燃油管上。安全系统必须能有效控制此阀（手动和机械驱动）的状态。验证阀的功能。

（2）停车（最低要求）

根据"Guidance Values Automation"和设计规范要求，自动调压表和自动调温器是可以调整的。此外，安全系统应有电流隔离装置和备用电池。

下列停车报警装置应确认其实际的功能。

①主轴承和十字头滑块滑油进口低压。

②增压器滑油进口低压（如安装）。

③HPS 进口低压（来自 ME 系统）。

④液压低压传感器故障（来自 ME 系统）。

⑤液压油压力低于 193 bar（来自 ME 系统）。

⑥HPS 泄露，高位（来自 ME 系统）。

⑦推力块高温。

⑧柴油机飞车保护。根据实际计算值（109% MCR 转速）调整。

⑨应急停车。

关于各种停车功能的建议：

①HPS 进口低压：柴油机处于运行状态，建议将 ECS 停车设定从 0.5 bar 改为 4.0 bar。

②液压低压传感器故障：柴油机运行状态，建议逐个脱开 ACU1（j32）、ACU2（j32）和 ACU3（j33）中的传感器。

③液压压力低于 170 bar：柴油机运行状态，建议慢慢打开 HCU 上的 421 泄放阀，或者设置停车点高于实际压力。

④柴油机飞车保护：建议将安全系统中的停车值调整到 40% MCR 转速。由于涉及风险问题，我们建议不要让主机实际运行到 109% MCR 转速。

警告：①按照最新的服务通函，油雾探测器必须一直连接到自动停车系统；②如果柴油机出现自动停车，则重新启动前，必须查找原因并消除。

（3）报警

①滑油系统进口低压。

②排气阀空气弹簧低压。

③汽缸油低位。

④控制空气进口低压（来自 ME 系统）。

⑤辅助风机起/停（来自 ME 系统）。

⑥HPS 进口低压（来自 ME 系统）。

⑦HPS 泄露，高位（来自 ME 系统）。

注意：如果台架试验人员检测到位，则通常对零部件、水和滑油温度的报警和停车功能不做要求。

（4）曲柄箱防爆门

对于主机安装期间用于防止消烟器变脏、喷漆的塑料膜、塑料袋或其他材料，动车前必须全部清除，否则会影响消烟器功能，妨碍燃气的流出。

（5）曲柄箱透气管

曲柄箱透气管应以同样的管径延长至少20 m。

5.调整和启动

启动前,必须按照MBD推荐文件完成各方面必要的准备工作。此外,确保曲柄箱、扫/排气集管及链轮箱门盖都已安装好。

（1）盘车机联锁试验

这个试验与启动空气管系清洁连着做,关闭启动空气,脱开盘车机,具体操作见表2-3-46。

表2-3-46 盘车机联锁试验

步骤	操作	结果
1	关闭连接启动阀管子上的截止阀。 通过断开连接到引导阀右边的管子,切断每个引导阀上的控制空气(30 bar)。 脱开主启动阀的锁定板(阀处于工作位置)。 在MOP上,打开主启动引导阀	确认主启动阀是开启状态
2	将"定位板"提升到模拟盘车机啮合的位置。 在MOP上打开主启动引导阀	确认主启动阀没有开启
3	将盘车机"定位板"降回原位,接着做启动空气管系清洁	盘车机联锁试验完毕

（2）启动空气管系吹气清洁

①开启主启动空气管

基于噪声和安全方面考虑,机旁仅保留操作人员。建议在冲大气前,用声音警报提示即将出现噪音。

主机状态同"盘车机联锁测试",打开柴油机启动空气,具体操作见表2-3-47。

表2-3-47 开启主启动空气管

步骤	操作	结果
1	移除主启动空气管末端的盲法兰。 稍微开启主启动阀。 开启主启动阀上的引导阀8~10 s。 检查启动总管中的清洁状况	—
2	如有必要,重复上述操作直到管子清洁为止。 管子清洁后,装复盲法兰	管子已吹干净

②开启引导阀管系

主机仍然处于上述"主启动空气管"状态;引导阀上的空气管已断开并脱离引导阀;所有引导阀空气管必须放气吹干净,具体操作见表2-3-48。

表2-3-48　开启引导阀管系

步骤	操作	结果
1	开启引导阀管系上的机械截止阀。 开启主启动阀引导阀5~6 s(按阀上的测试按钮或在MOP上开启这个阀)。检查引导阀空气管系的清洁状况	—
2	如有必要,重复上述步骤,直到管系已吹干净。 管系吹干净后,恢复所有引导阀管系	管系已吹干净

③引导阀试验

柴油机停车状态,服务终端连接到一个CCU上;主启动阀锁定;引导阀关闭;空气软管(7 bar)连接到引导空气管末端;对应的MPC处于Test模式,具体操作见表2-3-49。

表2-3-49　引导阀试验

步骤	操作	结果
1	从软管通气,且一次只松开一个启动阀的管子	没有空气从松掉的管子中吹出。如果有空气吹出,则引导阀有缺陷,必须更换
2	在服务终端上,按以下操作打开一个气缸的引导阀:"Test Application"→"Start Air Pilot Valve Activation"→输入"y"	气缸x的引导阀开启,空气从启动阀上已松脱的管子中吹出
3	所有气缸重复上述步骤	—
4	拆掉空气软管,并装复所有启动阀上的管子	检查启动阀完毕

④启动阀泄露试验

关闭空气分配器起源,关闭引导阀,打开所有气缸的示功阀,具体操作见表2-3-50。

表2-3-50　启动阀泄漏试验

步骤	操作	结果
1	手动打开启动引导阀(按下阀上的测试按钮)或在MOP上开启	没有空气从示功阀吹出。如果有大量的空气从示功阀吹出,则一个或多个启动阀泄露

(3)启动前的最终检查

啮合盘车机,然后检查以下内容。

①曲柄箱没有异物。

②活塞头上没有油、水及其他异物。

③在MOP上点击"Prepare start",启动辅助鼓风机和预润滑,风机转向正确,所有注油

器功能正常,且所有注油点有油流出。

④打开排气阀空气弹簧气源。

⑤启动滑油、燃油和冷却水辅机。

⑥点击"STAND BY"按钮,启动液压启动泵,液压压力达到要求值。

⑦出油点检查,十字头轴承、主轴承、曲柄销轴瓦、推力块、链轮轴承、增压器、齿轮箱、轴向减振器和扭振减震器(如果安装)有充足的油流出。

⑧在 MOP 上没有报警显示。

⑨如果上述检查结果都是好的,则关闭发动机并脱开盘车机。

(4)启动

柴油机启动前,滑油和冷却水必须加热到正常的工作温度或尽可能与之相近。

①确认达到启动条件。

②打开示功阀。正车慢转,确认没有油或水从示功阀吹出。

③关闭示功阀。

④在 MOP 上执行"air run"命令,确认排气阀都在工作。

⑤测功器加水。

警告:在测功器进水阀开启前,主机不能启动。

⑥正车启动柴油机并运行至约 40% MCR 转速,同时检查以下内容。

a. 排气阀。

b. 气缸注油器(气缸油管系上用手感觉振动)。

c. 活塞头冷却油系统。

d. 每缸的燃油喷射。

e. HPS 机带泵。

f. HPS 泵齿轮箱。

g. MOP 上无报警显示。

⑦增加柴油机转速到约 50% MCR 转速,由安全系统使柴油机停车。

⑧倒车启动柴油机,并保持运行 2~3 min 后停车。

⑨正车启动并按照"台架试验程序"运行柴油机。

⑩在"low"位置测试启动。

(5)运动部件常规检查

必须进行常规检查(见台架试验程序)。首先采取下列安全预防措施。

①启动完车命令,使辅助鼓风机和液压启动泵停止。

②关闭连至启动空气分配器的截止阀。

③锁定主启动阀。

④泄放空气系统。

⑤啮合盘车机。

为防止初始损坏,需检查柴油机内部的轴承出油,并用手或点温计检查运动部件,与本体温度相比较。温度达到 50~52 ℃的物体一般是可用手触摸的,这个温度可以接受。

注意:由于 HPS 泵表面温度高,因此必须用点温计检查表面温度。

需特别关注十字头轴承、主轴承、曲柄销轴承、推力轴承、链轮轴承、活塞杆填料函、活塞杆、链轮及链条(如安装)、轴向减振器、扭振减震器(如安装)、齿轮箱和 HPS 泵等部件。

所有检查必须覆盖缸套、活塞头和活塞环。

6. 台架试验程序

在台架试验程序中，应按要求的内容进行检查和调整。台架试验程序需按照以下三步进行。

（1）磨合程序

MDT 二冲程柴油机可能安装了不同的活塞环，不同的活塞环要求不同的磨合时间。所有磨合程序应参照最新的服务通讯文件。必须在磨合程序中执行下列测量和调整。

①柴油机性能和 T/C 旁通（如安装）。

②按要求调整测速系统。

③按要求标定液压泵模态曲线。

④按要求标定燃油指数。

⑤按要求在 25% 负荷完成以下试验：测试液压泵的响应时间，HPS 液压油泄露停车，以及进口低压和汽缸油降速传感器。

（2）确认试验程序

在确认试验程序中，必须完成下列调整。

①按要求调整柴油机模式。

②按要求调整性能。

③如果安装了液压备用泵，应完成备用泵试验。

（3）提交试验程序

根据规定程序重置 MOP 的调整设定。根据规定程序进行启动泵试验。

注意：①每分钟的加载速度应不高于 5%。50% 负荷以后，在增加负荷过程中定期检查气缸压力。

②柴油机停车后，冷却水泵和滑油泵应保持运行 20 min。

7. 调速系统调整

测速参数的最终调整可以在柴油机 50% 和 75% 负荷磨合过程中的常会检查期间进行。在主机第一次启动后（稳定运行），按照下表所述读取、记录测速系统的一些数值。

（1）确认 Mark Edge Adjustment

确认 Mark Edge Adjustment 的具体操作见表 2 - 3 - 51。

注意：柴油机处于运行状态。

表 2 - 3 - 51　确认 Mark Edge Adjustment

步骤	操作	结果
1	View/edit Data tree $\Rightarrow$ I/O Configuration $\Rightarrow$ Tacho set A.	低负荷，Marker Edge Adjustment 的数值必须为 0.4~0.7。MCR 时数值为 0.4~0.9
2	View/edit Data tree $\Rightarrow$ I/O Configuration $\Rightarrow$ Tacho set B.	低负荷，Marker Edge Adjustment 的数值必须为 0.4~0.7。MCR 时数值为 0.4~0.9

（2）测速系统参数设定

MOP 处于 Chief 权限，柴油机运行到 50%~60% 负荷。在 MOP 上选择"Maintenance"→

"Function Test"→"Tacho",在"Setting of Fine Adjust Parameters"中选择"Start",具体操作见表 2 - 3 - 52。

表 2 - 3 - 52　测速系统参数设定

步骤	操作	结果
1	完成 PMT 系统的 0 - Diagram 操作。 在不喷油状态下,每次完成一个气缸的 PMI 测量。 注意:在测量前选择"Increase Limiters",并做好取消废气波动引起的警报	—
2	在线 PMI(安装程序):选择 Miscellaneous⇒TDC values⇒在对话框中选择 0 - Diagram 测量。 离线 PMI:选择 Tools⇒TDC values⇒在对话框中选择 0 - Diagram 测量。 记录 Trig offset AH 数值,用"Print"和"Save"按钮打印和保存(如:TDC. txt)TDC 数值。 在 MOP 上用"Accept"按钮确认 Tacho - B 的偏差量。这个值必须为 - 0.25 ~ 0.25,如果超出这个范围,需检查和调整 tacho B	—
3	输入 Trig Offset AH 数值,选择"Enter"按钮,升级过程大约几分钟	—
4	确认参数设定状态显示为"Parameter Setting Successful"。 确认"'Tacho Alignment Error"约为 0	测速系统参数设定完毕

(3)在 CCU1→x 和 ECUx 中输入 cyl1→x 的 TDC 数值

停车状态,服务终端连接到相应的 MPC 单元,MPC 处于设计模式,具体操作见表 2 - 3 - 53。

注意:必须在所有 CCU 和 ECU 单元上操作;输入值来自 PMI 0 曲线,可使用 ActEdit online。

表 2 - 3 - 53　输入 TDC 数值

步骤	操作	结果
1	输入 cyl 1→x 的 TDC 数值。 CCU 路径:Adjust Parameters ⇒ IO Configuration ⇒ Tacho ⇒ TDC Positions AH。 ECU 路径:Adjust Parameters ⇒ Propulsion unit ⇒ engine ⇒ Crankshaft⇒TDC Position AH。 将角度参数输入表中的 TDC(Degree)作为新的数值输入,并选择'Online⇒MOP⇒MPC'	CCUx 和 ECUx 中的 TDC 数值建立完毕

角度参数输入表见表 2 - 3 - 54。

表 2 - 3 - 54　角度参数输入表

					PMI TDC 值							
缸号	1	2	3	4	5	6	7	8	9	10	11	12
角度												

8.泵模态曲线

当使用柴油机调试工具(ECT)时,该曲线是作为燃油指数标定的一部分进行调整的。

9.燃油指数标定(ECT 程序)

其步骤参见柴油机调试工具(ECT)。

注意:①所有柴油机模式都必须进行燃油指数标定。如果更换了喷嘴,必须重新标定。②燃油指数标定后确保"Min. Index for Plunger Eval"仍正确,这些参数保存在 CCU 的每个喷油文件中。该值需约为刻度的 60%。检查相应运行模式的燃油客户范围指导值(在 ECU 中)。③"Fuel plunger stroke too low"报警值需指示,可能设置错误。

10.主机模态调整

(1)有关柴油机模式调整的描述

对每个柴油机模式,以下设计值是作为负荷功能给定的。

①p_{max}(bar)。

②p_{comp}/p_{scav}。

③排气阀开启角度。

④液压油压。

每个柴油机模式给定的设计值可以达到8个负荷点。当柴油机制造商收到柴油机控制系统软件时,这些设计值已经输入到软件中了。

在台架调整柴油机模式时,柴油机应在每个负荷点上运行并进行测量,以确认测量值与设计值相符。如果测量值与设计值不匹配,必须进行修正。

(2)柴油机模式调整

在每个负荷点,从100%开始,柴油机模式应调整到与设计数值相匹配。建议在调整 p_{max} 之前先调整 p_{comp}。

注意:在 ECS 中,表压单位是 bar,绝对压力单位是 bar abs。

(3)柴油机模式调整值的描述

Engine load(柴油机负荷):在"measured/actual value"栏内填入水力测功能负荷。

Estimated engine load(评估负荷):在"measured/actual value"栏内填写 ECS 系统计算的负荷。

Verify balance(平衡性确认):确认柴油机平衡性符合 MIP(±0.5 bar)、p_{max}(±3 bar)和 p_{comp}(±3 bar)要求。

Hydraulic pressure(液压压力):在"specified value"栏内填写液压压力设计值;在"measured/actual value"栏内填写液压压力测量值。

p_{comp}(压缩压力):在"specified value"栏内填写 p_{comp} 设计值,这个设计值可以在 MOP 上找到;在"measured/actual value"栏内填写 p_{comp} 测量值,如果测量值与设定值不同,则实际 p_{comp} 可用"p_{comp}/p_{scav} map correction"修正。

p_{comp}/p_{scav}（压缩比）：在"specified value"栏内填入 p_{comp}/p_{scav} 设计值。

p_{comp}/p_{scav} map correction：如果 p_{comp}/p_{scav} 实际值必须修正，则可以用"p_{comp}/p_{scav} map correction"参数进行修正。这个参数变化1.0，p_{comp}/p_{scav} 将会变化实测 p_{scav} 的绝对压力数值。"p_{comp}/p_{scav} map correction"参数能从服务终端（ECU A）以下路径找到：Adjust parameters ⇒ Edit Parameters ⇒ Propulsion Unit ⇒ Engine ⇒ Engine Running Modes/Engine Running Mode 1 – 4（select the engine mode No. in question）⇒ Pcomp/Pscav Ratio Map Correction.

选择当前负荷点，在 Load（%）栏内输入实际负荷数值；在 Corr.（–）栏内，输入 p_{comp}/p_{scav} 修正数值并选择"Activate edited Parameters"。在柴油机模式调整表中，将修正好的数值填入"measured/actual value"栏内。

p_{max}：在"specified value"栏内填入 p_{max} 的设计数值。在"measured/actual value"栏内填入 p_{max} 的测量数值。如果测得的数值不在设计数值 ±3 bar 范围内，则实际 p_{max} 数值应用"Pressure Rise Map Correction"参数进行修正。

Pressure rise map correction：如果 p_{max} 测量值需要修正，则可以用"Pressure Rise Map Correction"参数进行修正。参数变化 1.0，p_{max} 测量数值会变化约 1.0 bar。"Pressure Rise Map Correction"参数可以从服务终端（ECU A）的路径找到，即 Adjust Parameters ⇒ Edit Parameters ⇒ Propulsion Unit ⇒ Engine ⇒ Engine Running Modes ⇒ Engine Running Mode 1 – 4（select engine mode in question）⇒ Pressure Rise Map Correction.

选择当前负荷点，在 load（%）栏内输入 MOP 上看到的负荷数值；在 Corr.（bar）栏内输入 p_{max} 修正数值并选择"Activated edited Parameters"。在柴油机模式调整表汇总，将 p_{max} 修正数值填入测量/实际数值栏内。

p_{scav} measured（扫气压力测量值）：在"measured/actual value"栏内填入来自 MOP 的 p_{scav} bar 测得数值。

p_{scav} ISO：在"measured/actual value"栏内填入 p_{scav} bar（p_{scav} bar abs – 大气压力）的 ISO and ref.

p_{max} 修正数值：所有负荷点都需要调整。

调整完一个负荷点并完成测量后，在其他负荷点重复第 2 节中所述的所有步骤。

11. 性能调整

以下内容描述了如何调整智能性能参数 MIP、p_{max} 和压缩比 p_{comp}/p_{scav}。所有的调整都可以从 MOP 主界面中的 Chief 权限操作。

（1）MIP 调整

①从主操作界面选择"Operation"视图。

②在"Operation"视图选择"Cylinder Load"视图。

③用"Offset High Load"或"Offset Low Load"调整燃油指数达到柴油机负荷。如果负荷高于50%，则用"Offset High Load"；如果负荷低于50%，则用"Offset Low Load"。

为了做好最终的 MIP 平衡调整，建议在 100% 柴油机负荷时调整"Offset High Load"，在 rpm 稳定的尽可能低的负荷时调整"Offset Low Load"。

④选择"Offset High Load"或"Offset Low Load"。

⑤选择需要调整 MIP 的气缸号。

⑥用上/下箭头调整 MCR 指数的百分比。

⑦选择"Apply"激活调整。

（2）压缩比（p_{comp}）调整

①从主操作界面选择"Operation"视图。

②从"Operation"视图选择"Cyl. Press"视图。

③用左/右箭头选择需要调整 p_{comp} 的气缸号。

④用上/下箭头调整 p_{comp} 至要求的数值，调整的是 p_{comp}/p_{scav}。

⑤选择"Apply"激活调整。

（3）p_{max} 调整

①从主操作界面选择"Operation"视图。

②从"Operation"视图选择"Cyl. Pressure"视图。

③选择需要调整 p_{max} 的气缸号。

④用上/下箭头调整 p_{max} 至要求的数值，数值1.0对应于 p_{max} 1.0 bar 的变化量。

⑤选择"Apply"激活调整。

（4）EGB 试运转、"Part load"和"Low load"SPOC 优化

EGB 需按表2-3-55预校准。

表2-3-55　EGB 预校准

位置	阀开启	MOP 指示
全开	100%	100%
全关	0%	0%
在"Pscav Ref. Curve"输入"0.00"，以重置所有"Pcsav Ref. Curve. Acture[n]"，该参数在 ECU 内用于所有主机模式		

EGB 预校准的具体操作见表2-3-56。

表2-3-56　EGB 预校准的具体操作

	操作	结果
1	在 MOP 设置 EGB 为手动模式	—
2	设置 EGB 位置为0%	—
3	启动运行主机	—
4	在75%时调整 p_{comp}/p_{scav} 和 p_{max}	—
5	在75%负荷时开启 EGB 至100%，核实扫气压力会降低	压力降低需在0.3~0.45 bar 范围内。如果不在范围内，需要换节流孔板。该要求仅针对母型机
6	设置 EGB 至100%，按常规进行台架试验、燃油刻度标定、p_{max} 和 p_{comp}/p_{scav} 的调整。台架试验期间保持 EGB 阀为手动模式。按常规进行 TC 配机（修正至 ISO，容差 ±0.1 bar）	注意:扫气压力需修正到 ISO 状态，并与设计值一致，如果不能满足，必须由 TC 服务商解决

表 2 - 3 - 56(续)

	操作	结果
7	100%负荷时设置 EGB 为自动模式前,检查扫气压力测量值 + 0.2 bar 高于 MOP 显示的设计值	—
8	建议在 EGB 全闭状态下,在主机尽可能高的负荷下按 TC 规范进行喘振试验	—
9	系泊和试航: 在 MOP 设置 EGB 为自动,此时已完成调整。 EGB 调整在主机磨合阶段完成,此时无其他测量或调整项	EGB 位置由可调阀根据 MOP 显示理想扫气压力值调节。该值需与 EGB 有效负荷范围匹配

注意:①在 75% 负荷(EGB 全关时)测得的扫气压力并不一定就是在调到自动控制时 75% 负荷的扫气压力值。在自动控制模式下,EGB 的位置取决于不同的优化方式(低负荷或部分负荷优化)。进一步来说,阀的实际位置取决于环境条件。

②请注意在将 EGB 调至自动控制模式后,环境的改变对扫气压力的影响与在手动模式下是不同的。这意味着在不同环境条件和 ISO 状况下比较子型机时,需要在 EGB 手动模式下比较测量值。

③建议在手动模式下,在确保点部分开启 EGB 进行试验。该 EGB 位置需记录并作为下一台主机的参考值。

④供参考的旁通阀位置由确保点的预设压力决定。

⑤确保点的扫气压力值可以通过技术参数页的 100% 负荷点计算。

举例:如果 85% 负荷为确保点,且需要与下一台主机在 ISO 条件下比较性能参数,则需进行以下步骤:

①预设扫气压力下降值从 100% 到 85% 负荷带 EGB 旁通为 0.33 bar;

②在 85% 负荷下运行主机,手动调整废气旁通直到扫气压力值 = 100% 负荷的扫气压力值 - 0.33 bar,这可能需要进行一些调整。

③记录下 MOP 上 EGB 的位置,也记录下 EGB 的机械指示位置。这些位置作为下一台主机的参考。

(5)负荷程序的激活

柴油机模式调整已完成,提交试验已完成;在图形模式中,服务终端连接到 EICUA 和 EICU,具体操作见表 2 - 3 - 57。

表 2 - 3 - 57　负荷程序的激活

	操作	结果
1	Adjust Parameters ⇒ Edit Parameters ⇒ Speed Pre Processor ⇒ Load Program ⇒ Load Program Filtering? 将 No 改为 Yes。 选择"Activate edited Parameters"	EICUA 中负荷程序已激活
2	转换到 EICUB 并重复上述步骤	EICUB 中负荷程序已激活

12. ECU B 同步

按以下步骤用 ECU A 参数升级 ECU B。

注意:这个操作将重置所有 MPC 设置,且必须在停车状态进行。

(1)按下 CTRL + ESC 键,进入 MOP 工具界面。

(2)打开 MPC 存挡程序,并保存系统存挡文件(Archive System)到盘('文件名'. manbw – spaf)。

(3)用 ArcEdit 程序打开系统存挡文件(File⇒Open System)。

(4)选择 File⇒"Save As"⇒,保存文件到 Upan 或临时驱动器作为备份。

(5)选择数据树中" +",打开 ArcEdit 中的 ECS 组织结构。

(6)选择 ECU B 和"Edit"⇒"Drop MPC",如图 2 – 3 – 25 所示。

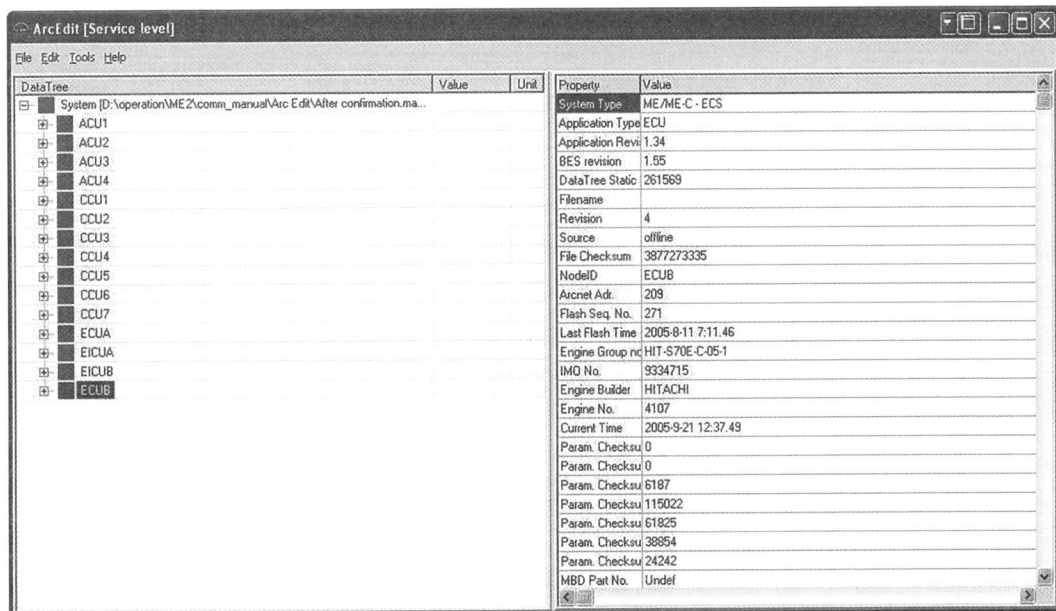

图 2 – 3 – 25　ECU B 参数编辑

(6)选择 ECU A 和"Edit"⇒"Clone MPC"。

(7)输入 ECU B 的节点名称和 arcnet adr. 209,选择"Clone"按钮。

(8)保存参数文件,如 ECUB_clone. manbw – paf。('File'→'Export MPC')

(9)关闭系统文件('文件名'. manbw – spaf),不保存并重新打开文件。

(10)复制文件 ECUB_clone. manbw – paf 到 ECUB。选择 ECU B 和"File"→"Migrate Values"。选择"OK"进入报告窗口并保存系统文件,File – > Save。

(11)导出 ECUB 形成一个. manbw – paf 文件,选择"File"→"Export MPC"。

(12)用 MPC 存挡程序上传这个参数文件到 ECS 系统,操作步骤:"Update"→"Add file"→"select the ECUB manbw – paf file"→"Update Par"。

13. 泵响应试验

(1)主机运行与 25% 负荷 1# 主泵运行。

其具体操作见表 2 – 3 – 58。

表 2 - 3 - 58 主机运行与 25% 负荷 1# 主泵运行

步骤	操作	结果
1	断开比例阀控制信号,例如,在 ACU1 断开 J70 接头	1. 主机持续运行。 2. 1# 主泵的斜盘角度变为正车最大位置,其他泵自动被选择为压力控制泵。 3. 发出泵故障报警

（2）转速系统电缆检查

其具体操作见表 2 - 3 - 59。

表 2 - 3 - 59 转速系统电缆检查

步骤	操作	结果
1	25% 时断开 ECU B 电源电缆	主机持续运转,转速计 B 故障报警。 发生上述情况表示试验成功,恢复 ECU B 接线。 如果失败需检查

（3）控制空气低压启动试验（控制空气压力 5.5 bar）

其具体操作见表 2 - 3 - 60。

表 2 - 3 - 60 控制空气低压启动试验

步骤	操作	结果
1	调整控制空气至 5.5 bar	控制空气低压报警
2	启动主机	主机可以被至少启动 1 次

14. 台架试验记录

（1）检查和调整

台架试验主管有责任记录 10%、25%、50%、75%、100%、110% 负荷的完整性能参数。

（2）控制系统试验记录

对于电控主机,船级社要求有关控制系统的试验需同台架试验记录一同提交。

FMEA 的基本综合测试已在形式认可时完成,但是对于所有后续建造主机,以下试验需在台架试验完成并将记录提交给船级社。如果得到船级社应允,也可提交厂内认可报告。

需试验并记录的项目如下:

①液压泵启动和泄漏试验,齿轮泵安全阀 311 的调整。

②斜盘泵旁通阀检查。

③气缸油断流降速测试。

④HPS 泄漏报警和停车试验。

⑤HPS 进口低压报警试验。

⑥液压泵响应时间试验。

⑦齿轮泵压力建立时间测量(单泵)。

⑧齿轮泵压力建立时间测量(2台泵)。

对于母型机,还需增加以下测量项:NO_x、CO_2、CO、HC 和 O_2 排放量。

2.3.6　5S60MC-C型柴油机首次动车前控制系统的检查与调整

一、船舶柴油机操纵系统的基本要求

柴油机操纵系统就是将启动、换向、调速等装置联结成一个整体并可以集中控制柴油机工作的机构。作为船用柴油机,轮机人员在操纵台前通过控制系统就可以集中控制机器,满足船舶操纵的各种要求。

随着自动化技术和电子技术的发展,各种遥控技术已广泛地应用于柴油机的控制机构。特别是近年来电子计算机技术和微处理机已用于主机遥控、巡回检测和工况监视等方面,不仅可以减轻劳动强度和改善工作条件,还可以避免人为操作差错,可以提高船舶运行的安全性、操纵性和经济性。船舶自动化和智能化日渐发展。

在船舶柴油机中,操纵系统是最复杂的一部分。特别是近年来遥控技术和自动化技术在操纵机构的应用,更增加了操纵系统的复杂程度。为了保证操纵系统可靠地工作,对船舶柴油机操纵系统有以下基本要求,且在首次动车前必须对控制系统进行检查和调整。

①必须能够迅速而准确地执行启动、换向、变速和超速保护等动作,并满足船舶规范中的相应要求。

②要有必要的联锁装置,以避免误操作和事故,如盘车与启动、启动与换向、滑油保安联锁等装置。

③必须设有必要的监视仪表和安全保护与报警装置。

④操纵机构中零部件必须灵活、可靠、不易损坏。

⑤操作、调节方便,维护简单,便于实现遥控和自动控制。

二、MAN B&W S60MC-C型柴油机台架首次动车前控制系统的检查和调整

柴油机对操纵系统的基本要求是一致的,但在结构和控制上有很大的差别,船舶柴油机按操纵部位和操纵方式可分为机旁手动操纵、机舱集控室控制、驾驶室控制三种。按遥控系统所使用的能源和工质,主机遥控系统可分为电动式、气动式、液力式、混合式主机遥控系统和微型计算机控制系统五类。所以,对控制系统的检查和调整各不相同,因机型而异。如图2-3-26所示,MAN B&W S60MC-C型柴油机采用电动和气动结合的混合式主机遥控系统。

台架首次动车前,控制系统的检查和调整过程如下:

1.一般性的准备工作

(1)打开各缸气缸盖示功阀。

(2)手动将主启动阀锁在关闭(Blocked)位置,相应指示灯亮。

(3)手动关闭启动空气分配器前的气源切断阀(118),相应指示灯亮。

(4)遥控操纵手柄置于"停车"(Stop)位置。

(5)机旁应急操纵台燃油手轮转至"停车"(Stop)位置。

(6)脱开启动空气分配器导阀(26)的引导空气管接头(接口12)。

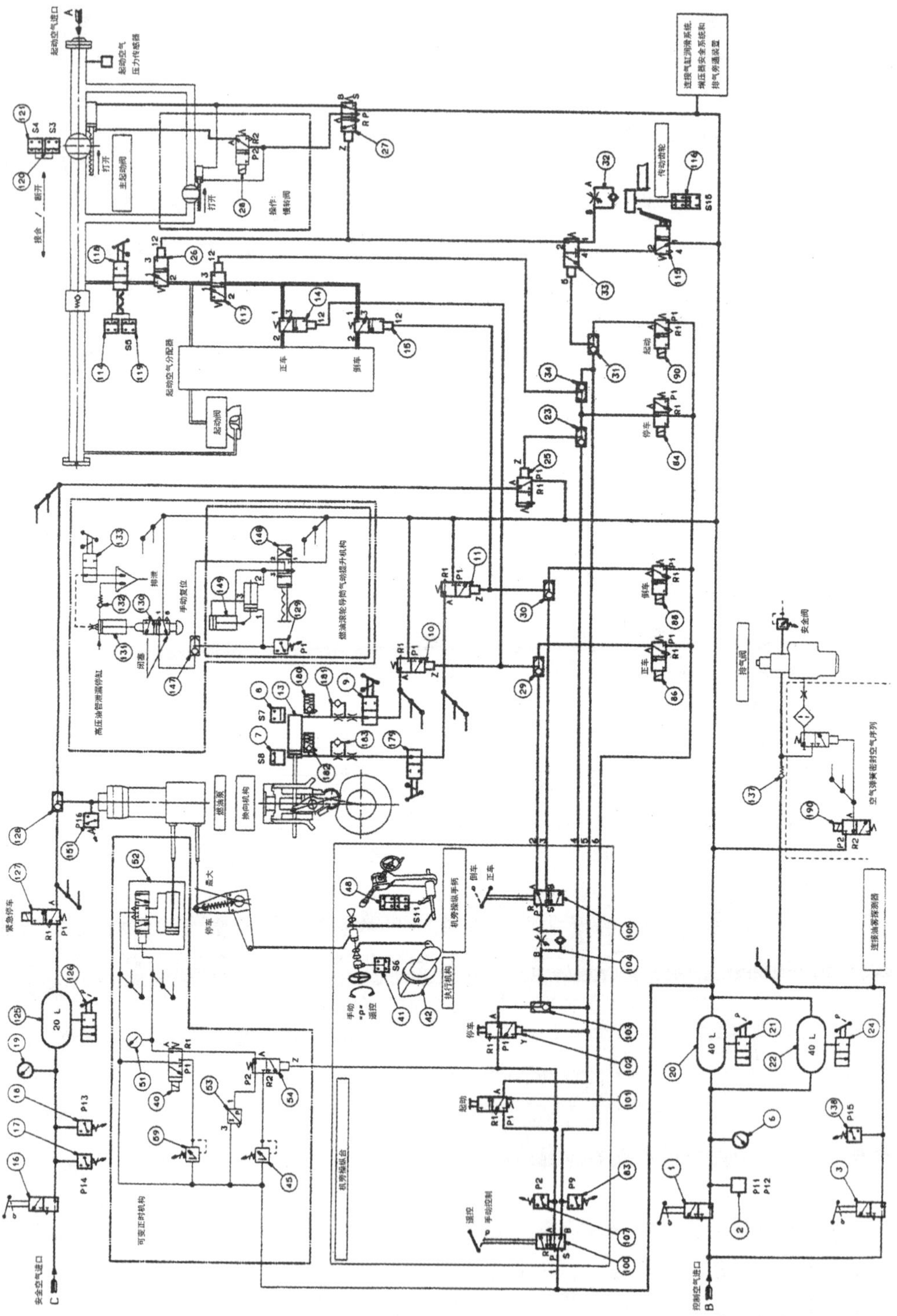

图2-3-26　MAN B&W S60MC-C型柴油机主机遥控系统

（7）机旁控制台控制方式转换阀（100）置于"遥控"（Remote）位置，相应指示灯亮。

（8）操纵系统及安全系统电源接通并检查。

（9）电子调速器及其执行马达接线检查。

（10）检查控制空气气源。

①打开球阀（1），控制空气气源通，压力表（6）显示 $P = (0.7 + 0.1)$ MPa。

②打开球阀（16），安全空气气源通，压力表（19）显示 $P = (0.7 + 0.1)$ MPa。

③打开球阀（3），排气阀空气弹簧空气气源通，各排气阀都应关闭（通过排气阀检查杆检查）。

（11）脱开盘车机，相应指示灯亮。

2. 停车设备的检查

（1）脱开启动空气分配器控制阀（117）前的引导空气管接头（接口12），脱开喷油泵断油阀停车空气进口管接头。

（2）检查应急停车功能。

①将遥控操纵手柄置于"正车"（或倒车）运行（Ahead/Astern）位置。

②按下"应急停车"按钮，各缸断油阀进气口的管接头处应有气吹出。

（3）将遥控操纵手柄置于"停车"（Stop）位置。

①各缸喷油泵断油阀进气口的管接头处应有气吹出。

②启动空气分配器控制阀（117）前引导空气管接头（接口12）处应有气吹出。

（4）将上述步骤1拆开的管接头重新接好。

3. 启动/换向设备的检查和调试

（1）将盘车机连锁阀（115）的接口（2）的管接头脱开。

（2）啮合盘车机，接口（2）处不应有气吹出。

（3）接好接口（2）的管子，并脱开盘车机。

（4）关闭主启动阀前进气总管上的截止阀。将主启动阀的锁紧装置松开，使主启动阀处于工作（Service）位置，相应指示灯亮。

（5）将遥控操纵阀置于"正车启动"位置，检查：

①喷油泵换向拨叉应处于正车位置，导杆伸出喷油泵壳体，正车指示灯亮。（个别气缸可能需柴油机转动后才能换向到位）。

②启动空气分配器换向缸应处于正车位置（活塞缩进换向缸）。

③第1（6）项拆开的导阀（26）的引导空气管接头（接口12）处应有气吹出。

④主启动阀应被打开（但没有气）。

（6）将操纵阀置于"正车运行"的某一位置，检查：

①延时1 s后，上述（5）③及（5）④中的现象应消失，主启动阀关闭，延时时间通过节流阀（32）调节。

②延时6 s后，正车电磁阀（86）和阀（10）放气，延时的调节在操纵阀内。

（7）倒车启动的检查与上述步骤相同。

（8）检查完毕，将置于"停车"位置，并手动将主启动阀锁在关闭的位置。

4. 燃油杆系的检查与调整

（1）将机上燃油杆系控制转换手轮逆时针旋到"应急停车"位置。

（2）将机旁应急操纵台上燃油手轮转至"停车"（Stop）位置，检查各喷油泵齿条的初始位置应指示为零,但最终位置要根据试车时各缸负荷的均衡情况来调整。

(3)将机旁应急操纵台上燃油手轮转至最大燃油位置,各喷油泵齿条刻度位置应约为59。

(4)将机旁应急操纵台上燃油手轮转回"停车"(Stop)位置,喷油泵齿条格数应返回到初始位置。

(5)将控制转换手轮顺时针旋到"调速器控制"位置,检查:手轮应能转换自如,各喷油泵齿条格数不应有变化。

5.机旁操纵系统的检查

(1)准备工作:

①机旁柴油机控制方式转换阀(100)置于"手动控制"(Manual Control)位置。

②机旁应急燃油手轮转至"停车"(Stop)位置。

③机旁应急操纵台上换向手柄置于"正车"位置。

④主启动阀锁紧装置松开至工作位置(启动空气总管不可送气)。

⑤导阀(26)的引导空气管接头(接口12)脱开,关闭启动空气分配器前的气源切断阀(118)。

⑥盘车机脱开。

(2)压下停车阀(102),检查:

①松开喷油泵断油阀空气进口管接头,接头处应有气吹出。

②启动空气分配器导阀(117)前引导空气管(接口12),接头处应有气吹出。

③喷油泵换向拨叉应处于正车位置(导杆伸出泵体)。

④启动空气分配器换向缸应处于正车位置(活塞缩进换向缸)。

(3)压下启动阀(101),检查:

①主启动阀打开。

②导阀(26)前拆开的"12"管接头处应有气吹出。

③松开启动阀(101),延时1 s后,上述①②现象消失,延时6 s后,阀(10)放气,延时时间通过节流止回阀(104)调节。

(4)机旁应急倒车操纵的检查与第(2)(3)步类似。

6.启动空气管路的清洗

(1)启动空气总管

①拆下主启动管端头盲法兰;关闭球阀(118),确认已切断启动空气分配器气源;无关人员不要靠近管口敞开处。

②主启动阀处于工作位置,打开主启动阀前空气总管上的主截止阀(5~10圈)。

③模拟启动,使主启动阀打开约8~10 s。

④检查主启动空气管是否清洁,然后将盲法兰装复。

(2)至空气分配器的主启动管

①拆去空气分配器前的进气管(一段)。

②打开球阀(118)。

③模拟启动,使主启动阀打开约5~6 s。

④关闭主截止阀,关闭球阀(118),锁紧主启动阀。

⑤装复空气分配器前的进气管。

7.安全设备的检查与调整

（1）燃油供给快速切断阀（喷油泵前燃油总管上装设）功能正常。

（2）安全停车（模拟试验）。

①主滑油低压停车。

②排气阀促动泵滑油低压停车。

③增压器滑油低压停车。

④柴油机超速停车。

⑤应急停车。

⑥推力块高温停车。

⑦曲柄箱油雾浓度高。

（3）安全报警。

按有关文件对安全报警项目逐一检查。

2.3.7　MAN B&W 5S60MC－C型柴油机磨合调整试验

大型低速柴油机均采用热磨合，磨合试验的规范一般是根据机型由各厂家在实践经验中逐渐总结出来的，所以机型不同磨合的规范也不一样。MAN B&W 5S60MC－C型（简称S60MC－C型）柴油机台架磨合调整试验大纲（适用于带 Alu 涂层的活塞环）如下。

一、总则

（1）此大纲适用于 S60MC－C型柴油机台架磨合调整试验。

（2）柴油机的调整必须按与合同相符的调整文件进行。

（3）柴油机应按推进特性运行，注意避开扭振限制转速范围。

（4）在磨合期间，缸套冷却水出口温度可比正常运行值略低（控制在 70～80 ℃），但排放试验期间应按正常运行值控制。

（5）从一个负荷升或降至另一负荷的时间不得快于磨合曲线规定的时间（磨合曲线未列入）。

二、启动前的最终调整与检查

（1）气缸注油器手动泵油并除气，检查管系连接，通过扫气口检查各缸缸套预润滑情况（油量及分布）。

（2）润滑及冷却系统压力和温度正常。

（3）油、水、气各阀门位置正确。

（4）检查主轴承、十字头轴承、推力轴承、链传动、轴向减振器、扭振减振器的润滑油量正常。

（5）增压器、气缸注油器油池液位正常。

（6）排气阀动作正常。

（7）辅助鼓风机功能检查：转向，延时继电器功能，启动程序，压力开关点调整。

三、磨合程序

1. 首次用燃油启动柴油机，必须确认超速保护功能正常。

（1）把超速停车设定在 10% 额定转速。

（2）用压缩空气吹车（正、倒车各两次）。

（3）检查超速停车系统是否动作。

（4）如果正常，把超速停车设定在109%额定转速。

2.磨合第一阶段

调整气缸滑油注油量：3 g/kWh（MCR 工况），第一阶段磨合的过程和要求见图2-3-27和表2-3-61。

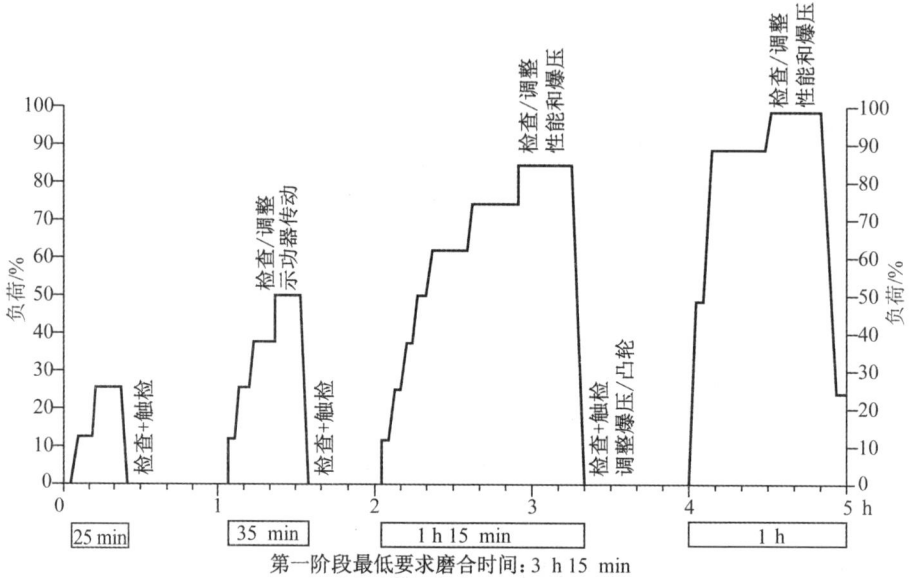

图2-3-27　S60MC-C型柴油机第一阶段磨合程序

表2-3-61　磨合第一阶段的磨合程序

序号	磨合时间/min	总运行时间/h	磨合程序
1	7.5	1/8	**负荷12.5%** 启动并在12.5%负荷运行5 min
2	12.5	1/3	**负荷25%** 负荷升至25%并运行10 min
3	—	—	**停车** 检查/触检
4	35	1	**负荷50%** 启动并在12.5%和25%各运行4 min，然后在37.5%和50%负荷各运行10 min（升负荷1 min）； 检查/调整示功器传动装置
5	—	—	**停车** 检查/触检
6	75	2.25	**负荷50%** 启动并在12.5%、25%、37.5%和50%负荷各运行4 min，然后在62.5%负荷运行14 min，在75%负荷运行18 min，在85%负荷运行20 min（升负荷1 min）； 检查/调整性能和爆压

表2-3-61(续)

序号	磨合时间/min	总运行时间/h	磨合程序
7	—	—	**停车** 检查/触检,定时调整
8	60	3.25	**负荷100%** 启动并在50%负荷各运行3 min,然后在90%和100%负荷各运行20 min(升负荷3 min); 检查/调整性能和爆压; 停车前在25%并运行4 min(降负荷4 min)

3. 磨合第二阶段

当柴油机累计磨合时间达到5 h后调整气缸滑油注油量:2.3 g/kWh(MCR 工况)。进行排气试验时,应根据需要适当延长相关工况点的运行时间。第二阶段磨合的过程和要求见图2-3-28和表2-3-62。

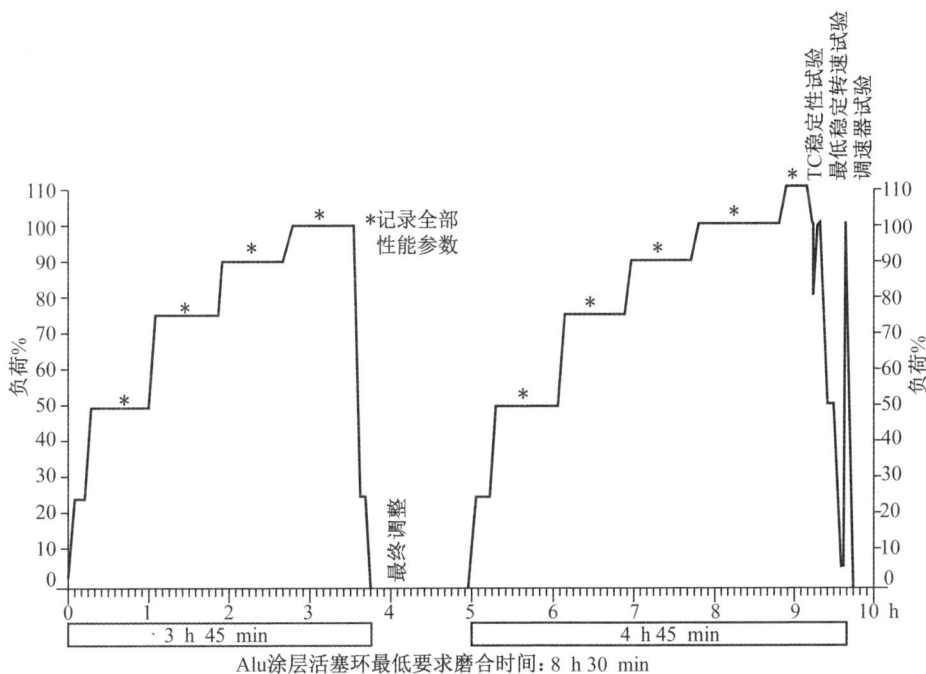

图2-3-28　S60MC-C型柴油机第二阶段磨合程序

表2-3-62　磨合第二阶段的磨合程序

序号	磨合时间/min	总运行时间/h	磨合程序/提交试验
1	15	1/4	**负荷25%** 启动并在25%负荷运行15 min

表 2 - 3 - 62（续）

序号	磨合时间 /min	总运行时间 /h	磨合程序/提交试验
2	210	3.75	**负荷:50%、75%、90%、100%** 增加负荷,在 50%、75%、90%、100% 负荷各运行 45 min(升负荷 5 min); 在上述各负荷点测量全部性能参数; 停车前在 25% 负荷运行 5 min(降负荷 5 min)
3	—	—	**停车** 执行最后调整
4	15	4	**负荷 25%** 启动并在 25% 负荷运行 15 min
5	150	6.5	**负荷:50%、75%、90%** 增加负荷,在 50%、75%、90% 负荷各运行 45 min(升负荷 5 min); 在上述各负荷点测量全部性能参数; 必要时测量油耗
6	65	7.5	**负荷 100%** 增加负荷至 100%,运行 60 min(升负荷 5 min); 测量全部性能参数; 测量油耗
7	20	8	**负荷 110%** 增加负荷至 110%,至少运行 15 min(升负荷 5 min); 测量全部性能参数; 测量油耗
8	30	8.5	**改变负荷** 降低负荷至 100%,完成 TC 稳定性试验、柴油机最低稳定转速试验、调速器试验

2.3.8　MAN B&W 5S60MC - C 型柴油机出厂试验

MAN B&W 5S60MC - C 型柴油机台架试验交货大纲如下。

一、柴油机主要参数

(1)型号:MAN B&W 5S60MC - C。

(2)形式:两冲程、单作用、直接可逆转、带有废气涡轮增压器的十字头式柴油机。

①气缸直径:600 mm。

②活塞行程:2 400 mm。

③气缸数:5。

(3)功率参数

MAN B&W 5S60MC - C 型柴油机功率参数见表 2 - 3 - 63。

表 2 - 3 - 63　MAN B&W 5S60MC - C 型柴油机功率参数

工况点	功率/kW	转速/(r·min⁻¹)	平均有效压力/MPa
最大持续功率(MCR)	11 300	105	1.90
持续使用功率(CSR)	10 170	101	1.77
超负荷功率(OR)	12 430	108	2.02

最大爆发压力:15 MPa。

(4)合同规定功率点 MCR(11 300 kW,105 r/min)时的燃油消耗率为 170 g/kW·h + 5.1 g/kW·h;保证上述燃油消耗率的工况条件如下:

①燃油低发热值:42 707 kJ/kg。

②压气机进口空气温度:27 ℃。

③压气机进口空气压力:0.1 MPa。

④海水进口温度:27 ℃。

(5)旋转方向(正车):右(由尾端向首端看)。

(6)发火顺序:1—4—3—2—5。

(7)涡轮增压器:NA57/T09。

(8)启动换向空气最大压力:3 MPa。

(9)电源:三相 380 V,50 Hz;单相 220 V,50 Hz。操纵系统电源:直流 24 V ± 15%,最大脉动 5% RMS。

二、试验项目

1. 启动换向试验

启动空气瓶中的空气压力为技术说明书要求的最大压力(3.0 MPa),柴油机在冷态空负荷情况下做启动换向试验,直至不能启动为止。柴油机的启动换向时间 $t < 15$ s。

2. 负荷试验

按螺旋桨推进特性试验做负荷试验。该试验必须连续进行,并对其性能参数按规定进行全面记录。其试验程序见表 2 - 3 - 64。

表 2 - 3 - 64　MAN B&W 5S60MC - C 型柴油机负荷试验程序

序号	负荷/%	转速/(r·min⁻¹)	功率/kW	运行时间/h
1	50	83.3	5 650	0.5
2	75	95.4	8 475	0.5
3	90	101.4	10 170	1
4	100	105.0	11 300	2
5	110	108.4	12 430	0.5

3. 调速器试验

在 100% 工况下,操纵手柄保持不变,突卸水力测功器负荷。要求调速器的瞬时调速率 <15%。

4. 最低稳定转速试验(约为 305 kW,31.5 r/min)

在所有气缸都发火的条件下,记录柴油机的最低稳定转速,调节手柄的位置和涡轮增压器的转速。

5. 倒车试验

在空负荷的情况下,倒车运转 5 min。

6. 安全保护装置试验

安全保护装置试验应按表 2 - 3 - 65 的规定进行。

表 2 - 3 - 65 MAN B&W 5S60MC - C 型柴油机安全保护装置试验

序号	项目名称	设定值	误差	备注
1	超速停车	115 r/min	±2 r/min	1*
2	主滑油最低压力	0.08 MPa	±0.01 MPa	2*
3	凸轮轴滑油最低压力	0.15 MPa	±0.01 MPa	2*
4	推力块最高温度	90 ℃	±2 ℃	2*

注:1* 超速停车试验是在柴油机运行情况下检验超速停车装置,假设一模拟值的信号点(如100 r/min),观察其是否能实现停车。

2* 试验项目仅做模拟试验。

7. 噪声、振动测试(仅适用于第一台)

按螺旋桨推进特性做负荷试验,同时进行在 75%、90%、100% 负荷下的噪声、振动测试。

8. 停缸试验(仅适用于第一台)

利用油泵提升机构装置任停一只气缸工作,稳定运行 15 min 后测量负荷为 63%(即功率为 7 119 kW、转速为 90 r/min)时柴油机的主要性能参数。

9. 停增压器试验(仅适用于第一台)

适用专门机构停止增压器工作,让柴油机在辅助鼓风机工作的情况下测量负荷为 15%(即功率为 1 695 kW、转速为 55.8 r/min)时柴油机的各项参数。

10. 倒车负荷试验(仅适用于第一台)

负荷为 70%(即功率为 7 910 kW、转速为 93.2 r/min)时运行 5 min。

11. 拆机检验

拆机检验项目及要求见表 2 - 3 - 66。

表 2 - 3 - 66 MAN B&W 5S60MC - C 型柴油机拆机检验项目及要求

序号	项目	数量/缸	试验类型
1	活塞和活塞杆	1	拆下做外观检查
2	十字头轴承	1	轴承工作面外观检查
3	曲柄销轴承	1	轴承工作面外观检查
4	曲柄销	1	轴承工作面外观检查
5	缸盖	1	燃烧表面做外观检查

表 2 - 3 - 66（续）

序号	项目	数量/缸	试验类型
6	气缸套	1	工作表面做外观检查
7	十字头销和导板	1	工作表面做外观检查
8	主轴承和推力轴承	1	轴承工作面外观检查
9	推力块	—	正车工作面外观检查
10	凸轮轴驱动链条和链轮	—	工作表面做外观检查
11	喷油器	1	喷射试验
12	曲轴	1	测臂距差（热状态）

注：上述序号 1~7 均为任意一缸组。

12. 上述试验及拆检项目结束则柴油机台架出厂试验结束，并提交验收。

参 考 文 献

[1] 马经球. 柴油机制造工艺学[M]. 大连：大连海事大学出版社,2000.
[2] 淄博渔轮柴油机厂. 300 型柴油机使用保养说明书[Z].
[3] 广州柴油机厂. 300 型柴油机使用保养说明书[Z].
[4] MAN Diesel Group. MAN B&W S60MC/S60MCE Project Guide[Z].
[5] MAN Diesel Group. MAN B&W S60MC Maintenance Description[Z].
[6] MAN Diesel Group. MAN B&W S60MC Components Description[Z].
[7] MAN Diesel Group. MAN B&W S60ME – C8.5 – T II Project Guide[Z].
[8] Wärtsilä Switzerland Ltd. SULZER RTA48T – B Maintenance Manua[Z].
[9] Wärtsilä Switzerland Ltd. SULZER RTA48T – B Operating Manual[Z].
[10] Wärtsilä Switzerland Ltd. SULZER RTA48T – B Spare Parts Manual[Z].